Linux
创新人才培养系列

嵌入式Linux开发教程

◎ 宋娟 马华杰 主编
◎ 王秀友 岳国庆 金京犬 副主编

人民邮电出版社
北京

图书在版编目（CIP）数据

嵌入式Linux开发教程 / 宋娟，马华杰主编. -- 北京：人民邮电出版社，2017.7
（Linux创新人才培养系列）
ISBN 978-7-115-44701-2

Ⅰ. ①嵌… Ⅱ. ①宋… ②马… Ⅲ. ①Linux操作系统－程序设计－高等学校－教材 Ⅳ. ①TP316.89

中国版本图书馆CIP数据核字(2017)第008266号

内 容 提 要

嵌入式 Linux 系统被广泛应用在各个领域中，本书由浅入深、循序渐进，能够帮助未接触过 Linux 开发的读者掌握如何构建嵌入式 Linux 系统。

本书分为 4 篇。第 1 篇是嵌入式开发基础篇，包括嵌入式系统基础、嵌入式 C 语言开发流程、Linux 操作基础和嵌入式 C 编程基础。第 2 篇是嵌入式系统基础篇，包括 S3C2440 的内部资源，ARM 微处理器，ADS 集成开发环境，S3C2440 的外部电路，嵌入式 Linux 文件系统及内存与信号量。第 3 篇是嵌入式设备驱动与移植篇，首先介绍了设备驱动开发基础，其次介绍了 MiniGUI 图形界面设计，最后分析了各类驱动设计和引导程序并介绍了内核移植。第 4 篇是嵌入式开发实战篇，通过嵌入式 B 超综合案例来实践前面介绍的内容。

本书语言通俗、内容精炼、重点突出、实例丰富，是嵌入式开发工程师的必备入门书籍，同时也非常适合大中专院校师生学习阅读，也可作为高等院校计算机及相关专业的教材使用。

◆ 主　　编　宋　娟　马华杰
副 主 编　王秀友　岳国庆　金京犬
责任编辑　吴　婷
责任印制　杨林杰

◆ 人民邮电出版社出版发行　　北京市丰台区成寿寺路 11 号
邮编　100164　　电子邮件　315@ptpress.com.cn
网址　http://www.ptpress.com.cn

◆ 开本：787×1092　1/16
印张：21.25　　2017 年 7 月第 1 版
字数：558 千字　　2017 年 7 月河北第 1 次印刷

定价：59.80 元

读者服务热线：(010)81055256　印装质量热线：(010)81055316
反盗版热线：(010)81055315
广告经营许可证：京东工商广登字 20170147 号

前 言

随着计算机技术及大规模集成电路的快速发展，嵌入式领域也在快速地发展，我们的日常生活中无处不见嵌入式系统产品。而嵌入式系统以 ARM 为内核的控制器占市场比例很大，其中 Linux 又在嵌入式操作系统中占的份额较大，因此想学习嵌入式处理器 ARM 和嵌入式操作系统 Linux 的人变得越来越多。本书选择了 S3C2440 处理器为硬件平台，首先因为 S3C2440 处理器资料较多，如果在学习中遇到问题，能够快速地查找资料解决问题；其次作为入门级的芯片，比较容易掌握。而 Linux 操作系统是开放源代码且免费，便于读者移植到自己的系统进行学习。

为了方便广大读者学习，作者结合自己多年的嵌入式 Linux 开发经验编写本书。本书较为全面地介绍了嵌入式系统的处理器 S3C2440、嵌入式开发环境的搭建、嵌入式软件开发流程、Linux 系统的操作及嵌入式 C 语言等基础知识和嵌入式系统引导程序、内核配置、文件系统、内存和信号量、底层驱动及图形用户界面设计等高级知识。通过本书的学习，读者会对嵌入式 Linux 有一个深入的了解。

本书的特点

1．语言简练，通俗易懂

本书使用通俗易懂的语言来组织内容，尽量避免使用难懂的专业术语，让初学者更容易接受，从而为学好用好 Linux 打好基础。

2．内容丰富，知识全面

全书共分 4 篇 15 章，采用从易到难、循序渐进的方式进行讲解。内容几乎涉及 Linux 程序开发的各个方面。

3．格式统一，讲解规范

书中每个例程都采用了分步骤实现方法。这样使得读者可以很清晰地知道每个技术的具体实现步骤，从而提高学习的效率。

4．实例丰富，注释明晰

书中对每个重要的知识点都通过实例来说明其用法，而且实例代码中都有清晰明了的注释，从而对读者了解该知识点有着很好的引导作用，即使对代码的运行不太理解的读者，也可以根据注释了解代码所实现的功能。

本书的内容安排

本书为 4 篇，共 15 章，主要章节规划如下所示。

（1）第 1 篇（第 1 章～第 4 章）嵌入式开发基础

讲述了嵌入式操作系统、嵌入式开发流程、Linux 操作、嵌入式 C 编程等基础知识。

（2）第 2 篇（第 5 章～第 10 章）嵌入式系统基础

讲述了 S3C2440 的内部资源、ARM 处理器、ADS 集成开发环境、S3C2440 的外部电路、嵌入式 Linux 文件系统、内存和信号量等。

（3）第 3 篇（第 11 章～第 14 章）嵌入式设备驱动与移植

讲述了 Linux 设备驱动开发流程及块设备驱动编写、MiniGUI 安装及配置和在 Eclipse 环境下编写 MiniGUI 程序，实例化讲解了 CAN 器件 SJA1000 的驱动程序、SD 卡块设备驱动程序、DM9000 芯片的网络驱动程序、系统引导程序 Boot Loader。最后是嵌入式 Linux 内核移植等。

（4）第 4 篇（第 15 章）嵌入式开发实战

讲述了嵌入式 Linux 系统的实例：嵌入式 B 超程序案例。

本书由浅入深，由理论到实践，尤其适合初级读者逐步学习和完善自己的知识结构。

适合阅读本书的读者

（1）希望进入嵌入式 Linux 开发领域的新手。

（2）嵌入式 Linux 学习人员。

（3）从事嵌入式系统的开发人员。

（4）大中专院校的学生。

本书由宁夏大学的宋娟、马华杰任主编，其中宋娟负责编写第 1 章～第 8 章，马华杰负责编写第 9 章～第 15 章。其他参与资料整理的有梁静、黄艳娇、任耀庚、刘海琛、刘涛、蒲玉平、李晓朦、张鑫卿、李阳、陈诺、张宇微、李光明、庞国威、史帅、何志朋、贾倩楠、曾源、胡萍凤、杨罡、郝召远。

编　者

目 录

第 1 篇 嵌入式开发基础

第 3 篇 嵌入式设备驱动与移植

第 13 章 各类驱动设计和引导程序

第 14 章 内核移植

第 4 篇 嵌入式开发实战

第 1 篇　嵌入式开发基础

第 1 章　嵌入式系统基础

随着社会信息化的日益加强，计算机和网络已经全面渗透日常生活的每一个角落。任何一个普通人都可能拥有大小不一、使用嵌入式技术的产品，小到手表、MP3、移动电话，大到电视、冰箱、电动脚踏车乃至汽车。那到底什么是嵌入式系统呢?

嵌入式系统一般定义为以应用为中心、以计算机技术为基础，软硬件可裁剪，应用系统对功能、可靠性、成本、体积、功耗和应用环境有特殊要求的专用计算机系统。

从技术角度说，嵌入式系统是将应用程序、操作系统和计算机硬件集成在一起的系统。

从系统角度说，嵌入式系统是设计完成复杂功能的硬件和软件，并使其紧密耦合在一起的计算机系统。

简而言之，一个嵌入式系统就是一个硬件和软件的集合体，它包括硬件和软件两部分。其中硬件包括嵌入式处理器、存储器及外设器件、输入/输出（I/O）端口、图形控制器等；软件部分包括操作系统软件（嵌入式操作系统）和应用程序（应用软件），由于应用领域不同，应用程序千差万别。

因此，要进行良好的嵌入式系统设计，必须首先对嵌入式硬件系统、嵌入式操作系统及开发环境有一个充分的认识。

嵌入式硬件系统的核心是嵌入式处理器。本章首先从嵌入式处理器入手，使读者对其有初步的认识。

1.1　嵌入式处理器简介

据不完全统计，全世界嵌入式处理器的品种总量已经超过 1000 种，流行体系结构有三十几个系列。嵌入式处理器的寻址空间一般从 64KB 到 16MB，处理速度从 0.1MIPS（Million Instructions Per Second，百万指令每秒）到 2000 MIPS。

嵌入式系统中的处理器通常分为 3 大类，即微处理器（Micro-Processor Unit，MPU）、微控制器（Micro-Controller Unit，MCU）和数字信号处理器（Digital Signal Processor，DSP）。

微处理器是指功能较强大的 CPU，它不是为任何特定的计算目标而设计的。因此这种芯片通常用于个人计算机与服务器。

微控制器是针对嵌入式系统而设计的，它将 CPU、存储器以及其他外设都集成在同一块电路板上。

数字信号处理器中的 CPU 是针对快速离散时间信号处理计算的。因此，DSP 非常适用于音频及视频通信。

现代的芯片生产工艺已经允许将重要处理器的内核和各种外围的芯片器件整合在一起，以进一步降低功耗，达到专用的需求，这时，便出现了片上系统（System on Chip，SoC）。

1.1.1 嵌入式微处理器

嵌入式微处理器的基础是通用计算机中的 CPU。在应用中，早期的嵌入式系统是将微处理器装配在专门设计的电路板上，只保留和嵌入式应用有关的功能，这样可以大幅度减小系统体积和功耗。为了满足嵌入式应用的特殊要求，嵌入式微处理器虽然在功能上和标准微处理器基本是一样的，但在工作温度、抗电磁干扰、可靠性等方面一般都做了各种增强。和通用计算机相比，嵌入式微处理器具有体积小、重量轻、成本低和可靠性高的优点。

和工业控制计算机相比，嵌入式微处理器具有体积小、重量轻、成本低和可靠性高的优点，但是在电路板上必须包括 ROM、RAM、总线接口、各种外设等器件，从而降低了系统的可靠性，技术保密性也较差。嵌入式微处理器及其存储器、总线、外设等安装在一块电路板上，称为单板计算机，如 STD-BUS、PC104 等。嵌入式处理器目前主要有 Am186/88、386EX、SC-400、Power PC、68000、MIPS 和 ARM 系列等。

1.1.2 嵌入式微控制器

嵌入式微控制器又称单片机，是将整个计算机系统集成到一块芯片中。嵌入式微控制器一般以某一种微处理器内核为核心，芯片内部集成 ROM/EPROM（Erasable Programmable ROM，可擦除可编程 ROM）、RAM、总线、总线逻辑、定时/计数器、WatchDog、I/O、串行口、脉宽调制输出、A/D、D/A、Flash RAM 和 EEPROM（Electrically Erasable Programmable ROM，电可擦除可编程 ROM）等各种必要功能和外设。和嵌入式微处理器相比，微控制器的最大特点是单片化，体积大大减小，从而使功耗和成本下降、可靠性提高。微控制器是目前嵌入式系统工业的主流，其片上外设资源一般比较丰富，适合于控制，因此被称为微控制器。

嵌入式微控制器目前的品种和数量最多，比较有代表性的通用系列包括 8051、P51XA、MCS-251、MCS-96/196/296、C166/167、MC68HC05/11/12/16 和 68300 等。另外还有许多半通用系列，如支持 USB（Universal Serial Bus，通用串行总线）接口的 MCU 8XC930/931、C540、C541，支持 I2C、CAN-Bus、LCD 及众多专用 MCU 和兼容系列。目前 MCU 占嵌入式系统约 70%的市场份额。

1.1.3 嵌入式数字信号处理器

嵌入式数字信号处理器对嵌入式系统结构和指令做了特殊的设计，使其适合于执行 DSP 算法，编译效率较高，指令执行速度也较快。DSP 应用正从通用单片机中以普通指令实现 DSP 功能，过渡到采用嵌入式 DSP 实现。

DSP 有两个发展来源：一是 DSP 经过单片化、EMC 改造，增加片上外设发展而来，TI 的 TMS320C2000 /C5000 是这一类；二是在通用单片机或 SoC 中增加 DSP 协处理器，Intel 的 MCS-296 和 Infineon（Siemens）的 TriCore 属于此类。

嵌入式 DSP 的代表产品是 Texas Instruments 的 TMS320 系列和 Motorola 的 DSP56000 系列。TMS320 系列处理器包括用于控制的 C2000 系列，移动通信的 C5000 系列及性能更高的 C6000 和 C8000 系列。DSP56000 目前已经发展成为 DSP56000、DSP56100、DSP56200 和 DSP56300 等几

个不同系列的处理器。

1.1.4 嵌入式片上系统

随着 EDA（Electronic Design Automation，电子设计自动化）的推广、VLSI（Very Large Scale Integration，超大规模集成电路）的普及和半导体工艺的发展，在一个硅片上实现一个复杂系统已经成为可能，这就是 SoC。各种通用处理器内核将作为 SoC 设计公司的标准库，和许多其他嵌入式系统外设一样，成为 VLSI 设计中一种标准器件，用标准的 VHDL 语言（Very- High-Speed Integrated Circuit Hardware Description Language，超高速集成电路硬件描述语言）描述，存储在器件库中。我们只需设计应用系统，仿真通过后就可以将设计图交给半导体工厂来制作样品了，除个别无法集成的器件外，整个嵌入式系统均可集成到一块或几块芯片中。

SoC 分为通用和专用两类。通用系列包括 Infineon 的 TriCore、Motorola 的 M-Core；专用系列一般用于某个或某类系统中，如 Philips 的 Smart XA，它将 XA 单片机内核和 CCU 单元制作在一块硅片上，形成一个可加载 Java 或 C 语言的专用 SoC。

1.2 ARM 微处理器简介

随着智能设备的发展，嵌入式系统成为最有发展前途的 IT 应用领域之一。随着需求的增加，在嵌入式领域，8 位处理器已经不能再胜任一些复杂的应用，例如 GUI、TCP/IP、FILE SYSTEM 等，而 ARM 芯片凭借强大的处理能力和极低的功耗，非常适合这些场合。所以现在越来越多的公司在产品选型的时候考虑到使用 ARM 处理器，而且目前 ARM 在某些方面已经取代了原先 x86 架构的单板机，特别是工控领域。

ARM（Advanced RISC Machines）既可以认为是一个公司的名字，也可以认为是对一类微处理器的通称。ARM 公司专门从事基于 RISC 技术的芯片设计，世界各大半导体生产商从 ARM 公司购买其设计的 ARM 微处理器核，加入适合自己应用领域的外围电路，从而形成自己的 ARM 微处理器芯片。

ARM 微处理器目前包括下面几个系列，以及其他厂商基于 ARM 体系结构的处理器。除了具有 ARM 体系结构的共同特点以外，每一个系列的 ARM 微处理器都有各自的特点和应用领域。

- ARM7 系列。
- ARM9 系列。
- ARM9E 系列。
- ARM10E 系列。
- ARM11 系列。
- SecurCore 系列。
- Inter 的 Xscale。
- Inter 的 StrongARM。

其中，ARM7、ARM9、ARM9E 和 ARM10E 为 4 个通用处理器系列，每一个系列提供一套相对独特的性能来满足不同应用领域的需求。SecurCore 系列专门为安全要求较高的应用而设计。

（1）ARM7 微处理器系列

ARM7 内核采用冯・诺伊曼体系结构，数据和指令使用同一条总线。内核有一条 3 级流水线执行 ARMv4 指令集。

ARM7 系列微处理器为 32 位 RISC 处理器，低功耗，适合对价位和功耗要求较高的消费类应用。ARM7 系列微处理器包括如下几种类型的核：ARM7TDMI、ARM7TDMI-S、ARM720T、ARM7EJ。其主要应用领域为工业控制、Internet 设备、网络和调制解调器设备和移动电话。

（2）ARM9 微处理器系列

ARM9 系列微处理器采用 5 级指令流水线，能够运行在比 ARM7 更高的时钟频率上，改善了处理器的整体性能。ARM9 的存储器系统根据哈佛体系结构重新设计，区分了数据总线和指令总线。ARM9 系列微处理器包含 ARM920T、ARM922T 和 ARM940T 三种类型，主要应用于无线设备、仪器仪表、安全系统、机顶盒、高端打印机、数字照相机和数字摄像机等。

（3）ARM9E 微处理器系列

ARM9E 系列微处理器是 ARM9 内核带有 E 变种的一个可综合版本，使用单一的处理器内核提供了微控制器、DSP、Java 应用系统的解决方案，极大地减少了芯片的面积和系统的复杂程度。ARM9E 系列微处理器提供了增强的 DSP 处理能力，很适合于那些需要同时使用 DSP 和微控制器的应用场合。

ARM9E 系列微处理器包含 ARM926EJ-S、ARM946E-S 和 ARM966E-S 3 种类型。其中 ARM926EJ-S 针对小型便携式 Java 设备（如 3G 手机和 PDA）应用而设计的。ARM946E-S 包括 TCM、Cache 和一个 MPU，且 TCM 和 Cache 的大小可配置。该处理器是针对有确定的实时响应的嵌入式控制而设计的。ARM966E-S 有可配置的 TCM，但没有 MPU 和 Cache（高速缓冲存储器）扩展。

（4）ARM10E 微处理器系列

ARM10E 系列微处理器具有高性能、低功耗的特点，由于采用了新的体系结构和 6 级整数流水线，与同等的 ARM9 器件相比较，在同样的时钟频率下，性能提高了近 50%。同时，ARM10E 系列微处理器采用了 2 种先进的节能方式使其功耗极低，且提供了 64 位的 Load/Store 体系，支持包括向量操作的、满足 IEEE 754 的浮点运算协处理器，系统集成更加方便。

ARM10E 系列微处理器包含 ARM1020E、ARM1022E 和 ARM1026EJ-S 3 种类型，可以适用于不同的应用场合。

ARM10E 系列微处理器主要应用于下一代无线设备、数字消费品、成像设备、工业控制、通信和信息系统等领域。

1.3 嵌入式操作系统概述

嵌入式操作系统（Embedded Operating System，EOS）指的是在嵌入式系统中使用的操作系统，它除了能完成一般操作系统的功能，如进程管理、存储管理、文件管理、设备管理等，通常还包括与硬件相关的底层驱动软件、系统内核、设备驱动接口、通信协议、图形界面、标准化浏览器等。

嵌入式系统的设计方案有多种，应用领域千差万别。就软件方案而言，简单的系统可以不使用操作系统，被称之为裸机设计。复杂系统一般可以扩展程序存储器，资源相对比较多，系统实现的功能比较复杂，软件开发的工作量和开发的难度比较大，维护费用较高。使用嵌入式操作系统可以有效地提高这些系统的开发效率，减少了系统开发的总工作量，而且提高了嵌入式应用软件的可移植性。

嵌入式操作系统具有通用操作系统的基本特点，如能够有效管理越来越复杂的系统资源；能够把硬件虚拟化，使得开发人员从繁忙的驱动程序移植和维护中解脱出来；能够提供库函数、驱动程序、工具集以及应用程序。与通用操作系统相比较，在系统实时高效性、硬件的相关依赖性、软件固态化以及应用的专用性等方面具有较为突出的特点。

嵌入式 Linux 是将标准的 Linux 操作系统进行裁剪修改，使之能在嵌入式系统上运行的一种操作系统。嵌入式 linux 既继承了 Internet 上无限的开放源代码资源，又具有嵌入式操作系统的特性。嵌入式 Linux 的特点是版权费免费，而且性能优异，软件移植容易，代码开放，有许多应用软件支持，应用产品开发周期短。在目前已经开发成功的嵌入式系统中，大约有一半使用 Linux。

1.4　搭建嵌入式开发环境

构建开发环境是任何开发工作的基础，对于软硬件非常丰富的嵌入式系统来说，构建高效、稳定的环境是能否开展工作的重要要素之一。本节将介绍嵌入式开发环境的建立方法，包括嵌入式的 Linux 操作系统 Ubuntu16.04，主机与开发板的通信软件，交叉编译工具等的安装和配置方法。

1.4.1　Ubuntu16.04 的安装

Ubuntu 支持各种形形色色的架构，包括 i386[386/486/Pentium（II/III/IV）和 Athlon/Duron/Sempron 处理器]，AMD64（Athlon64，Opteron，最新的 64 位 Intel 处理器）以及 PowerPC（iBook/Powerbook, G4 and G5）等。Ubuntu 相对其他 Linux 发行版的主要特点如下。

（1）基于 Debian/Linux，使用 APT 包管理系统。

（2）相对于 Fedora Code，APT 包管理系统优雅地解决了依赖问题，并且可以从容地在线安装升级。

（3）相对于 Debian，软件更新积极，而 Debian 较保守。

（4）相对于 Gentoo，基本无需编译，省力、省时、省心。

本小节将介绍在 VirtualBox 管理器 5.1.2 中安装 Ubuntu 16.04，读者可以在 Ubuntu 的官方网站 http://www.ubuntu.com/download 中获取最新版的 Ubuntu 镜像文件。

在安装 VirtualBox 后，可以按照如下步骤安装 Ubuntu。

（1）打开 VirtualBox，可以看到图 1-1 所示的界面。

（2）单击“新建”按钮后会出现图 1-2 所示的界面，一般按照图中所示填写，版本根据读者下载的是 32bit 或 64bit 选择。

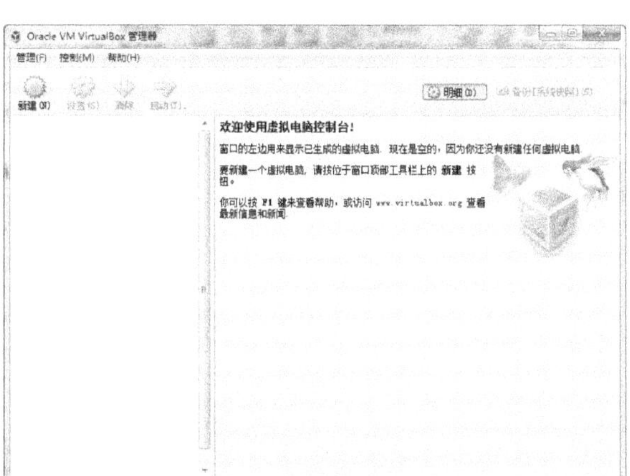

图 1-1　打开 VirtualBox 后的界面

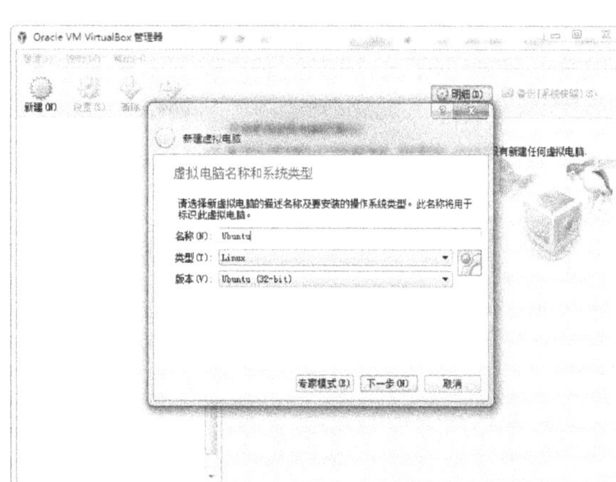

图 1-2　虚拟机系统名称填写

（3）接下来是配置内存，如图 1-3 所示，内存大小可以选择默认，也可以根据实际情况填写。剩下的可以选择默认，直接单击“下一步”按钮。当出现虚拟硬盘时，文件位置及硬盘大小可以根据实际情况选择。单击“创建”按钮后，则创建虚拟机环境完成，如图 1-4 所示。

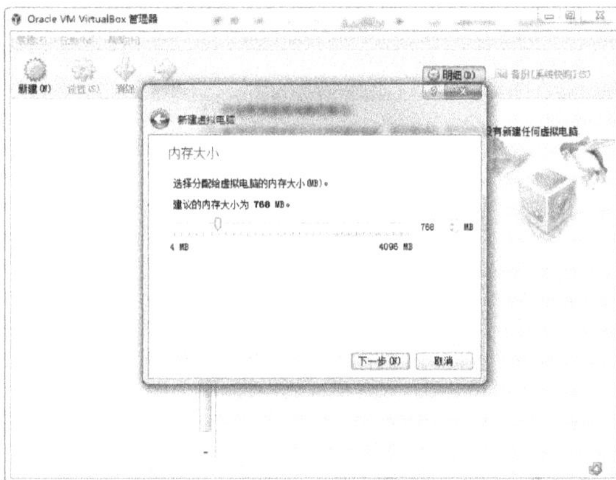

图 1-3　内存大小的选择

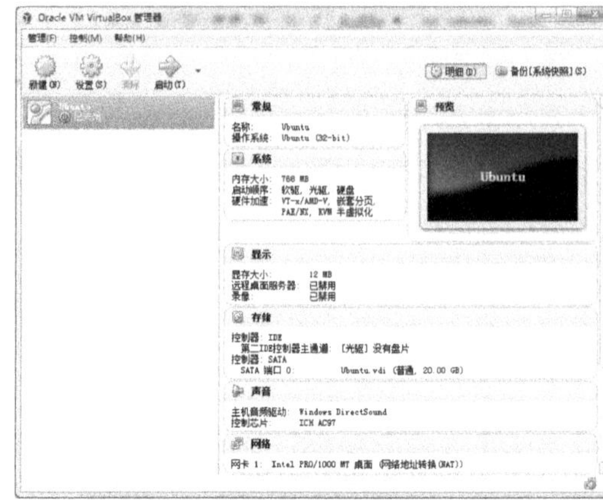

图 1-4　创建虚拟环境后的界面

（4）创建完成后，单击“设置”按钮，如图 1-5 所示，加载 ISO 镜像文件。然后单击“启动”，会开机进入图 1-6 所示的界面。选择“中文（简体）”，单击“安装 Ubuntu”按钮，开始安装 Ubuntu。

图 1-5　加载 ISO 镜像文件

图 1-6　安装 Ubuntu 欢迎界面

（5）进入准备安装 Ubuntu 界面，按照图 1-7 所示选择即可，单击“继续”按钮，进入图 1-8 所示的界面进行选择。

图 1-7　准备安装 Ubuntu 界面

图 1-8　安装类型选择

（6）接下来单击“现在安装”按钮，进入时区选择界面，选择“shanghai”，如图 1-9 所示。单击“继续”按钮，就进入键盘布局界面，选择“汉语”，如图 1-10 所示。

图 1-9　时区选择界面

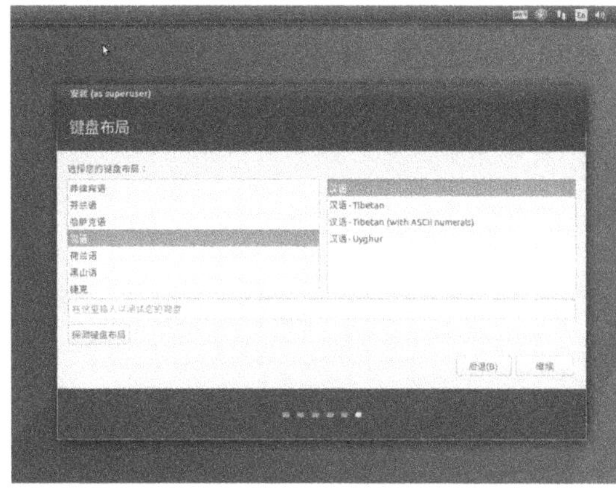

图 1-10　键盘布局选择

（7）按照图 1-10 选择后，进入用户名及密码设置界面，如图 1-11 所示。用户名及密码根据读者自己需要设置。设置完成后，进入安装界面中，如图 1-12 所示，等待一段时间，即可安装完毕。

图 1-11　用户名及登录密码设置

图 1-12　安装界面

（8）在 VirtualBox 配置的过程中，网络已经默认选择好了，如图 1-13 所示，按照默认的选择，Ubuntu 安装完成后，只要宿主机能够上网，虚拟机就能上网。

这样就完成了系统的安装，如图 1-14 所示。下面还将安装和设置一些常用的工具。

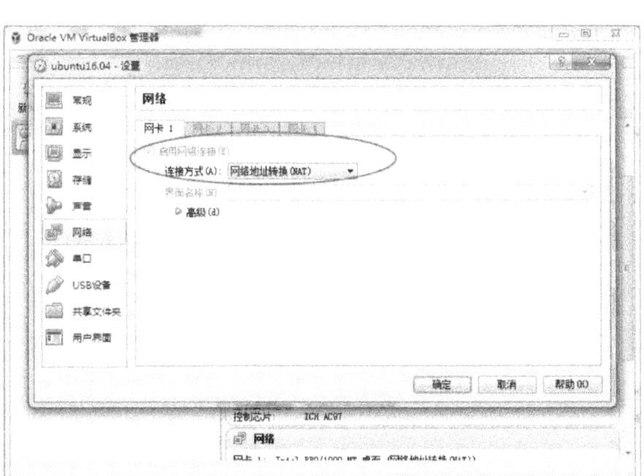

图 1-13　网络设置

图 1-14　安装完成后的系统桌面

1.4.2 Minicom 的安装配置

Minicom 是一款串口通信软件，在嵌入式开发领域应用十分广泛。类似的软件还有 Windows 下的超级终端（Hyperterminal），Linux 下的 kermit 等。它们之间的区别很小，基本上可以互换，选择适合自己的就可以了。

1. 安装 Minicom

在 Ubuntu 下安装 Minicom 的方法很简单。正确设置网络后，打开终端，输入如下命令。

```
$sudo apt-get install Minicom
```

键入上述命令按 Enter 键后，得到图 1-15 所示界面。输入 y 并按 Enter 键，开始安装 Minicom，如图 1-16 所示。

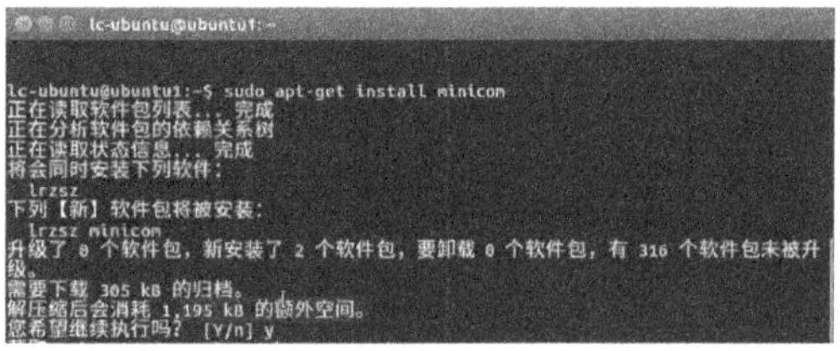

图 1-15 获取安装包

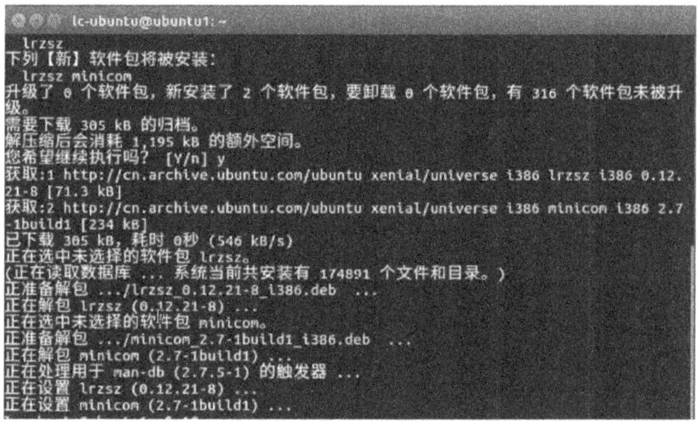

图 1-16 安装 Minicom

2. 配置 Minicom

Minicom 是在终端下运行的程序，可以通过它配置界面来配置其工作特性。第一次使用前，通常都需要做一次配置。在 shell 下执行命令：

```
$Minicom -s
```

出现图 1-17 所示的配置界面。

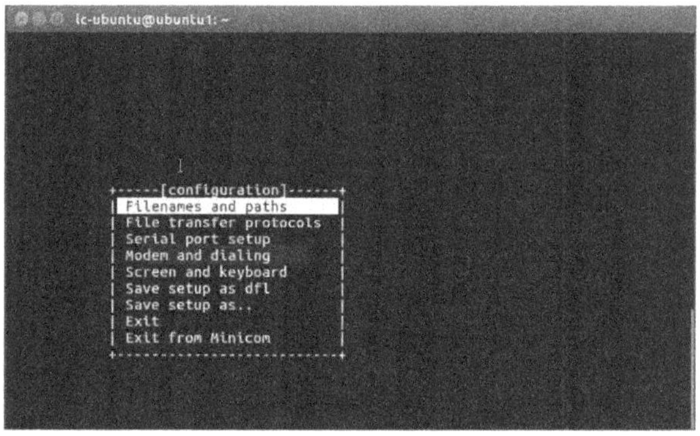

图 1-17 Minicom 的配置界面

在图 1-17 所示的菜单中，可以先通过光标移动键选择菜单项，然后再按 Enter 键进入子菜单项。选择第三个菜单项，即“Serial port setup”，根据目标板的串口通信参数设置。进入图 1-18 所示的配置界面。这些配置项前的大写字母为该配置项的快捷键，要配置某个配置项可以通过相应的按键选择该配置项，然后再做修改。

例如，按 A 键修改使用的串口设备，其中：“/dev/ttyS0”表示串口 1，“/dev/ttyS1”表示串口 2。修改完这一项，按 Esc 键返回。通常串口通信速率（E-Bps/Par/Bits）和硬件流控（F-Hardware Flow Control）也要设置为图 1-18 中所设置的那样。

参数设置完成后，按 Enter 键返回图 1-17 所示的主配置菜单。移动光标至“Sava setup as dfl”菜单项，按 Enter 键保存为默认配置。最后，选择“Exit from Minicom”命令退出。

再次启动 Minicom 时，直接在 shell 下执行 Minicom 命令就可以进入 Minicom 的控制台。在控制台下通过组合键 Ctrl+A+Z 可以进入 Minicom 菜单，如图 1-19 所示。

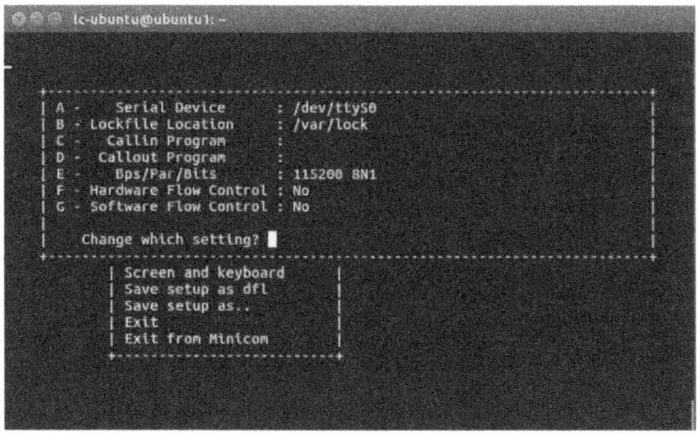

图 1-18　Minicom 串口参数配置界面

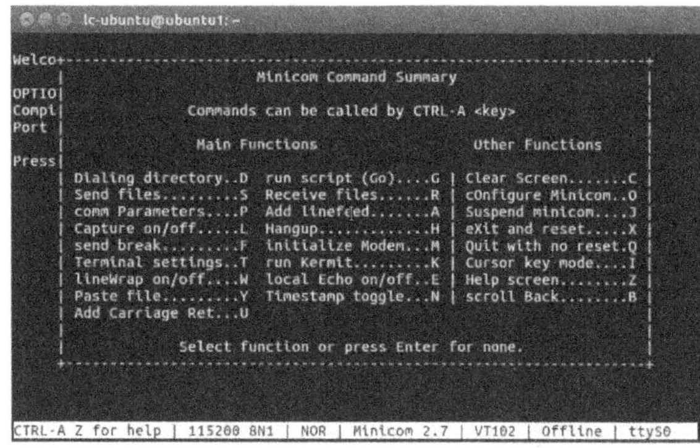

图 1-19　Minicom 命令菜单

1.4.3　Tftp 服务的安装配置

Tftp 协议是简单文件传输协议，基于 UDP 协议，没有文件管理、用户控制等功能，因此实现起来简单易行，使用方便，正好适合目标板的 Boot Loader 等使用。Tftp 分为服务器端程序和客户端程序，在主机上通常同时配置有 Tftp 服务端和客户端。这里主要介绍服务端的配置方法。默认安装的 Ubuntu 系统没有包含 Tftp 的服务端和客户端，可以采取命令行的形式获取，步骤如下。

（1）安装客户端。

```
$sudo apt-get install tftp
```

（2）安装服务端。

```
$sudo apt-get install tftpd
```

（3）安装 inetd。

```
$sudo apt-get install netkit-inetd
```

说明：inetd 是监视一些网络请求的守护进程，其根据网络请求来调用相应的服务进程来处理连接请求。inetd 可以为多种服务管理连接，当它接到连接时，它能够确定连接所需的程序，启动相应的进程，并把 socket 交给程序（服务器 socket 将作为程序的标准输入、输出和错误输出描述符）。使用 inetd 来运行那些负载不重的服务有助于降低系统负载，因为它不需要为每个服务都启动独立的服务程序。

（4）在“/”目录下建一个 tftpboot，把属性改成 777。

```
$cd /
$sudo mkdir tftpboot
$sudo chmod 777 tftpboot
```

（5）在/etc/inetd.conf 里进行添加。

```
#tftpd dgram udp wait root /usr/sbin/in.tftpd /usr/sbin/in.tftpd -s /tftpboot
```

（6）重新加载 inetd 进程。

```
$sudo /etc/init.d/inetd reload
```

（7）Tftp 服务器就安装完成了，下面测试一下。在/tftpboot 文件夹下新建立一个文件。

```
$cd /tftpboot
$touch aaa
```

（8）进入另外一个文件夹。

```
$cd~
$tftp localhost
$tftp> get aaa
```

Tftp 便配置完成了。

1.4.4 NFS 的安装配置

网络文件系统（Network File System，NFS）是一种将远程主机上的分区（目录）经网络挂载到本地系统的一种机制，通过对网络文件系统的支持，用户可以在本地系统上像操作本地分区一样来对远程主机的共享分区（目录）进行操作。

在嵌入式 Linux 的开发过程中，开发者需要在 Linux 服务器上进行所有的软件开发，交叉编译后，通过 FTP 方式将可执行文件下载到嵌入式系统运行，但这种方式不但效率低下，且无法实现在线的调试。因此，可以通过建立 NFS，把 Linux 服务器上的特定分区共享到待调试的嵌入式目标系统上，这样就可以直接在嵌入式目标系统上操作 Linux 服务器，同时可以在线对程序进行调试和修改，大大方便了软件的开发。因此，NFS 是嵌入式 Linux 开发的一个重要的组成部分，本部分内容将详细说明如何配置 NFS 开发环境。NFS 开发环境的实现包括两个方面。

（1）Linux 服务器端的 NFS 服务器支持。

（2）嵌入式目标系统的 NFS 客户端的支持。

因此，NFS 开发环境的建立需要配置 Linux 服务器端和嵌入式目标系统端。

在 Ubuntu 系统下，使用 NFS 需要首先安装以下 NFS 的软件包。

（1）服务器端：nfs-common、nfs-kernel-server、portmap。

（2）客户端：nfs-common、portmap。

安装服务器端软件包的命令是：

```
$sudo apt-get install nfs-kernel-server
```

安装 nfs-kernel-server 时，apt 会自动安装 nfs-common 和 portmap。刚安装好的 NFS 还不能提供实际的服务，需要配置共享目录的路径和访问权限。NFS 的配置文件是/etc/exports。这个文件的内容非常简单，每一行由抛出路径、客户名列表以及每个客户名后紧跟的访问选项构成，如下所示：

```
[共享的目录] [主机名或 IP(参数,参数)]
```

其中参数是可选的。当不指定参数时，NFS 将使用默认选项。默认的共享选项是：

```
sync,ro,root_squash,no_delay
```

当主机名或 IP 地址为空时，则代表共享给任意客户机提供服务。当将同一目录共享给多个客户机，但对每个客户机提供的权限不同时，可以这样：

```
[共享的目录] [主机名 1 或 IP1(参数 1,参数 2)] [主机名 2 或 IP2(参数 3,参数 4)]
```

表 1-1 列出了一些 NFS 共享的常用参数。

表 1-1　　NFS 共享的常用参数

参数	说明
ro	只读访问
rw	读写访问
sync	所有数据在请求时写入共享
async	NFS 在写入数据前可以相应请求
secure	NFS 通过 1024 以下的安全 TCP/IP 端口发送
insecure	NFS 通过 1024 以上的端口发送
wdelay	如果多个用户要写入 NFS 目录，则归组写入（默认）
no_wdelay	如果多个用户要写入 NFS 目录，则立即写入，当使用 async 时，无需此设置

续表

参数	说明
hide	在 NFS 共享目录中不共享其子目录
no_hide	共享 NFS 目录的子目录
subtree_check	如果共享/usr/bin 之类的子目录时，强制 NFS 检查父目录的权限（默认）
no_subtree_check	和上面相对，不检查父目录权限
all_squash	共享文件的 UID 和 GID 映射匿名用户 anonymous，适合公用目录
no_all_squash	保留共享文件的 UID 和 GID（默认）
root_squash	root 用户的所有请求映射成如 anonymous 用户一样的权限（默认）
no_root_squas	root 用户具有根目录的完全管理访问权限
anonuid=xxx	指定 NFS 服务器/etc/passwd 文件中匿名用户的 UID
anongid=xxx	指定 NFS 服务器/etc/passwd 文件中匿名用户的 GID

举例说明如下：

```
/home/share 192.168.1.15(rw,sync) *(ro)
```

配置说明：对 IP 地址为 192.168.1.15 的客户端赋予读写权限，其他 IP 地址的客户端仅有只读权限。

```
/home/share 192.168.1.*(rw,sync,no_root_squash)
```

配置说明：允许 IP 地址范围在 192.168.1.*的计算机以读写的权限来访问/home/share 目录。

```
/home/share *(rw,no_root_squash)
```

配置说明：/home/share 目录允许所有的 IP 以读写的权限来访问。

最后执行启动 NFS 服务的命令。命令如下。

```
$sudo /etc/init.d/nfs-kernel-server start
```

停止和重启服务，命令分别如下。

```
$sudo /etc/init.d/nfs-kernel-server stop
$sudo /etc/init.d/nfs-kernel-server restart
```

在 NFS 服务器启动后，还需要检查 Linux 服务器的防火墙等设置（一般需要关闭防火墙服务），确保没有屏蔽掉 NFS 使用的端口和允许通信的主机，主要是检查 Linux 服务器 iptables、ipchains 等选项的设置，以及/etc/hosts.deny、/etc/hosts.allow 文件。通常都是在内部局域网中进行开发，在安装系统时最好不要安装防火墙等网络安全软件，以方便使用时的配置。

首先在 Linux 服务器上进行 NFS 服务器的回环测试，验证共享目录是否能够被访问。在 Linux 服务器上运行如下命令：

```
$ mount-t nfs 192.168.1.1:/home/share /mnt
```

如果没有错误发生，再运行如下命令：

```
$ ls /mnt
```

该命令将 Linux 服务器的 NFS 输出共享目录挂载到/mnt 目录下，因此，如果 NFS 正常工作，应该能够在/mnt 目录看到/home/share 共享目录中的内容。

在 Linux 服务器设置好后，还需要对目标板系统进行相关配置。在移植内核时需要添加内核对 NFS 的支持，在内核的编译选项中，选中“networking options”“IP:kernel level autoconfiguralion”项；选中“file systems”“network file systems”“root file system on nfs”和“nfs file system support”。重新编译内核，将 Boot Loader 和 kernel 下载到开发板上。

启动开发板后，在目标系统的 Linux Shell 下，首先建立 Linux 服务器输出共享目录的挂载点：

```
$mkdir /mnt/nfs
```

执行如下命令来进行 NFS 共享目录挂载。

```
$mount-t nfs 192.168.1.1:/home/share /mnt/nfs-o nolock
```

mount 命令中的参数 192.168.1.1 为 Linux 服务器的 IP 地址，/home/share 为 Linux 服务器端所配置的共享输出目录，/mnt/nfs 为嵌入式设备上的本地目录。

然后进入该目录，并列出该目录下的文件，命令操作如下所示。

```
$cd /mnt/nfs
$ls
```

此时，在目标系统端所显示的内容即为 Linux 服务器的输出目录的内容，即 Linux 服务器的输出目录/home/share 通过 NFS 映射到了嵌入式目标系统的/mnt/nfs 目录，可以像对待本地的目录一样来对待 NFS 的共享目录了。用户可以用增加、删除和修改文件的方式来验证实际效果。

1.4.5 建立交叉工具链

交叉工具链是用来完成交叉编译的工具包，这里简要介绍其构建的基本方法。

1. 设置用户环境

设置用户环境的步骤如下。

（1）添加工作用户（在 root 用户下）。

```
$useradd -G root -g root -d/home/ARM ARM
$mkdir -p /home/ARM
$chown -R ARM /home/ARM
$chmod -R 775 /home/ARM
```

（2）建立工作目录（用 ARM 用户登录）。

```
$ mkdir dev_home
$ cd dev_home
$ mkdir btools kernel
```

（3）登录时启动环境变量（用 root 用户登录）。

```
$ vi~/.bashrc
```

在.bashrc 最后加上：

```
export PATH=/usr/local/ARM/6.1.0/bin:$PATH
```

重新登录 ARM 用户，环境变量生效。

```
$ su ARM
```

2. 编译工具链

首先需要设置环境变量，如下所示：

```
$ vi~/.bashrc
export divFIX=/usr/local/ARM/6.1.0
export TARGET=ARM-linux
export SYSROOT=${divFIX}/sysroot
export ARCH=ARM
export CROSS_COMPILE=${TARGET}-
export PATH=${divFIX}/bin:$PATH
export SRC=/home/ARM/dev_home/btools/tchain6.1.0
```

> **注意** 如果已经安装过 ARM-linux-gcc，并且已经加入到环境变量中，则应将其从环境中去掉，保证 root 用户和 ARM 用户环境中没有 ARM-linux-gcc。

（1）准备源码包如表 1-2 所示。

表 1-2 工具链所需的源码包

名称	下载地址
binutils-2.27.tar.gz	http://ftp.gnu.org/gnu/binutils/binutils-2.27.tar.gz
gcc-6.1.0.tar.bz2	http://ftp.gnu.org/gnu/gcc/gcc-6.1.0/gcc-6.1.0.tar.bz2
glibc-2.24.tar.gz	http://ftp.gnu.org/gnu/glibc/glibc-2.24.tar.gz
glibc-linuxthreads-2.5.tar.bz2	http://ftp.gnu.org/gnu/glibc/glibc-linuxthreads-2.5.tar.bz2
linux-4.6.5.tar.gz	https://www.kernel.org/pub/linux/kernel/v4.x/ /linux-4.6.5.tar.gz
gdb-7.11.tar.gz	http://ftp.gnu.org/pub/gnu/gdb/gdb-7.11.tar.gz

（2）准备补丁。上述的源码在进行编译时会出一些问题，还需稍做修改。

首先下载补丁 ioperm.c.diff，该补丁的作用是修正 ioperm()函数的一个 BUG。该补丁的下载地址为：http://frank. harvard.edu/～coldwell/toolchain/ioperm.c.diff。

然后下载补丁 flow.c.diff，该补丁的作用是修改 gcc 一处 BUG。该补丁的下载地址是：http://gcc.gnu.org/cgi-bin/cvsweb.cgi/gcc/gcc/flow.c.diff?cvsroot=gcc&only_with_tag=csl-ARM-branch&r1=1.563.4.2&r2=1.563.4.3。

最后一个补丁是 t-linux.diff，该补丁的作用是用于产生 crti.o 和 crtn.o 文件，该补丁的下载地址为：http://frank.harvard.edu/～coldwell/toolchain/t-linux.diff。

（3）编译 GNU binutils，重新以 ARM 用户登录，让新设置的环境变量起作用。

```
$ su ARM
$ cd ${SRC}
$ tar zxvf binutils-2.27.tar.gz
$ mkdir -p BUILD/binutils-2.27
$ cd BUILD/binutils-2.27
$ ../../binutils-2.27/configure --divfix=${divFIX} --target=${TARGET} --with-sysroot=
${SYSROOT}
$ make
$make install
```

（4）准备内核头文件。使用当前平台的 gcc 编译内核头文件。

```
$ cd ${KERNEL}
$ tar zxvf ../btools/tchain6.1.0/linux-4.6.5.tar.gz
$ cd linux-4.6.5/
$ cp arch/ARM/configs/smdk2410_defconfig .config
```

因为本书介绍的 CPU 是 S3C2440，所以选择了一个配置文件 smdk2410_defconfig。通过 menuconfig 选择配置文件。

```
$ make ARCH=ARM menuconfig
```

选择后保存退出。

```
$ make
```

（5）复制内核头文件，指令如下所示。

```
$ mkdir -p ${SYSROOT}/usr/include
$cp -a include/linux ${SYSROOT}/usr/include/linux
$ cp -a include/asm-ARM ${SYSROOT}/usr/include/asm
```

```
$ cp -a include/asm-generic ${SYSROOT}/usr/include/asm-generic
```

（6）编译 glibc 头文件，指令如下所示。

```
$ cd ${SRC}
$ tar zxvf glibc-2.24.tar.gz
$ patch -d glibc-2.24 -p1 < ioperm.c.diff
$ cd glibc-2.3.5
$ tar jxvf ../ glibc-linuxthreads-2.5.tar.bz2
$ cd ..
$ mkdir -p BUILD/glibc-2.5-headers
$ cd BUILD/glibc-2.5-headers/
$../../glibc-2.5/configure --divfix=/usr --host=${TARGET} --enable-add-ons= linuxt
hreads --with-headers=${SYSROOT}/usr/include
$make cross-compiling=yes install_root=${SYSROOT} install-headers
$touch ${SYSROOT}/usr/include/gnu/stubs.h
$touch ${SYSROOT}/usr/include/bits/stdio_lim.h
```

（7）编译 gcc 第一阶段，指令如下所示。

```
$ cd ${SRC}
$ tar jxvf gcc-6.1.0.tar.bz2
$ patch -d gcc-6.1.0 -p1 < flow.c.diff
$ patch -d gcc-6.1.0 -p1 < t-linux.diff
$ mkdir -p BUILD/gcc-6.1.0-stage1
$ cd BUILD/gcc-6.1.0-stage1/
$ ../../gcc-6.1.0/configure --divfix=${divFIX} --target=${TARGET} --enable- languages
=c --with-sysroot=${SYSROOT}
```

注意　　不能加上--disable-shared

```
$ make all-gcc
$ make install-gcc
```

（8）编译完整的 glibc，指令如下所示。

```
$ cd ${SRC}
$ mkdir -p BUILD/ glibc-2.24
$ cd BUILD/glibc-2.24
$BUILD_CC=gcc CC=${CROSS_COMPILE}gcc AR=${CROSS_COMPILE}ar RANLIB=${CROSS_COMPILE}
ranlib AS=${CROSS_COMPILE}as LD=${CROSS_COMPILE}ld ../../glibc-2.24/configure-divfix =/usr
--build=i386-ubuntu-linux --host=ARM-unknown-linux-gnu --target=ARM-unknown- linux-gnu
--without-__thread --enable-add-ons=linuxthreads --with-headers=${SYSROOT}/ usr/include
```

参数说明如下。

- --divfix：指定安装路径。
- --target：指定目标平台。
- --host：指定当前平台。
- --build：指定编译平台。
- --with-sysroot：用于指定编译所需要的头文件及链接库。
- --enable-add-ons：加入其他的库，如线程库等。
- --enable-languages：指定 gcc 所支持的语言。

```
$ make
$ make install_root=${SYSROOT} install
```

（9）编译完整的 gcc，指令如下所示。

```
$ cd ${SRC}
$ mkdir -p BUILD/gcc-6.1.0
$ cd BUILD/gcc-6.1.0
$../../gcc-6.1.0/configure  --divfix=${divFIX}  --target=${TARGET}  --with-sysroot=${SYSROOT} --disable-nls --enable-threads=posix --enable-symvers=gnu --enable-__cxa_atexit --with-softfloat-support=internal --enable-languages=c,c --enable-shared-enable-c99 --enable-long-long
$ make
$ make install
$ ARM-linux-gcc -v
Reading specs from /usr/local/ARM/6.1.0/lib/gcc/ARM-linux/6.1.0/specsConfigured with: ../../gcc-6.1.0/configure --divfix=/usr/local/ARM/6.1.0 --target=ARM-linux-with -sysroot=/usr/local/ARM/6.1.0/sysroot --disable-nls --enable-threads=posix --enable- symvers=gnu --enable-__cxa_atexit --with-softfloat-support=internal --enable-languages =c,c --enable-shared --enable-c99 --enable-long-long
Thread model: posix
gcc version 6.1.0
$ ls
ARM-linux-addr2line ARM-linux-c filt ARM-linux-gcc-6.1.0 ARM-linux-nm ARM-linux-readelf
ARM-linux-ar ARM-linux-cpp ARM-linux-gccbug ARM-linux-objcopy ARM-linux-size
ARM-linux-as ARM-linux-g ARM-linux-gcov ARM-linux-objdump ARM-linux-strings
ARM-linux-c ARM-linux-gcc ARM-linux-ld ARM-linux-ranlib ARM-linux-strip
```

为了确保编译的 gcc 能正常工作，需要对它们进行测试，主要的步骤如下。

（1）编写 C 语言文件，代码如下。

```
$ vi hello_c.c
#include<stdio.h>
#include<stdlib.h>
int main()
{
  printf("Hello,World~\n");
  return 0;
}
```

（2）编写 CPP 语言文件，代码如下。

```
$ vi hello_cpp.cpp
#include<iostream>
using std::cout;
using std::endl;
int main()
{
  cout<<"Hello,World!\n"<<endl;
  return 0;
}
```

（3）交叉编译文件，代码如下。

```
$ ARM-linux-gcc hello_c.c -o hello_c
$ ARM-linux-g -o hello_cpp hello_cpp.cpp
$ file hello_c
hello_c: ELF 32-bit LSB executable, ARM, version 1 (ARM), for GNU/Linux 4.6.0, dynamically linked (uses shared libs), for GNU/Linux 4.6.0, not stripped
$ file hello_cpp
hello_cpp: ELF 32-bit LSB executable, ARM, version 1 (ARM), for GNU/Linux 4.6.0, dynamically linked (uses shared libs), for GNU/Linux 4.6.0, not stripped
```

没有出现任何错误，说明编译的 gcc 可以正常工作。

下面编译主机上运行的 gdb，这个过程比较简单，指令如下。

```
$ tar zxvf gdb-7.11.tar.gz
$ mkdir -p BUILD/gdb-7.11-host
$ cd BUILD/gdb-7.11-host
$ export CC=gcc
$ ../../gdb-7.11/configure --target=ARM-linux
$ make
$ file gdb/gdb
gdb/gdb: ELF 32-bit LSB executable, Intel 80386, version 1 (SYSV), for GNU/Linux 4.6.0, dynamically linked (uses shared libs), for GNU/Linux 4.6.0, not stripped
```

另外有时需要进行远程调试，因此还需要建立目标平台上运行的 gdbserver，指令如下。

```
$ mkdir -p ../gdbserver-7.11
$ cd ../gdbserver-7.11
$ export CC=/usr/local/ARM/6.1.0/bin/ARM-linux-gcc
$ ../../gdb-7.11/gdb/gdbserver/configure --host=ARM-linux
$ make
$ file gdbserver
gdbserver: ELF 32-bit LSB executable, ARM, version 1 (ARM), for GNU/Linux 4.6.0, dynamically linked (uses shared libs), for GNU/Linux 4.6.0, not stripped
```

3. 工具链的下载

有些常用的工具链并不需要自己从头编译，网上已经有了现成的，只需下载后按指定的目录解压就可以了。工具链的官方下载地址如下所示。

http://www.ARM.linux.org.uk/；

ftp://ftp.ARM.linux.org.uk/pub/ARMlinux/toolchain/cross-2.95.3.tar.bz2；

ftp://ftp.ARM.linux.org.uk/pub/ARMlinux/toolchain/cross-3.0.tar.bz2；

ftp://ftp.handhelds.org/projects/toolchain/ARM-linux-gcc-3.3.2.tar.bz2；

ftp://ftp.handhelds.org/projects/toolchain/ARM-linux-gcc-3.4.1.tar.bz2；

http://ftp.snapgear.org/pub/snapgear/tools/ARM-linux/gcc-3.4.4.tar.bz2；

1.5 启动目标板系统

Linux 系统的一般启动过程包括引导内核、启动内核和启动初始化程序三个阶段，如图 1-20 所示。

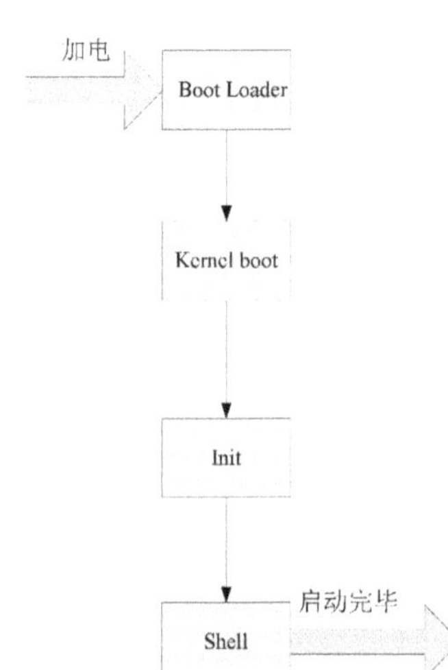

图 1-20 Linux 的启动过程

1.5.1 Boot Loader 和 Kernel

目标板处理器上电或者复位之后，首先执行引导程序（Boot Loader），初始化内存等硬件，然后把压缩的内核映像加载到内存中，最后跳转到内核映像入口执行。

目标板上的 Boot Loader 具有加载内核映像的功能。在嵌入式 Linux 开发中，常常用到网络加载的方式，就是通过 Tftp 协议把内核映像加载到目标板内存中。不同的 Boot Loader 有不同的配置方法，这里以 U-Boot 为例说明。U-Boot 支持多种启动加载模式，包括从网络和从 FLASH 启动。这里以从网络启动为例。

```
U-Boot 1.1.4 (Jun 29 2007 - 13:26:53)

U-Boot code: 31F80000 -> 31F9DCE0  BSS: -> 31FA2350
RAM Configuration:
Bank #0: 30000000 32 MB
Nor Flash: 512 KB
NAND FLASH:    64 MB

In:    serial
Out:   serial
Err:   serial
Hit any key to stop autoboot:  0
NANO2410=> Tftp 30008000 zImage
```

系统加电后首先启动了 U-Boot，当出现命令提示符后，输入命令：

```
Tftp 30008000 zImage
```

表示从服务器上通过 Tftp 下载内核镜像 zImage。之后出现下面的提示。

```
Tftp from server 192.168.0.1; our IP address is 192.168.0.2
Filename 'zImage'.
Load address: 0x30008000
Loading: #################################################################
         #################################################################
         #################################################################
         #################################################################
         ############################################
done
Bytes transferred = 1555932 (17bddc hex)
```

通过前面的 Tftp 命令，将内核下载到了内存地址的 30008000 处。在下载的同时还显示了下载进度。由于这是 Linux 4.6 的内核，而其包含了较多的驱动和模块，使得体积较大，有 1555932 字节长，若是 2.4 版本的内核，通常不会超过 1MB。

```
NANO2410=>go 30008000
## Starting application at 0x30008000 ...
Uncompressing Linux.....................................................
.......................... done, booting the kernel.
```

当输入命令：

```
go 30008000
```

Boot Loader 将内核镜像解压，并跳转至内核映像入口地址，开始启动内核。

```
Linux version 2.6.18.2 (swordzj@swordzj-desktop) (gcc version 3.4.1) #1 Wed Jul
18 22:00:09 CST 2007
CPU: ARM920T [41129200] revision 0 (ARMv4T), cr=00007177
Machine: SMDK2410
ATAG_INITRD is deprecated; please update your BootLoader.
Memory policy: ECC disabled, Data cache writeback
CPU S3C2410A (id 0x32410002)
S3C2410: core 202.800 MHz, memory 101.400 MHz, peripheral 50.700 MHz
S3C24XX Clocks, (c) 2004 Simtec Electronics
CLOCK: Slow mode (1.500 MHz), fast, MPLL on, UPLL on
CPU0: D VIVT write-back cache
CPU0: I cache: 16384 bytes, associativity 64, 32 byte lines, 8 sets
CPU0: D cache: 16384 bytes, associativity 64, 32 byte lines, 8 sets
Scanning device for bad blocks
Creating 4 MTD partitions on "NAND 64MiB 3,3V 8-bit":
0x00000000-0x00100000 : "BootLoader "
```

```
0x00100000-0x00300000 : "kernel"
0x00300000-0x02b00000 : "root"
0x02b00000-0x04000000 : "user"
s3c2410-ohci s3c2410-ohci: S3C24XX OHCI
s3c2410-ohci s3c2410-ohci: new USB bus registered, assigned bus number 1

yaffs: dev is 32505859 name is "mtdblock3"
yaffs: passed flags ""
yaffs: Attempting MTD mount on 31.3, "mtdblock3"
eth0: using half-duplex 10Base-T (RJ-45)
```

在经历一系列的初始化过程之后，内核启动完毕，接下来启动 Init 程序。

```
BusyBox v1.4.2 (2007-07-01 17:44:36 CST) Built-in shell (ash)
Enter 'help' for a list of built-in commands.

[root@swordzj /]$
```

嵌入式程序的 Init 程序完成的工作很少，一般不需要实现 Login 等复杂的功能，而是直接启动 shell。

1.5.2 根文件系统

在内核启动到最后，必须为其挂接一个根文件系统。从文件系统中启动 Init 程序，以完成剩下的系统启动过程。

在交叉开发环境中，通常采用 NFS 文件系统，在内核的启动过程中挂载由主机共享的根文件系统，这种方式将大大地方便主机与目标板的数据共享。

要使目标板能够加载上 NFS 根文件系统，需要做两方面的工作。一是在主机端配置 NFS 服务器和准备好文件系统所需的文件和目录结构。二是配置目标板的内核选项。关于主机端的配置在前面的内容中已经介绍过了，这里主要介绍内核的配置内容。使用 NFS 的根文件系统必须首先具备以下条件。

1. 有正确的以太网接口驱动

内核的以太网驱动和 Boot Loader 中的以太网驱动是不一样的，有时可能在 Boot Loader 中能正常使用的以太网，在内核中就不能使用了。在内核中配置以太网驱动一般在菜单项“Network device support”下。

2. 配置内核启动命令行参数

通过命令行参数可以告诉内核从哪里获得根文件系统。配置内核启动命令行参数默认值的菜单项为“Default kernel command line string”。格式如下：

```
root=/dev/nfs rw nfsroot=<nfs_server>:<root_path> ip=<target_ip>
```

参数的说明如下。

- <target_ip>：是为目标板指定的 IP 地址。
- <nfs_server>：是指定 NFS 服务器的 IP。
- <root_path>：是指定要挂载的 NFS 服务器的目录。
- root=/dev/nfs：则指定要挂接 NFS 根文件系统。
- rw：表示按照可读/写属性挂载。

例如：

```
root=/dev/nfsrwnfsroot=192.168.1.1:/home/share/rootfs  ip=192.168.1.2:192.168.1.1:
192.168.1.1:255.255.255.0:swordzj:eth0:off console=ttySAC0 115200 ehtaddr=08:00:3e:26:
0a:5b mem=32M init=/linuxrc
```

表示挂载服务器 192.168.1.1 的/home/share/rootfs 为根文件系统，目标板的 IP 地址为

192.168.1.2。此外还包含以下关于目标板的启动信息。

- 网关地址：192.168.1.1。
- 子网掩码：255.255.255.0。
- 主机名：lc-pc。
- 以太网接口：eth0。
- 以太网 MAC：08:00:3e:26:0a:5b。
- 串口设备：ttySAC0（串口 1，这是在 Linux4.6 内核下的设置）。
- 串口数率：115200。
- 内存大小：32MB。
- Init 程序路径：/linuxrc。

3. 配置内核支持 NFS 根文件系统

在内核配置中，选中："File Systems""Kernel automounter support""Network File Systems"和"NFS file system support"，配置编译为内核，下载到目标板上启动，如果准备工作没有遗漏，此时 NFS 根文件系统就可以挂载到内核上了。至此，交叉开发环境就建立起来了。

1.6　小结

本章介绍了嵌入式系统的一些基础知识，解释了什么是嵌入式系统、嵌入式系统中的处理器，以及嵌入式开发环境的搭建。在学习了本章的内容以后，读者会对嵌入式系统有个整体的印象。

1.7　习题

一、填空题

1. ARM7 内核是________体系结构，数据和指令使用________总线。内核有一条________流水线，执行 ARMv4 指令集。

2. ARM9 系列微处理器包含________、________和________三种类型，以适用于不同的应用场合。

3. 嵌入式操作系统指的是在嵌入式系统中使用的操作系统，相对于一般操作系统而言的，除了能完成一般操作系统的功能，如________、________、________、________等，通常还包括与硬件相关的________、________、________、________、________、标准化浏览器等。

4. Linux 系统的一般启动过程包括________、________和________三个阶段。

二、实践题

按照 1.4 节所介绍的开发环境搭建的介绍，读者自己动手建立自己的开发环境。

第 2 章 嵌入式 C 语言开发流程

本章将从最基本的 VI 编辑器讲起，介绍如何一步一步地将代码转变成可执行文件，并最终在 ARM 开发板上运行起来。另外，还将介绍在 Eclipse 下开发程序的流程。这两种开发过程殊途同归，只是前者适合于有一定 Linux 基础、喜欢命令行操作的开发者；而后者则适合从 Windows 上转移到 Linux 平台上的开发者，相同的图形环境将更容易消除学习初期的畏惧感，更快地熟悉开发环境。

2.1 命令行下的开发流程

命令行模式是最基本、最原始，但也是最为强大的开发环境，最初的 Linux 系统只能在这个环境下进行开发。在这个开发环境中需要用到的工具主要包括：VI/VIM、Emacs、GCC、GDB、MAKE 和 CVS 等。在本节中，将采取“Step by Step”的方法，希望读者跟着文中的步骤说明和图片注释，实际动手完成所有的操作，以体会这种模式下开发一个程序的具体流程。

2.1.1 编写代码

以最经典的“Hello World”程序（下面简称 hello 程序）为例，它的源代码如下：

```
#include <stdio.h>
int main ()
{
   printf ("Hello World\n");
   return 0;
}
```

下面用 VI 把这个程序写出来。我们将以 Ubuntu16.04 的窗口系统为例，首先打开一个终端窗口，打开之后如图 2-1 所示。

> 提示　具体如何安装 Ubuntu16.04，可参考 1.4.1 小节。

在终端窗口中，输入以下命令：

```
$vi
```

按 Enter 键后就会运行 VIM（视系统的具体版本，大多数的发行版都用 VIM 替代了 VI），如图 2-2 所示。这时，按下键盘上的 I 键，在最下方将出现“---插入---”提示。然后输入 hello 程序的代码。完成之后将如图 2-3 所示。

图 2-1　打开一个终端窗口

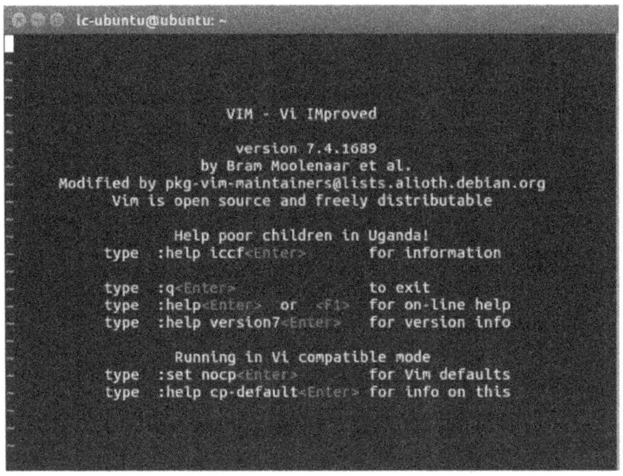

图 2-2　VIM 的启动界面

注意在输完最后一行的“}”后，最好再通过按 Enter 键留出一个空行，如图 2-3 中光标所示的那样。接下来就需要将写好的程序保存下来，请按照下面的操作步骤进行。

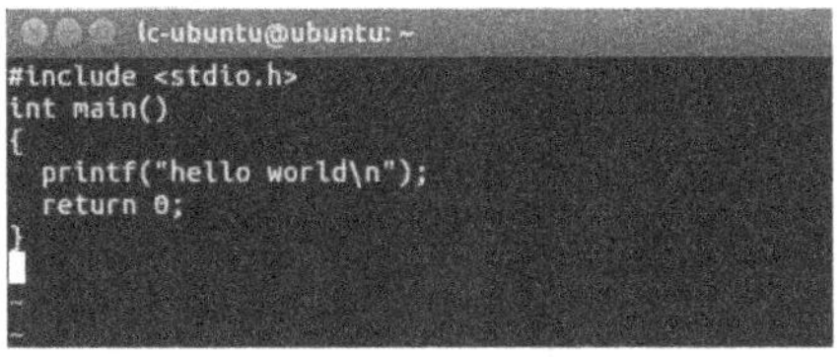

图 2-3　输入完成程序后的示意图

（1）按下 Esc 键。

（2）按 Shift+; 组合键。

（3）当出现“:”和闪烁的光标提示时，输入 w hello.c。完成后如图 2-4 所示。

（4）按 Enter 键之后将提示文件保存成功，并且 VIM 将不同的代码区域染上了不同的颜色，如图 2-5 所示。

图 2-4　保存文件示意图

图 2-5　文件保存之后的显示

接下来退出 VIM 编辑器，结束代码编辑工作。方法是重复上述的（1）～（3）步，但在第（3）步中输入的命令改为：“q!”。完成后将返回命令行提示符。

2.1.2　编译程序

现在就得到了一个名为 hello.c 的源代码文件，接下来将它编译为可执行文件。

（1）需要确定系统中是否装有 GCC 编译器，可以通过下列命令：

```
$gcc -v
```

注意不要搞错了大小写，“GCC”可不是它的命令名。执行成功说明系统中正确安装了 GCC 编译器，并且从中还得到了该编译器的版本是“5.3.1”，如图 2-6 所示。

（2）通过下列命令进行编译：

```
$gcc-g-o hello hello.c
$gcc ls -l
```

没有出现提示信息就表明编译成功了，这将产生一个带有调试信息的 Debug 版的 hello 程序，可通过 ls-l 命令进行查看该目录下的文件信息，如图 2-7 所示。

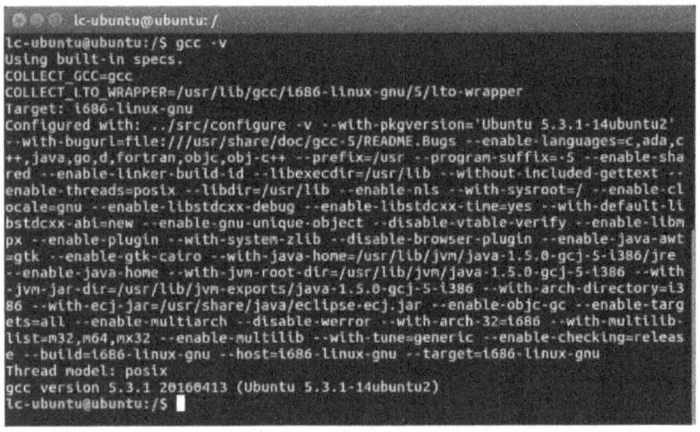

图 2-6 GCC 编译器的版本信息

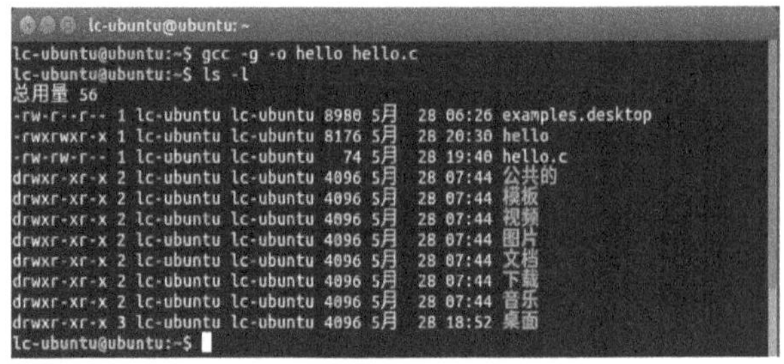

图 2-7 编译成功

在列出的信息中可以发现 hello 是带有可执行属性的文件（注意文件属性中的“x”标记）。在 Linux 系统中不是通过扩展名来区分一个文件是不是可执行文件，而是通过文件头的信息和文件的属性来区分。因此不管这个 hello 程序的文件名是“hello.com”或者“hello.txt”，只要不改变它的属性和内容，它都是可执行的。

（3）要获得关于一个文件的详细信息，可以通过 file 命令，如图 2-8 所示。

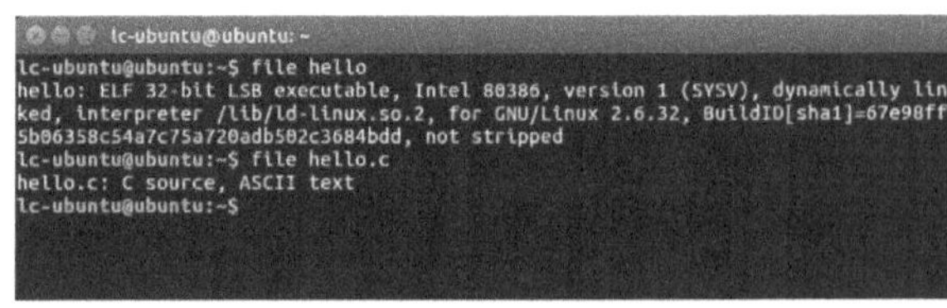

图 2-8 file 命令获取的文件信息

对图 2-7 中所列出的三个文件或目录使用 file 命令得到了图 2-8 的结果，可以很清楚地看出：

- hello ：是可执行文件，运行于 80386（x86）平台，使用的是动态链接的库（dynamically linked），没有去掉符号信息。
- hello.c：是程序文本。

2.1.3 运行程序

很多习惯了 DOS 命令行的开发者会发现到了 Linux 的命令行中，明明那个程序就在当前目录中，可就是执行不了。这是因为 Linux 的 shell 总是在 PATH 环境变量所指的路径中搜索可执行文件，如果当前目录并没有包含在 PATH 环境变量中，那么就不能够直接通过文件名执行，还得指明它的路径才行。图 2-9 所示的这个“hello”程序就是这样的情况。

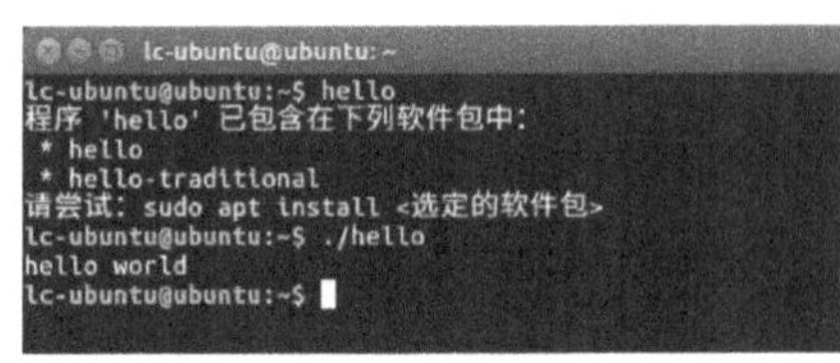

图 2-9 运行 hello 程序

仔细看图我们可以发现，第一次运行是不带路径的，shell 提示没有该命令；第二次带了路径后，运行就成功了。

2.1.4 交叉编译

假定交叉编译器是安装在默认路径：

```
/usr/local/ARM/4.3.2/bin
```

为了方便使用，首先要将该路径添加进 PATH 变量中，可通过下面的命令。

```
$export PATH=/usr/local/ARM/4.3.2/bin:$PATH
```

然后执行交叉编译命令：

```
$ARM-linux-gcc-g-o hello_ARM hello.c
```

即编译出在 ARM 处理器上运行的 hello 程序，这里为了避免把前面编译出的文件覆盖了，因此给它取了另一个名字 hello_ARM。

通过 file 命令将得到关于该可执行文件更详细的信息。

上述的操作步骤如图 2-10 所示。

从 file 命令执行得到的信息可以发现，hello_arm 程序是 ARM 处理器下的，使用动态链接库，未清除符号信息的可执行文件（executable）。注意，“可执行”是针对在 ARM 处理器而言的，在 PC 上是“不可执行”的。如果企图执行它，将得到不能执行该程序的错误提示。

而如果将这个程序在 ARM 开发板上运行，则将得到同在 PC 上运行相同的结果，如图 2-11 所示。

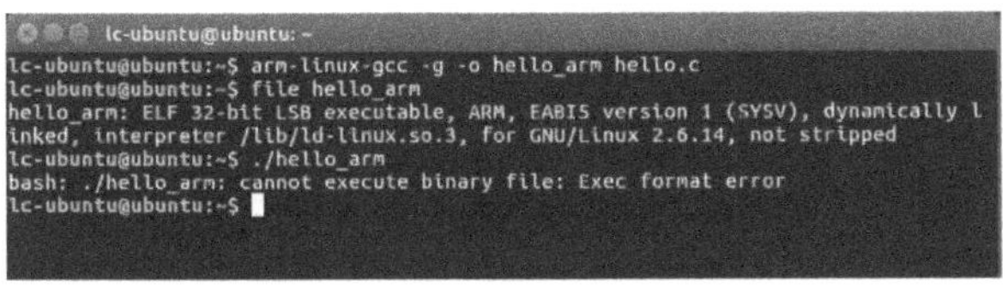

图 2-10　交叉编译 hello 程序

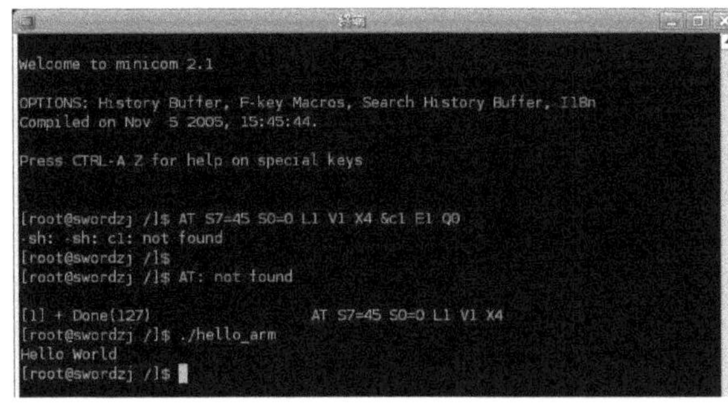

图 2-11　在开发板上运行 hello 程序

2.1.5　编写 Makefile

在开发嵌入式程序的过程中，常常需要同时编译出 PC 版和 ARM 版的程序，以验证程序在不同平台上的执行效果。为了便于管理，一般需要编写一个简单的 Makefile 来完成这项工作。和编写代码一样，使用 VI 作为编辑器。

（1）在命令行输入以下命令。

```
$vi Makefile
```

（2）输入下面内容。

```
CC=gcc
CROSS=ARM-linux-
all: ARM-hello x86-hello
ARM-hello:
     $(CROSS)$(CC) -o ARM-hello hello.c
x86-hello:
     $(CC) -o x86-hello hello.c
clean:
     @rm-vf *-hello *.o *~
```

完成后如图 2-12 所示。

（3）按 Esc 键进入命令模式，再按：和 wq 组合键保存该文件并退出。

（4）在命令行下依次输入命令：

```
$make
$ls -l
$make clean
$ls -l
```

将得到如图 2-13 所示的结果。

第一个命令 make 执行后生成了两个版本的可执行文件：arm-hello 和 x86-hello，前者是在 ARM 处理器上运行的版本，后者则是在 PC 上运行的版本。

第三个命令 make clean 将删除先前生成的两个可执行文件。

图 2-12　编写 Makefile 示例

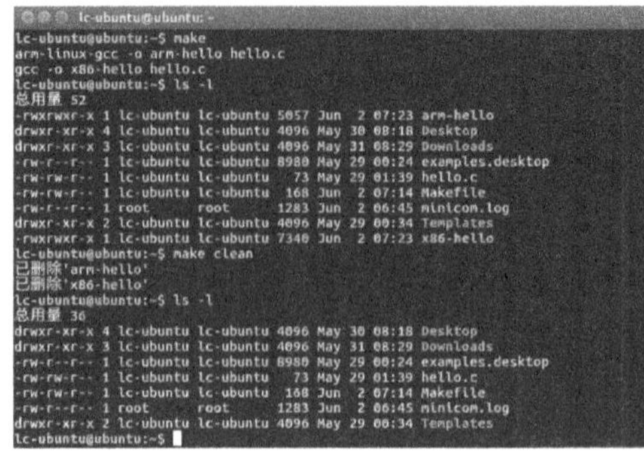

图 2-13　执行 make 命令

2.2　基于 Eclipse 的开发流程

Eclipse 是 IBM 开发的一套功能十分强大的集成开发环境，最初是用于编写 Java 语言的程序，后来由于 CDT 插件的出现，使得它也可以用于开发 C/C++的程序了。Eclipse 没有提供自己的编译器和调试工具，而是调用系统内的 GCC 和 GDB 来完成编译和调试工作。通过适当的设置，也可以实现交叉编译和远程调试等在嵌入式系统下常用的功能。

本节将基本参照 2.1 节的思路介绍如何在 Eclipse 中开发，此外还将补充介绍一些 Eclipse 相比命令行模式的优势之处。

2.2.1　下载和安装 Eclipse

Eclipse 是完全免费而且开放源代码的，可以在它的官方网站上下载到最新的软件包，其网址是：http://www.eclipse.org/downloads/。

根据具体的用途，Eclipse 分为了几个套装。这里选择其中用于开发 C/C++程序的：Eclipse IDE for C/C++ Developers。

（1）选择一个速度较快的镜像站点下载，得到一个名为 eclipse-cpp-mars-2-linux- gtk.tar.gz 的压缩包。通过执行命令：

```
$sudo tar zxvf eclipse-cpp-mars-2-linux-gtk.tar.gz-C /opt
```

将该压缩包解压至/opt 目录下。

（2）由于 Eclipse 的运行还需要 Java 虚拟机，如果系统中没有安装 Java 虚拟机，则在运行 Eclipse 前还需要将 Java 虚拟机安装上。

（3）打开文件浏览器，进入/opt 目录，找到 Eclipse 的执行程序，如图 2-14 所示。

（4）双击该图标就可以启动 Eclipse 了，启动的界面如图 2-15 所示。

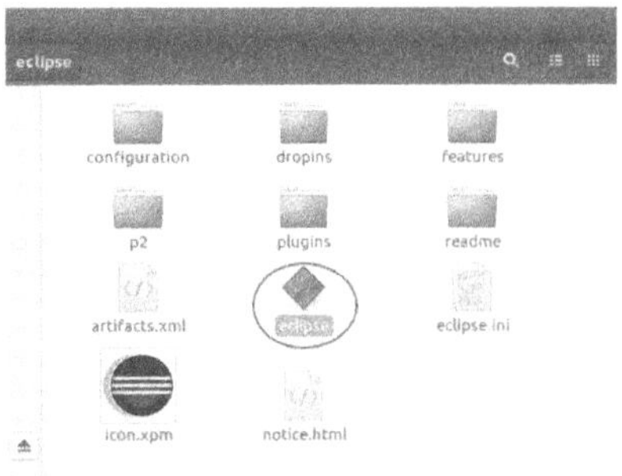

图 2-14　Eclipse 的执行程序

图 2-15　Eclipse 的启动界面

在启动的过程中可能会要求用户设置 workspace 的目录，该目录为使用 Eclipse 编辑的工程所在的目录，通常设置为用户 Home 目录下的 workspace 目录。

2.2.2　新建工程

和大多数的集成开发环境一样，Eclipse 中也有工程或项目（project）的概念。无论所要制作的程序有多少个文件，即使如 hello 这样的程序，也需要首先新建一个工程。

（1）单击工具栏上的第一个图标，会出现图 2-16 所示的菜单。

（2）选择第一项 C Project，单击之后如图 2-17 所示。

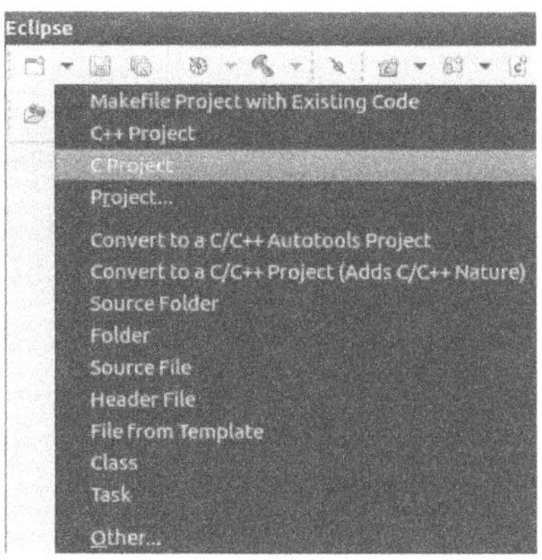

图 2-16　新建工程的菜单

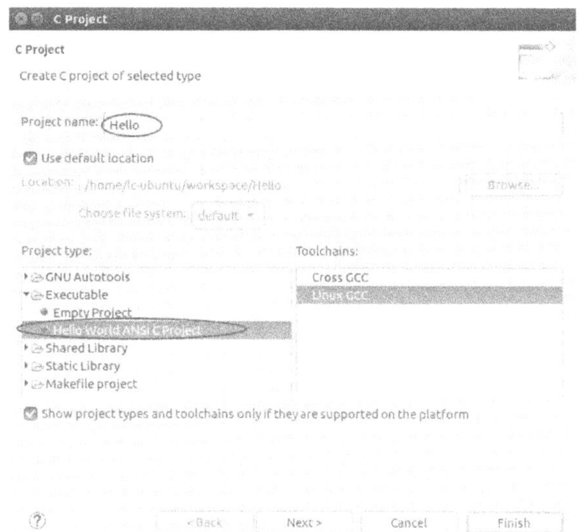

图 2-17　新建工程向导

（3）图中已标出需要设置的项目，按照图中的提示设置好后，单击 Finish 按钮。

Eclipse 将建立好这个 Hello 工程，读者可以在 workspace/hello 目录下找到这个工程。整个工作界面如图 2-18 所示。

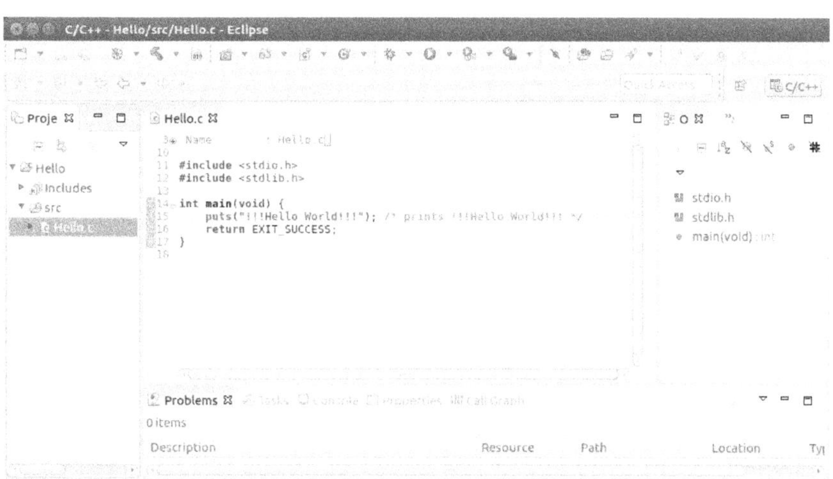

图 2-18　Eclipse 工作界面

由于在新建工程向导中选择了一个工程的模板，即 Hello World ANSI C Project，可以看到在工程中已经有了一个“Hello.c”文件。

2.2.3　编写代码

Eclipse 的代码编辑器为程序员提供了许多很贴心的功能，如智能代码提示、代码格式化和代码重构等功能。下面以智能代码提示功能为例进行介绍。

（1）将光标移至 return 语句之前，新建一行，然后输入 printf()函数的前几个字母，如 prin，然后按 Alt+/组合键，Eclipse 就会自动将剩余的字母补全，并提示该函数的参数定义，如图 2-19 所示。

（2）如果对 puts()函数的用法不熟悉，想查看该函数的定义时，原来只能通过 man 手册去查，现在只需将鼠标在 puts 上悬停半秒左右，就会出现图 2-20 所示的提示。

图 2-19　智能代码提示

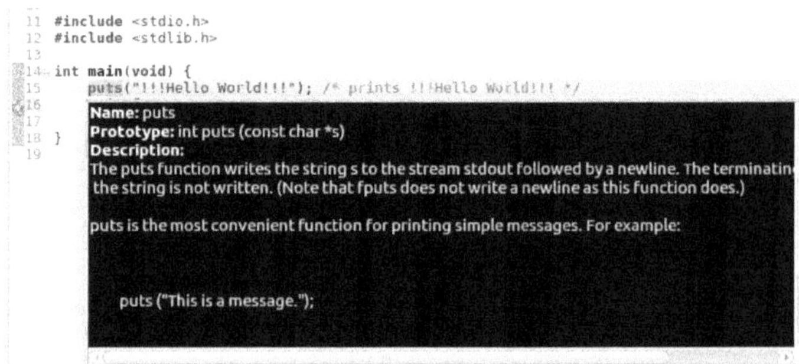

图 2-20　函数定义提示

在代码编辑窗口中单击右键出现的快捷菜单中列出了很多其他常用的功能，留给读者在使用中逐步摸索。

2.2.4　编译工程

在 Eclipse 下编译工程简单到只需要单击一下鼠标即可，如图 2-21 所示。编译后的可执行文件会自动加入工程的管理中，如图 2-22 所示。

在“Binaries”分类下的“Hello–[x86/le]”，便是最终编译得到的可执行文件。从附加信息中还可得知该文件的目标系统为 x86，即 PC。前面提过，通过适当的配置也可以实现交叉编译。下面就介绍设置的步骤。

（1）在工程（Project）菜单中选择属性（Properties），如图 2-23 所示。

图 2-21　编译工程

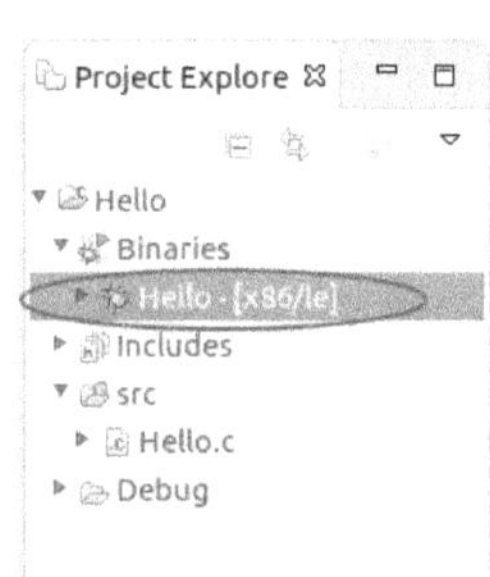

图 2-22　工程中的可执行文件

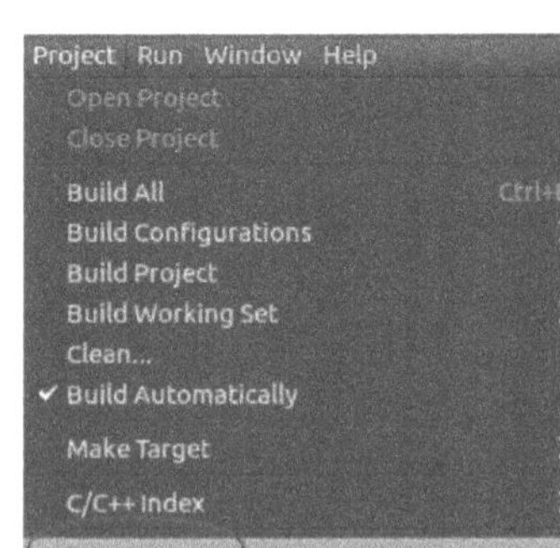

图 2-23　工程菜单

（2）在工程配置中新建一个 ARM 的配置，如图 2-24 所示。

（3）按照图中标准的数字顺序，依次选择 1 和 2，然后单击 3 的 New...按钮，在 4 处输入配置的名称和描述信息，然后在 5 处选择复制 Debug 的配置。最后单击 OK 按钮。

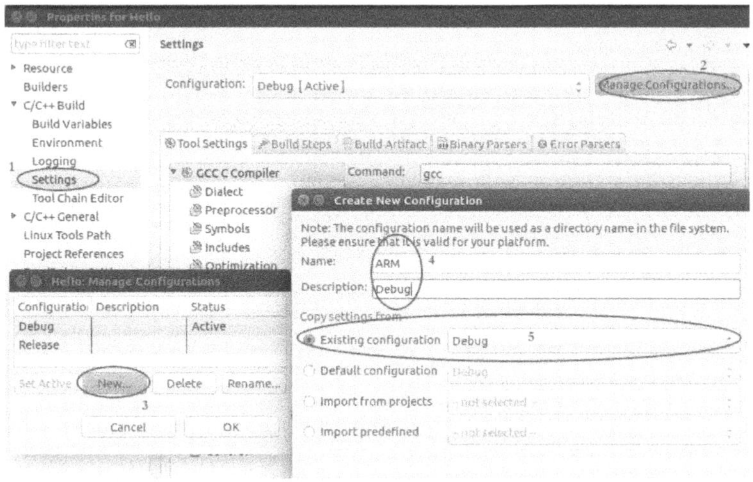

图 2-24 工程配置

（4）返回工程配置界面后，选择 Configuration 为“ARM”，然后将 Tool Settings 中的“GCC C Compiler”和“GCC C Linker”项目中 Command 所选用的“gcc”，都改为“arm-linux-gcc”，如图 2-25 所示。

图中标出了需要注意的两处修改。以上便完成了交叉编译器的配置。

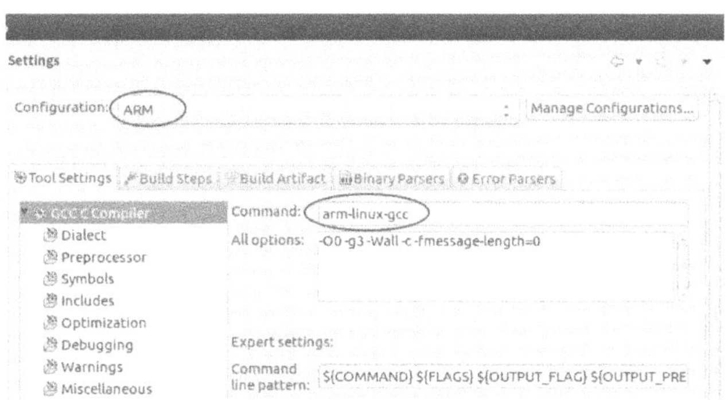

图 2-25 配置编译器

（5）在进行交叉编译前，还需将当前的编译配置改为 ARM，方法如图 2-26 所示。

（6）切换配置后，再点一次编译的按钮就会调用 arm-linux-gcc 编译出 ARM 版的 Hello 程序了。这时的工程目录将如图 2-27 所示。

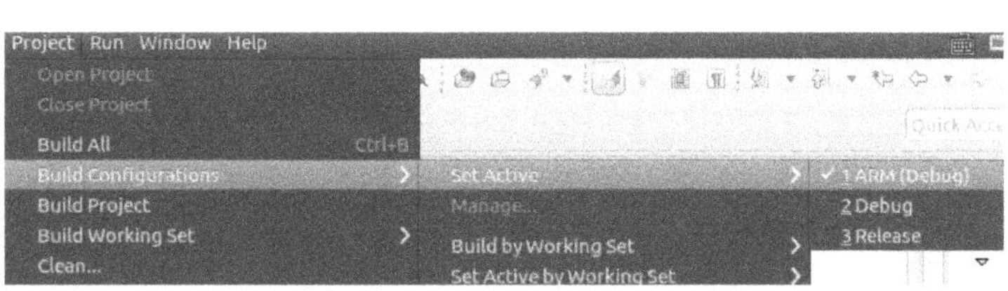

图 2-26 切换编译配置

图 2-27 交叉编译后的工程目录

在 Binaries 下有了两个可执行文件，从附加信息中可以清楚地看到光标所指的文件确实为面向 ARM 系统的可执行文件。

2.2.5 运行程序

运行程序也只需单击一个按钮即可，如图 2-28 所示。该按钮位于图中所标示的位置。单击之后，Eclipse 将运行 Hello 程序，并且在 Console 视图中捕获该程序的输出结果，如图 2-29 所示。

图 2-28 运行按钮

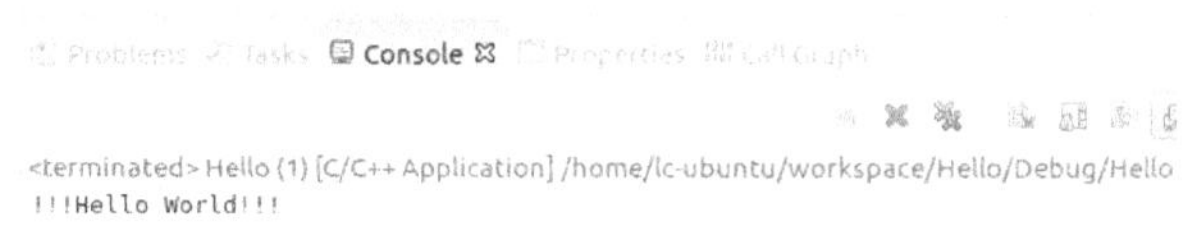

图 2-29 捕获程序的显示输出

2.3 小结

本章分别介绍了命令行模式和集成开发环境下开发嵌入式程序的基本流程。首先介绍了在命令行下如何通过 VI 编辑一个代码文件，如何在 PC 和在开发板上运行编译好的程序，还有如何通过编写 Makefile 文件提高编译和文件管理的效率。然后介绍了在 Eclipse 下创建工程、编写代码、编译工程和运行最终程序的过程。

2.4 习题

一、填空题

1. 在 VIM 编辑器中，在键盘按下________可以进入插入模式。进入插入模式后，可以对文件进行编辑，编辑完成后，在键盘按下________可以返回一般模式，这时在键盘上输入________并按 Enter 键，可以保存和退出该文件。

2. 使用 GCC 编译器编译的源文件，可以运行在________平台上。

3. 在 Eclipse 开发环境下，编辑函数时，可以在键盘上使用________键，快速补齐函数的字母剩余部分，并提示该函数的参数定义。

二、实践题

1. 在命令行模式下，使用 VIM 编辑器生成一个打印 Hello World 的源文件。
2. 使用 GCC 编译本章实践题的题 1 生成的源文件，生成一个可执行文件并运行。
3. 在 Eclipse 开发环境下，生成一个打印 Hello World 的源文件。
4. 在 Eclipse 开发环境下，编译本章实践题的题 3 生成的源文件，并运行。

第 3 章 Linux 操作基础

本章是为初次接触 Linux 的读者准备的，如果读者对 Linux 操作基础已经很熟悉，为了节省时间，请跳过本章。当然，读者也可以将本章作为巩固提高 Linux 使用技能的手册，时常拿出来翻阅一下，或许会有新的发现。

3.1 Linux 的基本概念

本节将介绍关于 Linux 系统的一些基本概念，如果读者熟悉 Windows 的使用，相信可以很快理解这些概念。建议读者在阅读本节内容前，进入自己的 Linux 系统，打开一个终端窗口，边看边做实验，这样会学得更快些。

3.1.1 文件

在 Linux 系统中"一切都是文件"，普通文件、设备文件和管道等都是以目录的形式存在的。一切的操作都是以文件为基础的。这是 Linux 的一大特色，也是 Linux 设计上的精巧之处。Linux 文件均为无结构的文件，文件名可由字母、数字、下画线和圆点组成，如果文件名的第一个字符是"."（英文句点），用 ls 命令查看目录时就不会显示该文件，即隐藏了这个文件。

提示　在支持 Unicode 的内核中，用中文做文件名也是可以的。

3.1.2 目录

Linux 的目录为树形结构，有一个在文件系统中唯一的"根"，即"/"，在任何目录下，只要键入命令"cd /"即可到达根目录。

如前所述，目录也是一种文件，是具有目录属性的文件。当系统建立一个目录时，还会在这个目录下自动建立两个目录文件，一个是"."，代表该目录，另一个是".."，代表该目录的父目录。对于根目录，"."和".."都代表其自己。读者可以在自己的终端上键入"ls–l"，这时将看到根下的目录结构。

```
root@ubuntu:/# ls -l
总用量 96
drwxr-xr-x          2  root root  4096       May 29 00:30 bin
```

```
drwxr-xr-x     3  root root  4096     Jun  2  07:19 boot
drwxrwxr-x     2  root root  4096     May 29 00:19 cdrom
drwxr-xr-x    19  root root  4400     Jun  8  19:30 dev
drwxr-xr-x   137  root root 12288     Jun  8  19:30 etc
drwxr-xr-x     4  root root  4096     May 29 07:41 home
lrwxrwxrwx     1  root root    32  Jun  2  07:18 initrd.img
lrwxrwxrwx     1  root root    32  May 29 00:28 initrd.img.old
drwxr-xr-x    22  root root  4096  May 29 00:30 lib
drwx------     2  root root 16384  May 29 00:14 lost+found
drwxr-xr-x     4  root root  4096  May 29 00:35 media
drwxr-xr-x     3  root root  4096  May 29 00:41 mnt
drwxr-xr-x     4  root root  4096  Jun  2  08:08 opt
dr-xr-xr-x   265  root root     0  Jun  8  19:32 proc
drwx------     9  root root  4096  Jun  8  19:37 root
drwxr-xr-x    25  root root   840  Jun  9  01:18 run
drwxr-xr-x     2  root root 12288  Jun  2  07:15 sbin
drwxr-xr-x     2  root root  4096  Apr 19 07:31 snap
drwxr-xr-x     2  root root  4096  Apr 20 15:08 srv
dr-xr-xr-x    13  root root     0  Jun  8  19:33 sys
drwxrwxrwt    17  root root  4096  Jun  9  02:26 tmp
drwxr-xr-x    11  root root  4096  Apr 20 15:12 usr
drwxr-xr-x    14  root root  4096  Apr 20 15:18 var
lrwxrwxrwx     1  root root    29  Jun  2  07:18 vmlinuz
lrwxrwxrwx     1  root root    29  May 29 00:28 vmlinuz.old
```

这些目录都是在安装 Linux 时由系统配置的，是维持 Linux 正常工作的基本目录结构。详细的介绍请参看表 3-1 所示。

表 3-1　根目录结构及意义

路径	意义
/bin	bin 是 binary 的缩写，这个目录下存放系统的常用命令，如 cp、mv 等
/sbin	s 是 Super User 的缩写，该目录存放系统管理程序，如 fsck 等
/home	每个用户的主目录存放在这个目录下以用户名命名的子目录中，如用户名为 sskthh，对应/home/sskthh 为 sskthh 用户的主目录
/etc	存放了系统管理的各种配置文件和子目录。如 fstab 文件系统挂载配置文件
/dev	Device 的缩写，设备映射文件的大本营
/lib	存放各种动态链接库，相当于 Windows 下的 system32 目录
/proc	这是一个虚拟目录，它是系统内存的映射，可以直接从这个目录中获取系统的信息，由系统自动生成
/sys	系统状态映射文件所在的目录
/mnt	分区的挂载点
/tmp	Temporaray 的缩写，临时文件所在的目录
/usr	用户应用程序和库所在的目录，有很多的子目录
/lost+found	文件系统崩溃后，使用 fsck 命令修复好的文件就放在这里
/boot	存放启动 Linux 时使用的一些文件，通常为 Linux 的内核 vmlinuz 等
/root	系统管理员的主目录，其他用户无法访问
/var	存放一些不断扩充的东西，如系统的日志就存放在/var/log 目录中

3.1.3 分区

硬盘的分区主要分为基本分区（Primary Partion）和扩展分区（Extension Partion）两种，扩展分区不能直接使用，必须进一步划分为若干逻辑分区（Logical Partion）才能使用。基本分区和扩展分区又称主分区，一个硬盘上主分区的数目不能超过 4 个。

在 Windows 系统下，系统会为每个分区分配一个字母标识符，称为盘符。而在 Linux 系统中，没有盘符这个概念，是用目录的形式进行管理，每个分区和某个目录对应。这样就实现了文件系统的一致性和灵活性。下面以图 3-1 所示的磁盘分区为例进行介绍。

图 3-1 磁盘分区示例

这是一个 40GB 的硬盘，分成了 4 个分区：一个主分区、一个扩展分区和 2 个逻辑分区。在 Windows 系统下，前两个分区分别为 C 盘和 D 盘，后两个分区为 Linux 的 EXT2 文件系统，Windows 不能识别该文件系统，所以没有给它们分配盘符。在 Linux 下，这 4 个分区将依次命名为/dev/hda1、/dev/hda5、/dev/hda6、/dev/hda7。“hda1”便是 C 盘在 Linux 下的名字，如图 3-2 所示，解释了这个名字的含义。

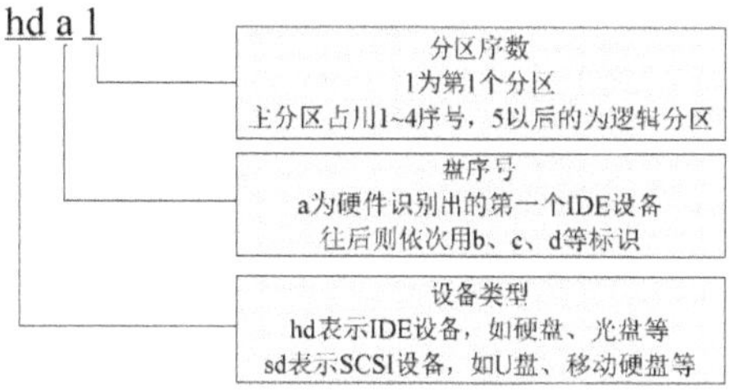

图 3-2 驱动器标识符解析

Linux 中还有一种特殊的分区，即交换分区（SWAP）。有些大型软件需要很多内存才能运行，物理内存的容量往往难以满足，于是人们便在硬盘上划出一块区域来当作临时的内存，这就是交换分区。在 Windows 系统中也有类似的概念，叫做虚拟内存，在实现形式上，Windows 系统将虚拟内存以文件的形式存储在硬盘上，文件名通常是 pagefile.sys。

3.1.4 挂载

Linux 下的分区需要挂载到某个目录后才能访问，挂载的意义就是把磁盘分区的内容放到某个目录下。在命令行键入 mount，将看到类似下面的内容。

```
/dev/hda5        on /     type    ext3(rw,errors=remount-ro)
...
/dev/hda2        on /boot type    ext3(rw)
/dev/hda9        on /usr  type    ext3(rw)
/dev/hda6        on /home type    ext3(rw)
```

这段信息的意思是，/dev/hda5 挂载到了/目录上，/dev/hda2 里面的内容挂载到了/boot 目录下。这里有个问题，如果 hda5 中也有/boot 这个目录，那么在访问/boot 时，究竟访问的是 hda5 中的还是 hda2 中的呢？答案是 hda2 中，因为较新的挂载方式把之前的挂载方式覆盖了，只有把 hda2 从挂载点/boot 卸载下来，才能访问到 hda5 中的 boot 目录。

3.1.5 用户系统

Linux 是支持多用户、多任务的操作系统，其提供了一个良好的权限管理系统，用来管理计算机的使用人员。Linux 有一个称为“超级用户”的账号，即 root。这个账号享有最高的权限，对系统进行完全的支配和管理工作。通常由系统管理员掌握 root 账号，由其再分配一些权限较小的账号，供其他的用户使用。

3.1.6 用户权限

Linux 的用户权限管理是基于文件和目录的权限管理。Linux 的文件和目录具有一个三位八进制数的权限属性，这三位数的不同组合构成了 Linux 的文件和目录权限，如表 3-2 所示。

表 3-2 权限属性列表

分类	root 用户			所有者			所在组		
数值	4	2	1	4	2	1	4	2	1
含义	R	W	X	R	W	X	R	W	X

其中 R 代表读取，对文件而言，具有读取文件内容的权限；对目录来说，具有浏览目录的权限。W 代表写入，对文件而言，具有新增、修改文件内容的权限；对目录来说，具有删除、移动目录内文件的权限。X 代表执行，对文件而言，具有执行文件的权限；对目录来说该用户具有进入目录的权限。

root 用户即管理员账号。所有者就是创建文件的用户，用户是所有用户所创建的文件的所有者，用户可以允许所在的用户组能访问用户的文件。通常，用户都组合成用户组，例如，某一类或某一项目中的所有用户都能够被系统管理员归为一个用户组，某一个用户能够获得与所在用户组的其他成员的文件访问权限。

对一个文件和目录的权限需要同时制定上述三种用户类型的访问权限。例如，如果一个文件的权限设置为 755，则代表了该文件能由 root 用户读写执行，而普通用户只能读和执行，因为 7=4+2+1，即包含了读、写、执行的权限，5=4+1，只包含读和执行的权限。给文件设置执行权限的方法很简单，使用命令 chmod +x filename 即可，当然必须使用具有修改文件权限的账号完成这个操作。

3.1.7 shell

Linux 系统的 shell 作为操作系统的外壳，为用户提供使用操作系统的接口。它是命令语言、命令解释程序及程序设计语言的统称。它拥有自己内建的 shell 命令集，shell 也能被系统中其他应用程序所调用。用户在提示符下输入的命令都由 shell 先解释然后传给 Linux 核心。对用户而言，不必关心一个命令是建立在 shell 内部还是一个单独的程序。shell 的另一个重要特性是它自身就是一个解释型的程序设计语言，shell 程序设计语言支持绝大多数在高级语言中能见到的程序元素，如函数、变量、数组和程序控制结构。shell 编程语言简单易学，任何在提示符中能键入的命令都能放到一个可执行的 shell 程序中。

Linux 中有多种 shell，其中默认使用的是 Bash，而在嵌入式 Linux 中则常用 Busybox。当普通用户成功登录时，系统将执行指定的 shell 程序，正是 shell 进程提供了命令行提示符。作为默认值（Bash），对普通用户用“$”作提示符，对超级用户（root）用“#”作提示符。一旦出现了 shell 提示符，就可以键入命令名称及命令所需要的参数。在使用 shell 过程中有一些常用的技巧。

- 输入命令的前一个或几个字母，按下 Tab 键，就会自动补全命令，如果有多个可能的选择，再按一次 Tab 键就会列举出来。

● 同样的技巧可以用来输入长目录和长文件名，特别对于输入用户的主目录，只要键入“~”，再按一次 Tab 键，就会出现用户主目录的绝对路径。

● 如果要让一个程序在后台运行，可以在命令的最后加上一个符号“&”，如：$cp /home/a/a /home/a/b &。

● 如果要连续运行多条命令，可以将命令按执行的顺序排列，然后用“;”号分隔。

● 如果一条命令运行的时间太长，要强行终止它，可以按 Ctrl+C 组合键发出中断信号来中断该命令。另外，按 Ctrl+Z 组合键可以使该命令转入睡眠状态，用 bg 命令使进程恢复在后台执行（相当于在命令后加上&），用 fg 命令使进程恢复在前台进行。

● shell 会记录下用户键入过的命令，通过按方向键↑和↓，可以逐条浏览这些命令，用户可以直接在命令行上修改并执行这些命令。

3.1.8 环境变量

Linux 是一个多用户的操作系统。每个用户登录系统后，都会有一个专用的运行环境。通常每个用户默认的环境都是相同的，这个默认环境实际上就是一组环境变量的定义。用户可以对自己的运行环境进行定制，其方法就是修改相应的系统环境变量。

环境变量通常为全部大写的单词或单词组合，常见的环境变量如表 3-3 所示，可以通过命令 export 查看和修改。

表 3-3　　常见的环境变量

变量名	含义
PATH	命令搜索路径，系统按照这个变量提供的路径搜索命令、程序
HOME	当前用户主目录路径
HISTSIZE	保存历史命令记录的条数
LOGNAME	当前用户的登录名
HOSTNAME	主机的名称
SHELL	当前用户所用的 shell 类别
LANG	和语言相关
PS1	基本提示符，root 为“#”，普通用户为“$”
PS2	附属提示符，默认“>”

环境变量是通过 shell 命令来设置的，设置好的环境变量又可以被所有当前用户所运行的程序所使用。还可以通过修改一些相关的环境定义文件来修改环境变量，例如对于 Red Hat 等 Linux 发行版本，与环境相关的文件有/etc/profile 和~/.bashrc 等。修改完毕后重新登录一次就生效了。

3.2 Linux 的命令行

虽然在桌面 Linux 系统中已经有了相当不错的 GUI，如 KDE、Gnome，但 Linux 的命令行操作简洁、效率高，依然有很强的生命力。特别是在嵌入式系统的开发工作中，不可避免地要接触大量的命令行操作，尤其在做目标板系统调试时，命令行操作往往是唯一的选择。在介绍具体的命令之前，有必要先简单介绍 Linux 命令行操作的特点。

3.2.1 执行命令

在命令行执行一个程序时，实际上是通过 shell 来找到这个命令，并执行的。除了 shell 自带的一些命令，其他的命令就是普通的程序，因此这里所指的命令与程序是等价的。为了区别系统提供的程序和自己编写的程序，这里统一称系统提供的程序为命令，称自己编写的程序为程序。

执行一个命令最简单的方法就是在命令行键入它的名字，然后按 Enter 键。要注意名字的大小写，如 Ls、LS、ls 是三个不同的命令。如果没有出现期待的结果，不要紧张，很可能是命令并没有执行起来。以常见的 Bash 为例，shell 在执行命令时，会在环境变量 PATH 中搜索该命令，如果找到了，才执行。需要说明一点，默认情况下，shell 不会在当前目录下搜索，除非同时指定了该命令所在的路径。希望读者认真体会执行一个命令的方法，这对于编写脚本程序很有帮助。

3.2.2 参数

大多数命令的形式如下：

```
command [option] [source file(s)] [target file]
```

注意　通常在表述命令的格式时，“[]”中的内容表示可选项。

其中的 option 即为常说的参数。几乎所有的命令都有两种类型的参数，以“-”开头的短参数和以“--”开头的长参数。如很多命令都有-h 和--help 两个参数。通常长参数意义更为明显，短参数则输入更为方便，读者可根据自己的喜好选择。有时，短参数还可叠加，例如：

```
$ls-l-R
```

等价于

```
$ls-lR
```

但

```
$mount /dev/hdc/cdrom-t iso9660-o loop
```

就不能叠加成如下的命令。

```
$mount /dev/hdc/cdrom-to iso9660 loop
```

参数能否叠加要视具体的命令而定，有一个基本的原则是参数后有“参数的参数”的不能叠加。特别要注意参数同样也是区分大小写的，参数之间要有必要的空格。

3.2.3 重定向符号

在 Linux 中，“>”“>>”“<”“|”这几个符号具有特殊意义，通常被称为重定向符号。“>>”和“>”类似，不同的是“>”为新建或重写一个文件，“>>”为在文件的尾部追加内容。“<”的作用是将一个文件的内容作为一个命令的输入。例如：

```
$mail-s"hello world" sskthh@gmail.com < testmail
```

将文件 testmail 作为信件的内容，主题为“hello world”，发给收信人。

“|”的作用是将一个命令的输出作为另一个命令的输入进行处理。例如：

```
$ps-aux | grep wget.
```

该命令列出系统当前的全部进程中名称含有 wget 的项。

```
$ls-l | more
```

该命令以宽格式列出当前目录的内容，如果输出满一页就停下了，直到用户按一个键后再继续显示下一页。

3.2.4　获取帮助

man 命令是功能强大的在线文档查询工具。Linux 下的命令、库函数等大多提供了内容详尽的文档，这些文档都是 man 格式的，需要使用 man 命令查看。最简单的使用方法是：

```
$man chmod
```

便会打开 chmod 命令的文档。有的命令还有对应的库函数，也可以用 man 查看其库函数的文档，方法是：

```
$man 1 chmod
```

上面 man 的第一个参数 1 表示 chmod 命令的第一节。Linux 通常将手册分成若干节，对各节内容的定义有一些约定俗成的规定，第三节通常为库函数手册页。除了库函数，还有表 3-4 所示的一些约定俗成的节代号。

表 3-4　　man 手册领域代号及名称说明

节代号	名称	说明
1	用户命令	可由任何人启动的
2	系统调用	由内核提供的函数
3	例程	库函数
4	设备	/dev 目录下的特殊文件
5	文件格式描述	配置文件的格式
6	游戏	游戏说明
7	杂项	如使用惯例等
8	系统管理员工具	只能由 root 启动
9	其他	其他的说明
n	新文档	尚未确定合适的领域
o	老文档	即将删除的
l	本地文档	与本地特定系统有关的

通常该文档用 cmd(1)表示，cmd 代表命令名，下同。括号中的数字和字符为节代号。man 命令还有一些常用的参数和用法：

```
$man-a cmd
```

打开 cmd 命令的所有节的文档。例如 man fam，将首先打开 fam(1)的文档，再按 Q 键就会进入 fam(3)，即库函数的文档。

```
$man-aw cmd
```

显示所有 cmd 的所有手册文件的路径。

```
$man [n] cmd
```

打开 cmd 的第 n 节的文档，当 n 省略时，显示该命令第一节的文档。

```
man [n] cmd | col-b > cmd.txt
```

把 man 手册的信息输出到文本文件中。这里用到了 col 命令对 man 的格式做处理，如果直接重定向 man 的输出信息，将在文本中夹杂很多的格式信息，不适合阅读和打印。关于 col 命令的使用，读者可以试着通过 man 命令自学。此外，在阅读过程中可随时按 Q 键退出，按 H 键获得在线使用帮助。

3.3 Linux 的常用命令

尽管 Linux 的命令很多，而且参数繁多，但常用的并不多。笔者在开发实践中，总结了 37 个常用的命令及它们的常用参数，涵盖了日常管理、系统维护和开发调试等方面，具有很好的参考价值。

3.3.1 文件管理

文件管理涉及文件和目录的复制、删除、建立和搜索等方面。常用命令有：ls、cd、cp、mv、touch、mkdir、rm、ln、find 等，详细的说明如下所示。

1. ls 命令

该命令的作用是列举（list）指定工作目录下的子目录和文件，其命令格式如下所示。

```
ls [-arltRX] [name...]
```

其中

- -a：显示所有文件及目录（ls 将文件及目录名称开头为“.”的视为隐藏文件）。
- -r：逆序排列内容。
- -l：例举文件的权限、大小等详细资料。
- -t：将文件按建立的时间逆序列出。
- -R：以递归的方式列举一个目录及其子目录中的所有文件（不包括隐藏文件）。

范例：列出当前目录下所有名称是 X 开头的文件，按建立时间排列。

```
$ls-lt X*
```

列出/usr/local 下的所有文件及目录。

```
$ls-lR /usr/local
```

2. cd 命令

该命令的作用是改变当前的工作路径（change directory），其命令格式如下所示。

```
cd [dir]
```

其中，dir 表示目录名称，有下面三个特殊的目录名称。

- “～”表示 home directory，“cd～”跳到用户的 home 目录。
- “.”表示当前所在的目录。
- “..”表示上一层目录。

注意

在 Linux 系统中，命令和参数之间的空格十分重要，cd 命令就是很好的例子。“cd..”和“cd ..”有本质的差别，通常“cd..”是不被系统接受的，因为“cd..”实际上是另外一个命令了。

3. cp 命令

该命令的作用是复制（copy）指定的文件至另一个文件或目录，其命令格式如下所示。

```
cp [-abrifLP] [source] [dest]
```

其中

- -a：尽可能将文件的属性、权限的内容都照原状复制。
- -b：如果目的文件存在，就创造一个备份。
- -r：若源中有子目录，则将子目录下的文件及目录亦全部复制至目的地。

- -i：若目的地有重复的文件，询问是否覆盖。
- -f：若目的地有重复的文件，则覆盖原有文件。
- -L：复制符号链接，自动修改符号链接以保证链接有效。
- -P：与-L 类似，但不对符号链接做修改，可能会导致链接无效。

范例：将文件 a 复制到/tmp 目录下，并命名为 b。

```
$cp a /tmp/b
```

将目录/bin 的内容复制到/usr/local/bin，并保证符号链接不变。

```
$cp -rL /bin /usr/local/bin
```

4. mv 命令

该命令的作用是移动（move）指定的文件或目录至另一个文件或目录，其命令格式如下所示。

```
mv [-bif] [source] [dest]
```

其中

- -b：如果目的文件存在，就创造一个备份。
- -i：若目的地有重复的文件，询问是否覆盖。
- -f：若目的地有重复的文件，则覆盖原有文件。

范例：将文件 a 移动到/tmp 目录下，并命名为 b。

```
$mv a /tmp/b
```

将文件 a 重命名为 b。

```
$mv a b
```

将目录/home/sskthh/a 的内容移动到/tmp，如果有重复则自动覆盖。

```
$mv -r /home/sskthh/a /tmp
```

5. touch 命令

该命令的作用是更改文件的访问及修改时间戳，如果文件不存在，则创建它。它的命令格式如下所示。

```
touch [-acmd] file1 [file2…]
```

其中

- -a：改变文件的读取时间记录。
- -m：改变文件的修改时间记录。
- -c：如果目的文件不存在，不创建它。
- -d：设定时间与日期，可以使用不同的格式。

范例：将文件 file1 的时间记录改变为当前时间。

```
$touch file1
```

将文件 file1 的时间记录改变为公元 2008 年 2 月 8 日 10 点 25 分。

```
$touch -d"10:25am"file1
$touch -d"02/08/2008"file1
```

或

```
$touch -d"10:25am 02/08/2008"file1
```

创建一个长度为 0 的文件 newfile。

```
$touch newfile
```

6. mkdir 命令

该命令的作用是创建（make directory）目录。它的命令格式为：

```
mkdir [-p] dirname
```

其中，-p 递归建立目录和子目录。

范例：在当前路径下建立新目录 newdir。

```
$mkdir newdir
```

连续建立多个目录，目录结构如/usr/local/ARM/3.4.1/ARM-linux/bin。

```
$mkdir -p"/usr/local"ARM 3.4.1 ARM-linux bin
```

7. rm 命令

该命令的作用是删除（remove）文件和目录，其命令格式如下所示。

```
rm [-ifr] name
```

其中

- -r：删除目录及子目录。
- -i：删除前逐一询问确认。
- -f：不询问直接删除。

范例：删除所有 gedit 的临时文件。

```
$rm -f *~
```

删除旧的 ARM-linux 工具链。

```
$rm -r /usr/local/ARM/2.95.3
```

8. ln 命令

该命令的作用是建立链接，其命令格式如下所示。

```
ln [-fs] target [linkname]
```

或

```
ln [-fs]-t dirname [target]
```

其中

- -f：强制删除任何已经存在的目标文件。
- -s：创建符号链接。
- -t：在指定 mulu 创建链接。

范例：建立一个指向文件 file1 的符号链接 sfile1。

```
$ln -s file1 sfile1
```

建立一个指向文件 file1 的硬链接 hfile1。

```
$ln file1 hfile1
```

注意

无论是硬链接还是符号链接，系统都不会复制原文件。

9. find 命令

该命令的作用是根据表达式查找文件，其命令格式如下所示。

```
find [-PL] [name] [expression] [command]
```

其中

- -P：不跟踪符号链接。
- -L：跟踪符号链接。

[expression]选项的参数有以下几个。

- -name fname：查找文件名符合 fname 的文件。
- -perm xxx：查找文件属性符合 xxx 的文件，xxx 为用数字表示的文件属性。
- -atime n：n 天前访问过的文件。

- -mtime n：n 天前修改过的文件。
- -newer fname：查找文件的修改日期较 fname 新的文件。
- -user uname：查找文件的所有者为 uname 的文件。
- -group gname：查找文件的所有者为 gname 的文件。
- -a：与（and）运算符。
- -o：或（or）运算符。
- !：非（not）运算符。

[command]选项的参数有以下几个。

- -exec cmd：如找到相应的文件，则执行 cmd 命令，需要以“\;”结尾。
- -print：打印找到的文件的名称。

范例：将当前目录及其子目录下所有的 c 文件和 h 文件列出来。

```
$find . -name"*.c" -o-name"*.h"
```

查找当前目录及其子目录下所有的 c 文件和 h 文件，并且为最近 7 天修改过的，同时显示它们的内容。

```
$find . \(\(-name"*.c" -o-name"*.h"\) -a -mtime 7 \) -exec cat  \;
```

注意　各个表达式可以用\(和\)括起来表示优先级。

3.3.2 内容管理

内容管理指查看或修改文本文件的内容，有别于专门的文字编辑软件 Vim、emacs 等，这里的命令都只是完成一些很常用的功能。这类的命令有 cat、grep、diff 和 patch 等。详细的说明如下所示。

1. cat 命令

该命令的作用是显示文本文件的内容，其命令格式如下所示。

cat [-nb] filename

其中

- -n：对所有的输出行加上行号。
- -b：只对非空白行编号。

范例：显示磁盘的挂载配置，并显示出行号。

```
$cat-b /etc/fstab
```

把文本文件 a 和 b 接起来成文件 c。

```
$cat a b > c
```

2. grep 命令

该命令的作用是强大的文本搜索工具，能使用正则表达式搜索文本，并把匹配行打印出来，其命令格式如下所示。

```
grep [-cilnv] expression filename
```

其中

- -c：只显示匹配的行数，不显示匹配的内容。
- -i：忽略大小写差别。

- -l：打印匹配模板的文件清单。
- -n：在匹配的行前打印行号。
- -v：反检索，只显示不匹配的行。

范例：过滤 ps–aux 的输出内容，只显示包含 wget 的行。

```
$ps -aux | grep wget
```

显示所有 c 源文件中包含变量 DrawCnt 的行。

```
$grep'DrawCnt' *.c
```

3. diff 命令

该命令的作用是逐行比较两个文本文件，列出其不同之处，其命令格式如下所示。

```
diff [-Nur] basefile newfile
```

其中

- -N：表示如果某个文件仅在一个目录中出现，则假定其在另一个目录中为空文件。
- -u：unified 格式，diff 的新版输出格式。
- -r：递归处理目录及子目录。

范例：生成对内核修改的 patch 文件。

```
$diff -Nur linux-4.6.2 linux-my > my0210.patch
```

注意　Linux 内核源码的 patch 就是通过 diff 生成的，所用到的参数和上面所用的一样。

4. patch 命令

该命令的作用是通过读入 patch 命令对目标文件进行修改，常与 diff 配合使用，其命令格式如下所示。

```
patch -p[num] < patchfile
```

其中：–p 表示使用 patchfile 中源文件名的前缀目录信息，num 为忽略“/”的数量。

范例：利用刚才生成的 patch 文件给原始的 Linux 源文件打补丁。

```
$patch -p0 < my0210.patch
```

3.3.3　权限管理

由于 Linux 对文件系统采取了严格的权限管理机制，用户必须正确地设置文件的权限，才能对文件执行各种操作。这类的命令有：chmod、chown、useradd、passwd、userdel 等。详细的说明如下所示。

1. chmod 命令

该命令的作用是修改文件或目录的权限，其命令格式如下所示。

```
chmod [-R] mode file
```

其中：-R 表示对当前目录下的所有文件及子目录进行相同的权限变更。

Mode 指权限设定字符串，其命令格式如下所示。

```
[ugoa][+-=][rwxX][xxx]
```

其中：u 表示该档案的拥有者，g 表示与该档案的拥有者属于同一个组者，o 表示其他以外的人，a 表示这三者皆是；+表示增加权限、–表示取消权限、=表示唯一设定权限；r 表示可读取，w 表示可写入，x 表示可执行，X 表示只有当该档案是个子目录或者该档案已经被设定过为可执行；xxx 表示用数字表示的权限。

范例：设置文件 file1 为所有人可执行。

```
    $chmod ugo+x file1
或  $chmod a+x file1
或  $chmod 111 file1
```

设置当前目录和子目录下的所有文件和目录为任何人可读。

```
    $chmod -R a+r *
或  $chmod -R 444 *
```

2. chown 命令

该命令的作用是修改文件或目录的拥有者。它的命令格式为：

```
chown [-R] user[:group] file
```

其中：-R 表示对当前目录下的所有文件及子目录进行相同的所有者变更。

范例：设置文件 file1 的所有者为用户组 root 的用户 sskthh。

```
$chown sskthh:root file1
```

设置当前目录和子目录下的所有文件和目录为用户组 root 的用户 sskthh。

```
$chown -R sskthh:root *
```

3. useradd 命令

该命令的作用是增加一个用户，只有 root 可以使用的命令。它的命令格式为：

```
useradd [-mg] username
```

其中

- -m：表示自动创建用户的 home 目录。
- -g：表示指定用户所属的用户组。

范例：新建一个用户组为 root，名为 ARM 的用户，并为它建立 home 目录。

```
$useradd -g root-m ARM
```

4. passwd 命令

该命令的作用是改变用户的密码。它的命令格式为：

```
passwd username
```

普通用户可更改自己的密码，root 可以更改任何用户的密码。

范例：更改 root 的密码。

```
$passwd root
```

> **注意** 密码输入时不回显，也不显示“*”号。

5. userdel 命令

该命令的作用是删除一个用户，只有 root 可以使用的命令。它的命令格式为：

```
userdel [-r] username
```

其中：-r 表示将该用户的 home 目录也一并删除。

范例：删除 ARM 用户，并删除其 home 目录。

```
$userdel -r ARM
```

3.3.4 备份压缩

备份压缩的工具很多，在 Windows 平台上常用 WinRAR、WinZIP 等工具，在 Linux 下则一般都采用 tar 工具，它们实现的功能都是一样的。详细的说明如下所示。

1. gzip/gunzip 命令

该命令的作用是压缩和解压缩文件。这两个命令采用的是 Lempel-Ziv 算法，而不是 zip 算法。它们的命令格式如下所示。

```
gzip -[1…9][trv] file
```

和

```
gunzip file
```

其中

- -1：表示压缩速度最快，压缩比最低。
- -9：表示压缩速度最慢，压缩比最高。
- -t：表示检验压缩文件的完整性。
- -r：表示压缩时包含子目录中的内容。
- -v：表示压缩时显示正在压缩的文件名和压缩比等资料。

范例：压缩一个文件 rootfile。

```
$gzip -5v rootfile
```

解压缩这个文件 rootfile.gz。

```
$gunzip rootfile.gz
```

注意　gzip 自动给压缩文件加上.gz 的后缀。一般不直接使用 gzip/gunzip 处理压缩文件，而是用下面要介绍的 tar 命令。

2. tar 命令

该命令的作用是备份文件和目录，其命令格式如下所示。

```
tar [-Acdrtxfjzv][--delete] tarfile source
```

其中

- -A：表示将文件添加到现有的 tar 包里。
- -c：表示创建新的 tar 包。
- -d：比较 tar 包中的存档和当前文件的不同。
- -r：附加到 tar 包的末尾。
- -t：列出 tar 包的内容。
- -x：从 tar 包展开文件，即解压。
- -f：指定 tar 文件的名称。
- -j：使用 bzip2/bunzip2 来压缩和解压 tar 包，后缀为.tar.bz2。
- -z：使用 gzip/gunzip 来压缩和解压 tar 包，后缀为.tar.gz。
- -v：显示正在处理的文件名称。

范例：压缩我的 home 目录。

```
$tar -zcvf sskthh.tar.gz /home/sskthh
```

或

```
$tar -cvf sskthh.tar /home/sskthh
$gzip sskthh.tar
```

删除其中的文件 aa.txt。

```
$tar --delete-f sskthh.tar.gz aa.txt
```

展开这个压缩文件，并释放到/usr/local 目录。

```
$tar-zxvf sskthh.tar.gz -C /usr/local
```

或
```
$gunzip sskthh.tar.gz
$tar xvf sskthh.tar -C /usr/local
```

3.3.5 系统设置

系统设置的功能类似于 Windows 下的控制面板，这类命令事实上有很多，大部分系统所带的命令都是跟系统设置有关的，这里只列出了笔者认为最常用的 mount、umount、date、uptime、du、uname、mknod、dd 和 dmesg 等。详细的说明如下所示。

1. mount 命令

该命令的作用是加载指定的文件系统，其命令格式如下所示。

```
mount [-afFv] [-L<Label>] [-o<option>] [-t<type>] [Device] [MountPoint]
```

其中

- -a：加载文件/etc/fstab 中设置的所有设备。
- -f：不实际加载设备。可与-v 等参数同时使用以查看 mount 的执行过程。
- -F：需要与-a 参数同时使用，可加快执行速度。
- -v：执行时显示详细的信息。
- -o：指定加载文件系统时的选项，一般有下列这些选项。

① Async：以非同步的方式执行文件系统的输入输出动作。
② Ro：以只读模式加载。
③ suid：启动 set-user-identifier 与 set-group-identifer 设置位。
④ dev：可读文件系统上的字符或块设备。
⑤ exec：可执行二进制文件。
⑥ nouser：使一位用户无法执行加载操作，默认设置。
⑦ rw：以可读写模式加载。
⑧ defaults：使用默认的选项（rw、suid、dev、exec、auto nouser 与 async）。

- -t：指定设备的文件系统类型，一般可指定以下这些。

① ext2 Linux：目前的常用文件系统。
② msdos：MS-DOS 的 FAT。
③ vfat：Win85/98 的 VFAT。
④ nfs：网络文件系统。
⑤ yaffs：非日志型的 Flash 文件系统。
⑥ jffs/jffs2：日志型的 Flash 文件系统。
⑦ cramfs：只读型文件系统。
⑧ romfs：只读型文件系统。

范例：挂载 U 盘。

```
$mount -t vfat /dev/sda1 /mnt
```

挂载所有/etc/fstab 指定的内容。

```
$mount -a
```

挂载 iso 光盘镜像。

```
$mount-o loop abc.iso /mnt
```

挂载位于主机 192.168.0.3 的 nfs 文件系统。

```
$mount -t nfs -o nolock 192.168.0.3:/home/sskthh /home/sskthh
```

2. umount 命令

该命令的作用是卸载文件系统，其命令格式如下所示。

```
umount [MountPoint] [-a]
```

其中：-a 表示卸载所有已经挂载的文件系统。

范例：卸载挂载在/mnt 上的文件系统。

```
$umount /mnt
```

3. date 命令

该命令的作用是显示或设定系统的日期和时间，其命令格式如下所示。

```
date [-dsu] datestr
```

其中

- -d：显示 datestr 中所设定的时间（非系统时间）。
- -s：将系统时间设为 datestr 所设定的时间。
- -u：显示当前的格林威治标准时间。

范例：显示当前日期和时间。

```
$date -u
```

设置日期和时间为 2016-6-20 12:00。

```
$date -s 20160620
$date -s 12:00:00
```

或

```
$date -s"2016-6-20 12:00:00"
```

注意

date 命令的设置没有修改系统的时钟，重启后时钟就会恢复。只有使用命令：clock–w 或 hwclock–w 将修改写入时钟，这样才算真正改变了系统时间。

4. uptime 命令

该命令的作用是提供多种系统运转信息。

范例：获得系统运行的时间。

```
$uptime
```

5. du 命令

该命令的作用是统计目录（或文件）所占磁盘空间的大小，其命令格式如下所示。

```
du [-abkx] name
```

其中

- -a：表示孙目录中各文件占用的数据块数。
- -b：表示以字节为单位列出磁盘空间使用情况。
- -k：表示以 1024B 为单位列出磁盘空间使用情况。
- -x：表示跳过在不同文件系统上的目录，不予统计这些目录。

范例：列出所有文件和目录所占的空间，而且以字节为单位。

```
$du -ab
```

6. uname 命令

该命令的作用是显示当前操作系统名称，其命令格式如下所示。

```
uname [-arv]
```

其中

- -a：表示显示系统的全部信息。
- -r：表示显示操作系统的发行版本。

- -v：表示显示操作系统的版本。

范例：获得 Linux 的内核版本。

```
$uname-r
```

7. mknod 命令

该命令的作用是创建特殊文件，如设备文件、管道等，其命令格式如下所示。

```
mknod name [bcp] major minor
```

其中

- b：表示创建块设备。
- c：表示创建字符设备。
- p：表示创建 FIFO。
- major：表示主设备号。
- minor：表示次设备号。

范例：创建 zero 设备。

```
$mknod /dev/zero c 1 5
```

创建一个主设备号 254 次设备号为 0 的虚拟块设备。

```
$mknod /dev/var b 254 0
```

8. dd 命令

该命令的作用是把指定的输入文件复制到指定的输出文件中，其命令格式如下所示。

```
dd [option]
```

其中

- if=：表示输入文件（或设备名称）。
- of=：表示输出文件（或设备名称）。
- bs=：表示同时设置读/写缓冲区的字节数。
- count=：表示复制的 block 块数乘以 bs 为复制的总字节数。

范例：制作 2M 的 Ramdisk。

```
$dd if=/dev/zero of=/tmp/Ramdisk bs=1k count=2048
```

备份一个文件的指定部分。

```
        $dd if=abc.gz of=abc.gz.bak bs=1k skip=10000 count=70000
恢复:   $dd if=abc.gz.bak of=abc.gz bs=1k seek=10000
```

9. dmesg 命令

该命令的作用是显示记录在 ring buffer 中的 kernel 信息，如内核初始化时的信息。它的命令格式如下所示。

```
dmesg [-cn]
```

其中

- -c：表示显示信息后，清除 ring buffer 中的内容。
- -n：表示设置记录信息的层数。

范例：显示开机时来不及看的内核输出信息。

```
$dmesg
```

3.3.6 进程控制

进程控制一般在调试程序时比较常用，如查看程序执行的资源消耗情况，终止已挂起的进程等。这里列出了 strace、ps、kill、top 和 free 等。详细的说明如下所示。

1. strace 命令

该命令的作用是跟踪程序执行时的系统调用和所接收的信号，其命令格式如下所示。

```
strace [-fF][-o file][-p pid][-e expr] command
```

其中

- -f：跟踪由 fork 调用所产生的子进程。
- -F：跟踪由 vfork 调用所产生的子进程。
- -o：将 strace 的输出写入文件 file。
- -p：跟踪指定的进程 pid。
- -e：指定一个表达式，用来控制如何跟踪。

范例：记录 udpserver 的运行。

```
$strace -f -F -o~/log_strace.txt udpserver
```

> 提示　strace 是非常强大的跟踪软件，有的问题如 Segment Fault 等，用普通的调试软件无法得到足够信息，这时可以尝试使用 strace。

2. ps 命令

该命令的作用是显示进程的运行状态，其命令格式如下所示。

```
ps [-A][-w][-au][-aux]
```

其中

- -A：表示列出所有的进程。
- -w：表示显示加宽，可以显示较多的内容。
- -au：表示显示较详细的信息。
- -aux：表示显示所有的，包含其他使用者的进程。

ps 的输出项目很多，常用的有以下几项。

- USER：表示运行该进程的账号。
- PID：表示进程号。
- %CPU：表示 CPU 占用率。
- %MEM：表示记忆体占用率。
- VSZ：表示虚拟记忆体占用的大小。
- RSS：表示记忆体占用的大小。

STAT：该进程的状态，有以下几种状态。

- D：不可中断的静止状态。
- R：正在执行中的状态。
- S：静止状态。
- T：暂停状态。
- START：执行的开始时间。
- TIME：执行的时间。
- COMMAND：执行的指令。

范例：显示当前系统中的所有进程。

```
$ps -aux
```

3. kill 命令

该命令的作用是向进程送出一个特定的信号，其命令格式如下所示。

```
kill [-signal][-l] pid
```

其中

- -signal：表示信号的数字代码。
- -l：表示列出所有可用的信号名称。

范例：杀死（强行终止）pid 为 321 的进程。

```
$kill -9 321
```

将 pid 为 345 的进程重新启动。

```
$kill -HUP 345
```

4. top 命令

该命令的作用是即时显示进程的状态，其命令格式如下所示。

```
top [-ns]
```

其中

- -n：表示完成更新的次数后退出。
- -s：表示安全模式，不能使用交互式指令。

范例：显示更新 10 次后退出。

```
$top -n 10
```

安全模式。

```
$top -s
```

5. free 命令

该命令的作用是查看内存使用情况，其命令格式如下所示。

```
free [-bkmst]
```

其中

- -bkm：分别以 BYTE、KB、MB 为单位显示内存情况。
- -s delay：每隔 delay 秒刷新一次内存情况。
- -t：显示内存总和。

范例：以 KB 为单位显示内存使用情况，每 5s 刷新一次。

```
$free -k -s 5
```

3.3.7 网络设置

Linux 的网络功能很强大，有很多经典的黑客软件都是基于 Linux 的。这里为大家介绍的都是入门级的网络命令，如 ifconfig、route、ping、netstat，这些命令主要是配置和测试网络接口。详细的说明如下所示。

1. ifconfig 命令

该命令的作用是配置或显示 TCP/IP 网络的网络接口参数，其命令格式如下所示。

```
ifconfig [-adl] ProtocolFamily
```

或

```
ifconfig Interface Address Paramters
```

其中

- -a：表示显示系统中所有接口信息。

- -d：表示显示关闭的接口。
- -1：表示显示系统中所有可用的接口。

范例：查看所有的网络接口地址及参数。

```
$ifconfig -a
```

设置网卡 1 的地址为 192.168.0.2，子网掩码 255.255.255.0，并启用。

```
$ifconfig eth0 192.168.0.2 netmask 255.255.255.0 up
```

关闭第二块网卡。

```
$ifconfig eth1 down
```

2. route 命令

该命令的作用是查看并编辑计算机的 IP 路由表，其命令格式如下所示。

```
route [-fp][add|change|delete|print]
```

其中

- -f：表示清除所有网关入口的路由表。
- -p：与 add 命令一起使用时永久修改路由表。

范例：显示路由表的全部内容。

```
$route
```

添加带有 192.168.0.1 默认网关的默认路由。

```
$route -p add 0.0.0.0 mask 0.0.0.0 192.168.0.1
```

3. ping 命令

该命令的作用是监测主机，其命令格式如下所示。

```
ping [-ci] address
```

其中

- -c：表示完成回应的次数。
- -i：表示指定发送测试包的间隔时间。

范例：测试与 google 服务器的连接。

```
$ping www.google.com
```

4. netstat 命令

该命令的作用是显示网络连接、路由表和网络接口信息，其命令格式如下所示。

```
netstat [-anir]
```

其中

- -a：显示所有 socket，包括正在监听的。
- -n：以网络 IP 地址代替名称，显示出网络连接情形。
- -i：显示所有网络接口的信息，格式同“ifconfig–e”。
- -r：显示核心路由表，格式同“route -e”。

范例：显示所有 socket。

```
$netstat -a
```

3.4 小结

Linux 的命令行博大精深，有数不清的内容等待读者去探索。本章仅就一些最基本的知识做了最简要的介绍。另外由于 Linux 中的命令非常多，要全部介绍也是几乎不可能的。因此，本章按照命令的用途进行了分类讲解，力求举一反三。通过本章的介绍，相信读者可以很快地掌握 Linux 命令行的基本操作，并熟练掌握常用的命令。

3.5　习题

一、填空题

1. 在 Linux 系统中，一切的操作都是以________为基础的。Linux 文件均为无结构的文件，文件名可由________、________、________和________组成，如果文件名的第一个字符是________，用 ls 命令查看目录时就不会显示该文件，即隐藏了这个文件。

2. Linux 系统的 shell 作为操作系统的外壳，为用户提供使用操作系统的接口。它是________、________及________的统称。

3. 在命令行执行一个程序时，实际上是通过________来找到这个命令，并执行的。执行一个命令最简单的方法就是在命令行键入它的名字，然后按 Enter 键。

4. 在命令行键入 cd～，即$cd～，按 Enter 键后，跳转到________。

5. 要结束 Pid 为 111 的进程，可执行的命令为________。

二、选择题

1. 在 Linux 根目录结构中，存放系统常用命令的目录是（　　）。

A. /sbin　　B. /bin　　C. /etc　　D. /dev

2. chmod 命令作用是修改文件的权限，执行 chmod　677　file 后，则该文件拥有者的权限是（　　）。

A. 可读可写　　B. 可读可执行

C. 可读可写可执行　　D. 可写可执行

第 4 章 嵌入式 C 编程基础

本章介绍的是一些 Linux C 语言的基础知识，阅读本章有助于建立起读者对 C 语言的基本概貌，同时也可以起到 C 语言手册的作用。

4.1 C 语言概述

C 语言作为一门历史较久且生命力极强的语言，学习了 C 语言之后，有助于对编程语言的理解和触类旁通。C 语言作为使用最为广泛的编程语言，有着它自身独特的发展历史和优劣势，了解这些有助于提高学习它的热情以及把握它与其他语言的区别所在。

4.1.1 C 语言程序的结构

为了能对 C 语言程序有一个直观而具体的印象，先来看一个 HelloWorld 程序。

```
/*******************************************************************************/
/*文件：program_4_1.c                                                         */
/*简介：HelloWorld                                                            */
/*******************************************************************************/
#include<stdio.h>
void main()
{
    printf("Hello LinuxWorld!");  /*打印语句*/
}
```

该程序执行后打印出如下结果：

```
Hello LinuxWorld!
```

这是很多计算机编程语言第一个示例程序的最主要输出，而下面的程序写法不同，但能实现同样功能。

```
/*******************************************************************************/
/*文件：program_4_2.c                                                         */
/*简介：HelloWorld                                                            */
/*******************************************************************************/
#include<stdio.h>
/*用函数 printHelloWorld()来实现打印*/
void printHelloWorld()
{
    printf("Hello LinuxWorld!");
```

```
}
void main()
{
    printHelloWorld();
}
```

通过对上面两个程序的观察可以得出如下结论。

- 一个完整的 C 语言程序，是由一个 main()函数（又称主函数）和若干个其他函数一起组成的，或仅由一个 main()函数构成，函数是 C 语言程序的基本单位。
- 一个 C 语言程序，总是从 main()函数开始执行，而不论其在所在程序中的位置。主函数执行完毕意味着程序同时执行完毕。

4.1.2　C 语言的语句

可执行语句是 C 语言的功能单元，按照语句功能或构成的不同，可将 C 语言的语句分为五类。

（1）控制语句：该语句完成一定的控制功能。C 语言有 9 条控制语句，又可细分为三种，分别为选择结构控制语句：if()～else～，switch()～；循环结构控制语句：do～while()，for()～，while()～，break，continue；其他控制语句：goto，return。

（2）函数调用语句：该语句由一次函数调用加一个分号（语句结束标志）构成。例如，printf ("what you want to print.")。

（3）表达式语句：该语句由表达式后加一个分号构成。例如，“i=0”是一个赋值表达式，而“i=0;”则是一个赋值语句。

（4）空语句：该语句仅由一个分号构成，它表示什么操作也不执行。

（5）复合语句：该语句由大括号括起来的一组或 1 条语句构成。例如：main(){ ……{……}…… }（……代表一些语句）。

4.1.3　C 语言的关键字

C 语言的关键字共有 32 个，根据其作用可分为数据类型关键字、控制语句关键字、存储类型关键字和其他关键字四类。

（1）数据类型关键字（12 个）：char、double、enum、float、int、long、short、signed、struct、union、unsigned、void。

（2）控制语句关键字（12 个）：break、case、continue、default、do、else、for、goto、if、return、switch、while。

（3）存储类型关键字（4 个）：auto、extern、register、static。

（4）其他关键字（4 个）：const、sizeof、typedef、volatile。

4.1.4　C 语言程序设计步骤

C 语言程序设计一般来讲都会遵循下列 4 个步骤。

（1）程序编辑：程序员将编写好的程序用编辑器输入计算机，并以文本存盘，编辑的结果是建立 C 源程序。

（2）程序编译：编译是用编译器将源代码编译成二进制目标代码的过程，而编译器种类是和具体计算机开发环境相关的。编译器能够检查出源程序中的语法和语义错误，并在屏幕上打印出错误所在的语句和类型。

（3）链接程序：正确的源代码经过编译后产生二进制代码，但还不能直接运行，这时需要链接器将目标文件和其他相应目标代码模块以及系统提供的库函数链接生成可执行文件。

（4）程序调试：一般来讲大多数程序都是需要调试的，调试的作用在于排除错误和检查是否达成预期目的。调试的过程即在调试器的监控下运行程序，出现错误时重复以上四个步骤，一直到程序运行正确为止。

4.2 数据类型

C 语言有 5 种基本数据类型：字符型（char）、整型（int）、单精度实型（float）、双精度实型（double）和空类型（void）。这几种数据类型的长度和范围随处理器类型和具体编译程序而异，但一般来说整数与 CPU 字长相等，一个字符通常为一个字节，浮点值的确切格式则根据实现来定。除 void 类型外，基本类型的前面可以有各种修饰符来改变其意义，以适应各种具体情况的要求。修饰符如下。

- signed（有符号）。
- unsigned（无符号）。
- long（长型符）。
- short（短型符）。

4.2.1 常量与变量

常量是指在程序中不接受修改的固定值，可以是任意数据类型。常量定义是指定义符号常量，用一个标识符来代表一个常量，通过宏定义预处理指令来实现，而后则可以用标识符来代表该变量。其格式如下：

```
#define 标识符 常量
```

#define 是 C 语言的预处理命令，表示经定义的符号常量在程序运行前将由其对应的常量转换。

变量是指可以在程序中改变的存储量，也可以是任意数据类型。变量必须由一个标识符来标识，在内存中占据一定长度的存储单位，存储单位中存储该变量的值。所有的变量在使用前必须先定义。其格式如下：

```
type var_list;
```

其中 type 指的是数据类型，var_list 是变量列表，有一个或多个由逗号隔开的标识符组成。

4.2.2 整型数据、实型数据

整型常量可以是十进制、八进制、十六进制数字表示的整数值。用前导符来标识三者的区别，整型常量的形式为：

```
digits              十进制
0digits             八进制
0xdigits/0Xdigits   十六进制
```

整型变量分为 9 种类型，有各自不同的字长和范围，依实际需要定义；不同类型的整型数据可以进行算术运算。实型常量又称浮点常量，是一个十进制表示的符号实数，包括整数部分、尾数部分和指数部分。实型常量的形式为：

```
[digits][.digits][E|e[+|-]digits]
```

digits 在这里是一位或多位十进制数字（从 0～9），E 或 e 是指数符号。

实型变量分为单精度（float）和双精度（double），一般情况下，一个 float 型数据占 4B，一个 double 型数据占 8B，单精度实数提供 7 位有效数字，双精度提供 15～16 位有效数字，数值的范围随机器系统而异。

4.2.3　字符型数据

字符常量是指用一对单引号括起来的一个字符，在 C 语言中的字符是按其 ASCII 码值存储的，一个字符占用一个字节。字符常量实际上是按整数存储的，也可以像整数一样参与数学运算。

字符串常量是指用一对双引号括起来的一串字符，字符串常量在内存中存储时，系统会自动在字符串的末尾加一个串结束标志 NULL，该标记的 ASCII 值为 0，表示为‘\0’，所以长度为 n 个字符的字符串常量在内存中会占用 n+1 个字节。

转义字符指 ASCII 码字符集中的字符并不是每一个都可以打印的，这时就需要转义字符来表示这些控制字符和特定功能字符，转义字符用反斜杠‘\’后面跟一个字符或一个八进制或十六进制表示。

字符变量用来存储一个字符，定义形式如下所示。

```
char char1,char2;
```

赋值语句如下：

```
char1='a'; char2='b';
```

4.3　运算符和表达式

C 语言中的运算符非常丰富，是 C 语言的强大特色之一。学习运算符的用法是学习嵌入式编程最基本的要求。

4.3.1　算术运算符

C 语言中，运算符“+”“–”“*”和“/”几乎可用于所有基本数据类型，“/”用于整数或字符时结果取整，模运算符“%”只能用整数除法取余。表 4-1 所示为 C 语言中允许的算术运算符。

表 4-1　　算术运算符

运算符	作用
–	减法，也是一元减法
+	加法
*	乘法
/	除法
%	取模
––	自减（减 1）
++	自增（增 1）

4.3.2　关系和逻辑运算符

C 语言中可用的关系和逻辑运算符如表 4-2 所示，实际程序中经常需要根据变量之间的大小或逻辑关系决定下一步的流程。

表 4-2 关系和逻辑运算符

关系运算符	含义
>	大于
>=	大于等于
<	小于
<=	小于等于
==	等于
!=	不等于
逻辑运算符	含义
&&	与
||	或
!	非

运用举例：

```
/******************************************************************************/
/*文件：program_4_3.c                                                        */
/*简介：?运算符。                                                             */
/******************************************************************************/
void main()
{
  int x,y,z;
  x=4;
  y=6;
  z=x>y?x:y;                  /*z 为 x 和 y 中较大的值*/
  if(x&&y)                    /*x 和 y 相与*/
    printf("x!=0 and y!=0;");
  if(x||z)                    /*x 和 z 相或*/
    printf("z=%d;"z);
}
```

运行结果如下所示。

```
x!=0 and y!=0; z=6;
```

4.3.3 位操作符

C 语言作为一种中级语言，有着强大的位操作能力，支持全部的位操作符。位操作符针对于 char 和 int 类型，是对字节或字中的位进行测试、置位或移位处理，且按位进行运算。位操作符如表 4-3 所示。

表 4-3 位操作符

操作符	含义
&	与（AND）
|	或（OR）
^	异或（XOR）
~	1 的补（NOT）
>>	右移
<<	左移

4.3.4 ? 操作符

? 操作符的形式为：

```
EXP1?EXP2:EXP3;
```

其含义为：在计算表达式 EXP1 后，如果值为 1，则计算 EXP2，并将其结果作为整个表达式的数值；如果值为 0，则计算 EXP3 并将其结果作为整个表达式的数值。

4.3.5 表达式的优先级

表 4-4 列出了所有操作符的优先级。所有操作符都是左结合的，一元操作符（*，&，–）及操作符“?”除外，后者都是右结合。

表 4-4　　C 语言操作符的优先级

最高级	() []
	! ~ ++ -- - (type) * & sizeof
	* / %
	() []
	+ –
	<< >>
	<= >=
	== !=
	&
	^
	|
	&&
	||
	?
	= += -= *= /=
最低级	,

4.4 流程控制

程序的流程控制体现程序员对程序任务的每一步过程的详细分解和操作，清晰的流程图说明程序员清晰的实现思路。基本流程结构又包括顺序结构、选择结构和循环结构。实际的程序实现一般都是由多种结构混合实现。

4.4.1 顺序程序设计

为了便于对程序结构的表述，我们引入流程图对程序流程进行介绍。流程图是一种传统的算法表示法，它利用几何图形框来表示各种不同性质的操作，用流程线来指示算法的执行方向。流程图是程序员交流的重要手段。图 4-1 介绍了几种常见的流程图符号及流程图的例子。

通常计算机程序总是由若干条语句组成，从执行方式上看，从第一条语句到最后一条语句完全按顺序执行，这种顺序结构是 C 语言最基本的流程结构。顺序结构是简单的线性结构，各框按顺序执行。其流程图的基本形态如图 4-2 所示，语句的执行顺序为：A→B→C。

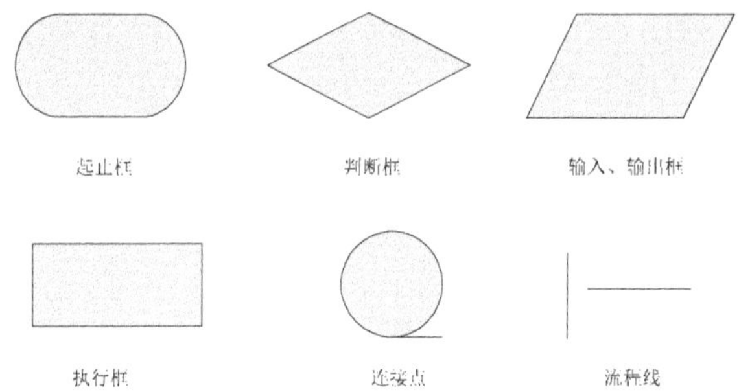

图 4-1　常见的流程图符号

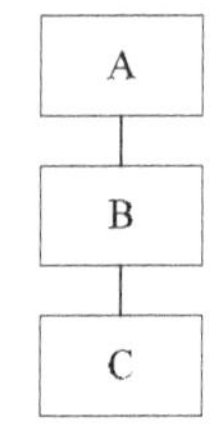

图 4-2　顺序结构流程图

4.4.2　选择结构设计

选择结构程序的流程由多路分支组成，在程序的一次执行过程中，根据不同的情况，只有一条支路被选中执行，而其他分支上的语句被直接跳过。流程图如图 4-3 所示。

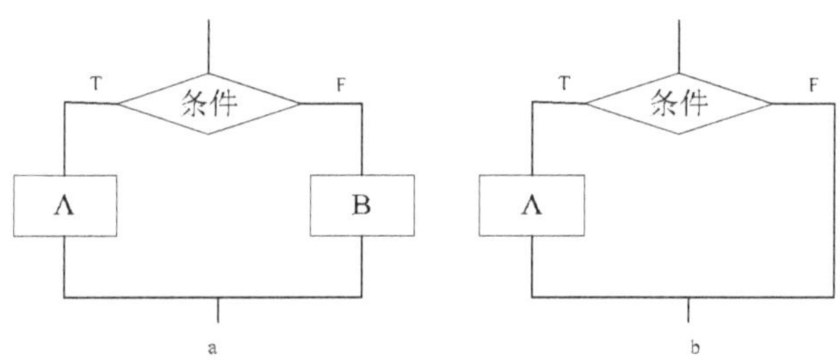

图 4-3　选择结构流程图

C 语言中，提供 if 语句和 switch 语句选择结构，if 语句用于两者选一的情况，而 switch 用于多分支选一的情形。if 语句的使用语法为：

```
if <表达式> 语句;
```

或

```
if <表达式>
    语句 1;
else
    语句 2;
```

或

```
if <表达式 1 >
    语句 1;
else if<表达式 2 >
    语句 2;
else if <表达式 3 >
    语句 3;
else 语句 4;
```

或

```
if <表达式 1 >
    if < 表达式 2>
    ……
else
    语句 2;
```

if 语句只能处理从两者间选择之一，当分支较多时，程序变得复杂冗长导致可读性降低。C 语言提供了 switch 开关语句专门处理多路分支的情形，使程序变得简洁。

switch 语句的使用语法为：

```
switch <表达式>
case 常量表达式 1：语句序列 1；
   break ;
case 常量表达式 2：语句序列 2；
   break ;
……
case 常量表达式 n ：语句 n ；
   break;
default: 语句 n + 1 ；
```

其中常量表达式的值必须是整型、字符型或者枚举类型，各语句序列允许有多条语句，不需要按复合语句处理，若语句序列 i 为空，则对应的 break 语句可去掉。

4.4.3　循环结构设计

在解决实际问题中，常常需要进行大量的重复处理，循环结构可以只写很少的语句，而让计算机反复执行，从而完成大量雷同的计算。C 语言提供了 while 语句、do...while 语句和 for 语句实现循环结构。

1. while 语句

while 语句是当型循环控制语句，一般形式为：

```
while <表达式> 语句;
```

语句部分称为循环体，当需要执行多条语句时，应使用复合语句。while 语句的流程图如图 4-4 所示，其特点是先判断，后执行，若条件不成立，有可能一次也不执行。

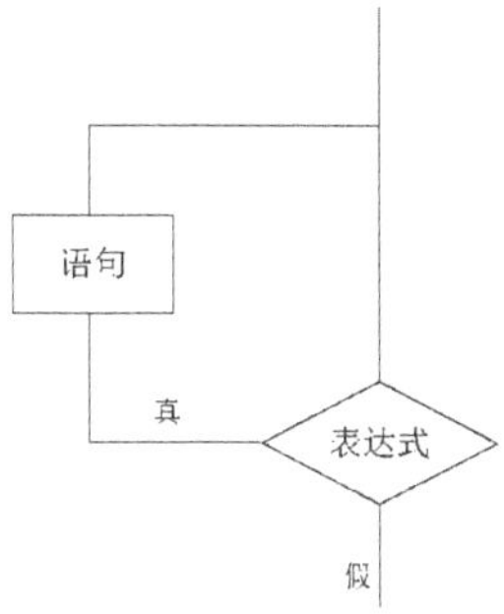

图 4-4　while 语句的流程图

2. do…while 语句

在 C 语句中，直到型循环的语句是 do…while，它的一般形式为：

```
do 语句 while <表达式>;
```

do…while 语句的流程图如图 4-5 所示，其基本特点是：先执行后判断，因此，循环体至少被执行一次。与标准的直到型循环有一个极为重要的区别，直到型循环是当条件为真时结束循环，而 do…while 语句恰恰相反，当条件为真时循环，一旦条件为假，立即结束循环，请注意 do…while 语句的这一特点。

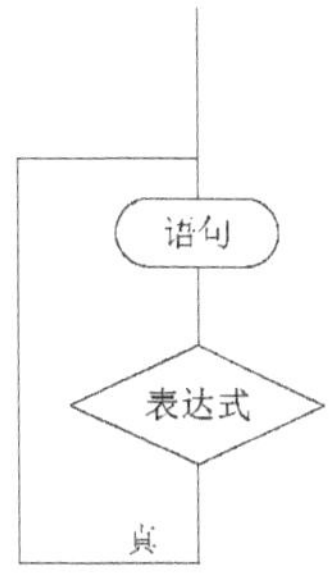

图 4-5　do…while 语句的流程图

3. for 语句

for 语句是循环控制结构中使用最广泛的一种循环控制语句，特别适合已知循环次数的情况。它的一般形式为：

```
for （<表达式 1 >；<表达式 2 >；<表达式 3>） 语句;
```

for 循环的流程图如图 4-6 所示。其执行过程如下：

首先计算表达式 1，然后计算表达式 2，若表达式 2 为真，则执行循环体；否则，退出 for 循环，执行 for 循环后的语句。如果执行了循环体，则循环体每执行一次，都计算表达式 3，然后重新计算表达式 2，以此循环，直至表达式 2 的值为假，退出循环。

for 语句的几种用法分别如下。

（1）for(;;)：表明一个死循环，可用 break 语句中断。

（2）for（;表达式 2;表达式 3）：表明初始化值在之前的代码中已经给出。

（3）for（表达式 1;表达式 2;）：一般当循环控制变量非规则变化，而且循环体中有更新控制变量的语句时使用。

（4）for（i=1,j = n;i < j;i + +,j--）：表达式 1 和表达式 3 都可以有不止一个变量，各变量由逗号隔开。

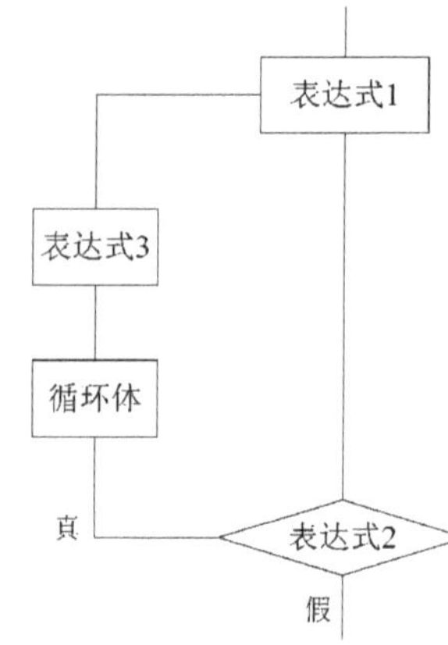

图 4-6　for 语句的流程图

4. break 与 continue 语句

有时，需要在循环体中提前跳出循环，或者在满足某种条件下，不执行循环中剩下的语句而立即从头开始新的一轮循环，这时就要用到 break 和 continue 语句。

（1）break 语句：在前面学习 switch 语句时，已经接触到 break 语句，在 case 子句执行完后，通过 break 语句使控制立即跳出 switch 结构。在循环语句中，break 语句的作用是在循环体中测试到应立即结束循环时，使控制立即跳出循环结构，转而执行循环语句后的语句。

（2）continue 语句：continue 语句只能用于循环结构中，一旦执行了 continue 语句，程序就跳过循环体中位于该语句后的所有语句，提前结束本次循环周期并开始新一轮循环。continue 语句同样只对本层循环有效。

4.5　函数

C 源程序是由函数组成的，前面示例程序中都只有一个主函数 main()，但实用程序往往由多个函数组成。函数是 C 源程序的基本模块，通过对函数模块的调用实现特定的功能。C 语言不仅提供了极为丰富的库函数，还允许用户建立自己定义的函数。用户通过把自己的算法编成独立函数模块来调用，C 程序的全部工作都是由函数完成的，所以也把 C 语言称为函数式语言。由于采用了函数模块式的结构，C 语言易于实现结构化程序设计，使程序的层次结构清晰，便于程序的编写、阅读、调试。

4.5.1　函数定义的一般形式

无参函数的定义形式：

```
类型标识符 函数名()
{声明部分;
 语句;
}
```

其中类型标识符和函数名称为函数头。前者指明了本函数的类型，实际上也是函数返回值的类型。后者是由用户定义的标识符，函数名后有一个空括号，其中无参数，但括号不可少。{}中的内容称为函数体。在函数体中的声明部分，是对函数体内部所用到的变量的类型说明。在很多情况下都不要求无参函数有返回值，此时函数类型符可以写为 void。有参函数定义的一般形式：

```
类型标识符 函数名(形式参数表列)
{声明部分;
 语句;
```

```
}
```

有参函数比无参函数多了一个内容，即形式参数表列。在形参表中给出的参数称为形式参数，它们可以是各种类型的变量，各参数之间用逗号间隔。在进行函数调用时，主调函数将赋予这些形式参数实际的值。形参既然是变量，必须在形参表中给出形参的类型说明。

4.5.2　函数的参数和函数的值

前面已经介绍过，函数的参数分为形参和实参两种。形参出现在函数定义中，在整个函数体内都可以使用，离开该函数则不能使用。函数的形参和实参具有以下特点。

（1）形参变量只有在被调用时才分配内存单元，在调用结束时，即刻释放所分配的内存单元。因此，形参只有在函数内部有效。函数调用结束返回主调函数后则不能再使用该形参变量。

（2）实参可以是常量、变量、表达式、函数等，无论实参是何种类型的量，在进行函数调用时，它们都必须具有确定的值，以便把这些值传送给形参。

（3）实参和形参在数量、类型、顺序上应严格一致，否则会引发“类型不匹配”的错误。

（4）函数调用中发生的数据传送是单向的，即只能把实参的值传送给形参，而不能把形参的值反向地传送给实参。因此在函数调用过程中，形参的值发生改变，而实参中的值不会变化。

函数的值是指函数被调用之后，执行函数体中的程序段所取得的并返回给主调函数的值。对函数的值（或称函数返回值）有以下一些说明。

（1）函数的值只能通过 return 语句返回主调函数。

（2）函数值的类型和函数定义中函数的类型应保持一致。如果两者不一致，则以函数类型为准，自动进行类型转换。

（3）如函数值为整型，在函数定义时可以省去类型说明。

（4）不返回函数值的函数，可以明确定义为“空类型”，类型说明符为“void”。

4.5.3　函数的调用

C 语言中，函数调用的一般形式为：

```
函数名(实际参数表);
```

对无参函数调用时则无实际参数表。在 C 语言中，可以用以下 3 种方式调用函数。

（1）函数表达式：函数作为表达式中的一项出现在表达式中，以函数返回值参与表达式的运算。这种方式要求函数是有返回值的。

（2）函数语句：函数调用的一般形式加上分号即构成函数语句。

（3）函数实参：函数作为另一个函数调用的实际参数出现。这种情况是把该函数的返回值作为实参进行传送，因此要求该函数必须是有返回值的。在函数调用中还应该注意的一个问题是求值顺序的问题。

在主调函数中调用某函数之前应对该被调函数进行说明（声明），这与使用变量之前要先进行变量说明是一样的。在主调函数中对被调函数做说明的目的是使编译系统知道被调函数返回值的类型，以便在主调函数中按此种类型对返回值做相应的处理。其一般形式为：

```
类型说明符 被调函数名(类型 形参，类型 形参…);
```

或为：

```
类型说明符 被调函数名(类型，类型…);
```

括号内给出了形参的类型和形参名，或只给出形参类型。这便于编译系统进行检错，以防止可能出现的错误。

C 语言中不允许做嵌套的函数定义。因此各函数之间是平行的，不存在上一级函数和下一级函数的问题。但是 C 语言允许在一个函数的定义中出现对另一个函数的调用。

C 语言还允许函数的递归调用，一个函数在它的函数体内调用它自身称为递归调用。在递归调用中，主调函数又是被调函数。执行递归函数将反复调用其自身，每调用一次就进入新的一层。例如，有函数 f 如下：

```
int f(int x)
{
    int y;
    z=f(y);
    return z;
}
```

为了防止递归调用无终止地进行，必须在函数内有终止递归调用的手段。常用的办法是加条件判断，满足某种条件后就不再做递归调用，然后逐层返回。

数组可以作为函数的参数使用，进行数据传送。数组用作函数参数有两种形式：一种是把数组元素（下标变量）作为实参使用，另一种是把数组名作为函数的形参和实参使用。

数组元素就是下标变量，它与普通变量并无区别。因此它作为函数实参使用与普通变量是完全相同的，在发生函数调用时，把作为实参的数组元素的值传送给形参，实现单向的值传送。

4.5.4　局部变量和全局变量

C 语言中的变量，按作用域范围可分为两种，即局部变量和全局变量。局部变量也称为内部变量，是在函数内做定义说明的。其作用域仅限于函数内，离开该函数后再使用这种变量是非法的。关于局部变量的作用域还要说明以下 4 点。

（1）主函数中定义的变量也只能在主函数中使用，不能在其他函数中使用。同时，主函数中也不能使用其他函数中定义的变量。因为主函数与其他函数是平行关系。

（2）形参变量是属于被调函数的局部变量，实参变量是属于主调函数的局部变量。

（3）允许在不同的函数中使用相同的变量名，它们代表不同的对象，分配不同的单元，互不干扰，也不会发生混淆。

（4）在复合语句中也可定义变量，其作用域只在复合语句范围内。

全局变量也称为外部变量，它是在函数外部定义的变量。它不属于哪一个函数，它属于一个源程序文件，其作用域是整个源程序。在函数中使用全局变量，一般应作全局变量说明。只有在函数内经过说明的全局变量才能使用。全局变量的说明符为 extern。但在一个函数之前定义的全局变量，在该函数内使用可不再加以说明。例如：

```
int a,b;            /*外部变量*/
void f1()           /*函数 f1*/
{
   ……
}
float x,y;          /*外部变量*/
int fz()            /*函数 fz*/
{
   ……
}
main()              /*主函数*/
```

```
{
    ......
}
```

从上例可以看出 a、b、x、y 都是在函数外部定义的外部变量，都是全局变量。但 x、y 定义在函数 f1 之后，而在 f1 内又无对 x、y 的说明，所以它们在 f1 内无效。a、b 定义在源程序最前面，因此在 f1、f2 及 main 内不加说明也可使用。如果同一个源文件中，外部变量与局部变量同名，则在局部变量的作用范围内，外部变量不起作用。

4.6　数组、指针

对现实世界的描述常常会发现无法用单独的词汇来进行，而常是某一类相似或不相似属性的集合体，在 C 语言中则可以通过数组和结构以及指针来描述。

4.6.1　数组

数组是按序排列的同类数据元素的集合，由连续的存储单元组成，最低地址对应于数组的第一个元素，最高地址对应于最后一个元素，数组包括一维数组和多维数组。

在 C 语言中，数组属于构造数据类型。一个数组可以分解为多个数组元素，这些数组元素可以是基本数据类型或是构造类型。因此按数组元素的类型不同，数组又可分为数值数组、字符数组、指针数组、结构数组等各种类别。

1. 一维数组

一维数组的定义方式为：

```
类型说明符 数组名[常量表达式];
```

类型说明符是任意基本数据类型或构造数据类型。数组名是用户定义的数组标识符。常量表达式表示数据元素的个数即称为数组的长度。数组数据类型说明如下。

- 数组的类型实际上是指数组元素的取值类型。对于同一个数组，其所有元素的数据类型都是相同的。
- 数组名的书写规则应符合标识符的书写规定。
- 数组名不能与其他变量名相同。
- 方括号中常量表达式表示数组元素的个数，如 a[5]表示数组 a 有 5 个元素。但是其下标从 0 开始计算。因此 5 个元素分别为 a[0]、a[1]、a[2]、a[3]、a[4]。
- 不能在方括号中用变量来表示元素的个数，但可以是符号常数或常量表达式。
- 允许在同一个类型说明中，说明多个数组和多个变量。

初始化赋值的一般形式为：

```
类型说明符 数组名[常量表达式]={值，值......值};
```

其中在{}中的各数据值即为各元素的初值，各值之间用逗号间隔。初始化赋值还有以下几点规定。

- 可以只给部分元素赋初值。当{ }中值的个数少于元素个数时，只给前面部分元素赋值。
- 只能给元素逐个赋值，不能给数组整体赋值。
- 如给全部元素赋值，则在数组说明中，可以不给出数组元素的个数。

2. 二维数组

在实际问题中有很多二维或多维的量，可以用多维数组表示。多维数组元素有多个下标，所以也称为多下标变量。二维数组定义的一般形式是：

```
类型说明符 数组名[常量表达式 1][常量表达式 2];
```

其中常量表达式 1 表示第一维下标的长度，常量表达式 2 表示第二维下标的长度。二维数组的元素也称为双下标变量，其表示的形式为：

```
数组名[下标][下标];
```

其中下标应为整型常量或整型表达式。二维数组初始化也是在类型说明时给各下标变量赋以初值。二维数组可按行分段赋值，也可按行连续赋值。

二维数组初始化赋值说明如下。

- 可以只对部分元素赋初值，未赋初值的元素自动取 0。
- 如对全部元素赋初值，则第一维的长度可以不给出。
- 数组是一种构造类型的数据。二维数组可以看作是由一维数组的嵌套而构成的，一个二维数组也可以分解为多个一维数组。

3. 字符数组

用来存放字符量的数组称为字符数组。由于字符型和整型通用，也可以定义为 int c[10]，但这时每个数组元素占 2 个字节的内存单元。字符数组可以是二维或多维数组。字符数组允许在定义时做初始化赋值。

在 C 语言中没有专门的字符串变量，通常用一个字符数组来存放一个字符串。字符串总是以‘\0’作为串的结束符。因此当把一个字符串存入一个数组时，也把结束符‘\0’存入数组，并以此作为该字符串是否结束的标志。C 语言允许用字符串的方式对数组做初始化赋值。用字符串方式赋值比用字符逐个赋值要多占一个字节，用于存放字符串结束标志‘\0’。所以在用字符串赋初值时一般无须指定数组的长度，而由系统自行处理。

在 C 语言中规定，数组名代表该数组的首地址。因此在 c 前面不能再加地址运算符&。如写作 scanf("%s",&c)则是错误的。在执行函数 printf("%s",c)时，按数组名 c 找到首地址，然后逐个输出数组中各个字符直到遇到字符串终止标志‘\0’为止。

4.6.2 指针的基本概念

指针是 C 语言中广泛使用的一种数据类型。运用指针编程是 C 语言最主要的风格之一。利用指针变量可以表示各种数据结构；能很方便地使用数组和字符串；并能像汇编语言一样处理内存地址，从而编出精练而高效的程序。指针极大地丰富了 C 语言的功能。学习指针是学习 C 语言中最重要的一环，能否正确理解和使用指针是能否掌握 C 语言的一个标志。

1. 指针的含义

在 PC 或嵌入式系统中，一般把存储器中的一个字节称为一个内存单元，不同的数据类型所占用的内存单元数不同。为了正确地访问这些内存单元，必须为每个内存单元编上号，内存单元的编号也叫做地址，根据内存单元的编号或地址就可以找到所需的内存单元，所以通常也把这个地址称为指针。内存单元的指针和内存单元的内容是两个不同的概念。对于一个内存单元来说，单元的地址即为指针，其中存放的数据才是该单元的内容。在 C 语言中，允许用一个变量来存放指针，这种变量称为指针变量。因此，一个指针变量的值就是某个内存单元的地址或称为某内存单元的指针。

严格地说，一个指针是一个地址，是一个常量。而一个指针变量却可以被赋予不同的指针值，是变量。但常把指针变量简称为指针，定义指针的目的是为了通过指针去访问内存单元。凡是出现数组、函数的地方都可以用一个指针变量来表示，只要该指针变量中赋予数组或函数的首地址即可。这样做，将会使程序的概念十分清楚，程序本身也精练、高效。

为了表示指针变量和它所指向的变量之间的关系，在程序中用“*”符号表示指向，例如，ptr 代表指针变量，而*ptr 是 ptr 所指向的变量。对指针变量的定义包括以下三个内容。

- 指针类型说明，即定义变量为一个指针变量。
- 指针变量名。
- 变量的数据类型。

其一般形式为：

```
类型说明符  *变量名;
```

其中，*表示这是一个指针变量，变量名即为定义的指针变量名，类型说明符表示本指针变量所指向的变量的数据类型。应该注意的是，一个指针变量只能指向同类型的变量，即一个指针变量不能时而指向一个浮点变量，时而又指向一个字符变量。

2. 指针的定义

指针变量同普通变量一样，使用之前不仅要定义说明，而且必须赋予具体的值，引用未经赋值或赋予非法地址的指针变量都将引发错误。在 C 语言中，变量的地址是由编译系统分配的，用户并不知道变量的具体地址。C 语言中提供了地址运算符&来表示变量的地址。其一般形式为：

```
&变量名;
```

设有指向整型变量的指针变量 ptr，如要把整型变量 a 的地址赋予 ptr 可以有以下两种方式。

- 指针变量初始化的方法。

```
int a;
int *ptr=&a;
```

- 赋值语句的方法。

```
int a;
int *ptr;
ptr=&a;
```

3. 指针运算符

指针变量可以且只能进行赋值运算和部分算术运算及关系运算。指针运算符包括以下两种。

（1）取地址运算符&：取地址运算符&是单目运算符，其结合性为自右至左，功能是取变量的地址。

（2）取内容运算符*：取内容运算符*是单目运算符，其结合性为自右至左，用来表示指针变量所指的变量。在*运算符之后跟的变量必须是指针变量。

指针变量的赋值运算有以下 6 种形式。

（1）指针变量初始化赋值。

（2）把一个变量的地址赋予指向相同数据类型的指针变量。

（3）把一个指针变量的值赋予指向相同类型变量的另一个指针变量。

（4）把数组的首地址赋予指向数组的指针变量。

（5）把字符串的首地址赋予指向字符类型的指针变量。

（6）把函数的入口地址赋予指向函数的指针变量。

4. 指针加减算术运算

对于指向数组的指针变量，可以加上或减去一个整数 n，意义是把指针指向的当前位置向前或向后移动 n 个位置。应该注意，数组指针变量向前或向后移动一个位置和地址加 1 或减 1 在概念上是不同的。因为数组可以有不同的类型，各种类型的数组元素所占的字节长度是不同的。如指针变量加 1，即向后移动 1 个位置，表示指针变量指向下一个数据元素的首地址，而不是在原地址基础上加 1。

例如：

```
int a[5],*pa;
pa=a;        /*pa 指向数组 a，也是指向 a[0]*/
pa=pa+2;     /*pa 指向 a[2]，即 pa 的值为&pa[2]*/
```

指针变量的加减运算只能对数组指针变量进行，对指向其他类型变量的指针变量做加减运算是毫无意义的。

5. 指针之间的运算

只有指向同一数组的两个指针变量之间才能进行运算，否则运算毫无意义。

（1）两指针变量相减：两指针变量相减所得之差是两个指针所指数组元素之间相差的元素个数。实际上是两个指针值（地址）相减之差再除以该数组元素的长度（字节数）。两个指针变量不能进行加法运算。

（2）两指针变量进行关系运算：指向同一数组的两指针变量进行关系运算可表示它们所指数组元素之间的关系。指针变量还可以与 0 比较。指针变量 p==0 表明 p 是空指针，它不指向任何变量。空指针是由对指针变量赋予 0 值而得到的。对指针变量赋 0 值和不赋值是不同的，指针变量未赋值时，可以是任意值且不能使用，而指针变量赋 0 值后，则可以使用，但不指向具体的变量。

4.6.3 指针与数组

定义一个指向数组元素的指针变量的方法，与以前介绍的指针变量相同。如下例：

```
int a[10];    /*定义 a 为包含 10 个整型数据的数组*/
int *p;       /*定义 p 为指向整型变量的指针*/
p=&a[0];
p=a;
```

p、a、&a[0]均指向同一单元，它们是数组 a 的首地址，也是 0 号元素 a[0]的首地址。但 p 是变量，而 a、&a[0]都是常量。

1. 指针与数组的用法

在 C 语言中，如果指针变量 p 已指向数组中的一个元素，则 p+1 指向同一数组中的下一个元素；如果 p 的初值为&a[0]，则 p+i 和 a+i 就是 a[i]的地址，或者说它们指向 a 数组的第 i 个元素。*(p+i)或*(a+i)就是 p+i 或 a+i 所指向的数组元素，即 a[i]。指向数组的指针变量也可以带下标，如 p[i]与*(p+i)等价。引用一个数组元素可以用以下两种方法。

（1）下标法，即用 a[i]形式访问数组元素。在前面介绍数组时都是采用这种方法。

（2）指针法，即采用*(a+i)或*(p+i)形式，用间接访问的方法来访问数组元素，其中 a 是数组名，p 是指向数组的指针变量，其初值 p=a。

使用指针变量要注意以下 5 点。

（1）指针变量可以实现本身的值的改变。如 p++是合法的，而 a++是错误的。因为 a 是数组名，它是数组的首地址，是常量。

（2）*p++，由于++和*同优先级，结合方向自右而左，等价于*(p++)。

（3）*(p++)与*(++p)作用不同。若 p 的初值为 a，则*(p++)等价 a[0]，*(++p)等价 a[1]。

（4）(*p)++表示 p 所指向的元素值加 1。

（5）如果 p 当前指向 a 数组中的第 i 个元素，则*(p--)相当于 a[i--]；*(++p)相当于 a[++i]；*(--p)相当于 a[--i]。

2. 数组名与函数参数

数组名可以作函数的实参和形参，如果有一个实参数组，想在函数中改变此数组的元素的值，则实参与形参的对应关系有以下 4 种。

（1）形参和实参都是数组名。

```
main()
{
int a[10];
  ……
f(a,10)
  ……
f(int x[],int n)
{
    ……
}

}
```

a 和 x 指的是同一组数组。

（2）实参用数组，形参用指针变量。

```
main()
{
int a[10];
  ……
f(a,10)
  ……
f(int *x,int n)
{
    ……
}

}
```

（3）实参、形参都用指针变量。

（4）实参为指针变量，形参为数组名。

3. 指针与二维数组

指针不仅可以指向一维数组，也可以指向多维数组。前面介绍过，C 语言允许把一个二维数组分解为多个一维数组来处理。

设二维 int 类型数组 a[3][4]首地址为 1000，数组 a[3][4]可分解为三个一维数组，即 a[0]，a[1]，a[2]。每一个一维数组又含有四个元素，例如 a[0]数组，含有 a[0][0]，a[0][1]，a[0][2]，a[0][3]四个元素。从二维数组的角度来看，a 是二维数组名，代表整个二维数组的首地址，也是二维数组 0 行的首地址。a[0]是第一个一维数组的数组名和首地址，因此也为 1000。*(a+0)或*a 是与 a[0]等效的， 它表示一维数组 a[0]0 号元素的首地址，也为 1000。&a[0][0]是二维数组 a 的 0 行 0 列元素首地址，同样是 1000。

因此，a，a[0]，*(a+0)，*a，&a[0][0]是相等的。同理，a+1 是二维数组 1 行的首地址，等于

1008。a[1]是第二个一维数组的数组名和首地址，因此也为 1008。&a[1][0]是二维数组 a 的 1 行 0 列元素地址，也是 1008。因此 a+1，a[1]，*(a+1)，&a[1][0]是等同的。由此得出：a+i，a[i]，*(a+i)，&a[i][0]是等同的。此外，&a[i]和 a[i]也是等同的。因为在二维数组中不能把&a[i]理解为元素 a[i]的地址，不存在元素 a[i]。C 语言规定，它是一种地址计算方法，表示数组 a 第 i 行首地址。

由此得出：a[i]，&a[i]，*(a+i)和 a+i 也都是等同的。另外，a[0]也可以看成是 a[0]+0，是一维数组 a[0]的 0 号元素的首地址，而 a[0]+1 则是 a[0]的 1 号元素首地址，由此可得出 a[i]+j 则是一维数组 a[i]的 j 号元素首地址，它等于&a[i][j]。由 a[i]=*(a+i)得 a[i]+j=*(a+i)+j。由于*(a+i)+j 是二维数组 a 的 i 行 j 列元素的首地址，所以，该元素的值等于*(*(a+i)+j)。

二维数组指针变量说明的一般形式为：

```
类型说明符  (*指针变量名)[长度];
```

其中“类型说明符”为所指数组的数据类型。“*”表示其后的变量是指针类型。“长度”表示二维数组分解为多个一维数组时，一维数组的长度，也就是二维数组的列数。应注意“(*指针变量名)”两边的括号不可少，如缺少括号则表示是指针数组，意义就完全不同了。

4. 指针数组

一个数组的元素值为指针则是指针数组。指针数组是一组有序的指针的集合。指针数组的所有元素都必须是具有相同存储类型和指向相同数据类型的指针变量。

指针数组说明的一般形式为：

```
类型说明符 *数组名[数组长度];
```

其中类型说明符为指针值所指向的变量的类型。

通常可用一个指针数组来指向一个二维数组。指针数组中的每个元素被赋予二维数组每一行的首地址，因此也可理解为指向一个一维数组。

应该注意指针数组和二维数组指针变量的区别。两者虽然都可用来表示二维数组，但是其表示方法和意义是不同的：二维数组指针变量是单个的变量，其一般形式中“(*指针变量名)”两边的括号不可少；而指针数组类型表示的是多个指针（一组有序指针）在一般形式中“*指针数组名”两边不能有括号。

例如：

```
int (*p)[3];
```

表示一个指向二维数组的指针变量。该二维数组的列数为 3 或分解为一维数组的长度为 3。

```
int *p[3];
```

表示 p 是一个指针数组，有三个下标变量 p[0]、p[1]、p[2]，均为指针变量。

4.6.4 指针与字符串

字符串指针变量的定义说明与指向字符变量的指针变量说明是相同的。只能按对指针变量的赋值不同来区别。对指向字符变量的指针变量应赋予该字符变量的地址。例如：

```
char c,*p=&c;
```

表示 p 是一个指向字符变量 c 的指针变量。而

```
char *s="C Language";
```

则表示 s 是一个指向字符串的指针变量。把字符串的首地址赋予 s。用字符数组和字符指针变量都可实现字符串的存储和运算，但在使用时应注意以下两个问题。

（1）字符串指针变量本身是一个变量，用于存放字符串的首地址。而字符串本身是存放在以

该首地址为首的一块连续的内存空间中并以‘\0’作为串的结束。字符数组是由若干个数组元素组成的，可用来存放整个字符串。

（2）对字符串指针方式，可以用如 ps="a string"来赋值，而对于数组方式，则不能用 arr={“a string”}的赋值语句进行赋值，而只能对字符数组的各元素逐个赋值。可见使用指针变量更加方便。

指针数组也常用来表示一组字符串，这时指针数组的每个元素被赋予一个字符串的首地址。指向字符串的指针数组的初始化更为简单。例如可用如下代码初始化一个指针数组：

```
char *day[]={"Illagal day",
                 "Monday",
                 "Tuesday",
                 "Wednesday",
                 "Thursday",
                 "Friday",
                 "Saturday",
                 "Sunday"};
```

完成这个初始化赋值之后，day[0]即指向字符串"Illagal day"，day[1]指向"Monday"。

4.6.5　指针与函数

在 C 语言中，一个函数总是占用一段连续的内存区，而函数名就是该函数所占内存区的首地址。可以把函数的这个首地址（或称入口地址）赋予一个指针变量，使该指针变量指向该函数，然后通过指针变量就可以找到并调用这个函数。把这种指向函数的指针变量称为“函数指针变量”。函数指针变量定义的一般形式为：

```
类型说明符  (*指针变量名)()
```

其中“类型说明符”表示被指函数的返回值的类型。“(*指针变量名)”表示“*”后面的变量是定义的指针变量。最后的括号表示指针变量所指的是一个函数。示例如下：

```
/**************************************************************************/
/*文件：program_4_4.c                                                     */
/*简介：函数指针的应用                                                    */
/**************************************************************************/
int max(int a,int b){
    if(a>b)return a;
    else return b;
}
main(){
  int max(int a,int b);
  int(*pmax)();
  int x,y,z;
  pmax=max;
  printf("input two numbers:\n");
  scanf("%d%d",&x,&y);
  z=(*pmax)(x,y);
  printf("maxmum=%d",z);
}
```

从上述程序可以看出，用函数指针变量形式调用函数的步骤如下。

（1）先定义函数指针变量，如 int(*pmax)();定义 pmax 为函数指针变量。

（2）把被调函数的入口地址（函数名）赋予该函数指针变量，如 pmax=max。

（3）用函数指针变量形式调用函数，如 z=(*pmax)(x,y)。

调用函数的一般形式为：

```
(*指针变量名)(实参表)
```

使用函数指针变量还应注意以下两点。

（1）函数指针变量不能进行算术运算，函数指针的移动没有意义。

（2）函数调用中“(*指针变量名)”两边的括号不可少，其中的*不应该理解为求值运算，在此处它只是一种表示符号。

前面介绍过，所谓函数类型是指函数返回值的类型。在 C 语言中允许一个函数的返回值是一个指针（即地址），这种返回指针值的函数称为指针型函数。定义指针型函数的一般形式为：

```
类型说明符 *函数名(形参表)
{
......            /*函数体*/
}
```

其中函数名之前加了“*”号表明这是一个指针型函数，类型说明符表示了返回的指针值所指向的数据类型。

4.6.6　指针其他用法

如果一个指针变量存放的是另一个指针变量的地址，则称这个指针变量为指向指针的指针变量。在前面已经介绍过，通过指针访问变量称为间接访问。由于指针变量直接指向变量，所以称为“单级间址”。而如果通过指向指针的指针变量来访问变量则构成“二级间址”。指向指针型数据的指针变量定义方式如下：

```
char **p;
```

p 前面有两个*号，相当于*(*p)。显然*p 是指针变量的定义形式，如果没有最前面的*，那就是定义了一个指向字符数据的指针变量。现在它前面又有一个*号，表示指针变量 p 是指向一个字符指针型变量的。*p 就是 p 所指向的另一个指针变量。

4.6.7　动态内存管理

前面介绍过 C 语言中不允许动态数组类型。但是在实际编程中，往往会发生这种情况，即所需的内存空间取决于实际输入的数据，而无法预先确定。对于这种问题，用数组的办法很难解决。为了解决上述问题，C 语言提供了一些内存管理函数，这些内存管理函数可以按需要动态地分配内存空间，也可把不再使用的空间回收待用，为有效利用内存资源提供了方便。常用的内存管理函数有以下 3 个。

1. 分配内存空间函数 malloc

该函数的函数原型如下所示。

```
(类型说明符*)malloc(size)
```

它的功能是：在内存的动态存储区中分配一块长度为“size”字节的连续区域。函数的返回值为该区域的首地址。“类型说明符”表示把该区域用于何种数据类型。(类型说明符*)表示把返回值强制转换为该类型指针。“size”是一个无符号数。例如：

```
ptr=(char *)malloc(1000);
```

表示分配 1000 个字节的内存空间，并强制转换为字符数组类型，函数的返回值为指向该字符数组的指针，把该指针赋予指针变量 ptr。

2. 分配内存空间函数 calloc

calloc 也用于分配内存空间。该函数的函数原型如下所示。

```
(类型说明符*)calloc(n,size)
```

它的功能是：在内存动态存储区中分配 n 块长度为“size”字节的连续区域。函数的返回值为该区域的首地址。(类型说明符*)用于强制类型转换。calloc 函数与 malloc 函数的区别在于一次可以分配 n 块区域。例如：

```
ptr=(struct salary*)calloc(10,sizeof(struct salary));
```

其中的 sizeof(struct salary)是求 salary 的结构长度。该语句的意思是按 salary 的长度分配 10 块连续区域，强制转换为 salary 类型，并把其首地址赋予指针变量 ptr。

3. 释放内存空间函数 free

该函数的函数原型如下所示。

```
free(void*ptr);
```

它的功能是：释放 ptr 所指向的一块内存空间，ptr 是一个任意类型的指针变量，它指向被释放区域的首地址。被释放区应是由 malloc 或 calloc 函数所分配的区域。

4.7 小结

本章一起学习和回顾了 C 语言的基础知识，主体内容包括：C 语言概述、数据类型、运算符、表达式、流程、函数、数组和指针。本章的目的在于将 C 语言的语法精华浓缩成一章的内容，便于读者随时翻阅和查找。通过本章的学习，读者可以立即进入编程的实战阶段。

4.8 习题

一、填空题

1. C 语言程序的基本单位是________。按照语句功能或构成的不同，可将 C 语言的语句分为五类，分别是________、________、________、________、________。

2. 标识符可以由________组成。标识符的第一个字符必须是________，随后的字符必须是________。

3. 函数的参数分为________和________，________只有在被调用时才分配内存单元，在调用结束时，即刻释放所分配的内存单元。

4. 一般把存储器中的一个字节称为一个内存单元，对于一个内存单元来说，单元的地址即为________。在 C 语言中，允许用一个变量来存放指针，这种变量称为________。

二、选择题

1. 转移字符\a 表示的意思是（　　）。

   A. 换页　　B. 退格　　C. 响铃　　D. 回车

2. NULL?1:2，结果是（　　）。

   A. 1　　B. 0　　C. 2　　D. NULL

3. int a[5] = {1,2,3};则 a[4]的内容是（　　）。

   A. 1　　B. 3　　C. 2　　D. 0

第 2 篇　嵌入式系统基础

第 5 章　S3C2440 的内部资源

S3C2440 是三星公司生产的，基于 ARM920T 核的 16/32 位 RISC 嵌入式微处理器，是目前市场上应用非常广泛的一款嵌入式处理器。该处理器是一个多用途的通用芯片，它内部集成了 ARM920T 和常用外围组件，具有较高的性价比。本章将一一介绍这款处理器的各种内部资源。

5.1　S3C2440 微处理器

为了能让读者对 S3C2440 有一个整体印象，下面首先介绍 S3C2440 的主要结构、片内资源以及体系结构。在对 S3C2440 的总体有了初步的认识之后，对 S3C2440 的内部资源了解起来肯定会更加顺利。

5.1.1　主要结构

S3C2440 的频率最高达 400MHz，其 ARM920T 核由 ARM9TDMI（软核）、存储管理单元（MMU）和高速 Cache 三部分组成。其中，MMU 可以管理虚拟内存，高速 Cache 由独立的 16KB 地址和 16KB 数据高速 Cache 组成。ARM920T 有两个内部协处理器：CP14 和 CP15。CP14 用于调试控制，CP15 用于存储系统控制以及测试控制。它的内部结构如图 5-1 所示。

5.1.2　片内资源

S3C2440 的片内资源非常丰富，包括如下资源。

- 1 个 LCD 控制器（支持带有触摸的 4K 色 STN 和 256K 色 TFT 的液晶显示屏）。
- SDRAM 控制器。
- 3 个通道的 UART。
- 4 个通道的 DMA。
- 4 个具有 PWM 功能的定时器和 1 个内部时钟。
- 触摸屏接口。
- I^2C 总线接口。
- 2 个 USB 主机接口，1 个 USB 设备接口。

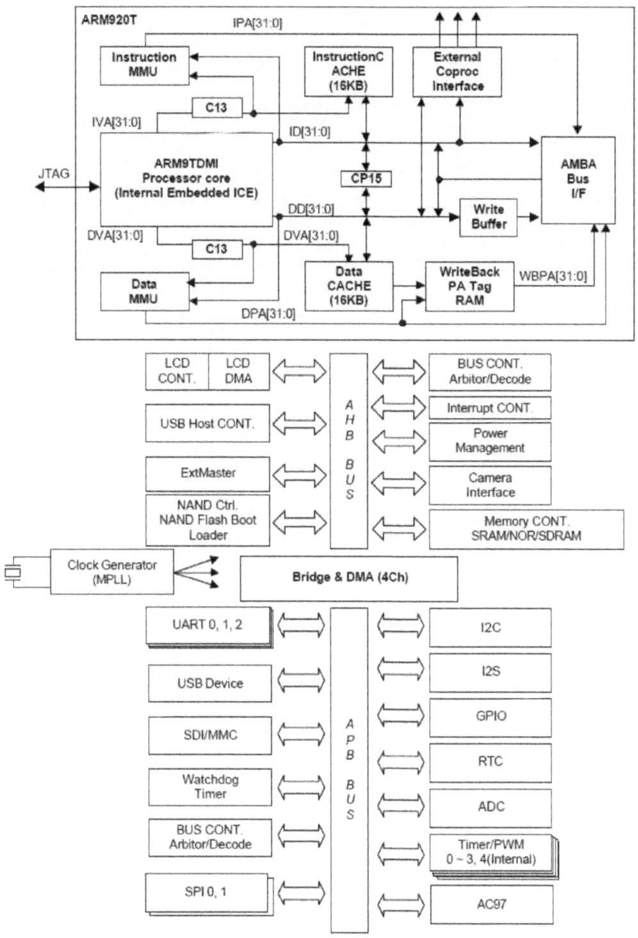

图 5-1　S3C2440 结构框图

- 2 个 SPI 接口。
- SD 接口和 MMC 卡接口。
- 看门狗计数器。
- 117 位通用 I/O 口和 24 位外部中断源。
- 8 通道 10 位 AD 控制器。

5.1.3　体系结构

S3C2440 处理器为手持设备和通用嵌入式应用提供了丰富的片上集成系统解决方案，包括：

- 16/32 位 RISC 体系结构和 ARM920T 内核强大的指令集。
- 增强型 ARM 体系结构 MMU，用于支持 WinCE、EPOC 32 和 Linux。
- 采用 ARM920T CPU 内核支持 ARM 调试体系结构。
- 内部高级微控制总线（AMBA）体系结构（AMBA2.0，AHB/APB）。
- 支持高速总线模式和异步总线模式，支持外部等待信号延长总线周期。

5.2　S3C2440 存储器映射

S3C2440 的存储器控制器提供访问外部存储器所需要的存储器控制信号，主要具有以下 5 个特性。

（1）支持大/小端方式（通过软件选择）。

（2）8 个存储器 bank，寻址空间：每 bank 128 MB（总共 1GB），支持可编程的每 bank（不包括 bank 0：16/32 位）8/16/32 位数据总线带宽。

（3）从 bank0 到 bank6 都采用固定的 bank 起始寻址，bank7 具有可编程的 bank 的起始地址和大小，其中 6 个适用于 ROM、SRAM，另外 2 个适用于 ROM/SRAM 和同步 DRAM，所有的存储器 bank 都具有可编程的操作周期。

（4）支持休眠模式下的 SDRAM 自刷新。

（5）支持各种型号的 ROM 引导（NOR/NAND FLASH、EEPROM 或其他），支持从 NAND FLASH 存储器的启动，采用 4KB 内部缓冲器进行启动引导，支持启动之后 NAND 存储器仍然作为外部存储器使用。

其中各个存储器 bank 的地址映射如图 5-2 所示。

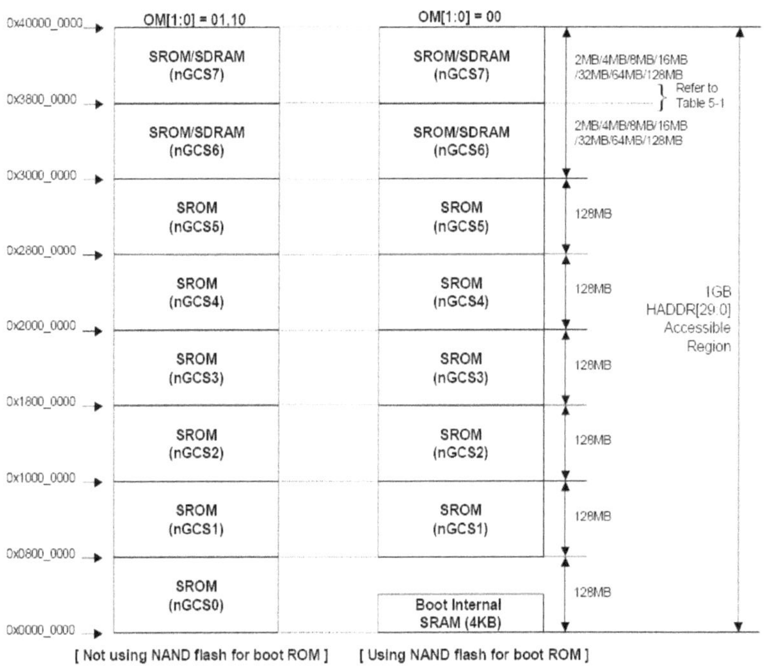

图 5-2　存储器映射示意图

5.2.1　bank0 总线宽度

bank0 的数据总线（nGCS0）必须首先设置成 16 位或 32 位。因为 bank0 通常作为引导 ROM 区（映射到地址 0x0000-0000），在复位时，系统将检测 OM[1:0]上的逻辑电平，并依据这个电平来决定 bank0 区存储器的总线宽度。表 5-1 所示为 OM[1:0]电平对应的启动模式。

表 5-1　不同的操作模式

OM1（操作模式 1）	OM0（操作模式 0）	导入 ROM 数据宽度
0	0	NAND FLASH 模式
0	1	16 bit
1	0	32 bit
1	1	Test Mode

表 5-2 所示为存储器地址引脚的连接。

表 5-2　　存储器（SROM/SDRAM）地址引脚的连接

MEMORY ADDR PIN	S3C2440 ADDR@ 8 bit DATA BUS	S3C2440 ADDR@ 16 bit DATA BUS	S3C2440 ADDR@ 32 bit DATA BUS
A0	A0	A1	A2
A1	A1	A2	A3
…	…	…	…

5.2.2　nWAIT 引脚的作用

如果对每个 bank 使能 nWAIT 位，则当对某个 bank 区进行访问时，nOE 的低电平有效时间就会在 nWAIT 引脚的控制下延长。从 tacc-1 时刻开始检测 nWAIT 的状态。在采样到 nWAIT 为高电平后的下一个时钟时，nOE 将恢复高电平。nWAIT 对 nWE 信号的作用与对 nOE 信号相同。图 5-3 所示为 S3C2440 外部 nWAIT 时序图。

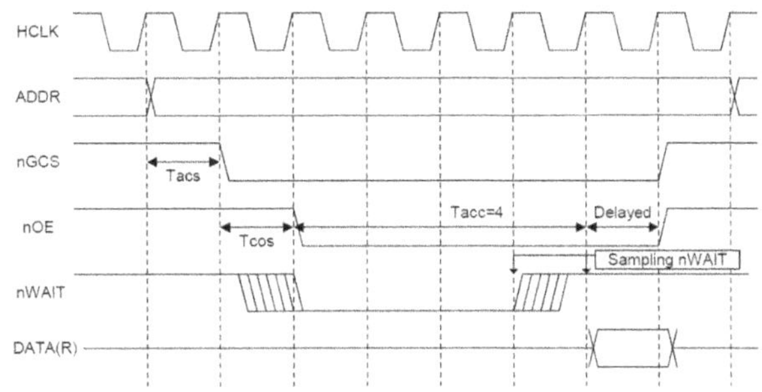

图 5-3　S3C2440 外部 nWAIT 时序图（假设 Tacc=4）

5.2.3　nXBREQ/nXBACK 引脚操作

如果 nXBREQ 被拉低，S3C2440 会通过拉低 nXBACK 响应。如果 nXBACK＝L，地址/数据总线和存储器控制信号都处在高阻状态，如图 5-4 所示。如果 nXBREQ 没被拉低，nXBACK 也将是高电平状态。

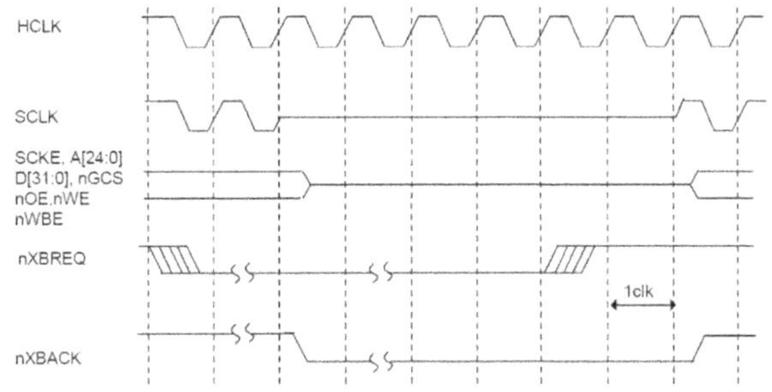

图 5-4　S3C2440A nXBREQ/nXBACK 时序图

5.3　S3C2440 内部资源详解

S3C2440 的内部资源十分丰富，所集成的接口能使 S3C2440 方便地运用于各种场合，例如移动设备，工业控制设备以及医疗设备等。同时，这些接口使用非常方便，硬件连接简单，操作上一般通过软件控制寄存器的方式实现。相信读者看过下面的内容以后，能很快地进入 ARM 的内部，为后续的开发工作奠定良好的基础。

5.3.1 Cache 高速缓存

Cache 高速缓存是 64 项全相连模式，采用 I-Cache（16KB）和 D-Cache（16KB），而且每行 8 字长度，其中每行带有一个有效位和两个 dirty 位。伪随机数或轮转循环替换算法位，采用写穿式（write-through）或写回式（write-back）Cache 操作来更新主存储器。写缓冲器可以保存 16 个字的数据和 4 个地址。

5.3.2 时钟和电源管理

S3C2440 时钟和电源管理的特性如下。

- 片上 MPLL 和 UPLL。
- 采用 UPLL 产生操作 USB 主机/设备的时钟。
- MPLL 产生最大 400MHz@1.3V 操作 MCU 所需要的时钟。
- 通过软件可以有选择性地为每个功能模块提供时钟。
- 正常模式：正常运行模式。
- 慢速模式：不加 PLL 的低时钟频率模式。
- 空闲模式：只停止 CPU 的时钟。
- 休眠模式：所有外设和内核的电源都切断了。
- 可以通过 EINT[15:0]或 RTC 报警中断来从休眠模式中唤醒处理器。

时钟电源控制块由三部分组成：时钟控制、USB 控制和电源控制。S3C2440 中的时钟控制逻辑能生成包括 CPU 内部时钟（FCLK）在内的所需时钟信号。主时钟脉冲（HCLK）用于高级高精度系统总线外围设备。FCLK 应用于 CPU 的时钟，PCLK 用于 APB bus 各种接口设备。S3C2440 有两个锁相环，一个用于 FCLK、HCLK 和 PCLK，另一个用于 USB 块（48MHz）。时钟控制逻辑能产生没有锁相环（PLL）的慢时钟及链接或不链接提供给外围设备块的软件时钟，这样可以降低功耗。

关于电源控制逻辑，S3C2440 有多种电源配置方案来保证对假定任务的最佳功耗。电源控制块在 S3C2440 中能被激活成 4 种模式：正常模式，慢速模式，空闲模式和休眠模式。

（1）正常模式：此块为 S3C2440 中的 CPU 和所有外围设备提供时钟。这种模式下，在设备都运行时，电源功耗将最大。它允许用户用软件控制外设的运作。例如，一个定时器不需要时，用户可以断开提供给这个定时器的时钟以降低功耗。

（2）慢速模式：无锁相环模式。与正常模式不同，慢速模式用外部时钟（XTlpll 或 EXTCLK）直接作为 S3C2440 无锁相环的内部时钟。这种模式中，能耗只取决于外部时钟的频率，锁相环的功耗被取消。

（3）空闲模式：此块在为其他外设提供时钟时，停止对 CPU 内核提供时钟。空闲模式可降低 CPU 产生的功耗。任何对 CPU 的中断请求可以在空闲模式中被唤醒。

（4）休眠模式：此块断开内部能源的提供，因此，不会产生 CPU 功耗。如果不在此模式中唤醒内部逻辑，也不会产生内部逻辑功耗。激活休眠模式需要两个独立电源，一个电源用于提供唤醒逻辑控制的能源，另一个用于支持包括 CPU 在内的其内部逻辑块，并且可用电源开关控制。在休眠模式下，第二个用于支持包括 CPU 在内的其内部逻辑块的电源将被关闭。休眠模式的启动唤醒取决于 ENIT[15:0]或者 RTC 警告中断。

表 5-3 显示了模式控制引脚（OM3，OM2）不同组合的关系及 S3C2440 时钟源的选择。在 nRESET（复位信号）的上升沿，通过 OM3 和 OM2 引脚的电平来锁存 OM[3:2]的状态。

表 5-3　　启动时的时钟源选择

模式 OM[3:2]	MPLL 状态	UPLL 状态	主要时钟源	USB 时钟源
00	On	On	Crystal	Crystal
01	On	On	Crystal	EXTCLK
10	On	On	EXTCLK	Crystal
11	On	On	EXTCLK	EXTCLK

图 5-5 所示为时钟结构的框图。主时钟源来自外部晶振（XTlpll）或一个外部时钟（EXTCLK）。时钟发生器包括一个与外部晶振连接的振荡器（振荡扩大器），同时也有两个锁相环（相位锁定循环），用于产生 S3C2440 需要的高频率时钟。

5.3.3　中断控制器

S3C2440 有 60 个中断源，分别是：1 个看门狗定时器、5 个定时器、9 个 UART、24 个 EINT（外部中断）、4 个 DMA、2 个 RTC、2 个 ADC、1 个 IIC、2 个 SPI、1 个 SDI、2 个 USB、1 个 LCD、1 个电池故障、1 个 NAND、2 个 CAMERA 和 1 个 AC97 音频，这些中断由一个中断控制器控制，按照硬件上的逻辑优先级来决定中断的优先情况。外部中断源都是电平/边沿触发模式，同时还具有可编程的边沿/电平触发极性。S3C2440 中断控制器支持为紧急中断请求提供快速中断服务。

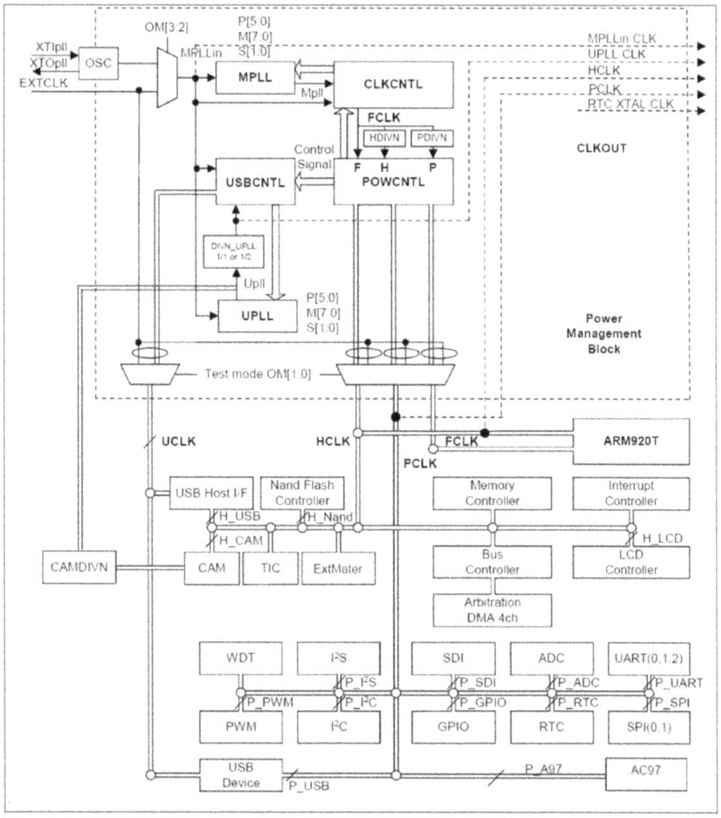

图 5-5　时钟发生器框图

60 个中断源中，UART、AC97 及外部中断是和中断控制器做“或”运算得到的。当从内部设备或者外部中断请求引脚上收到多个中断请求时，中断控制器会在仲裁判决以后，向 ARM920T 内核发出 FIQ 或者 IRQ 的请求，图 5-6 就是 S3C2440 内部的中断流程示意图。

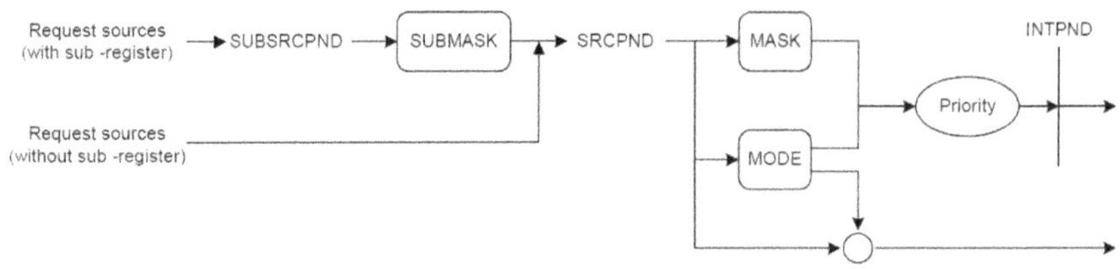

图 5-6　中断流程示意图

注意

LCD 中断具有不同的特点。

仲裁判决依赖于硬件上的逻辑优先级，以及中断寄存器中的值，它能帮助使用者判断哪些中断是由哪些中断源产生的。

如果 ARM920T 的程序状态寄存器（PSR）的 F 位值为 1，那么 CPU 就不会接收来自中断控制器的快速中断请求（FIQ）。同样，如果 PSR 的 I 位值为 1，CPU 就不会接收来自中断控制器的中断请求（IRQ）。所以，必须将寄存器 PSR 的 F 位和 I 位清零以后，同时设置相应中断掩码（INTMSK）寄存器为 0 以后，中断控制器才可以接收相应的中断。

5.3.4　脉冲带宽调制（PWM）定时器

S3C2440 有 5 个 16 位的定时器。定时器 0、1、2、3 具有脉冲宽度调制（PWM）功能。定时器 4 是没有输出管脚的内部定时器。定时器 0 有一个死区发生器，可以和一个大电流装置一起使用。定时器 0 和 1 共用一个 8 位的分频器，而定时器 2、3、4 共用一个 8 位的分频器。每个定时器有一个时钟分频器，能产生 5 种不同的分频信号（1/2，1/4，1/8，1/16 和 TCLK）。每个定时器块接收它自己的来自时钟分频器的时钟信号，而这个时钟分频信号来自相应的 8 位分频器。8 位分频器是可编程的，根据寄存器 TCFG0 和 TCFG1 的值对 PCLK 分频。

当定时器使能以后，把定时器计数器缓冲寄存器（TCNTBn）的初始值加载到递减计数器中。把定时器比较缓冲寄存器（TCMPBn）的初始值加载到比较寄存器中，来和递减计数器的值比较。当频率和占空比发生改变的时候，这样由 TCNTBn 和 TCMPBn 组成的双缓冲器的特点使计时器能够产生一个稳定的输出。

每个定时器都有它自己的 16 位递减计数器，由定时器时钟驱动。当递减计数器达到 0 时，就会产生一个定时器中断请求，以便通知 CPU 定时器操作已经结束。当定时器计数器达到 0 时，相应的 TCNBn 中的值就会自动地存放到递减计数器中，用来继续下面的操作。然而，如果定时器停止时，例如，在定时器运行模式下，清空定时器寄存器的 TCONn 使能位，TCNTBn 中的值就不会再次存放到计数器中。

TCMPBn 的值是用来脉冲宽度调节的。当递减计数器的值和比较寄存器中的值匹配时，时钟控制逻辑就会改变输出电平。所以，比较寄存器决定了 PWM 输出的开（或者关）的时间。S3C2440 的 PWM 部分具有以下 5 个特点。

- 5 个 16 位计时器。
- 2 个 8 位的预分频器和 2 个 4 位的分频器。

- 可编程占空比以控制输出波形。
- 自动重载模式和单脉冲模式。
- 死区发生器。

5.3.5　实时时钟（RTC）

实时时钟（RTC）单元在系统电源关闭以后，能够依靠后备电池运行。RTC 能够使用 STRB/LDRB 指令来操作，以二进制编码的十进制（就是 BCD 码）向 CPU 发送 8 位的数据。这些数据具有全面的时钟特性：秒、分、时、日期、星期、月和年。其工作频率为 32.768kHz，具有报警中断和节拍中断功能。RTC 单元的特点包括以下 6 个。

- BCD 编码：秒、分、时、日期、星期、月和年。
- 闰年发生器。
- 报警功能：报警中断，或者休眠模式下的唤醒功能。
- 千年虫问题已经解决。
- 独立的电源引脚（RTCVDD）。
- 支持毫秒节拍中断，用于实时操作系统内核的时钟节拍。

图 5-7 所示为 RTC 的晶振电路连接图。

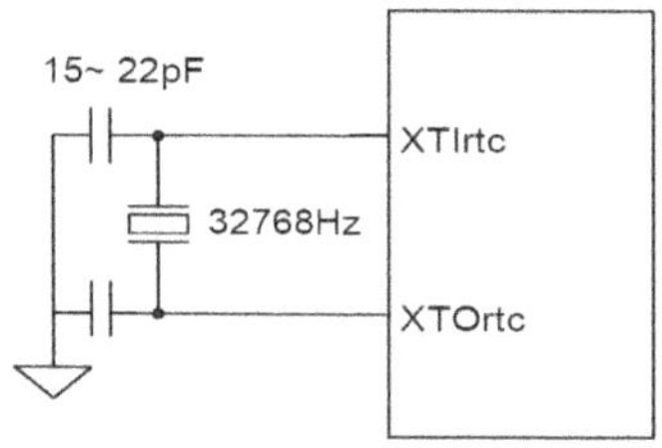

图 5-7　RTC 模块和晶振的连接图

5.3.6　通用 I/O 端口

S3C2440 有 130 个多功能输入/输出端口，具体如下。

- 端口 A（GPA）：25 个输出端口。
- 端口 B（GPB）：11 个输入/输出端口。
- 端口 C（GPC）：16 个输入/输出端口。
- 端口 D（GPD）：16 个输入/输出端口。
- 端口 E（GPE）：16 个输入/输出端口。
- 端口 F（GPF）：8 个输入/输出端口。
- 端口 G（GPG）：16 个输入/输出端口。
- 端口 H（GPH）：9 个输入/输出端口。
- 端口 J（GPJ）：13 个输入/输出端口。

每个端口可以很容易地通过软件进行配置，以满足不同的系统配置和设计需要。用户在启动主函数时，必须对每一个端口定义一个功能。如果一个端口没有使用复用功能，就必须被配置为输入/输出端口。

5.3.7　LCD 控制器

S3C2440 的 LCD 控制器主要完成这样的功能：将视频缓冲中的图像数据发送到外部的 LCD 中。下面是 STN 屏幕支持的显示模式。

- 支持 3 种类型的 STN LCD 显示屏：4 位双扫描、4 位单扫描和 8 位单扫描显示类型。
- 支持单色模式、4 级、16 级灰度 STN LCD、256 色和 4096 色 STN LCD。
- 支持多种不同尺寸的液晶屏。
- LCD 实际尺寸的典型值是：640×480、320×240、160×160 等。
- 最大虚拟屏幕大小是 4MB。

- 256 色模式下支持的最大虚拟屏是：4096×1024、2048×2048、1024×4096 等。

下面是 TFT 屏幕支持的显示模式。

- 支持彩色 TFT 的 1、2、4 或 8bbp（像素每位）调色显示。
- 支持 16，24bbp 无调色真彩显示 TFT。
- 在 24bbp 模式下支持最大 16M 色 TFT。
- 支持多种不同尺寸的液晶屏，典型实屏尺寸：640×480、320×240、160×160 等。
- 64K 色彩模式下最大的虚拟屏尺寸为 2048×1024。

LCD 控制器有一个专用 DMA 通道，用于获取系统内存的视频缓冲中的图像数据，然后发送到外部的 LCD 屏幕。LCD 控制器有以下 5 个特点。

- 专用中断功能（INT_FrSyn 和 INT_FiCnt）。
- 系统内存用作显示内存。
- 支持多种虚拟显示（支持硬件水平/垂直滚动）。
- 可编程的时序控制以适应不同的显示面板。
- 支持小端和大端字节排列，也支持 WinCE 的数据格式。

注意

WinCE 不支持 12 位打包数据格式，请确认 WinCE 是否支持 12 位颜色模式。

5.3.8 UART 控制器

S3C2440 的串口控制器提供了三个独立的输入/输出端口，每一个都能够在基于 DMA 模式或中断模式下工作。也就是说，UART 控制器能够产生中断或者 DMA 请求，以便在 CPU 和 UART 端口之间传送数据。在利用系统时钟的情况下，UART 控制器支持的波特率最高达到 115200。如果一个外部设备给 UART 控制器提供时钟，那么 UART 控制器就能够以更高的传送速度运行。每个 UART 通道包含两个 64B 的 FIFO 用来发送和接收数据。

S3C2440 的 UART 包括：可编程的波特率，红外（IR）发送/接收，插入一或两个停止位，支持 5 位、6 位、7 位或 8 位串行数据发送/接收。每个 UART 控制器包含有一个波特率发生器、发送器、接收器和控制单元。波特率发生器能够从 PCLK、FCLK 或者 UEXTCLK（外部输入时钟）得到时钟。发送和接收器包括 64B 的 FIFO 和数据移位器。首先数据被写到 FIFO 中，然后复制到发送移位器中准备发送，最后，数据被发送数据引脚（TxDn）移位出去。相应地，数据接收过程是：首先从接收引脚（RxDn）上面得到数据，然后将数据从移位器中复制到 FIFO 中。下面是 S3C2440 的串口控制器的特点。

- 基于 DMA 或者中断模式运行的 RxD0、TxD0、RxD1、TxD1、RxD2 和 TxD2。
- UART 通道 0 和 1 有 nRTS0、nCTS0、nRTS1 和 nCTS1。
- 支持发送和接收握手协议。
- 支持外部时钟作为 UART 的运行时钟（UEXTCLK）。
- 可编程的波特率。
- 支持 IrDA1.0。
- 具有测试用的还回模式。
- 每个通道都具有内部 64B 的发送 FIFO 和 64B 的接收 FIFO。

5.3.9　A/D 转换和触摸屏接口

S3C2440 的 A/D 转换是 10 位 CMOS 的 8 通道多路复用 ADC，它能够将模拟输入转化为 10 位的数字信号，在 2.5MHz 的 A/D 转换时钟下，其最大能够达到 500KSPS/10 位的精度。同时 S3C2440 提供内部 TFT 直接触摸屏接口，能够控制/选择触摸屏的 XP、XM、YP 和 YM，从而得到 X 和 Y 的位置。S3C2440 的 A/D 转换器和触摸屏接口具有如下 12 个特点。

- 分辨率：10 位。
- 微分线性误差：± 1.0LSB。
- 积分线性误差：± 2.0LSB。
- 最高转换率：500KSPS。
- 低功率消耗。
- 电源电压：3.3V。
- 模拟输入电压：0～3.3V。
- 单晶片采样保持功能。
- 正常转换模式。
- 独立的 X/Y 位置转换模式。
- 自动（顺序）X/Y 位置转换模式。
- 等待中断模式。

5.3.10　看门狗定时器

每当被外部噪声或者系统错误干扰时，S3C2440 的看门狗定时器将用来恢复控制操作。它能够用来作为一个 16 位步长的定时器，来请求中断服务。其在定时器溢出时发生中断请求或系统复位信号，时长是 128 个 PCLK。看门狗计时器有以下两个特点。

（1）正常步长的计时器模式，带有中断请求。

（2）当计数器的值达到 0 的时候（时间用完），激活内部 128 个 PCLK 时长的复位信号。

看门狗计时器只用 PCLK 作为源时钟。PCLK 的周期分频以后用来产生相应的看门狗计数器时钟，得到的结果继续频分。分频值和频分因子由看门狗控制寄存器（WTCON）中的值来决定。有用的分频值范围是 0～2^8-1。频分因子可以选择为 16、32、64 或者 128。

5.3.11　IIC 总线接口

S3C2440 微处理器能够提供 1 通道多主 IIC 总线接口。一个特定的串行数据线（SDA）和串行时钟线（SCL），在总线的主端和从设备端之间传送信息。SDA 和 SCL 都是双向的。在多主 IIC 总线模式中，多个 S3C2440 微处理器能够接收来自或者发送到从设备的串行数据。主设备 S3C2440 能够发起或者终止一个通过 IIC 总线的数据传输。S3C2440 的 IIC 总线使用标准的总线仲裁协议。为了控制 IIC 总线多主运行，以下 4 个寄存器必须写值。

（1）IIC 总线多主控制寄存器：IICCON。

（2）IIC 总线多主控制/状态寄存器：IICSTAT。

（3）IIC 总线多主发送/接收数据移位寄存器：IICDS。

（4）IIC 总线多主地址寄存器：IICADD。

当 IIC 总线空闲时，SDA 和 SCL 线都应该置高。SDA 上一个由高到低的电平跳变会触发一个开始信号。而当 SCL 保持高电平时，SDA 上面一个由低到高的电平跳变会触发一个停止信号。开始和结束信号总是由主设备产生。开始信号之后的第一个字节中，其中 7 位表示的地址被放在了总线上，该地址决定了主设备要和哪一个从设备进行数据传输。第 8 位决定了数据传输的方向（读或者写）。

每一个放在 SDA 线上的数据字节应该是 8 位。在总线的传输模式下，数据能够无限地发送或者接收。数据总是将最高有效位（MSB）最先发送出去，然后每一个字节都应该迅速跟上一个响应位（ACK）。S3C2440 的 IIC 总线接口有四种操作模式。

（1）主发送模式。

（2）主接收模式。

（3）从发送模式。

（4）从接收模式。

5.3.12　AC97 音频解码器接口

S3C2440 的 AC97 控制器单元支持 2.0 版本的 AC97，AC97 控制器和 AC97 编解码器通过音频线（AC-link）通信，支持 16 位采样。控制器发送立体声 PCM 数据给编解码器。编解码器中的外部数模转换器（DAC）将声音采样值转换为模拟声音波形。同样，控制器接收了立体声 PCM 数据和单声道麦克风数据，然后将它们储存在内存中。S3C2440 的 AC97 控制器有如下 6 个特点。

- 支持 1 个通道的立体声 PCM 输入，1 个通道的立体声 PCM 输出和 1 个通道的 MIC 输入。
- 基于 DMA 和中断的工作模式。
- 所有的通道支持 16 位采样。
- 具有可变采样率的 AC97 编解码接口（48kHz 以下）。
- 每个通道都具有 16 位，16 个输入 FIFO。
- 只有主编解码支持。

注意

AC97 控制器和 I^2S 控制器不能同时使用。

5.3.13　USB 设备控制器

S3C2440 有两个 USB 主设备接口和 1 个 USB 从设备接口。

两个 USB 主设备接口的特点如下。

- 兼容 OHCI ver1.0 协议。
- 兼容 USB ver1.1 协议。
- 两个下行端口。
- 支持低速和全速 USB 设备。

1 个 USB 从设备接口的特点如下。

- 全速 USB 设备控制器兼容 USB ver1.1 协议。
- 支持控制、中断和块传输。
- 全速模式下能够达到 12Mbit/s。
- 5 个带有 FIFO 的 Endpoint。其中一个是双向控制 Endpoint，带有 16 个字节 FIFO 的（EP0）；

另外四个是双向的块 Endpoint，带有 128 个字节的 FIFO（EP1、EP2、EP3 和 EP4）。

- 支持 DMA 接口，用于发送和接收块数据（EP1、EP2、EP3 和 EP4）。
- 集成的 USB 发送接收器。
- 接收和发送的缓冲是独立的 128B 的 FIFO 存储器，以达到最大的吞吐量。
- 支持休眠和远程唤醒功能。

5.3.14 SD 接口

S3C2440 的 SD 控制器的特点如下。

- 兼容 SD 存储卡协议 1.0 版和 MMC 卡协议 2.11 版。
- SDIO 卡协议 1.0 版。
- 发送和接收带有 64 个字节的 FIFO。
- 40 位的命令寄存器。
- 136 位的响应寄存器。
- 8 位的分频逻辑（频率=系统时钟/（P+1））。
- 正常和 DMA 数据发送模式（字节，半字和全字发送）。
- DMA 突发 4 通道存取支持（只有字传输）。
- 1 位或者 4 位模式（总线宽度），块或者流模式选择。

一串行时钟线对 5 条数据线上的信息进行同步移位和采样，传输频率是靠给寄存器 SDIPRE 设置适当的值来控制的。用户自己可以更改频率。一般来讲，通过以下 3 个步骤来给 SDI 编程。

（1）设置 SDICON，配置合适的时钟和中断使能。

（2）设置 SDIPRE，配置合适的值。

（3）等待 74 个 SDCLK 周期，以初始化 SD 卡。

一般通过以下 6 个步骤给 CMD 编程。

（1）向 SDICmdArg 写入 32 位的命令参量。

（2）根据 SDICmdCon 的设置来决定命令类型，开始命令传输。

（3）当 SDICmdSta 具体标志设置了以后，确认 SDI CMD 路径操作是否结束。

（4）如果命令类型没有响应，那么标志是 CmdSent。

（5）如果命令类型有响应，那么标志是 RspFin。

（6）通过向相应位写“1”，清除 SDICmdSta 的标志位。

5.3.15 SPI 接口

S3C2440 串行外设接口（SPI）能够和串行数据传输器连接。S3C2440 有两个 SPI，每个都具有用于发送和接收的 2×8 位的移位寄存器。在数据发送时，数据同步发送（串行移出），同步接收（串行移入）。一个周期中的 8 位数据是由相应的控制寄存器的设置来决定的。如果只是发送，则接收就停止。如果只是接收，则不能发送数据。

SPI 接口有 4 个 I/O 引脚信号和 SPI 发送有关：SCK（SPICLK0，1）、MISO（SPIMISO0，1）数据线、MOSI（SPIMOSI0，1）数据线和有源低电平/SS（nSS0，1）引脚（输入）。S3C2440 的 SPI 接口有以下 6 个特点。

- 支持双通道 SPI。
- 兼容 SPI 协议 2.11 版。

- 用于发送的 8 位移位寄存器。
- 用于接收的 8 位移位寄存器。
- 8 位分频逻辑。
- 基于 DMA 或中断模式工作。

5.3.16 相机接口

S3C2440 的相机接口又叫 CAMIF 接口，包括 7 个部分，分别是模式混合、捕捉单元、预览缩放、编解码缩放、预览 DMA、编解码 DMA 和 SFR。其主要特点如下。

- 支持 ITU-R BT.601/656 8 位模式外部接口。
- 具有 DZI（数字变焦）能力。
- 可以编程的视频同步信号极性。
- 最大：不带缩放的 4096×4096 像素输入，带缩放的 2048×2048 像素输入。
- 最大 640×480 像素输出，支持预览路径。
- 相机的镜头可以旋转（x 轴，y 轴和 180° 旋转）。
- 相机输出格式为：16/24-bit 的 RGB 与 YCBCR 4：2：0/4：2：2 格式。

5.3.17 工作电压

S3C2440 的内核工作在 300MHz 时，核心电压为 1.2V；工作在 400MHz 时，核心电压是 1.3V。内存支持 1.8V / 2.5V/3.0V/3.3V，输入/输出为 3.3V。

5.4 小结

本章对 S3C2440 嵌入式处理器片内资源的基本特性及功能进行了简单的描述，希望读者通过对本章的阅读，能对 S3C2440 嵌入式处理器的片内资源有一个比较全面的了解和掌握，但在此处讲解不深入每一个功能模块的具体细节。如果读者有兴趣对 S3C2440 的各个功能模块进行详细的了解，可以参考相关用户手册。

5.5 习题

一、填空题

1. S3C2440 是三星公司生产的，是________位精简指令集（RISC）微处理器，为面向手持设备和普通应用提供了________和________的小型芯片微控制器的解决方案。

2. S3C2440 基于________核，采用 0.13μmCMOS 标准宏单元和存储单元。

3. S3C2440 存储器控制器总共有________个 bank，每个 bank 有________字节，存储器总的地址空间大小为________。

4. 当从内部设备或者外部中断请求引脚上收到多个中断请求时，中断控制器会在________以后，向内核发出________或者________的请求。

5. 当微控制器进入休眠模式后，可以采取________或者________操作把它从休眠模式中唤醒。

二、选择题

1. 在复位时，系统将检测到 OM[1] = 1，OM[0] = 0 时，bank0 区存储器的总线宽度为（　　）。

A. NAND FLASH 模式　　B. 16 位
C. 32 位　　D. 测试模式

2. UART 通过使用系统时钟，可以达到的最高波特率为（　　）。

A. 11520bit/s　　B. 9600bit/s　　C. 128000bit/s　　D. 76800bit/s

3. 看门狗的时钟源 PCLK=1KHz，看门狗定时器控制寄存器 WTCON[4:3]=0x1，WTCON[15:8]=0x20，则每个定时器时钟周期持续的时间为（　　）。

A. 2ms　　B. 0.5ms　　C. 1ms　　D. 4ms

第 6 章 ARM 微处理器

本章将介绍 ARM 的由来和 ARM 的分类，同时就不同的用途如何选择不同的 ARM 处理器给出笔者的建议。最后介绍了 ARM 的指令系统，相信对读者更深入地了解 ARM 有一定的帮助。

6.1 ARM 微处理器的结构

了解一款 CPU，首先要了解它的体系结构、寄存器结构和指令结构三个方面。只有对这三个方面了解彻底，才能将这款 CPU 和其他不同类型 CPU 区分开来，才能真正地利用这款 CPU 进行开发工作。

6.1.1 体系结构

在传统的 CISC（Complex Instruction Set Computer，复杂指令集计算机）指令集的各种指令中，大约有 20%的指令会被反复使用，占整个程序代码的 80%。而余下的 80%的指令却不经常使用，在程序设计中只占 20%，基于这些不合理性，1979 年美国加州大学伯克利分校提出了 RISC（Reduced Instruction Set Computer，精简指令集计算机）的概念，RISC 并非只是简单地去减少指令，而是把着眼点放在了如何使计算机的结构更加简单合理，以提高运算速度。RISC 结构优先选取使用频率最高的简单指令，避免复杂指令；将指令长度固定，指令格式和寻址方式种类减少；以控制逻辑为主，不用或少用微码控制等措施来达到上述目的。

到目前为止，RISC 体系结构也还没有严格的定义，一般认为，RISC 体系结构应具有如下特点。

- 采用固定长度的指令格式，指令归整、简单，基本寻址方式有 2～3 种。
- 使用单周期指令，便于流水线操作执行。
- 大量使用寄存器，数据处理指令只对寄存器进行操作，只有加载/存储指令可以访问存储器，以提高指令的执行效率。

除此以外，ARM 体系结构还采用了一些特别的技术，在保证高性能的前提下尽量缩小芯片的面积，并降低功耗。这些技术如下所示。

- 所有的指令都可根据前面的执行结果决定是否被执行，从而提高指令的执行效率。
- 可用加载/存储指令批量传输数据，以提高数据的传输效率。
- 可在一条数据处理指令中同时完成逻辑处理和移位处理。
- 在循环处理中使用地址的自动增减来提高运行效率。

当然，和 CISC 架构相比，尽管 RISC 架构有上述的优点，但决不能认为 RISC 架构就可以取代 CISC 架构，事实上，RISC 和 CISC 各有优势，而且界限并不那么明显。现代的 CPU 往往采用 CISC 的外围，内部加入了 RISC 的特性，如超长指令集 CPU 就是融合了 RISC 和 CISC 的优势，成为未来的 CPU 发展方向之一。

6.1.2　寄存器结构

ARM 处理器共有 37 个寄存器，被分为若干个组（bank），这些寄存器如下所示。

- 31 个通用寄存器，包括程序计数器（PC 指针），均为 32 位的寄存器。
- 6 个状态寄存器，用以标识 CPU 的工作状态及程序的运行状态，均为 32 位，目前只使用了其中的一部分。

同时，ARM 处理器又有 7 种不同的处理器模式，在每一种处理器模式下均有一组相应的寄存器与之对应。即在任意一种处理器模式下，可访问的寄存器包括 15 个通用寄存器（R0～R14）、1～2 个状态寄存器和程序计数器。在所有的寄存器中，有些是在 7 种处理器模式下共用的同一个物理寄存器，而有些寄存器则是在不同的处理器模式下有不同的物理寄存器。

6.1.3　指令结构

ARM 微处理器在较新的体系结构中支持两种指令集，分别是 ARM 指令集和 Thumb 指令集。其中，ARM 指令为 32 位的长度，Thumb 指令为 16 位长度。Thumb 指令集为 ARM 指令集的功能子集，但与等价的 ARM 代码相比较，可节省 30%～40%的存储空间，同时具备 32 位代码的所有优点。

6.2　ARM 微处理器的选择

鉴于 ARM 微处理器的众多优点，随着国内外嵌入式应用领域的逐步发展，ARM 微处理器必然会获得广泛的重视和应用。但是，由于 ARM 微处理器有多达十几种的内核结构，几十个芯片生产厂家，以及千变万化的内部功能配置组合，给开发人员在选择方案时带来一定的困难，所以，对 ARM 芯片做一些对比研究十分必要。下面就从应用的角度出发，对在选择 ARM 微处理器时所应考虑的主要问题做一些简要的介绍。

6.2.1　内核的选择

通过前面介绍的内容可知，ARM 微处理器包含一系列的内核结构，以适应不同的应用领域，用户如果希望使用 WinCE 或标准 Linux 等操作系统以减少软件开发时间，就需要选择 ARM720T 以上带有 MMU（Memory Management Unit）功能的 ARM 芯片，ARM720T、ARM920T、ARM922T、ARM946T 和 Strong-ARM 都带有 MMU 功能。而 ARM7TDMI 则没有 MMU，不支持 Windows CE 和标准 Linux，但目前有 uCLinux 等不需要 MMU 支持的操作系统可运行于 ARM7TDMI 硬件平台之上。事实上，uCLinux 已经成功移植到多种不带 MMU 的微处理器平台上，并在稳定性和其他方面都有上佳表现。

6.2.2　工作频率的选择

系统的工作频率在很大程度上决定了 ARM 微处理器的处理能力。ARM7 系列微处理器的典型处理速度为 0.9MIPS/MHz，常见的 ARM7 芯片系统主时钟为 20～133MHz，ARM9 系列微处理器的典型处理速度为 1.1MIPS/MHz，常见的 ARM9 的系统主时钟频率为 100～233MHz，ARM10 最高可以达到 700MHz。不同的芯片对时钟的处理不同，有的芯片只需要一个主时钟频率，有的芯片内部时钟控制器可以分别为 ARM 核和 USB、UART、DSP、音频等功能部件提供不同频率的时钟。

6.2.3 芯片内存储器的选择

大多数的 ARM 微处理器片内存储器的容量都不太大，需要用户在设计系统时外扩存储器，但也有部分芯片具有相对较大的片内存储空间，如 ATMEL 的 AT91F40162 就具有高达 2MB 的片内程序存储空间，用户在设计时可考虑选用这种类型，以简化系统的设计。

6.2.4 片内外围电路的选择

除 ARM 微处理器核以外，几乎所有的 ARM 芯片均根据各自不同的应用领域，扩展了相关功能模块，并集成在芯片之中，通常称之为片内外围电路，如 USB 接口、IIS 接口、LCD 控制器、键盘接口、RTC、ADC 和 DAC、DSP 协处理器等，设计者应分析系统的需求，尽可能采用片内外围电路完成所需的功能，这样既可简化系统的设计，同时也可提高系统的可靠性。

6.3 ARM 微处理器的指令集

ARM 微处理器的指令集是加载/存储型的，即指令集仅能处理寄存器中的数据，而且处理结果都要放回寄存器中，而对系统存储器的访问则需要通过专门的加载/存储指令来完成。

6.3.1 ARM 微处理器的指令分类和格式

ARM 微处理器的指令集可以分为跳转指令、数据处理指令、程序状态寄存器（PSR）处理指令、加载/存储指令、协处理器指令和异常产生指令 6 大类，具体的指令及功能如表 6-1 所示（表中指令为基本 ARM 指令，不包括派生的 ARM 指令）。

表 6-1　ARM 指令及功能描述

助记符	指令功能描述
ADC	带进位加法指令
ADD	加法指令
AND	逻辑与指令
B	跳转指令
BIC	位清零指令
BL	带返回的跳转指令
BLX	带返回和状态切换的跳转指令
BX	带状态切换的跳转指令
CDP	协处理器数据操作指令
CMN	比较反值指令

续表

助记符	指令功能描述
CMP	比较指令
EOR	异或指令
LDC	存储器到协处理器的数据传输指令
LDM	加载多个寄存器指令
LDR	存储器到寄存器的数据传输指令
MCR	从 ARM 寄存器到协处理器寄存器的数据传输指令
MLA	乘加运算指令
MOV	数据传送指令
MRC	从协处理器寄存器到 ARM 寄存器的数据传输指令
MRS	传送 CPSR 或 SPSR 的内容到通用寄存器指令
MSR	传送通用寄存器到 CPSR 或 SPSR 的指令
MUL	32 位乘法指令
MLA	32 位乘加指令
MVN	数据取反传送指令
ORR	逻辑或指令
RSB	逆向减法指令
RSC	带借位的逆向减法指令
SBC	带借位减法指令
STC	协处理器寄存器写入存储器指令
STM	批量内存字写入指令
STR	寄存器到存储器的数据传输指令
SUB	减法指令
SWI	软件中断指令
SWP	交换指令
TEQ	相等测试指令
TST	位测试指令

6.3.2　指令的条件域

当处理器工作在 ARM 状态时，几乎所有的指令均根据 CPSR 中条件码的状态和指令的条件域有条件地执行。当指令的执行条件满足时，指令被执行，否则指令被忽略。

每一条 ARM 指令包含 4 位的条件码，位于指令的最高 4 位[31:28]。条件码共有 16 种，每种条件码可用两个字符表示，这两个字符可以添加在指令助记符的后面和指令同时使用。例如，跳转指令 B 可以加上后缀 EQ 变为 BEQ 表示“相等则跳转”，即当 CPSR 中的 Z 标志置位时发生跳转。

在 16 种条件标志码中，只有 15 种可以使用，如表 6-2 所示，第 16 种（1111）为系统保留，暂时不能使用。

表 6-2　　指令的条件码

条件码	助记符后缀	标志	含义
0000	EQ	Z 置位	相等
0001	NE	Z 清零	不相等
0010	CS	C 置位	无符号数大于或等于
0011	CC	C 清零	无符号数小于
0100	MI	N 置位	负数
0101	PL	N 清零	正数或 0
0110	VS	V 置位	溢出
0111	VC	V 清零	未溢出
1000	HI	C 置位 Z 清零	无符号数大于
1001	LS	C 清零 Z 置位	无符号数小于或等于
1010	GE	N 等于 V	带符号数大于或等于
1011	LT	N 不等于 V	带符号数小于
1100	GT	Z 清零且（N 等于 V）	带符号数大于
1101	LE	Z 置位或（N 不等于 V）	带符号数小于或等于
1110	AL	忽略	无条件执行

6.3.3　跳转指令

跳转指令用于实现程序流程的跳转，在 ARM 程序中有两种方法可以实现程序流程的跳转。

（1）使用专门的跳转指令。

（2）直接向程序计数器 PC 写入跳转地址值。

通过向程序计数器 PC 写入跳转地址值，可以实现在 4GB 的地址空间中的任意跳转，在跳转之前结合使用：

```
MOV  LR, PC
```

等类似指令，可以保存将来的返回地址值，从而实现在 4GB 连续的线性地址空间的子程序调用。ARM 指令集中的跳转指令可以完成从当前指令向前或向后的 32MB 的地址空间的跳转，包括以下 4 条指令：

（1）B：跳转指令。

（2）BL：带返回的跳转指令。

（3）BLX：带返回和状态切换的跳转指令。

（4）BX：带状态切换的跳转指令。

6.3.4　数据处理指令

数据处理指令可分为数据传送指令、算术逻辑运算指令和比较指令等。

- 数据传送指令用于在寄存器和存储器之间进行数据的双向传输。
- 算术逻辑运算指令完成常用的算术与逻辑的运算，该类指令不但将运算结果保存在目的寄存器中，同时更新 CPSR 中的相应条件标志位。
- 比较指令不保存运算结果，只更新 CPSR 中相应的条件标志位。

数据处理指令包括如下几项。

- MOV：数据传送指令。
- MVN：数据取反传送指令。
- CMP：比较指令。
- CMN：反值比较指令。
- TST：位测试指令。
- TEQ：相等测试指令。
- ADD：加法指令。
- ADC：带进位加法指令。
- SUB：减法指令。
- SBC：带借位减法指令。
- RSB：逆向减法指令。
- RSC：带借位的逆向减法指令。
- AND：逻辑与指令。
- ORR：逻辑或指令。
- EOR：逻辑异或指令。
- BIC：位清除指令。

1. MOV 指令

MOV 指令的格式为：

```
MOV{条件}{S}  目的寄存器，源操作数
```

MOV 指令可完成从另一个寄存器、被移位的寄存器或将一个立即数加载到目的寄存器。其中 S 选项决定指令的操作是否影响 CPSR 中条件标志位的值，当没有 S 时指令不更新 CPSR 中条件标志位的值。

指令示例：

```
MOV  R1, R0              ; 将寄存器 R0 的值传送到寄存器 R1
MOV  PC, R14             ; 将寄存器 R14 的值传送到 PC，常用于子程序返回
MOV  R1, R0, LSL#3       ; 将寄存器 R0 的值左移 3 位后传送到 R1
```

2. MVN 指令

MVN 指令的格式为：

```
MVN{条件}{S}  目的寄存器，源操作数
```

MVN 指令可完成从另一个寄存器、被移位的寄存器或将一个立即数加载到目的寄存器。其与 MOV 指令的不同之处是在传送之前按位被取反了，即把一个被取反的值传送到目的寄存器中。其中 S 决定指令的操作是否影响 CPSR 中条件标志位的值，当没有 S 时指令不更新 CPSR 中条件标志位的值。指令示例：

```
MVN  R0, #0              ; 将立即数 0 取反传送到寄存器 R0 中，完成后 R0=-1
```

3. CMP 指令

CMP 指令的格式为：

```
CMP{条件} 操作数 1，操作数 2
```

CMP 指令用于把一个寄存器的内容和另一个寄存器的内容或立即数进行比较，同时更新 CPSR 中条件标志位的值。该指令进行一次减法运算，但不存储结果，只更改条件标志位。标志位表示的是操作数 1 与操作数 2 的关系（大、小、相等），例如，当操作数 1 大于操作数 2 时，则

此后的有 GT 后缀的指令将可以执行。

指令示例：

```
CMP  R1, R0          ；将寄存器 R1 的值与寄存器 R0 的值相减，并根据结果设置 CPSR 的标志位
CMP  R1, #100        ；将寄存器 R1 的值与立即数 100 相减，并根据结果设置 CPSR 的标志位
```

4. CMN 指令

CMN 指令的格式为：

```
CMN{条件} 操作数 1，操作数 2
```

CMN 指令用于把一个寄存器的内容和另一个寄存器的内容或立即数取反后进行比较，同时更新 CPSR 中条件标志位的值。该指令实际完成操作数 1 和操作数 2 相加，并根据结果更改条件标志位。指令示例：

```
CMN  R1, R0          ；将寄存器 R1 的值与寄存器 R0 的值相加，并根据结果设置 CPSR 的标志位
CMN  R1, #100        ；将寄存器 R1 的值与立即数 100 相加，并根据结果设置 CPSR 的标志位
```

5. TST 指令

TST 指令的格式为：

```
TST{条件} 操作数 1，操作数 2
```

TST 指令用于把一个寄存器的内容和另一个寄存器的内容或立即数进行按位的与运算，并根据运算结果更新 CPSR 中条件标志位的值。操作数 1 是要测试的数据，而操作数 2 是一个位掩码，该指令一般用来检测是否设置了特定的位。指令示例：

```
TST  R1, #%1         ；用于测试在寄存器 R1 中是否设置了最低位（%表示二进制数）
TST  R1, #0xffe      ；将寄存器 R1 的值与立即数 0xffe 按位与，并根据结果设置 CPSR 的标志位
```

6. TEQ 指令

TEQ 指令的格式为：

```
TEQ{条件} 操作数 1，操作数 2
```

TEQ 指令用于把一个寄存器的内容和另一个寄存器的内容或立即数进行按位的异或运算，并根据运算结果更新 CPSR 中条件标志位的值。该指令通常用于比较操作数 1 和操作数 2 是否相等。指令示例：

```
TEQ  R1, R2          ；将寄存器 R1 的值与寄存器 R2 的值按位异或，并根据结果设置 CPSR 的标志位
```

7. ADD 指令

ADD 指令的格式为：

```
ADD{条件}{S} 目的寄存器，操作数 1，操作数 2
```

ADD 指令用于把两个操作数相加，并将结果存放到目的寄存器中。操作数 1 应是一个寄存器，操作数 2 可以是一个寄存器、被移位的寄存器，或一个立即数。指令示例：

```
ADD  R0, R1, R2              ; R0 = R1 + R2
ADD  R0, R1, #256            ; R0 = R1 + 256
ADD  R0, R2, R3, LSL#1       ; R0 = R2 + (R3 << 1)
```

8. ADC 指令

ADC 指令的格式为：

```
ADC{条件}{S} 目的寄存器，操作数 1，操作数 2
```

ADC 指令用于把两个操作数相加，再加上 CPSR 中的 C 条件标志位的值，并将结果存放到目的寄存器中。它使用一个进位标志位，这样就可以做比 32 位大的数的加法，注意不要忘记设置 S 后缀来更改进位标志。操作数 1 应是一个寄存器，操作数 2 可以是一个寄存器，被移位的寄存器，

或一个立即数。

以下指令序列完成两个 128 位数的加法，第一个数由高到低存放在寄存器 R7～R4，第二个数由高到低存放在寄存器 R11～R8，运算结果由高到低存放在寄存器 R3～R0：

```
ADDS    R0, R4, R8          ; 加低端的字
ADCS    R1, R5, R9          ; 加第二个字，带进位
ADCS    R2, R6, R10         ; 加第三个字，带进位
ADC     R3, R7, R11         ; 加第四个字，带进位
```

9. SUB 指令

SUB 指令的格式为：

```
SUB{条件}{S} 目的寄存器，操作数 1，操作数 2
```

SUB 指令用于把操作数 1 减去操作数 2，并将结果存放到目的寄存器中。操作数 1 应是一个寄存器，操作数 2 可以是一个寄存器、被移位的寄存器，或一个立即数。该指令可用于有符号数或无符号数的减法运算。指令示例：

```
SUB  R0, R1, R2             ; R0 = R1 - R2
SUB  R0, R1, #256           ; R0 = R1 - 256
SUB  R0, R2, R3, LSL#1      ; R0 = R2 - (R3 << 1)
```

10. SBC 指令

SBC 指令的格式为：

```
SBC{条件}{S} 目的寄存器，操作数 1，操作数 2
```

SBC 指令用于把操作数 1 减去操作数 2，再减去 CPSR 中的 C 条件标志位的反码，并将结果存放到目的寄存器中。操作数 1 应是一个寄存器，操作数 2 可以是一个寄存器、被移位的寄存器，或一个立即数。该指令使用进位标志来表示借位，这样就可以做大于 32 位的减法，注意不要忘记设置 S 后缀来更改进位标志。该指令可用于有符号数或无符号数的减法运算。指令示例：

```
SUBS     R0, R1, R2         ; R0 = R1 - R2 - ! C，并根据结果设置 CPSR 的进位标志位
```

11. RSB 指令

RSB 指令的格式为：

```
RSB{条件}{S} 目的寄存器，操作数 1，操作数 2
```

RSB 指令称为逆向减法指令，用于把操作数 2 减去操作数 1，并将结果存放到目的寄存器中。操作数 1 应是一个寄存器，操作数 2 可以是一个寄存器、被移位的寄存器，或一个立即数。该指令可用于有符号数或无符号数的减法运算。指令示例：

```
RSB  R0, R1, R2             ; R0 = R2-R1
RSB  R0, R1, #256           ; R0 = 256-R1
RSB  R0, R2, R3, LSL#1      ; R0 = (R3 << 1) - R2
```

12. RSC 指令

RSC 指令的格式为：

```
RSC{条件}{S} 目的寄存器，操作数 1，操作数 2
```

RSC 指令用于把操作数 2 减去操作数 1，再减去 CPSR 中的 C 条件标志位的反码，并将结果存放到目的寄存器中。操作数 1 应是一个寄存器，操作数 2 可以是一个寄存器、被移位的寄存器，或一个立即数。该指令使用进位标志来表示借位，这样就可以做大于 32 位的减法，注意不要忘记设置 S 后缀来更改进位标志。该指令可用于有符号数或无符号数的减法运算。指令示例：

```
RSC  R0, R1, R2             ; R0 = R2-R1 - ! C
```

13. AND 指令

AND 指令的格式为：

```
AND{条件}{S} 目的寄存器, 操作数 1, 操作数 2
```

AND 指令用于在两个操作数上进行逻辑与运算，并把结果放置到目的寄存器中。操作数 1 应是一个寄存器，操作数 2 可以是一个寄存器、被移位的寄存器，或一个立即数。该指令常用于屏蔽操作数 1 的某些位。指令示例：

```
AND  R0, R0, #3                ; 该指令保持 R0 的 0、1 位，其余位清零
```

14. ORR 指令

ORR 指令的格式为：

```
ORR{条件}{S} 目的寄存器, 操作数 1, 操作数 2
```

ORR 指令用于在两个操作数上进行逻辑或运算，并把结果放置到目的寄存器中。操作数 1 应是一个寄存器，操作数 2 可以是一个寄存器、被移位的寄存器或一个立即数。该指令常用于设置操作数 1 的某些位。指令示例：

```
ORR  R0, R0, #3                ; 该指令设置 R0 的 0、1 位，其余位保持不变
```

15. EOR 指令

EOR 指令的格式为：

```
EOR{条件}{S} 目的寄存器, 操作数 1, 操作数 2
```

EOR 指令用于在两个操作数上进行逻辑异或运算，并把结果放置到目的寄存器中。操作数 1 应是一个寄存器，操作数 2 可以是一个寄存器、被移位的寄存器或一个立即数。该指令常用于反转操作数 1 的某些位。指令示例：

```
EOR  R0, R0, #3                ; 该指令反转 R0 的 0、1 位，其余位保持不变
```

16. BIC 指令

BIC 指令的格式为：

```
BIC{条件}{S} 目的寄存器, 操作数 1, 操作数 2
```

BIC 指令用于清除操作数 1 的某些位，并把结果放置到目的寄存器中。操作数 1 应是一个寄存器，操作数 2 可以是一个寄存器，被移位的寄存器，或一个立即数。操作数 2 为 32 位的掩码，如果在掩码中设置了某一位，则清除这一位。未设置的掩码位保持不变。指令示例：

```
BIC  R0, R0, #%1011        ; 该指令清除 R0 中的位 0、1、3，其余的位保持不变
```

6.3.5 乘法指令与乘加指令

ARM 微处理器支持的乘法指令与乘加指令共有 6 条，可分为运算结果为 32 位和运算结果为 64 位两类，与前面的数据处理指令不同，指令中的所有操作数、目的寄存器必须为通用寄存器，不能对操作数使用立即数或被移位的寄存器，同时，目的寄存器和操作数 1 必须是不同的寄存器。乘法指令与乘加指令共有以下 6 条。

- MUL：32 位乘法指令。
- MLA：32 位乘加指令。
- SMULL：64 位有符号数乘法指令。
- SMLAL：64 位有符号数乘加指令。
- UMULL：64 位无符号数乘法指令。
- UMLAL：64 位无符号数乘加指令。

1. MUL 指令

MUL 指令的格式为：

```
MUL{条件}{S} 目的寄存器，操作数 1，操作数 2
```

MUL 指令完成操作数 1 与操作数 2 的乘法运算，并把结果放置到目的寄存器中，同时可以根据运算结果设置 CPSR 中相应的条件标志位。其中，操作数 1 和操作数 2 均为 32 位的有符号数或无符号数。指令示例：

```
MUL  R0，R1，R2     ；R0 = R1×R2
MULS R0，R1，R2     ；R0 = R1×R2，同时设置 CPSR 中的相关条件标志位
```

2. MLA 指令

MLA 指令的格式为：

```
MLA{条件}{S} 目的寄存器，操作数 1，操作数 2，操作数 3
```

MLA 指令完成操作数 1 与操作数 2 的乘法运算，再将乘积加上操作数 3，并把结果放置到目的寄存器中，同时可以根据运算结果设置 CPSR 中相应的条件标志位。其中，操作数 1 和操作数 2 均为 32 位的有符号数或无符号数。指令示例：

```
MLA  R0，R1，R2，R3     ；R0 = R1×R2 + R3
MLAS R0，R1，R2，R3     ；R0 = R1×R2 + R3，同时设置 CPSR 中的相关条件标志位
```

3. SMULL 指令

SMULL 指令的格式为：

```
SMULL{条件}{S}    目的寄存器 Low，目的寄存器低 High，操作数 1，操作数 2
```

SMULL 指令完成操作数 1 与操作数 2 的乘法运算，并把结果的低 32 位放置到目的寄存器 Low 中，把结果的高 32 位放置到目的寄存器 High 中，同时可以根据运算结果设置 CPSR 中相应的条件标志位。其中，操作数 1 和操作数 2 均为 32 位的有符号数。指令示例：

```
SMULL    R0，R1，R2，R3     ；R0 = （R2×R3）的低 32 位
                            ；R1 = （R2×R3）的高 32 位
```

4. SMLAL 指令

SMLAL 指令的格式为：

```
SMLAL{条件}{S}    目的寄存器 Low，目的寄存器低 High，操作数 1，操作数 2
```

SMLAL 指令完成操作数 1 与操作数 2 的乘法运算，并把结果的低 32 位同目的寄存器 Low 中的值相加后又放置到目的寄存器 Low 中，结果的高 32 位同目的寄存器 High 中的值相加后又放置到目的寄存器 High 中，同时可以根据运算结果设置 CPSR 中相应的条件标志位。其中，操作数 1 和操作数 2 均为 32 位的有符号数。

- 对于目的寄存器 Low，在指令执行前存放 64 位加数的低 32 位，指令执行后存放结果的低 32 位。
- 对于目的寄存器 High，在指令执行前存放 64 位加数的高 32 位，指令执行后存放结果的高 32 位。指令示例：

```
SMLAL    R0，R1，R2，R3     ；R0 = （R2×R3）的低 32 位 +R0
                            ；R1 = （R2×R3）的高 32 位 +R1
```

5. UMULL 指令

UMULL 指令的格式为：

```
UMULL{条件}{S}    目的寄存器 Low，目的寄存器低 High，操作数 1，操作数 2
```

UMULL 指令完成操作数 1 与操作数 2 的乘法运算，并把结果的低 32 位放置到目的寄存器 Low 中，结果的高 32 位放置到目的寄存器 High 中，同时可以根据运算结果设置 CPSR 中相应的条件标志位。其中，操作数 1 和操作数 2 均为 32 位的无符号数。指令示例：

```
UMULL   R0，R1，R2，R3      ；R0 = （R2×R3）的低 32 位
                            ；R1 = （R2×R3）的高 32 位
```

6. UMLAL 指令

UMLAL 指令的格式为：

```
UMLAL{条件}{S}    目的寄存器 Low，目的寄存器低 High，操作数 1，操作数 2
```

UMLAL 指令完成操作数 1 与操作数 2 的乘法运算，并把结果的低 32 位同目的寄存器 Low 中的值相加后又放置到目的寄存器 Low 中，结果的高 32 位同目的寄存器 High 中的值相加后又放置到目的寄存器 High 中，同时可以根据运算结果设置 CPSR 中相应的条件标志位。其中，操作数 1 和操作数 2 均为 32 位的无符号数。

- 对于目的寄存器 Low，在指令执行前存放 64 位加数的低 32 位，指令执行后存放结果的低 32 位。
- 对于目的寄存器 High，在指令执行前存放 64 位加数的高 32 位，指令执行后存放结果的高 32 位。指令示例：

```
UMLAL   R0，R1，R2，R3      ；R0 = （R2×R3）的低 32 位 ＋R0
                            ；R1 = （R2×R3）的高 32 位 ＋R1
```

6.3.6 程序状态寄存器访问指令

ARM 微处理器支持程序状态寄存器访问指令，用于在程序状态寄存器和通用寄存器之间传送数据，程序状态寄存器访问指令包括以下两条。

- MRS：程序状态寄存器到通用寄存器的数据传送指令。
- MSR：通用寄存器到程序状态寄存器的数据传送指令。

1. MRS 指令

MRS 指令的格式为：

```
MRS{条件}    通用寄存器，程序状态寄存器（CPSR 或 SPSR）
```

MRS 指令用于将程序状态寄存器的内容传送到通用寄存器中。该指令一般用在以下两种情况。

- 当需要改变程序状态寄存器的内容时，可用 MRS 将程序状态寄存器的内容读入通用寄存器，修改后再写回程序状态寄存器。
- 当在异常处理或进程切换时，需要保存程序状态寄存器的值，可先用该指令读出程序状态寄存器的值，然后保存。

指令示例：

```
MRS  R0，CPSR          ；传送 CPSR 的内容到 R0
MRS  R0，SPSR          ；传送 SPSR 的内容到 R0
```

2. MSR 指令

MSR 指令的格式为：

```
MSR{条件}    程序状态寄存器（CPSR 或 SPSR）_<域>，操作数
```

MSR 指令用于将操作数的内容传送到程序状态寄存器的特定域中。其中，操作数可以为通用寄存器或立即数。<域>用于设置程序状态寄存器中需要操作的位，32 位的程序状态寄存器可分为

4 个域：

- 位[31:24]为条件标志位域，用 f 表示。
- 位[23:16]为状态位域，用 s 表示。
- 位[15:8]为扩展位域，用 x 表示。
- 位[7:0]为控制位域，用 c 表示。

该指令通常用于恢复或改变程序状态寄存器的内容，在使用时，一般要在 MSR 指令中指明将要操作的域。指令示例：

```
MSR  CPSR，R0          ；传送 R0 的内容到 CPSR
MSR  SPSR，R0          ；传送 R0 的内容到 SPSR
MSR  CPSR_c，R0        ；传送 R0 的内容到 SPSR，但仅仅修改 CPSR 中的控制位域
```

6.3.7 加载/存储指令

ARM 微处理器支持加载/存储指令用于在寄存器和存储器之间传送数据，加载指令用于将存储器中的数据传送到寄存器，存储指令则完成相反的操作。常用的加载存储指令如下。

- LDR：字数据加载指令。
- LDRB：字节数据加载指令。
- LDRH：半字数据加载指令。
- STR：字数据存储指令。
- STRB：字节数据存储指令。
- STRH：半字数据存储指令。

1. LDR 指令

LDR 指令的格式为：

```
LDR{条件} 目的寄存器，<存储器地址>
```

LDR 指令用于从存储器中将一个 32 位的字数据传送到目的寄存器中。该指令通常用于从存储器中读取 32 位的字数据到通用寄存器，然后对数据进行处理。当程序计数器 PC 作为目的寄存器时，指令从存储器中读取的字数据被当作目的地址，从而可以实现程序流程的跳转。该指令在程序设计中比较常用，且寻址方式灵活多样，请读者认真掌握。指令示例：

```
LDR  R0，[R1]              ；将存储器地址为 R1 的字数据读入寄存器 R0
LDR  R0，[R1，R2]          ；将存储器地址为 R1+R2 的字数据读入寄存器 R0
LDR  R0，[R1，#8]          ；将存储器地址为 R1+8 的字数据读入寄存器 R0
LDR  R0，[R1，R2]!         ；将存储器地址为 R1+R2 的字数据读入寄存器 R0，并将
                             新地址 R1＋R2 写入 R1
LDR  R0，[R1，#8]!         ；将存储器地址为 R1+8 的字数据读入寄存器 R0，并将新
                             地址 R1＋8 写入 R1
LDR  R0，[R1]，R2          ；将存储器地址为 R1 的字数据读入寄存器 R0，并将新地址 R1＋R2
                             写入 R1
LDR  R0，[R1，R2，LSL#2]!  ；将存储器地址为 R1＋R2×4 的字数据读入寄存器 R0，并将新地址 R1＋
                             R2×4 写入 R1
LDR  R0，[R1]，R2，LSL#2   ；将存储器地址为 R1 的字数据读入寄存器 R0，并将新地址 R1＋R2×4
                             写入 R1
```

2. LDRB 指令

LDRB 指令的格式为：

```
LDR{条件}B 目的寄存器，<存储器地址>
```

LDRB 指令用于从存储器中将一个 8 位的字节数据传送到目的寄存器中，同时将寄存器的高 24 位清零。该指令通常用于从存储器中读取 8 位的字节数据到通用寄存器，然后对数据进行处理。当程序计数器 PC 作为目的寄存器时，指令从存储器中读取的字数据被当作目的地址，从而可以实现程序流程的跳转。指令示例：

```
LDRB    R0，[R1]        ；将存储器地址为 R1 的字节数据读入寄存器 R0，并将 R0 的高 24 位清零
LDRB    R0，[R1，#8]    ；将存储器地址为 R1+8 的字节数据读入寄存器 R0，并将 R0 的高 24 位清零
```

3. LDRH 指令

LDRH 指令的格式为：

```
LDR{条件}H 目的寄存器，<存储器地址>
```

LDRH 指令用于从存储器中将一个 16 位的半字数据传送到目的寄存器中，同时将寄存器的高 16 位清零。该指令通常用于从存储器中读取 16 位的半字数据到通用寄存器，然后对数据进行处理。当程序计数器 PC 作为目的寄存器时，指令从存储器中读取的字数据被当作目的地址，从而可以实现程序流程的跳转。指令示例：

```
LDRH    R0，[R1]        ；将存储器地址为 R1 的半字数据读入寄存器 R0，并将 R0 的高 16 位清零
LDRH    R0，[R1，#8]    ；将存储器地址为 R1+8 的半字数据读入寄存器 R0，并将 R0 的高 16 位清零
LDRH    R0，[R1，R2]    ；将存储器地址为 R1+R2 的半字数据读入寄存器 R0，并将 R0 的高 16 位
                        清零
```

4. STR 指令

STR 指令的格式为：

```
STR{条件} 源寄存器，<存储器地址>
```

STR 指令用于从源寄存器中将一个 32 位的字数据传送到存储器中。该指令在程序设计中比较常用，且寻址方式灵活多样，使用方式可参考指令 LDR。指令示例：

```
STR  R0，[R1]，#8 ；将 R0 中的字数据写入以 R1 为地址的存储器中，并将新地址 R1+8 写入 R1
STR  R0，[R1，#8] ；将 R0 中的字数据写入以 R1+8 为地址的存储器中
```

5. STRB 指令

STRB 指令的格式为：

```
STR{条件}B 源寄存器，<存储器地址>
```

STRB 指令用于从源寄存器中将一个 8 位的字节数据传送到存储器中。该字节数据为源寄存器中的低 8 位。指令示例：

```
STRB    R0，[R1]        ；将寄存器 R0 中的字节数据写入以 R1 为地址的存储器中
STRB    R0，[R1，#8]    ；将寄存器 R0 中的字节数据写入以 R1+8 为地址的存储器中
```

6. STRH 指令

STRH 指令的格式为：

```
STR{条件}H 源寄存器，<存储器地址>
```

STRH 指令用于从源寄存器中将一个 16 位的半字数据传送到存储器中。该半字数据为源寄存器中的低 16 位。指令示例：

```
STRH    R0，[R1]        ；将寄存器 R0 中的半字数据写入以 R1 为地址的存储器中
STRH    R0，[R1，#8]    ；将寄存器 R0 中的半字数据写入以 R1+8 为地址的存储器中
```

6.3.8 批量数据加载/存储指令

ARM 微处理器所支持的批量数据加载/存储指令可以一次在一片连续的存储器单元和多个寄存器之间传送数据，批量加载指令用于将一片连续的存储器中的数据传送到多个寄存器，批量数据存储指令则完成相反的操作。常用的加载存储指令如下：

- LDM：批量数据加载指令。
- STM：批量数据存储指令。

LDM（或 STM）指令的格式为：

```
LDM（或 STM）{条件}{类型} 基址寄存器{！}，寄存器列表{∧}
```

LDM（或 STM）指令用于从由基址寄存器所指示的一片连续存储器到寄存器列表所指示的多个寄存器之间传送数据，该指令的常见用途是将多个寄存器的内容入栈或出栈。其中，{类型}为以下几种情况。

- IA：每次传送后地址加 1。
- IB：每次传送前地址加 1。
- DA：每次传送后地址减 1。
- DB：每次传送前地址减 1。
- FD：满递减堆栈。
- ED：空递减堆栈。
- FA：满递增堆栈。
- EA：空递增堆栈。

{！}为可选后缀，若选用该后缀，则当数据传送完毕之后，将最后的地址写入基址寄存器，否则基址寄存器的内容不改变。

注意　基址寄存器不允许为 R15，寄存器列表可以为 R0～R15 的任意组合。

{∧}为可选后缀，当指令为 LDM 且寄存器列表中包含 R15，则选用该后缀时表示除了正常的数据传送之外，还将 SPSR 复制到 CPSR。同时，该后缀还表示传入或传出的是用户模式下的寄存器，而不是当前模式下的寄存器。指令示例：

```
STMFD  R13!，{R0，R4-R12，LR}        ；将寄存器列表中的寄存器（R0，R4 到 R12，LR）存入堆栈
LDMFD  R13!，{R0，R4-R12，PC}        ；将堆栈内容恢复到寄存器（R0，R4 到 R12，LR）
```

6.3.9 数据交换指令

ARM 微处理器所支持的数据交换指令能在存储器和寄存器之间交换数据。数据交换指令有如下两条：

- SWP：字数据交换指令。
- SWPB：字节数据交换指令。

1. SWP 指令

SWP 指令的格式为：

```
SWP{条件} 目的寄存器，源寄存器 1，[源寄存器 2]
```

SWP 指令用于将源寄存器 2 所指向的存储器中的字数据传送到目的寄存器中，同时将源寄存器 1 中的字数据传送到源寄存器 2 所指向的存储器中。显然，当源寄存器 1 和目的寄存器为同一个寄存器时，指令交换该寄存器和存储器的内容。指令示例：

```
SWP  R0, R1, [R2]          ; 将 R2 所指向的存储器中的字数据传送到 R0，同时将 R1 中的字数据传送
                             到 R2 所指向的存储单元
SWP  R0, R0, [R1]          ; 该指令完成将 R1 所指向的存储器中的字数据与 R0 中的字数据交换
```

2. SWPB 指令

SWPB 指令的格式为：

SWP{条件}B 目的寄存器，源寄存器 1，[源寄存器 2]

SWPB 指令用于将源寄存器 2 所指向的存储器中的字节数据传送到目的寄存器中，目的寄存器的高 24 清零，同时将源寄存器 1 中的字节数据传送到源寄存器 2 所指向的存储器中。显然，当源寄存器 1 和目的寄存器为同一个寄存器时，指令交换该寄存器和存储器的内容。指令示例：

```
SWPB     R0, R1, [R2]          ; 将 R2 所指向的存储器中的字节数据传送到 R0，R0 的高 24 位清零，
                                 同时将 R1 中的低 8 位数据传送到 R2 所指向的存储单元
SWPB     R0, R0, [R1]          ; 该指令完成将 R1 所指向的存储器中的字节数据与 R0 中的低 8 位数
                                 据交换
```

6.3.10 移位指令

ARM 微处理器内嵌的桶形移位器（Barrel Shifter），支持数据的各种移位操作，移位操作在 ARM 指令集中不作为单独的指令使用，它只能作为指令格式中的一个字段，在汇编语言中表示为指令中的选项。例如，数据处理指令的第二个操作数为寄存器时，就可以加入移位操作选项对它进行各种移位操作。移位操作包括如下 6 种类型，ASL 和 LSL 是等价的，可以自由互换。

- LSL：逻辑左移。
- ASL：算术左移。
- LSR：逻辑右移。
- ASR：算术右移。
- ROR：循环右移。
- RRX：带扩展的循环右移。

1. LSL（或 ASL）操作

LSL（或 ASL）操作的格式为：

通用寄存器，LSL（或 ASL） 操作数

LSL（或 ASL）可完成对通用寄存器中的内容进行逻辑（或算术）的左移操作，按操作数所指定的数量向左移位，低位用 0 来填充。其中，操作数可以是通用寄存器，也可以是立即数（0～31）。操作示例：

```
MOV    R0, R1, LSL#2          ; 将 R1 中的内容左移两位后传送到 R0 中
```

2. LSR 操作

LSR 操作的格式为：

通用寄存器，LSR 操作数

LSR 可完成对通用寄存器中的内容进行右移的操作，按操作数所指定的数量向右移位，左端用 0 来填充。其中，操作数可以是通用寄存器，也可以是立即数（0～31）。操作示例：

```
MOV    R0, R1, LSR#2          ; 将 R1 中的内容右移两位后传送到 R0 中，左端用 0 来填充
```

3. ASR 操作

ASR 操作的格式为：

```
通用寄存器，ASR 操作数
```

ASR 可完成对通用寄存器中的内容进行右移的操作，按操作数所指定的数量向右移位，左端用第 31 位的值来填充。其中，操作数可以是通用寄存器，也可以是立即数（0～31）。操作示例：

```
MOV    R0，R1，ASR#2          ；将 R1 中的内容右移两位后传送到 R0 中，左端用第 31 位的值来填充
```

4. ROR 操作

ROR 操作的格式为：

```
通用寄存器，ROR 操作数
```

ROR 可完成对通用寄存器中的内容进行循环右移的操作，按操作数所指定的数量向右循环移位，左端用右端移出的位来填充。其中，操作数可以是通用寄存器，也可以是立即数（0～31）。显然，当进行 32 位的循环右移操作时，通用寄存器中的值不改变。操作示例：

```
MOV    R0，R1，ROR#2          ；将 R1 中的内容循环右移两位后传送到 R0 中
```

5. RRX 操作

RRX 操作的格式为：

```
通用寄存器，RRX 操作数
```

RRX 可完成对通用寄存器中的内容进行带扩展的循环右移的操作，按操作数所指定的数量向右循环移位，左端用进位标志位 C 来填充。其中，操作数可以是通用寄存器，也可以是立即数（0～31）。操作示例：

```
MOV    R0，R1，RRX#2          ；将 R1 中的内容进行带扩展的循环右移两位后传送到 R0 中
```

6.3.11　协处理器指令

ARM 微处理器可支持多达 16 个协处理器，用于各种协处理操作，在程序执行的过程中，每个协处理器只执行针对自身的协处理指令，忽略 ARM 处理器和其他协处理器的指令。

ARM 的协处理器指令主要用于 ARM 处理器初始化 ARM 协处理器的数据处理操作，以及在 ARM 处理器的寄存器和协处理器的寄存器之间传送数据，和在 ARM 协处理器的寄存器和存储器之间传送数据。ARM 协处理器指令包括以下 5 条。

- CDP：协处理器数操作指令。
- LDC：协处理器数据加载指令。
- STC：协处理器数据存储指令。
- MCR：ARM 处理器寄存器到协处理器寄存器的数据传送指令。
- MRC：协处理器寄存器到 ARM 处理器寄存器的数据传送指令。

1. CDP 指令

CDP 指令的格式为：

```
CDP{条件} 协处理器编码，协处理器操作码 1，目的寄存器，源寄存器 1，源寄存器 2，协处理器操作码 2
```

CDP 指令用于 ARM 处理器通知 ARM 协处理器执行特定的操作，若协处理器不能成功完成特定的操作，则产生未定义指令异常。其中协处理器操作码 1 和协处理器操作码 2 为协处理器将要执行的操作，目的寄存器和源寄存器均为协处理器的寄存器，指令不涉及 ARM 处理器的寄存器和存储器。指令示例：

```
CDP  P3，2，C12，C10，C3，4       ；该指令完成协处理器 P3 的初始化
```

2. LDC 指令

LDC 指令的格式为：

```
LDC{条件}{L} 协处理器编码，目的寄存器，[源寄存器]
```

LDC 指令用于将源寄存器所指向的存储器中的字数据传送到目的寄存器中，若协处理器不能成功完成传送操作，则产生未定义指令异常。其中，{L}选项表示指令为长读取操作，如用于双精度数据的传输。指令示例：

```
LDC  P3, C4, [R0]            ；将 ARM 处理器的寄存器 R0 所指向的存储器中的字数据传送到协处理器
                               P3 的寄存器 C4 中
```

3. STC 指令

STC 指令的格式为：

```
STC{条件}{L} 协处理器编码，源寄存器，[目的寄存器]
```

STC 指令用于将源寄存器中的字数据传送到目的寄存器所指向的存储器中，若协处理器不能成功完成传送操作，则产生未定义指令异常。其中，{L}选项表示指令为长读取操作，如用于双精度数据的传输。指令示例：

```
STC  P3, C4, [R0]            ；将协处理器 P3 的寄存器 C4 中的字数据传送到 ARM 处理器的寄存器 R0
                               所指向的存储器中
```

4. MCR 指令

MCR 指令的格式为：

```
MCR{条件} 协处理器编码，协处理器操作码 1，源寄存器，目的寄存器 1，目的寄存器 2，协处理器操作码 2
```

MCR 指令用于将 ARM 处理器寄存器中的数据传送到协处理器寄存器中，若协处理器不能成功完成操作，则产生未定义指令异常。其中协处理器操作码 1 和协处理器操作码 2 为协处理器将要执行的操作，源寄存器为 ARM 处理器的寄存器，目的寄存器 1 和目的寄存器 2 均为协处理器的寄存器。指令示例：

```
MCR  P3, 3, R0, C4, C5, 6    ；该指令将 ARM 处理器寄存器 R0 中的数据传送到协处理器 P3 的寄存器 C4
                               和 C5 中
```

5. MRC 指令

MRC 指令的格式为：

```
MRC{条件} 协处理器编码，协处理器操作码 1，目的寄存器，源寄存器 1，源寄存器 2，协处理器操作码 2
```

MRC 指令用于将协处理器寄存器中的数据传送到 ARM 处理器寄存器中，若协处理器不能成功完成操作，则产生未定义指令异常。其中协处理器操作码 1 和协处理器操作码 2 为协处理器将要执行的操作，目的寄存器为 ARM 处理器的寄存器，源寄存器 1 和源寄存器 2 均为协处理器的寄存器。指令示例：

```
MRC  P3, 3, R0, C4, C5, 6    ；该指令将协处理器 P3 的寄存器中的数据传送到 ARM 处理器寄存器中
```

6.3.12 异常产生指令

ARM 微处理器所支持的异常指令有如下两条。

- SWI：软件中断指令。
- BKPT：断点中断指令。

1. SWI 指令

SWI 指令的格式为：

```
SWI{条件} 24 位的立即数
```

SWI 指令用于产生软件中断，以便用户程序能调用操作系统的系统例程。操作系统在 SWI 的异常处理程序中提供相应的系统服务，指令中 24 位的立即数指定用户程序调用系统例程的类型，相关参数通过通用寄存器传递，当指令中 24 位的立即数被忽略时，用户程序调用系统例程的类型由通用寄存器 R0 的内容决定，同时，参数通过其他通用寄存器传递。指令示例：

```
SWI  0x02              ; 该指令调用操作系统编号位 02 的系统例程
```

2. BKPT 指令

BKPT 指令的格式为：

```
BKPT  16 位的立即数
```

BKPT 指令产生软件断点中断，可用于程序的调试。

6.4 ARM 微处理器指令的寻址方式

所谓寻址方式就是处理器根据指令中给出的地址信息来寻找物理地址的方式。目前 ARM 指令系统支持如下几种常见的寻址方式。

6.4.1 立即寻址

立即寻址也叫立即数寻址，是一种特殊的寻址方式，操作数本身就在指令中给出，只要取出指令也就取到了操作数。该操作数被称为立即数，对应的寻址方式也就叫做立即寻址。例如以下指令：

```
ADD  R0, R0, #1            ; R0←R0+1
ADD  R0, R0, #0x3f         ; R0←R0+0x3f
```

在以上两条指令中，第二个源操作数即为立即数，要求以“#”为前缀，对于以十六进制表示的立即数，还要求在“#”后加上“0x”或“&”。

6.4.2 寄存器寻址

寄存器寻址就是利用寄存器中的数值作为操作数，这种寻址方式是各类微处理器经常采用的一种方式，也是一种执行效率较高的寻址方式。例如以下指令：

```
ADD  R0, R1, R2            ; R0←R1+R2
```

该指令的执行效果是将寄存器 R1 和 R2 的内容相加，其结果存放在寄存器 R0 中。

6.4.3 寄存器间接寻址

寄存器间接寻址就是以寄存器中的值作为操作数的地址，而操作数本身存放在存储器中。例如以下指令：

```
ADD R0, R1, [R2]           ; R0←R1+[R2]
LDR  R0, [R1]              ; R0←[R1]
STR  R0, [R1]              ; [R1]←R0
```

其中：

- 第一条指令以寄存器 R2 的值作为操作数的地址，在存储器中取得一个操作数后与 R1 相加，结果存入寄存器 R0 中。
- 第二条指令将以 R1 的值为地址的存储器中的数据传送到 R0 中。

● 第三条指令将 R0 的值传送到以 R1 的值为地址的存储器中。

6.4.4 基址变址寻址

基址变址寻址就是将寄存器（该寄存器一般称作基址寄存器）的内容与指令中给出的地址偏移量相加，从而得到一个操作数的有效地址。变址寻址方式常用于访问某基地址附近的地址单元。采用变址寻址方式的常见指令有以下几种形式，如下所示。

```
LDR R0, [R1, #4]          ; R0←[R1+4]
LDR R0, [R1, #4]!         ; R0←[R1+4]、R1←R1+4
LDR R0, [R1], #4          ; R0←[R1]、R1←R1+4
LDR R0, [R1, R2]          ; R0←[R1+R2]
```

其中：

● 第一条指令中，将寄存器 R1 的内容加上 4 形成操作数的有效地址，从而取得操作数存入寄存器 R0 中。

● 在第二条指令中，将寄存器 R1 的内容加上 4 形成操作数的有效地址，从而取得操作数存入寄存器 R0 中，然后，R1 的内容自增 4 个字节。

● 在第三条指令中，以寄存器 R1 的内容作为操作数的有效地址，从而取得操作数存入寄存器 R0 中，然后，R1 的内容自增 4 个字节。

● 在第四条指令中，将寄存器 R1 的内容加上寄存器 R2 的内容形成操作数的有效地址，从而取得操作数存入寄存器 R0 中。

6.4.5 多寄存器寻址

采用多寄存器寻址方式，一条指令可以完成多个寄存器值的传送。这种寻址方式可以用一条指令完成传送最多 16 个通用寄存器的值。例如以下指令：

```
LDMIA R0, {R1, R2, R3, R4}    ; R1←[R0]
                              ; R2←[R0+4]
                              ; R3←[R0+8]
                              ; R4←[R0+12]
```

该指令的后缀 IA 表示在每次执行完加载/存储操作后，R0 按字长度增加，因此，指令可将连续存储单元的值传送到 R1～R4 中。

6.4.6 相对寻址

与基址变址寻址方式相类似，相对寻址以程序计数器 PC 的当前值为基地址，指令中的地址标号作为偏移量，将两者相加之后得到操作数的有效地址。以下程序段完成子程序的调用和返回，跳转指令 BL 采用了相对寻址方式。

```
BL   NEXT                ; 跳转到子程序 NEXT 处执行
……
NEXT
……
MOV  PC, LR              ; 从子程序返回
```

6.4.7 堆栈寻址

堆栈是一种数据结构，按先进后出（First In Last Out，FILO）的方式工作，使用一个称作堆

栈指针的专用寄存器指示当前的操作位置，堆栈指针总是指向栈顶。当堆栈指针指向最后压入堆栈的数据时，称为满堆栈（Full Stack），而当堆栈指针指向下一个将要放入数据的空位置时，称为空堆栈（Empty Stack）。

同时，根据堆栈的生成方式，又可以分为递增堆栈（Ascending Stack）和递减堆栈（Decending Stack），当堆栈由低地址向高地址生成时，称为递增堆栈。当堆栈由高地址向低地址生成时，称为递减堆栈。这样就有下面四种类型的堆栈工作方式，ARM 微处理器支持这四种类型的堆栈工作方式。

（1）满递增堆栈：堆栈指针指向最后压入的数据，且由低地址向高地址生成。

（2）满递减堆栈：堆栈指针指向最后压入的数据，且由高地址向低地址生成。

（3）空递增堆栈：堆栈指针指向下一个将要放入数据的空位置，且由低地址向高地址生成。

（4）空递减堆栈：堆栈指针指向下一个将要放入数据的空位置，且由高地址向低地址生成。

6.5　小结

本章首先介绍了 ARM 微处理器的结构，并给出了选择微处理器的基本要素，读者可以根据不同的需要做出自己的选择。接下来详细介绍了 ARM 的指令集。希望读者通过本章的学习，能对 ARM 处理器有一个大体的认识，熟悉 ARM 的指令集并在实际开发中学习和应用。

6.6　习题

一、填空题

1. S3C2440 属于________体系结构的处理器。与复杂指令集计算机相比，采用________的指令格式，使用________，便于流水线操作执行。大量________，数据处理指令只对________进行操作，只有________指令可以访问存储器，以提高指令的执行效率。

2. ARM 微处理器的指令集可以分为 6 大类，分别是________、________、________、________、________和________。

3. 有这样一条指令，MOV　PC，R14。作用是________。

4. ARM 微处理器所支持的异常指令有________、________。

5. 堆栈是一种________，按________的方式工作，使用一个称作________的专用寄存器指示当前的操作位置，________总是指向栈顶。

二、选择题

1. S3C2440 内核结构是（　　）。

   A. ARM720T　　B. ARM920T

   C. ARM922T　　D. ARM946T

2. STR R0，[R1]，这条指令属于（　　）寻址方式。

   A. 寄存器寻址　　B. 寄存器间接寻址

   C. 多寄存器寻址　　D. 相对寻址

第 7 章 ADS 集成开发环境

本章将介绍 ARM 开发环境 ADS（ARM Developer Suite）。它是 ARM 公司推出的新一代关于 ARM 处理器的编译、链接和调试集成环境。它与一般传统调试方法的调试系统有以下不同。

一是 ADS 集成开发环境把编译、链接和仿真调试分别集成在两个环境中：把编译和链接集成在一个环境中，全名叫 CodeWarrior for ARM Developer Suite，一般简称 CodeWarrior for ADS，很多情况下把其中的图形界面称为 CodeWarrior IDE；而把仿真调试环境集成在一个称为 ARM eXtended Debugger 的环境中，一般简称 AXD。

二是 ADS 既提供了图形环境编译、链接和调试方法，又提供了命令行编译、链接和调试方法，两种方法各具特色。

7.1 命令行开发工具

命令行开发工具完成将源代码编译，链接成可执行代码的功能。ADS 提供了很多的命令行开发工具，包括有 armcc、armcpp、tcc 等。熟悉这些命令对于快速掌握 ADS 的使用很有帮助，特别是在调试的时候，能够起到事半功倍的效果。

7.1.1 使用 armcc

armcc 是 ARM 的 C 编译器。这个编译器通过了 Plum Hall C Validation Suite 为 ANSI C 的一致性测试。armcc 将用 ANSI C 编写的程序编译成 32 位 ARM 指令代码。因为 armcc 是最常用的编译器，所以对此做一个详细的介绍。在命令控制台环境下，输入命令：

```
armcc-help
```

可以查看 armcc 的语法格式以及最常用的一些操作选项。

armcc 最基本的用法为：`armcc [options] file1 file2 ... file N`

这里的 option 是编译器所需要的选项，file1，file2…file N 是相关的文件名。下面介绍一些常用的操作选项。

- c：表示只进行编译不链接文件。
- C：（注意这是大写的 C）禁止预编译器将注释行移走。
- D<symbol>：定义预处理宏，相当于在源程序开头使用了宏定义语句#define symbol，这里 symbol 默认为 1。
- E：仅仅是对 C 源代码进行预处理就停止。

- g<options>：指定是否在生成的目标文件中包含调试信息表。
- I<directory>：将 directory 所指的路径添加到#include 的搜索路径列表中去。
- J<directory>：用 directory 所指的路径代替默认的对#include 的搜索路径。
- o<file>：指定编译器最终生成的输出文件名。
- O0：不优化。
- O1：这是控制代码优化的编译选项，大写字母 O 后面跟的数字不同，表示的优化级别就不同，-O1 关闭了影响调试结果的优化功能。
- O2：该优化级别提供了最大的优化功能。
- S：对源程序进行预处理和编译，自动生成汇编文件而不是目标文件。
- U<symbol>：取消预处理宏名，相当于在源文件开头，使用语句#undef symbol。
- W<options>：关闭所有的或被选择的警告信息。

下面介绍 armcc 命令的通用语法。

```
armcc [PCS-options] [source-language] [search-paths] [preprocessor-options] [output-format] [target-options] [debug-options] [code-generation-options] [warning-options] [additional-checks] [error-options] [source]
```

用户可以通过命令行操作选项控制编译器的执行。所有的选项都是以符号“-”开始，有些选项后面还跟有参数。在大多数情况下，ARM C 和 C++编译器允许在选项和参数之间存在空格。该语法的具体解释如下所示。

- 命令行中各个选项出现的顺序可以任意。
- PCS-options：指定了要使用的过程调用标准。
- source-language：指定了编译器可以接受的编写源程序的语言种类。对于 C 编译器默认的语言是 ANSI C，对于 C++编译器默认是 ISO 标准 C++。
- search-paths：该选项指定了对包含的文件（包括源文件和头文件）的搜索路径。
- preprocessor-options：该选项指定了预处理器的行为，其中包括预处理器的输出和宏定义等特性。
- output-format：该选项指定了编译器的输出格式，可以使用该项生成汇编语言输出列表文件和目标文件。
- target-options：该选项指定目标处理器或 ARM 体系结构。
- debug-options：该选项指定调试信息表是否生成，和该调试信息表生成时的格式。
- code-generation-options：该选项指定了例如优化、字节顺序和由编译器产生的数据对齐格式等选项。
- warning-options：该选项决定警告信息是否产生。
- additional-checks：该选项指定了几个能用于源代码的附加检查，例如检查数据流异常，检查没有使用的声明等。
- error-options：该选项可以关闭指定的可恢复的错误，或者将一些指定的错误降级为警告。
- source：该选项提供了包含有 C 或 C++源代码的一个或多个文件名，默认的，编译器在当前路径寻找源文件和创建输出文件。如果源文件是用汇编语言编写的（也就是说该文件的文件名是以.s 作为扩展名），汇编器将被调用来处理这些源文件。

如果操作系统对命令行的长度有限制，可以使用下面的操作，从文件中读取另外的命令行选项：via filename。该命令打开文件名为 filename 的文件，并从中读取命令行选项。用户可以对-via 进行嵌套调用，也就是在文件 filename 中又通过-via filename2 包含了另外一个文件。

以上是对编译器选项的一个简单概述。它们（包括后面还要介绍的其他一些命令工具）既可以在命令控制台环境下使用，同时由于它们被嵌入 ADS 的图形界面中，所以也可以在图形界面下使用。

7.1.2 使用 armlink

armlink 是 ARM 连接器。该命令既可以将编译得到的一个或多个目标文件和相关的一个或多个库文件进行链接，生成一个可执行文件，也可以将多个目标文件部分链接成一个目标文件，以供进一步的链接。ARM 链接器生成的是 ELF 格式的可执行映像文件。

在介绍 armlink 的使用方法之前，先介绍要涉及的一些术语。

- 映像文件 image：映像文件是指一个可执行文件，在执行的时候被加载到处理器中。一个映像文件有多个线程。它是 ELF（Executable and Linking Format）格式的。
- 段 Section：主要是描述映像文件的代码或数据块。
- 输入段 input section：它包含着代码，初始化数据或描述了在应用程序运行之前必须要初始化为 0 的一段内存。
- 输出段 output section：它包含了一系列具有相同的 RO、RW 或 ZI 属性的输入段。
- 域 Regions：在一个映像文件中，一个域包含了 1～3 个输出段。多个域组织在一起，就构成了最终的映像文件。
- Read Only Position Independent：它是指一个段，在这个段中代码和只读数据的地址在运行时可以改变。
- Read Write Position Independent：它是指一个段，在该段中的可读/写的数据地址在运行期间可以改变。
- 加载时地址：是指映像文件位于存储器（在该映像文件没有运行时）中的地址。
- 运行时地址：是指映像文件在运行时的地址。

下面就是完整的 armlink 命令连接器的语法：

```
armlink [-help] [-vsn] [-partial] [-output file] [-elf] [-reloc][-ro-base address] [-ropi]
[-rw-base address] [-rwpi] [-split]
[-scatter file][-debug|-nodebug][-remove RO/RW/ZI/DBG]|-noremove] [-entry location ]
[-keep section-id] [-first section-id] [-last section-id] [-libpath pathlist]
[-scanlib|-noscanlib] [-locals|-nolocals] [-callgraph] [-info topics] [-map]
[-symbols] [-symdefs file] [-edit file] [-xref] [-xreffrom object(section)] [-xrefto
object(section)] [-errors file] [-list file] [-verbose]
[-unmangled |-mangled] [-match crossmangled][-via file] [-strict]
[-unresolved symbol][-MI|-LI|-BI] [input-file-list]
```

该命令的参数很多，这里就不一一介绍了，请读者参考有关文档。

7.1.3 ARM 运行时库

在大多数情况下，ARM 编程往往使用 C/C++语言，系统提供了标准的运行时库用以支持应用 C/C++语言。这些运行时库主要有如下几种。

1. ARM C 库

ARM C 库提供了标准的 C 函数和供 C/C++库使用的支持函数。该 C 库也提供与目标相关的函数，这些函数用来在 semihosted 环境中实现标准的 C 库函数。由于 C 库结构上的特点，使开发者能够使用自己的代码重定义与目标相关的函数，最终脱离 semihosted 环境而适应应用环境。

2. Rogue Wave C++标准库

Rogue Wave C++标准库提供标准的 C++函数和诸如 cout()一类的目标函数。在 C++库中，没有与目标相关的函数，在需要提供与目标相关的支持时，C++库依赖 C 库。

3. 支持库

在 ADS 中，ARM C 库还提供了附加的组件，用来支持 C++库，以便编译为不同处理器或不同体系结构所编写的代码。

C++运行时库包括按照 ISOC++库标准所定义的函数。C++时库主要包括以下内容。

- 2.01.01 版本的 Roge Wave 标准 C++时库。
- 供 C++编译器使用的支持函数。
- 不是 Rogue Wave 支持的附加的 C++函数。

ANSI C 库使用标准的 ARM semihosted 环境为开发者提供一些功能，如文件的输入/输出等。很方便的是，ARM 所提供的工具 ARMulator、Angel、Multi-ICE、EmbededICE 都支持这个环境。开发者可以使用在 ADS 软件中的 ARM 开发工具去开发应用程序，然后在 ARMulator 或在一个开发板上运行和调试该程序，也可以把 C 库中的与目标相关的函数作为自己应用程序中的一部分，重新进行代码的实现。这就为开发者带来了极大的方便，开发者可以根据自己的执行环境，适当地剪裁 C 库函数。除此之外，开发者还可以针对自己的应用程序的要求，对与目标无关的库函数进行适当的剪裁。在 C 库中有很多函数是独立于其他函数的，对目标硬件没有任何依赖关系。对于这类函数，可以很容易地从汇编代码中使用它们。

4. 库路径结构

库路径是在 ADS 软件安装路径的 lib 目录下的两个子目录。假设，ADS 软件安装在 e:\ARM\adsv1_2 目录下，则在 e:\ARM\adsv1_2\lib 目录下的两个子目录 armlib 和 cpplib 是 ARM 的库所在的路径。两个子目录的详情如下。

- armlib 包含 ARM C 库、浮点代数运算库和数学库等各类库函数。与这些库相应的头文件在 e:\ARM\adsv1_2\include 目录下。
- cpplib 包含 Rogue Wave C++库和 C++支持函数库。Rogue Wave C++库和 C++支持函数库合在一起被称为 ARM C++库。与这些库相应的头文件安装在 e:\ARM\adsv1_2\include 目录下。

环境变量 armlib 必须被设置成指向库路径。另外一种指定 ARM C 和 ARM C++库路径的方法是，在链接的时候使用操作选项-libpath directory（directory 代表库所在的路径），来指明要装载的库的路径。

无须对 armlib 和 cpplib 这两个库路径分开指明，链接器会自动从读者所指明的库路径中找出这两个子目录。这里需要读者特别注意以下几点。

- ARM C 库函数是以二进制格式提供的。
- ARM 库函数禁止修改。如果读者想对库函数创建新的实现，可以把这个新的函数编译成目标文件，然后在链接的时候把它包含进来。这样在链接时，使用的是新的函数实现而不是原来的库函数。
- 通常情况下，为了创建依赖于目标的应用程序，在 ANSI C 库中只有很少的几个函数需要实现重建。
- Rogue Wave Standard C++函数库的源代码不是免费发布的，可以从 Rogue Wave Software Inc，或 ARM 公司通过支付许可证费用来获得源文件。

7.1.4　CodeWarrior 集成开发环境

ADS 中进行编辑、编译、链接的集成开发环境全称 Metrowerks Code Warrior for ARM

Developer Suite，其中 Metrowerks CodeWarrior 是 Metrowerks 公司所开发的集成开发环境，一般称为 CodeWarrior IDE。ARM 公司使用这个开发环境把上述代码生成工具集成在一起，组成了集成开发环境，因此一般称 CodeWarrior for ADS 的图形方式为 CodeWarrior IDE。

CodeWarrior for ARM 是一套完整的集成开发工具，充分发挥了 ARM RISC 的优势，使产品开发人员能够很好地应用尖端的片上系统技术。该工具是专为基于 ARM RISC 的处理器而设计的，它可加速并简化嵌入式开发过程中的每一个环节，使开发人员只需通过一个集成软件开发环境就能研制出 ARM 产品，在整个开发周期中，开发人员无须离开 CodeWarrior 开发环境，因此节省了在操作工具上花的时间，使开发人员有更多的精力投入到代码编写上。

CodeWarrior 集成开发环境（IDE）为管理和开发项目提供了简单多样的图形读者界面。读者可以使用 ADS 的 CodeWarrior IDE 为 ARM 和 Thumb 处理器开发用 C、C++，或 ARM 汇编语言的程序代码。通过提供下面的功能，CodeWarrior IDE 缩短了开发者开发项目代码的周期。

- 以工程项目为单位，把源文件、库文件以及生成文件组织在同一个工程项目内。
- 对于汇编、编译、链接都设置有不同的选项组，通过选项设置可以满足各种不同的要求。
- 一个源代码编辑器和一个源代码浏览器。
- 字符串的寻找和替换功能。
- 内含一个连接器。

使用 CodeWarrior IDE 建立一个工程项目的步骤如下：

打开 CodeWarrior IDE，单击菜单栏的“File”选项，打开它的下拉菜单，单击其中的“New”选项，弹出“工程项目模板”对话框。对话框中有 3 个标题栏：Project、file 和 Object。单击其中的“Project”标题栏会有 7 个可选项，也可以称为工程项目模板，分别如下。

- ARM Executable Image：源文件中 ARM 指令代码可以生成一个可执行的 ELF 格式映像文件。
- ARM Object Library：源文件中的 ARM 指令代码可以生成一个 armar 格式的目标库。
- Empty Project：创建一个空的工程项目，不包括任何源文件和库文件。可以用来创建新的工程项目模板。
- Makefile Importer Wizard：包含在该工程项目中的 Visual C 的 nmake 格式文件在编译后可以转换成 CodeWarrior 工程项目文件。
- Thumb ARM Executable Image：包含在该工程项目内的 ARM 和 Thumb 混合编程的源文件在编译后生成一个可执行的 ELF 格式映像文件。
- Thumb Executable image：包含在该工程项目内的 Thumb 代码源文件在编译后生成一个可执行的 ELF 格式映像文件。
- Thumb Object Library：包含在该工程项目内的 Thumb 代码源文件在编译后生成一个 armar 格式的目标库。

在此选择第一可选项 ARM Executable Image，准备使用 ARM 指令代码编辑一个汇编语言文件，把该文件编译成可执行的 ELF 格式映像文件，然后仿真调试。

注意 ARM Executable Image 选项也可以编译 Thumb 代码文件，Thumb Executable Image 选项也可以编译 ARM 代码文件，它们之间没有其他区别，唯一的区别是：如果源文件没有指定代码是 ARM 代码或 Thumb 代码，则前一个选项把它默认为 ARM 代码，而后一个选项把它默认为 Thumb 代码；如果源文件已经被指定代码类型，则这两个选项没有区别。

7.1.5 ADS 调试器

调试器本身是一个软件，读者通过这个软件使用 dcbug agent 可以对包含有调试信息的、正在运行的可执行代码进行调试，比如变量的查看、断点的控制等。ADS 中包含有 3 个调试器。

- AXD（ARM eXtended Debugger）：ARM 扩展调试器。
- ARMSD（ARM Symbolic Debugger）：ARM 符号调试器。
- ADW/ADU（Application Debugger Windows/UNIX），与老版本兼容的 Windows 或 UNIX 下的 ARM 调试工具。

1. Debug target

在软件开发的最初阶段，可能还没有具体的硬件设备。如果要测试所开发的软件是否达到了预期的效果，则可以由软件仿真来完成。即使调试器和要测试的软件运行在同一台 PC 上，也可以把目标当作一个独立的硬件来看待。

当然，也可以搭建一个 PCB 板，这个板上可以包含一个或多个处理器，在这个板上可以运行和调试应用软件。只有当通过硬件或者是软件仿真所得到的结果达到了预期的效果，才算是完成了应用程序的编写工作。调试器能够发送以下指令。

- 装载映像文件到目标内存。
- 启动或停止程序的执行。
- 显示内存，寄存器或变量的值。
- 允许改变存储的变量值。

2. Debug agent

Debug agent 执行调试器发出的命令动作，例如：设置断点，从存储器中读数据，把数据写到存储器等。

Debug agent 既不是被调试的程序，也不是调试器。在 ARM 体系中，它包括三种方式：Multi-ICE（Multi-processor in-circuit emulator）、ARMulator 和 Angel。其中，Multi-ICE 是一个独立的产品，是 ARM 公司自己的 JTAG 在线仿真器，不是由 ADS 提供的。

AXD 可以在 Windows 和 UNIX 下进行程序的调试。它为用 C、C++和汇编语言编写的源代码提供了一个全面的 Windows 和 UNIX 环境。

7.2 使用 ADS 创建工程

本节通过一个具体实例，为读者介绍如何使用该集成开发环境，利用 CodeWarrior 提供的建立工程的模板建立自己的工程，并学会如何进行编译链接，生成包含调试信息的映像文件和可以直接烧写的 Flash 中的.bin 格式的二进制可执行文件。

7.2.1 创建新工程

工程将所有的源码文件组织在一起，并能够决定最终生成文件存放的路径、输出的格式等。

在 CodeWarrior 中新建一个工程的方法有两种，可以在工具栏中单击“New”按钮，也可以选择 File|New...菜单，如图 7-1 所示。在这个对话框中为读者提供了 7 种可选择的工程类型，如图 7-2 所示。

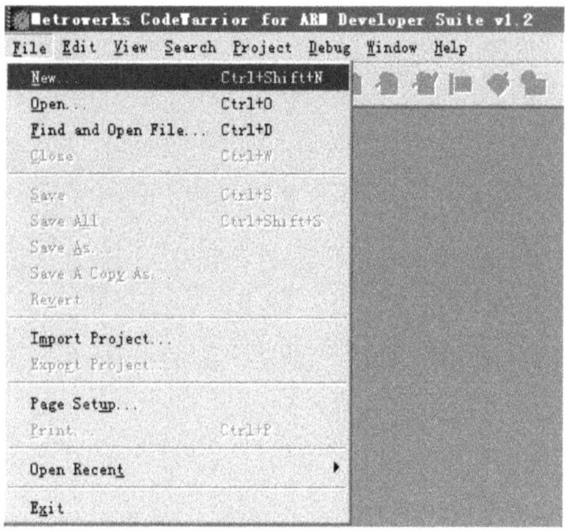

图 7-1　建立新工程

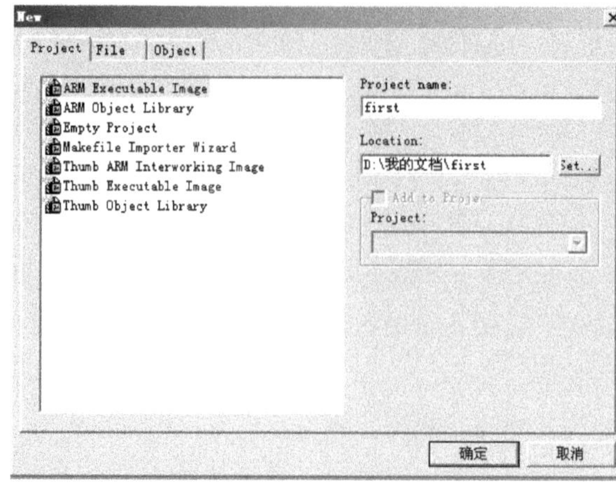

图 7-2　建立新工程的对话框

7 种工程类型的作用如下所示。

（1）ARM Executable Image：用于由 ARM 指令的代码生成一个 ELF 格式的可执行映像文件。

（2）ARM Object Library：用于由 ARM 指令的代码生成一个 armar 格式的目标文件库。

（3）Empty Project：用于创建一个不包含任何库或源文件的工程。

（4）Makefile Importer Wizard：用于将 Visual C 的 nmake 或 GNU make 文件转入到 CodeWarrior IDE 工程文件。

（5）Thumb ARM Executable Image：用于由 ARM 指令和 Thumb 指令的混合代码生成一个可执行的 ELF 格式的映像文件。

（6）Thumb Executable Image：用于由 Thumb 指令创建一个可执行的 ELF 格式的映像文件。

（7）Thumb Object Library：用于由 Thumb 指令的代码生成一个 armar 格式的目标文件库。

以下步骤用来建立一个新的工程。

（1）选择 ARM Executable Image。

（2）在“Project name:”中输入工程文件名，本例为“first”。

（3）单击“Location:”文本框的“Set…”按钮。

（4）浏览选择想要将该工程保存的路径。

（5）以上设置好后，单击“确定”按钮，即可建立一个新的名为 first 的工程。

这个时候会出现 first.mcp 的窗口，有三个标签页，分别为 files、link order、target，默认的是显示第一个选项卡 files。右击该选项卡，选中“Add Files…”可以把要用到的源程序添加到工程中，如图 7-3 所示。

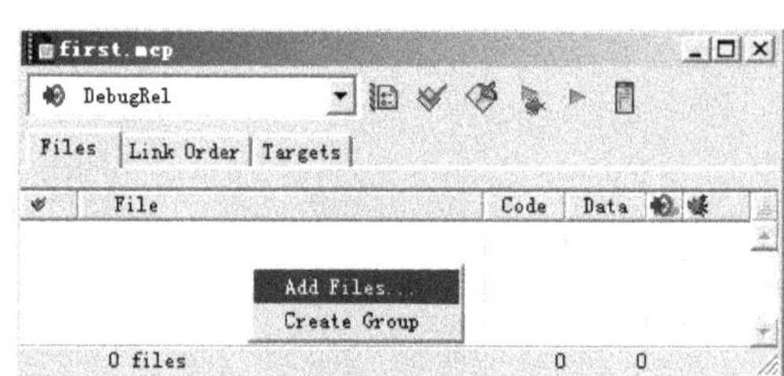

图 7-3　新建工程添加文件

对于本例，由于所有的源文件都还没有建立，所以首先需要新建源文件。

（1）在 File 菜单中选择 New 命令。

（2）在打开的对话框中，选择标签页 Files。

（3）在 File name 中输入要创建的文件名 Init.s，单击“确定”按钮关闭窗口。

在打开的文件编辑框中输入下面的汇编代码：

```
; *****************************************************************
; 文件：program_7_1.s
```

```
; 简介：初始化程序
; ************************************************************
IMPORT Main
AREA Init, CODE, READONLY
ENTRY
LDR R0,  =0x3FF0000
LDR R1,  =0xE7FFFF80 ;配置 SYSCFG，片内 16K Cache，16K SRAM
STR R1, [R0]
LDR SP,  =0x3FE1000 ;SP 指向 4K SRAM 的尾地址，堆栈向下生成
BL Main
B .
END
```

在这段代码中，伪操作 IMPORT 告诉编译器符号 Main 不是在该文件中定义的，而是在其他源文件中定义的符号，但是本源文件中可能要用到该符号。接下来用伪指令 AREA 定义段名为 Init 的段为只读的代码段，伪指令 ENTRY 指出了程序的入口点。下面就是用汇编指令实现了配置 SYSCFG 特殊功能寄存器。

4K SRAM 的地址为 0x3FE，0000～（0x3FE，1000-1），由于 S3C2440 的堆栈由高地址向低地址生成，将 SP 初始化为 0x3FE，1000。完成上述操作后，程序跳转到 Main 函数执行。

保存 Init.s 汇编程序。用同样的方法，再建立一个名为 main.c 的 C 源代码文件。具体代码内容如下：

```
/************************************************************/
/*文件：program_7_2.c                                        */
/*简介：主函数                                               */
/************************************************************/
#define IOPMOD (*(volatile unsigned *)0x03FF5000) //IO port mode register
#define IOPDATA (*(volatile unsigned *)0x03FF5008) //IO port data register
void Delay(unsigned int);
int Main()
{
     unsigned long LED;
     IOPMOD=0xFFFFFFFF; //将 I/O 口置为输出模式
     IOPDATA=0x01;
     for(;;){
            LED=IOPDATA;
            LED=(LED<<1);
            IOPDATA=LED;
            Delay(10);
     if(!(IOPDATA&0x0F))
            IOPDATA=0x01;
     }
     return(0);
}
void Delay(unsigned int x)
{
     unsigned int i, j, k;
     for(i=0;i<=x;i++)
     for(j=0;j<0xff;j++)
     for(k=0;k<0xff;k++);
}
```

该段代码首先将 I/O 模式寄存器设置为输出模式，为 I/O 数据寄存器赋初值为 0x1，通过将 I/O 数据寄存器的数值进行周期性的左移，实现使接在 P0～P3 口的 LED 显示器轮流被点亮的功能。

> **注意** 这里的 if 语句，是为了保证当 I/O 数据寄存器中的数在移位过程中，第 4 位为数字“1”时，使数字 1 通过和 0xFF 相与，又重新回到 I/O 数据寄存器的第 0 位，从而保证了数字 1 一直在 I/O 数据寄存器的低四位之间移位。

在这里还有一个细节，希望读者注意。在建立好一个工程时，默认的 target 是 DebugRel，还有另外两个可用的 target，分别为 Release 和 Debug，这三个 target 的含义分别如下。

（1）DebugRel：使用该目标，在生成目标的时候，会为每一个源文件生成调试信息。

（2）Debug：使用该目标为每一个源文件生成最完全的调试信息。

（3）Release：使用该目标不会生成任何调试信息。

在本例中，使用默认的 DebugRel 目标。现在已经新建了两个源文件，要把这两个源文件添加到工程中去。在 Project 菜单中选择 Add Files...，打开文件浏览框，把已经存在的文件添加到工程中。当选中要添加的文件时，会出现一个对话框，如图 7-4 所示，询问把文件添加到何类目标中。在这里，选择 DebugRel 目标，把刚才创建的两个文件添加到工程中来。

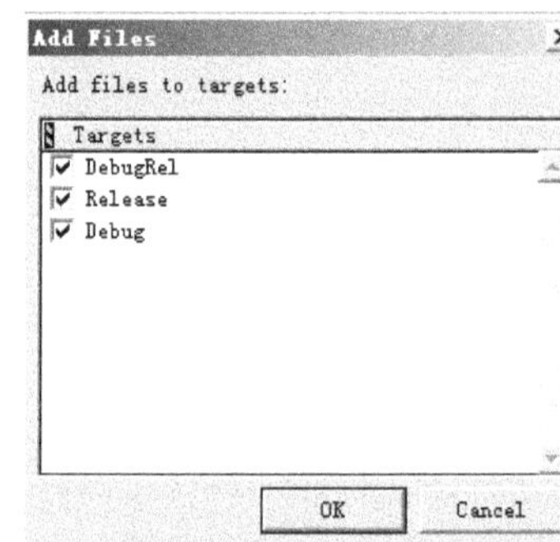

图 7-4　选择添加文件到指定目标

到目前为止，一个完整的工程已经建立。下面该对工程进行编译和链接工作了。

7.2.2　编译和链接工程

在进行编译和链接前，首先讲述如何进行生成目标的配置。

单击 Edit 菜单，选择 DebugRel Settings...（注意，这个选项会因选择的不同目标而有所不同），出现一个对话框，在这里介绍一些最为常用的设置选项。

1. target 设置选项

图 7-5 所示的 Target Name 文本框显示了当前的目标设置。Linker 选项供选择要使用的链接器。在这里默认选择的是 ARM Linker 链接器，表示将使用 armlink 链接编译器和汇编器生成工程中文件的相应目标文件。

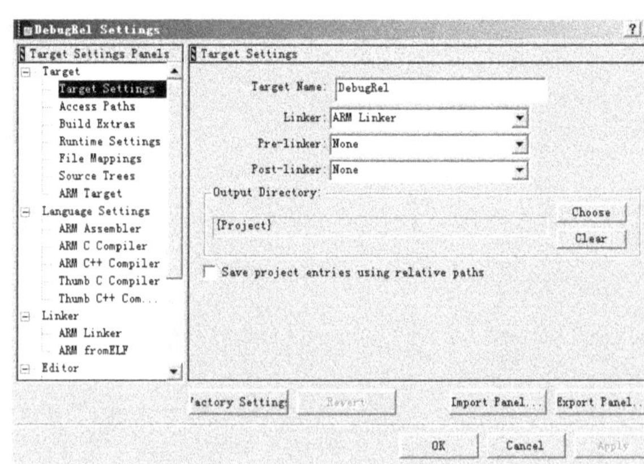

图 7-5　DebugRel 设置对话框

这个设置中还有两个可选项，None 表示不用任何链接器，如果使用它，则工程中的所有文件都不会被编译器或汇编器处理。ARM Librarian 表示将编译或汇编得到的目标文件转换为 ARM 库文件。对于本例，使用默认的链接器 ARM Linker。

两个可选项的说明如下。

- Pre-linker：目前 CodeWarrior IDE 不支持该选项。
- Post-Linker：选择在链接完成后，还要对输出文件进行的操作。因为在本例中，希望生成一个可以烧写到 Flash 中去的二进制代码，所以需要将图 7-5 中的默认设置“None”改为“ARM fromELF”，它表示在链接生成映像文件后，再调用 FromELF 命令将含有调试信息的 ELF 格式的映像文件转换成其他格式的文件。

2. Language Settings

因为本例中包含有汇编源代码，所以要用到汇编器。首先看 ARM 汇编器。ARM 汇编器即 arwasm，它对用 ARM 指令集的 Thumb 指令集的汇编语言编写的代码进行汇编，默认的 ARM 体系结构是 ARM920T，正好符合目标板 S3C2440，因此，无须改动任何默认的设置。字节顺序默认就是小端模式。其他设置就用默认值即可。

注意

ARM C 编译器，它实际就是调用的命令行工具 armcc。使用默认的设置就可以了。

细心的读者可能会注意到，在设置框的右下角，当对某项设置进行了修改，该行中的某个选项就会发生相应的改动，如图 7-6 所示。实际上，这行文字显示的就是在 7.1 节中介绍的相应的编译或链接选项，由于有了 CodeWarrior，开发人员可以不用再去查看繁多的命令行选项，只要在界面中选中或撤销某个选项，软件就会自动生成相应的代码，为不习惯在 DOS 下键入命令行的读者提供了极大的方便。

3. Linker 设置

单击 ARM Linker 按钮，出现一个对话框，如图 7-7 所示。这里详细介绍该对话框的主要的标签页选项，因为这些选项对最终生成的文件有直接的影响。

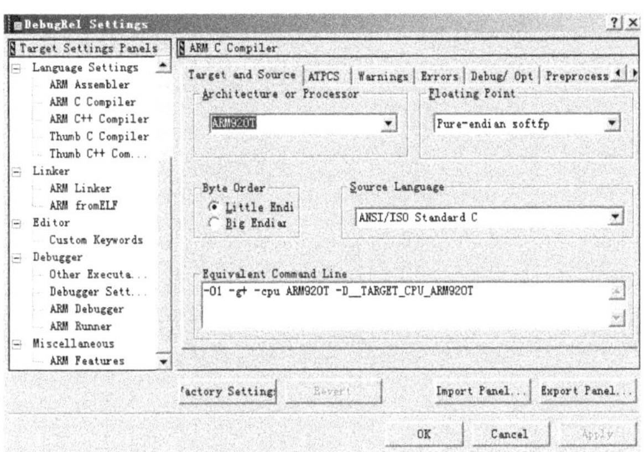

图 7-6　命令行工具选项设置

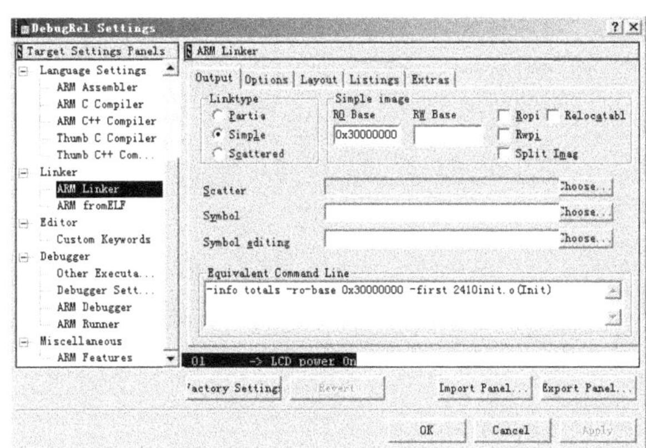

图 7-7　链接器设置

1. Linktype

这里包括 3 个选项，含义如下。

（1）Partia 方式表示链接器只进行部分链接，经过部分链接生成的目标文件，可以作为以后进一步链接时的输入文件。

（2）Simple 方式是默认的链接方式，也是最为频繁使用的链接方式，它链接生成简单的 ELF 格式的目标文件，使用的是链接器选项中指定的地址映射方式。

（3）Scattered 方式使链接器要根据 scatter 格式文件中指定的地址映射，生成复杂的 ELF 格式的映像文件。该选项一般情况下使用不太多。因为这里所举的例子比较简单，所以选择 Simple 方式就可以了。在选中 Simple 方式后，就会出现 Simple image。

2. RO Base

这个文本框设置包含的 RO 段的加载域和运行域为同一个地址，默认是 0x8000。读者要根据自己硬件的实际 SDRAM 的地址空间来修改此地址，保证在这里填写的地址，是程序运行时

SDRAM 地址空间所能覆盖的地址。针对本书所介绍的目标板，就可以使用这个默认地址值。

3. RW Base

这个文本框设置了包含 RW 和 ZI 输出段的运行域地址。如果选中 split 选项，链接器生成的映像文件将包含两个加载域和两个运行域，此时，在 RW Base 中所输入的地址为包含 RW 和 ZI 输出段的域，设置了加载域和运行域地址。

4. Ropi

选中该设置将告诉链接器使包含有 RO 输出段的运行域位置无关。使用该选项，链接器将保证下面的操作。

- 检查各段之间的重定址是否有效。
- 确保任何由 armlink 自身生成的代码是只读位置无关的。

5. Rwpi

选中该选项将会告诉链接器使包含 RW 和 ZI 输出段的运行域位置无关。如果该选项没有被选中，域就标识为绝对。每一个可写的输入段必须是读写位置无关的。如果这个选项被选中，链接器将进行下面的操作。

- 检查可读/可写属性的运行域的输入段是否设置了位置无关属性。
- 检查在各段之间的重地址是否有效。
- 在 Region$$Table 和 ZISection$$Table 中添加基于静态存储器 sb 的选项。
- 该选项要求 RW Base 有值，如果没有给其指定数值，则默认值为 0。

6. Split Imag

选择该选项把包含 RO 和 RW 的输出段的加载域分成 2 个加载域：一个是包含 RO 输出段的域，一个是包含 RW 输出段的域。该选项要求 RW Base 有值，如果没有给 RW Base 选项设置，则默认是-RW Base 0。

7. Relocatabl

选择该选项保留了映像文件的重定址偏移量。这些偏移量为程序加载器提供了有用信息。在 Options 选项中，需要引起读者注意的是 Image entry point 文本框。它指定映像文件的初始入口点地址值，当映像文件被加载程序加载时，加载程序会跳转到该地址处执行。如果需要，读者可以在这个文本框中输入下面格式的入口点。

- 入口点地址：这是一个数值，例如-entry 0x0。
- 符号：该选项指定映像文件的入口点为该符号所代表的地址处，比如，-entry int_handler。如果该符号有多处定义存在，armlink 将产生出错信息。
- offset+object（section）：该选项指定在某个目标文件段内部的某个偏移量处为映像文件的入口地址，例如-entry 8+startup（startupseg）。在此处指定的入口点用于设置 ELF 映像文件的入口地址。

注意：这里不可以用符号 main 作为入口点地址符号，否则将会出现类似“Image dose not have an entry point（Not specified or not set due to multiple choice）”的错误信息。

关于 ARM Linker 的设置还有很多，对于想进一步深入了解的读者，可以查看帮助文件，会有很详细的介绍。

7.2.3 ARM fromELF 工具

在 Linker 下还有一个 ARM fromELF 工具，如图 7-8 所示。

fromELF 实现将链接器、编译器或汇编器的输出代码进行格式转换的功能。例如，将 ELF 格式的可执行映像文件转换成可以烧写到 ROM 的二进制格式文件；对输出文件进行反汇编，从而提取出有关目标文件的大小、符号和字符串表以及重定址等信息。只有在 Target 设置中选择了 Post-linker，才可以使用该选项。

在 Output format 下拉列表框中，提供了多种可以转换的目标格式，本例选择 Plain binary，这是一个二进制格式的可执行文件，可以被烧写进目标板的 Flash 中。

在 Output file name 文本框中输入期望生成的输出文件存放的路径，或通过单击“Choose...”按钮从文件对话框中选择输出文件。如果在该文本框不输入路径名，则生成的二进制文件将存放在工程所在的目录下。

进行好这些相关的设置后，以后在对工程进行 make 的时候，CodeWarrior IDE 就会在链接完成后调用 fromELF 来处理生成的映像文件。

对于本例的工程而言，到此，就完成了 make 之前的设置工作了。单击 CodeWarrior IDE 的 Project|make 菜单，就可以对工程进行编译和链接了。整个过程如图 7-9 所示。

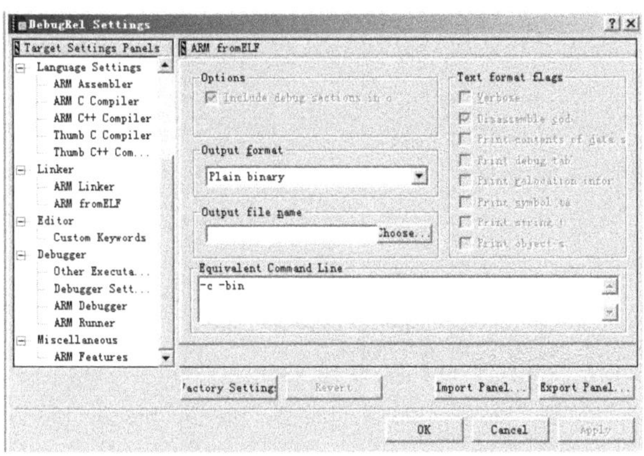

图 7-8　ARM fromELF 可选项

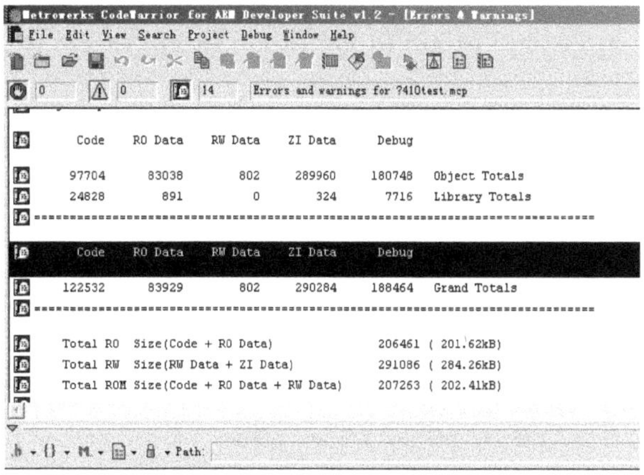

图 7-9　编译和链接过程

在工程 first 所在的目录下，会生成一个名为工程名_data 目录，在本例中就是 first_data 目录，在这个目录下不同类别的目标对应不同的目录。在本例中由于使用的是 DebugRe 目标，所以生成的最终文件都应该在该目录下。进入到 DebugRel 目录中去，读者会看到 make 后生成的映像文件和二进制文件，映像文件用于调试，二进制文件可以烧写到 S3C2440 的 Flash 中运行。

7.2.4　在命令行下编译工程

如果读者开发的工程比较简单，或者只是想用到 ADS 提供的各种工具，但是并不想在 CodeWarrior IDE 中进行开发。在这种情况下，再为读者介绍一种不在 CodeWarrior IDE 集成开发环境下，开发读者应用程序的方法，当然前提是读者必须安装了 ADS 软件，因为在编译链接的过程中要用到 ADS 提供的各种命令工具。这种方法对于开发包含较少源代码的工程比较实用。

首先读者可以用任何编辑软件（比如 UltraEdit）编写 7.2.1 小节所提到的两个源文件 Init.s 和 main.c。编写的 makefile 文件（假设该 makefile 文件保存为 ads_mk.mk）如下：

```
PAT = e:/ARM/adsv1_2/bin
CC = $(PAT)/ARMcc
LD = $(PAT)/armlink
OBJTOOL = $(PAT)/fromelf
```

```
RM = $(PAT)/rm -f
AS = $(PAT)/ARMasm -keep -g
ASFILE = e:/ARM_xyexp/Init.s
CFLAGS = -g -O1 -Wa -DNO_UNDERSCORES=1
MODEL = main
SRC = $(MODEL).c
OBJS = $(MODEL).o
all: $(MODEL).axf $(MODEL).bin clean
%.axf:$(OBJS) Init.o
@echo "### Linking ..."
$(LD) $(OBJS) Init.o -ro-base 0x8000 -entry Main -first Init.o -o $@ -libpath e:
/ARM/adsv1_2/lib
%.bin: %.axf
$(OBJTOOL) -c -bin -output $@ $<
$(OBJTOOL) -c -s -o $(<:.axf=.lst) $<
%.o:%.c
@echo "### Compiling $<"
$(CC) $(CFLAGS) -c $< -o $@
clean:
$(RM) Init.o $(OBJS)
```

经过上述编译链接以及链接后的操作，在 e:\ARM_xyexp\first 目录下会生成两个新的文件，main.axf 和 main.bin。

用这种方式生成的文件与在 CodeWarrior IDE 界面通过各个选项设置生成的文件是一样的。在所举的例子中，都生成了包含有调试信息的可执行映像文件，即以.axf 结尾的文件。下面一节将介绍如何用 AXD 对程序进行源码级的调试。

7.3 使用 AXD 调试代码

AXD（ARM eXtended Debugger）是 ADS 软件中独立于 CodeWarrior IDE 的图形软件，打开 AXD 软件，默认打开的目标是 ARMulator，这个也是调试的时候最常用的一种调试工具，本节主要是结合 ARMulator 介绍在 AXD 中进行代码调试的方法和过程，使读者对 AXD 的调试有初步的了解。

要使用 AXD 必须首先要生成包含有调试信息的程序，在 7.2 节中，已经生成的 main.axf 就是含有调试信息的可执行 ELF 格式的映像文件。

7.3.1 打开调试文件

在菜单 File 中选择 Load image...选项，打开 Load Image 对话框，找到要装载的.axf 映像文件，单击“打开”按钮，就把映像文件装载到目标内存中了。

在所打开的映像文件中会有一个蓝色的箭头指示当前执行的位置。对于本例，打开映像文件后，如图 7-10 所示，在 Execute 菜单中选择 Go 命令，将全速运行代码。要想进行单步的代码调试，在 Execute 菜单中选择 Step 命令，或按 F10 键即可以单步执行代码，窗口中蓝色箭头会发生相应的移动。

有时候可能希望程序在执行到某处时，查看一些所关心的变量值，此时可以通过断点设置达到此要求。将光标移动到要进行断点设置的代码处，在 Execute 菜单中，选择 Toggle Breakpoint 或按 F9 键，就会在光标所在位置出现一个实心圆点，表明该处为断点。还可以在 AXD 中查看寄存器值、变量值以及某个内存单元的数值等。下面就结合本章中的例子，介绍在 AXD 中的调试过程。

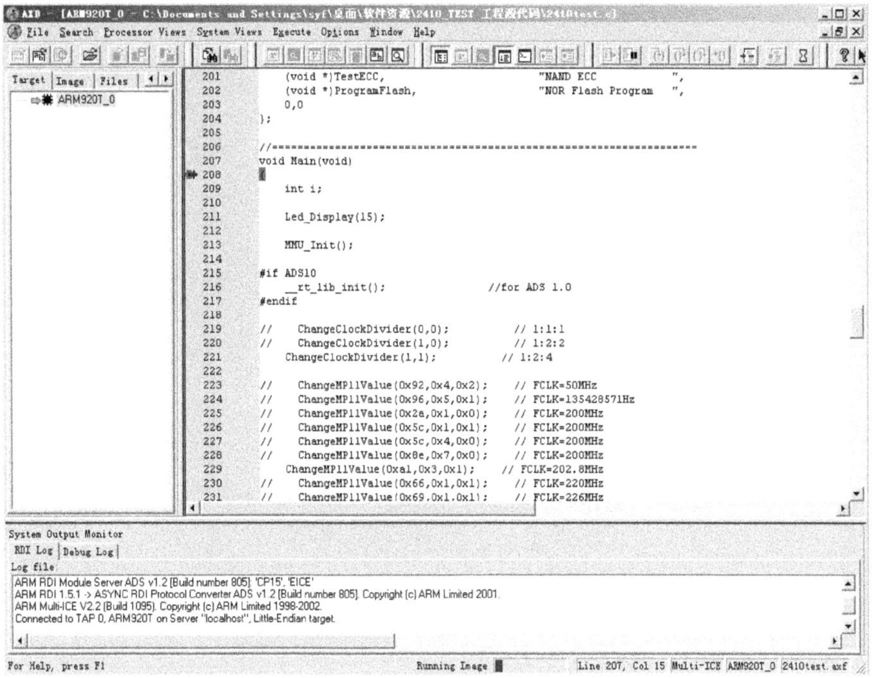

图 7-10　在 AXD 中打开文件

7.3.2　查看存储器内容

在程序运行前，可以先查看两个宏变量 IOPMOD 和 IOPDATA 的当前值。方法是：从 Processor Views 菜单中选择 Memory 选项，如图 7-11 所示。

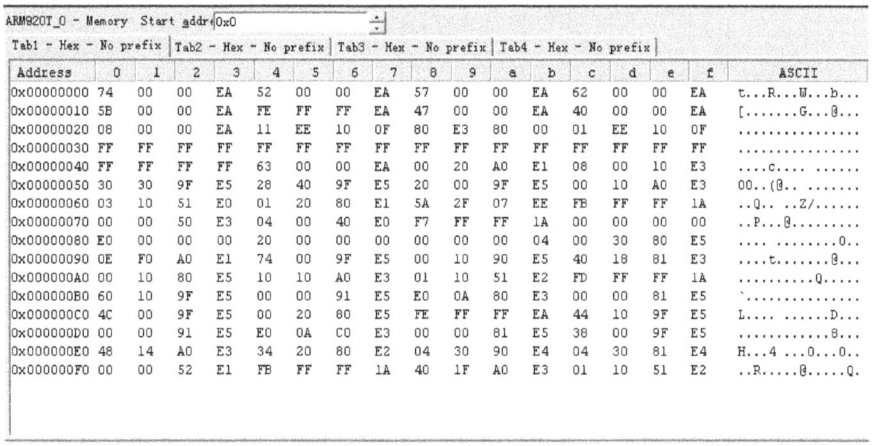

图 7-11　查看存储器内容

在 Memory Start address 选择框中，可以根据要查看的存储器的地址输入起始地址，在下面的表格中会列出连续的 64 个地址。因为 I/O 模式控制寄存器和 I/O 数据控制寄存器都是 32 位的控制寄存器，所以从 0x3ff5000 开始的连续四个地址空间存放的是 I/O 模式控制寄存器的值，可以读出该控制寄存器的值开始为 0xE7FF0010，I/O 数据控制寄存器的内容是从地址 0x3FF5008 开始的连续四个地址空间存放的内容。可以看出 IODATA 中的初始值为 0x E7FF0010，注意因为用的是小端模式，所以读数据的时候注意高地址中存放的是高字节，低地址存放的是低字节。

如果对程序进行单步调试，会发现内存的值发生改变，如图 7-12 所示。

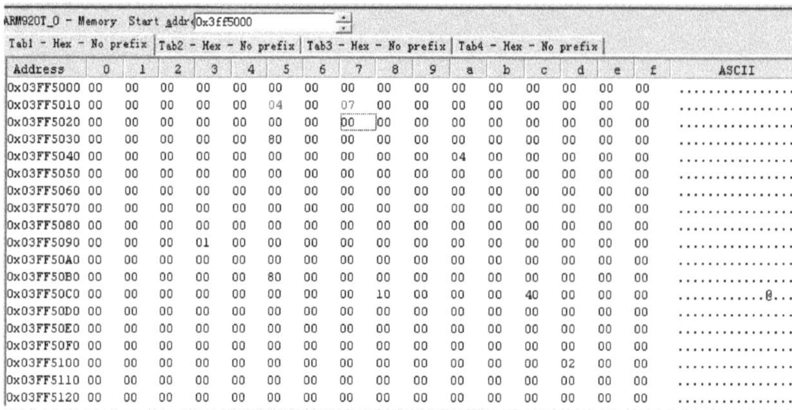

图 7-12 单步运行后的存储器内容

7.3.3 设置断点

可以在 for 循环体的“Delay(10);”语句处设置断点，将光标定位在该语句处，使用快捷键 F9 在此处设置断点，按 F5 键，程序将运行到断点处，如果想查看子函数 Delay 是如何运行的，可以在 Execute 菜单中选择 Step In 选项，或按 F8 键，进入子函数内部进行单步程序的调试，如图 7-13 所示。

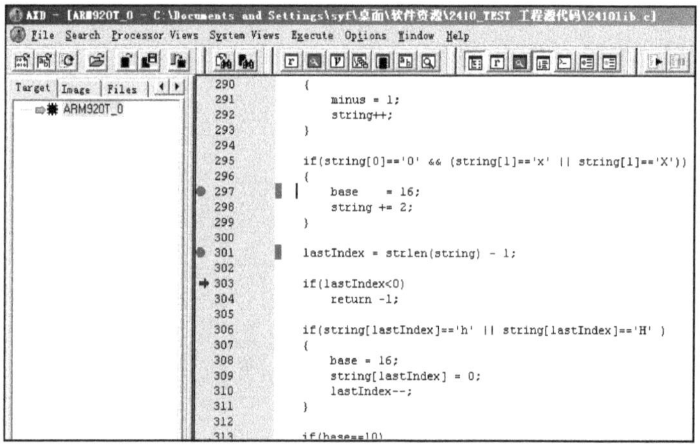

图 7-13 设置断点

7.3.4 查看变量值

在 Delay 函数的内部，如果希望查看某个变量的值，比如查看变量 i 的值，如图 7-14 所示。可以在 Processor Views 菜单中选择 Watch 选项，会出现 watch 窗口，然后用鼠标选中变量 i，单击鼠标右键，在快捷菜单中选中“Add to watch”，这样变量 i 默认是添加到 watch 窗口的 Tab1 中。在程序运行过程中，可以看到变量 i 的值在不断地变化。默认显示变量数值是以十六进制格式显示的，如果对这种显示格式不习惯，可以通过在 watch 窗口单击鼠标右键，在弹出的快捷菜单中

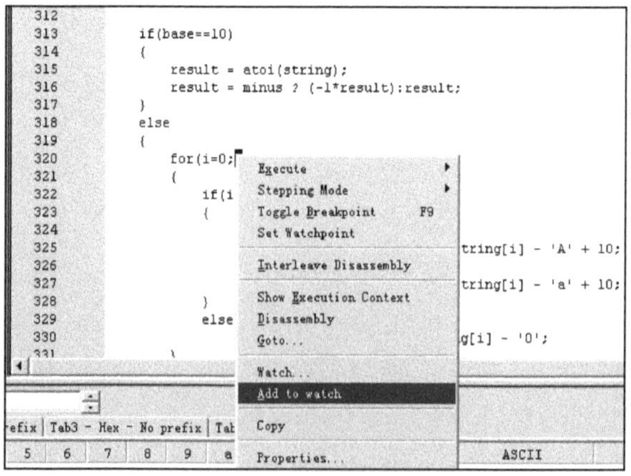

图 7-14 查看变量值

选择 Format 选项，可以选择所查看的变量显示数据的格式。如果想从 Delay 函数中跳出到主函数中去，最简单的方法就是将光标定位到想跳转到的主函数处，在 Execute 菜单中选择 Run to Cursor 选项，则程序会从 Delay 函数中跳转到光标所在位置。

7.4　小结

本章主要介绍了 ADS 集成开发环境，并通过具体的例子，展示了 ADS 的使用过程和主要功能。集成开发环境的优势就是将创建、编译、链接这些程序生成过程中需要的步骤全部集成好了，便于我们更快速地开发。希望读者通过本章的学习，能够初步学会使用 ADS，帮助自己学习和开发 ARM 系统。

7.5　习题

一、填空题

1. CodeWarrior for ARM 是一套完整的集成开发工具，充分发挥了________的优势，使产品开发人员能够很好地应用尖端的片上系统技术。

2. AXD 可以在________和________操作系统下进行程序的调试，它为用 C、C++和汇编语言编写的源代码提供了一个全面的系统环境。

3. fromELF 实现将________、________和________的输出代码进行格式转换的功能。

4. 在大多数情况下，ARM 编程往往使用 C/C++语言，系统提供了标准的________库用以支持应用 C/C++语言。

5. ADS 中包含有 3 个调试器：________、________和________。

二、实践题

1. 使用 ADS 生成一个 Hello World 源文件。
2. 分别在图形界面和命令行下编译该源文件。
3. 设计一个变量，准确在断点情况下查看该变量的值。

第 8 章 S3C2440 的外部电路

本章主要介绍 S3C2440 的硬件电路连接方法。由于 S3C2440 是 BGA 封装，所以实际布线需要 6 层以上板才能实现。而和 S3C2440 连接的其他芯片一般都只需要两层板就能实现。所以在硬件布线的时候，为了节省成本，通常分为核心板和底板两块。核心板包括 CPU、SDRAM 和 Flash 等，而底板包括串口、USB、以太网和音频接口等电路。

8.1 核心板电路

核心板由 CPU S3C2440、内存 SDRAM、闪存 FLASH（NOR FLASH 和 NAND FLASH）、晶振、复位电路和启动配置电路组成。其中晶振电路指的是 CPU 外接的晶振，其余外部芯片需要的晶振统一在底板上。下面就来仔细分析核心板电路。

8.1.1 晶振电路

S3C2440 需要两晶振：一个 16.9344MHz 有源晶振作为系统外部时钟源，一个 32.768kHz 的无源晶振作为 RTC 时钟源。有源晶振经 CPU 内部 PLL 电路倍频后作为 CPU 及总线的工作时钟和片内功能模块的工作时钟。片内的 PLL 电路兼有频率放大和信号提纯的功能，因此，系统可以以较低的外部时钟信号获得较高的工作频率，以降低因高速开关时钟所造成的高频噪声，这是基于 ARM 微处理器系统常采用的一种手段。晶振电路如图 8-1 所示。

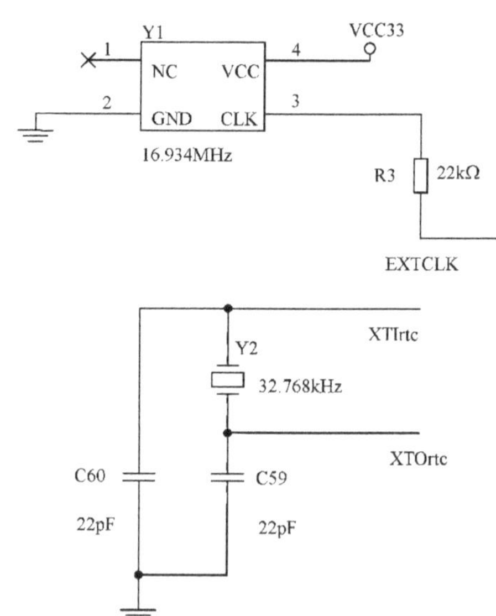

图 8-1　晶振电路图

8.1.2 复位电路

MAX811T 是一款连接比较简单的手动复位芯片，nMR 引脚接开关，nRESET 引脚接 CPU 的复位引脚。图 8-2 为复位电路的连接电路图。

8.1.3 启动配置电路

S3C2440 可以通过硬件配置的方式完成灵活的系统启动功能。包括总线的大小和时钟模式，可以通过 OM[3:0]四个引脚的上电初始化状态决定，如表 8-1 所示。

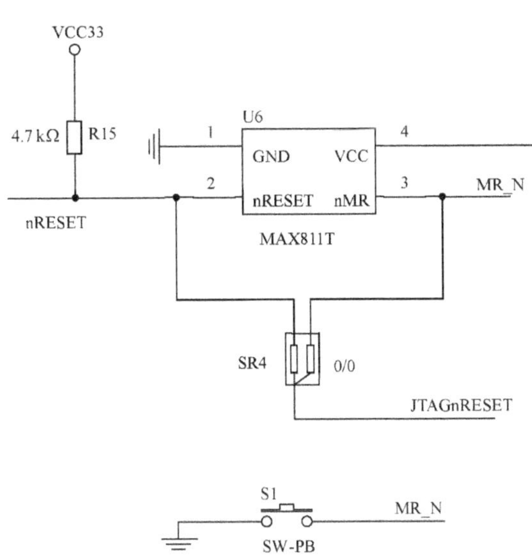

图 8-2　复位电路图

表 8-1　OM[3:0]引脚电平对应启动方式

	00	01	10	11
OM[1:0]：总线大小	Nand boot	Halfword（16-bit）	Word（32-bit）	Test Mode
OM[3:2]：时钟模式	MPLL=Xtal UPLL=Xtal	PLL=Xtal UPLL=EXTCLK	MPLL= EXTCLK UPLL=Xtal	MPLL= EXTCLK UPLL= EXTCLK

图 8-3 为启动配置电路的连接电路图。这里总线采用 32 位模式，所以 OM[1:0]的值是 10。时钟 MPLL 和 UPLL 均采用外部时钟，所以值是 11。

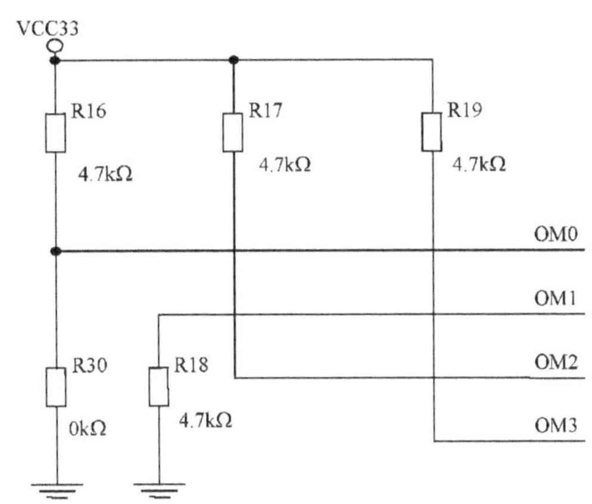

图 8-3　启动配置电路

8.1.4　FLASH 存储器（内存）

FLASH 存储器是一种掉电后信息不会丢失的存储器，具有低功耗、大容量、擦写速度快、可整片或分扇区编程（烧写）和擦除等特点，并且可由内部潜入的算法完成对芯片的操作，因而在各种嵌入式系统中得到了广泛的应用。

作为一种非易失性存储器，FLASH 在系统中通常用于存放程序代码、常量表以及一些在系统掉电以后需要保存的用户数据等。常用的 FLASH 为 8 位或 16 位的数据宽度，编程电压为 3.3V。主要的生产厂商为 Intel、ATMEL、AMD、SAMSUNG 等，它们生产的同型器件一般具有相同的电气特性和封装形式，可以通用。

本系统中使用的 FLASH 存储器为 AMD 生产的 AM29LV160 和 SAMSUNG 公司的 K9F1208。AM29LV160 是 AMD 基于 NOR FLASH 技术的 3.3V 高密度 Flash 存储器系列中的一款，具有存储密度高、读写速度快、价格便宜等优点，可用于代码与数据存储，并且可以方便升级。图 8-4 为 AM29LV160 的引脚定义图。图 8-5 为 S3C2440 和 AM29LV160 的连接电路图。

三星 K9F1208 是 NAND FLASH，数据存储容量为 64MB，采用块页式存储管理。8 个 I/O 引脚充当数据、地址、命令的复用端口。图 8-6 为 K9F1208 的引脚定义图。图 8-7 为 S3C2440 和 K9F1208 的连接电路图。

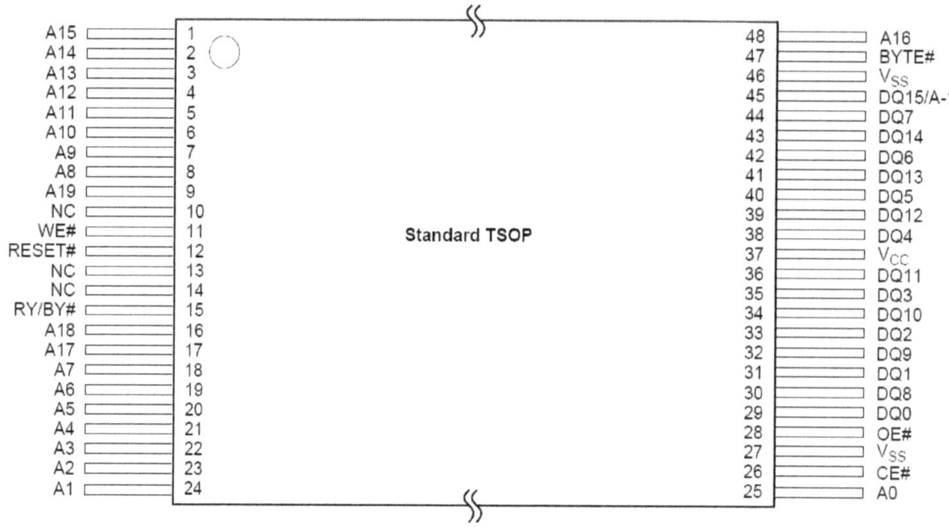

图 8-4　AM29LV160 引脚定义图

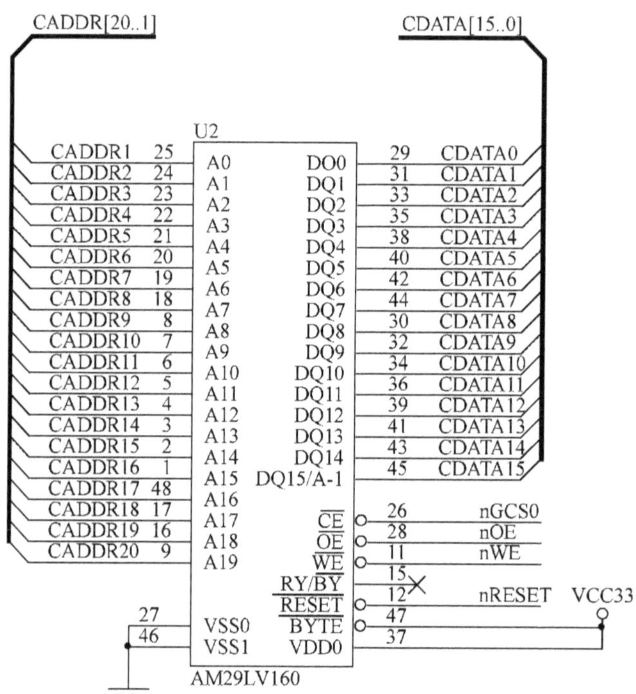

图 8-5　S3C2440 与 AM29LV160 的连接电路图

图 8-6　K9F1208 引脚定义图

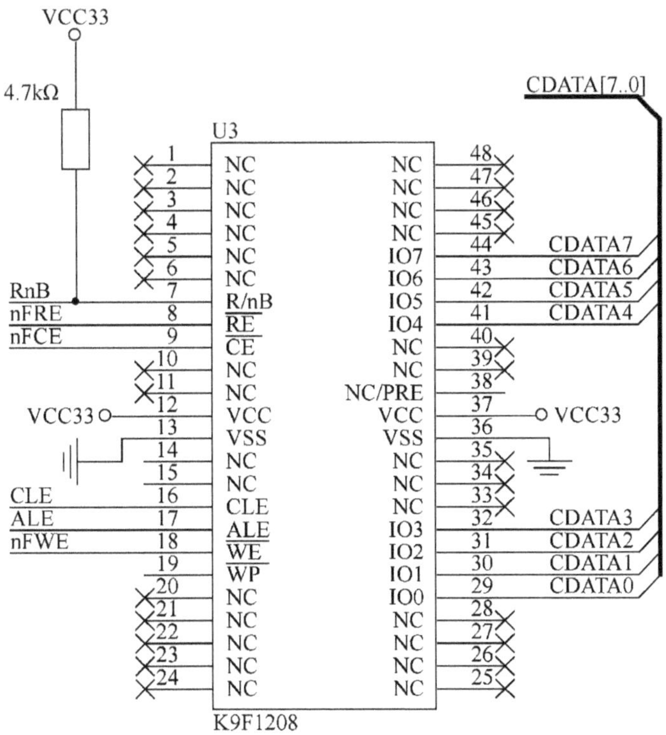

图 8-7　S3C2440 与 K9F1208 的连接电路图

8.1.5　SDRAM 存储器（闪存）

SDRAM 存储器中的数据在断电后就会丢失，与 FLASH 存储器相比较，SDRAM 的优势是存取速度特别快；具有读、写属性。因此，SDRAM 在系统中主要用作程序的运行空间、数据及堆栈区。当系统启动时，CPU 首先从复位地址 0x0 处读取启动代码，在完成系统的初始化后，程序代码一般应调入 SDRAM 中运行，以提高系统的运行速度；同时，系统及用户堆栈、运行数据也都放在 SDRAM 中。

SDRAM 具有单位空间存储容量大、价格便宜的优点，已广泛应用在各种嵌入式系统中。SDRAM 的存储单元可以理解为一个电容，总是倾向于放电，为避免数据丢失，必须定时刷新（充电）。因此，要在系统中使用 SDRAM，就要求微处理器具有刷新控制逻辑，或在系统中另外加入刷新控制逻辑电路。S3C2440 微处理器片内具有独立的 SDRAM 刷新控制逻辑，可方便地与 SDRAM 接口。目前常用的 SDRAM 为 16 位数据宽度，工作电压一般为 3.3V，主要的生产厂商为 SAMSUNG、HYUNDAI、ISSI 等。他们生产的同型器件一般具有相同的电气特性和封装形式，可以通用。

这里采用 SAMSUNG 的 K4S561632 作为 SDRAM，其基本特性为：K4S561632 基于 SAMSUNG 的高性能 CMOS 技术，按 4M × 16 位 × 4 组方式组织，单片存储容量为 32MB，工作电压为 3.3V，常见封装为 54 脚 TSOP，兼容 LVTTL 接口，支持自动刷新（Auto-Refresh）和自刷新（Self-Refresh）功能，16 位数据宽度。K4S561632 的引脚分布及信号描述如表 8-2 所示。

关于 K4S561632 更具体的内容可参考相关用户手册。其他类型 SDRAM 的特性和使用方法与之类似，用户可根据自己的实际需要选择不同的器件。图 8-8 为 S3C2440 与 K4S561632 的接口电路图。

表 8-2　　K4S561632 引脚信号描述

引脚	名称	描述
CLK	系统时钟	芯片时钟输入
CKE	时钟使能	片内时钟信号控制
CS	片选	禁止或使能除 CLK、CKE 和 DQM 外的所有输入信号
BA0，BA1	组地址选择	用于片内 4 个组的选择
A12～A0	地址总线	行地址：A12～A0，列地址：A9～A0
RAS CAS WE	行地址锁存 列地址锁存 写使能	行地址锁存、列地址锁存和芯片写操作使能
LDQM，UDQM	数据 I/O 屏蔽	在读模式下控制输出缓冲；在写模式下屏蔽输入数据
DQ15～DQ0	数据总线	数据输入/输出引脚
V_{DD}/V_{SS}	电源/地	内部电路及输入缓冲电源/地
$V_{DD}Q/V_{SS}Q$	电源/地	输出缓冲电源/地
NC、RFU	未连接	未连接

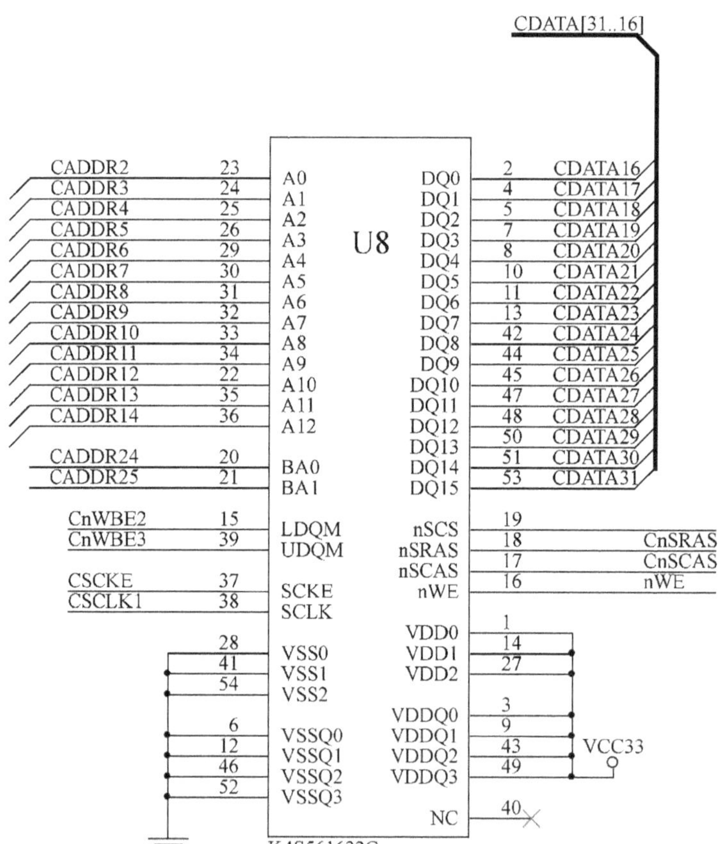

图 8-8　S3C2440 与 K4S561632 的连接电路图

8.2　底板电路

底板一般是两层的 PCB 板，这样从制作成本上能节省很多，主要包括电源电路、串口 UART

电路、USB 主设备接口电路、以太网 DM9000 接口、S3C2440 的 JTAG 接口、AC97 音频接口、TFT LCD 接口和 SD 卡接口。下面将详细分析底板的电路图。

8.2.1　电源电路

S3C2440 微处理器工作在 300MHz 时内核工作电压为 1.2V，工作在 400MHz 时为 1.3V，但其片内功能模块的工作电压为 1.8V 和 3.3V。外接的是 5V 直流电源，所以需要完成 5V 到 3.3V，3.3V 到 1.8V 和 1.2V 电压的转换。图 8-9 为系统的电源电路。

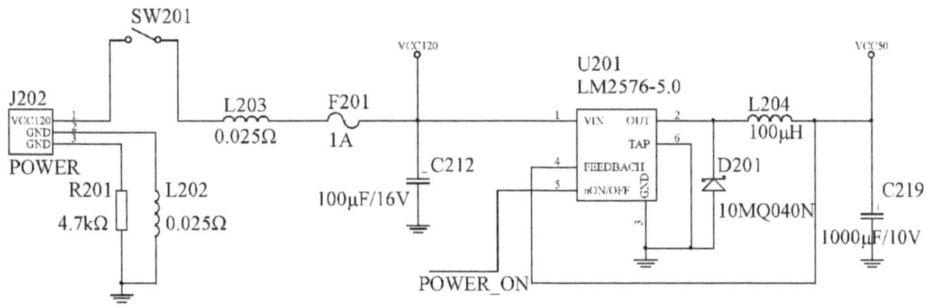

图 8-9　电源开关电路图

8.2.2　串口电路

S3C2440 带有三个通道的 UART 接口，可以通过 TTL 到 RS232 的电平转换实现 RS232 接口。几乎所有的微控制器、PC 都提供 RS232 接口，使用电子工业协会（EIA）推荐的 RS-232-C 标准，这是一种很常用的串行数据传输总线标准。RS-232-C 标准采用的接口是 9 芯或 25 芯的 D 型插头，以常用的 9 芯 D 型插头为例，引脚定义如表 8-3 所示。

表 8-3　　9 芯 D 型插头引脚信号描述

引脚	名称	功能描述
1	DCD	数据载波检测
2	RXD	数据接收
3	TXD	数据发送
4	DTR	数据终端准备好
5	GND	地
6	DSR	数据设备准备好
7	RTS	请求发送
8	CTS	清除发送
9	RI	振铃提示

如果仅完成最基本的串行通信功能，只需要 RXD、TXD 和 GND 即可，但由于 RS232-C 标准所定义的高、低电平信号与 S3C2440 微处理器的 LVTTL 电路所定义的高、低电平信号完全不同，LVTTL 的标准逻辑“1”对应 2～3.3V 电平，标准逻辑“0”对应 0～0.4V 电平，而 RS-232-C 标准采用负逻辑方式，标准逻辑“1”对应-5～-15V 电平，标准逻辑“0”对应+5～+15V 电平，显然，两者间要进行通信必须经过信号电平的转换。目标常使用的电平转换电路为 MAX232。图 8-10 所示为 S3C2440 与 RS232 的接口电路。图中 D301 和 D302 用于发送和接收的状态指示。当有数据通过 UART 传输时，LED 闪烁，便于用户掌握其工作状态以及进行软、硬件的调试。

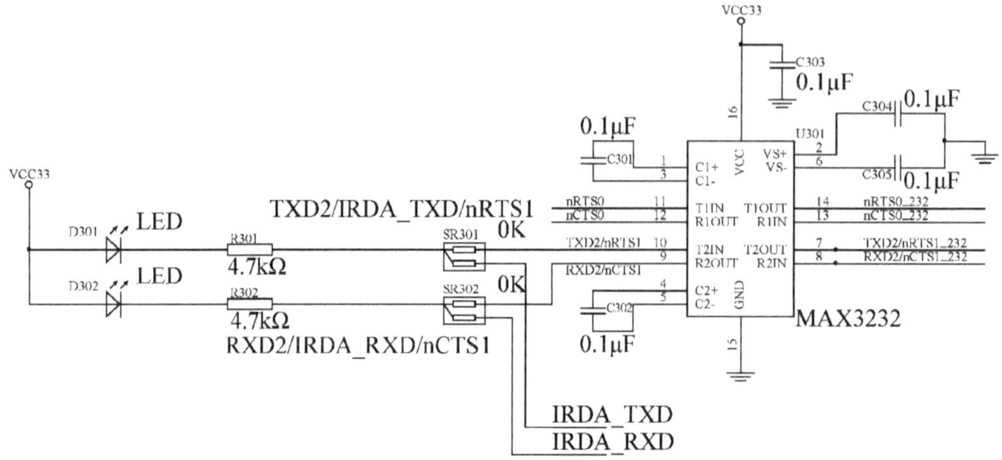

图 8-10　S3C2440 的串口接口电路

8.2.3 USB 接口

S3C2440 内建了两个 USB1.1 主口，通过简单的接口电路，用户可以构建各种基于 USB 接口的复杂应用。S3C2440 的 USB 接口电路如图 8-11 所示。

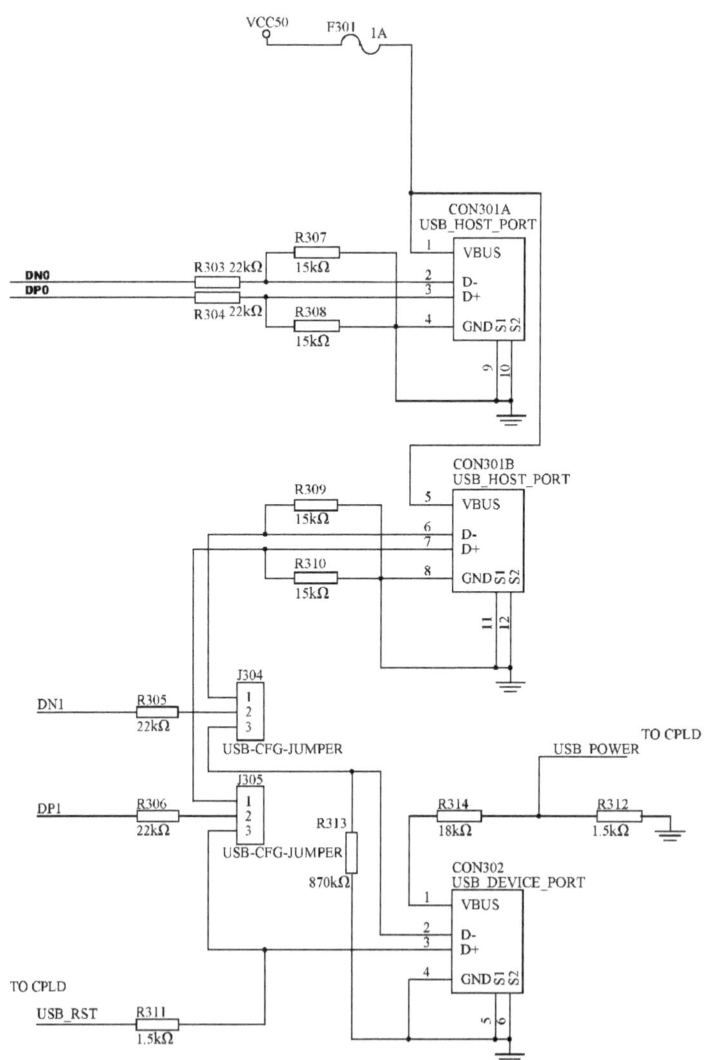

图 8-11　S3C2440 的 USB 接口电路

8.2.4　以太网接口

在这块底板上，采用了 DM9000 作为以太网处理芯片。在后面的章节中还将对这块芯片的使用做详细的介绍，这里就只给出该芯片的连接方式。图 8-12 为 S3C2440 和 DM9000 的连接电路图。

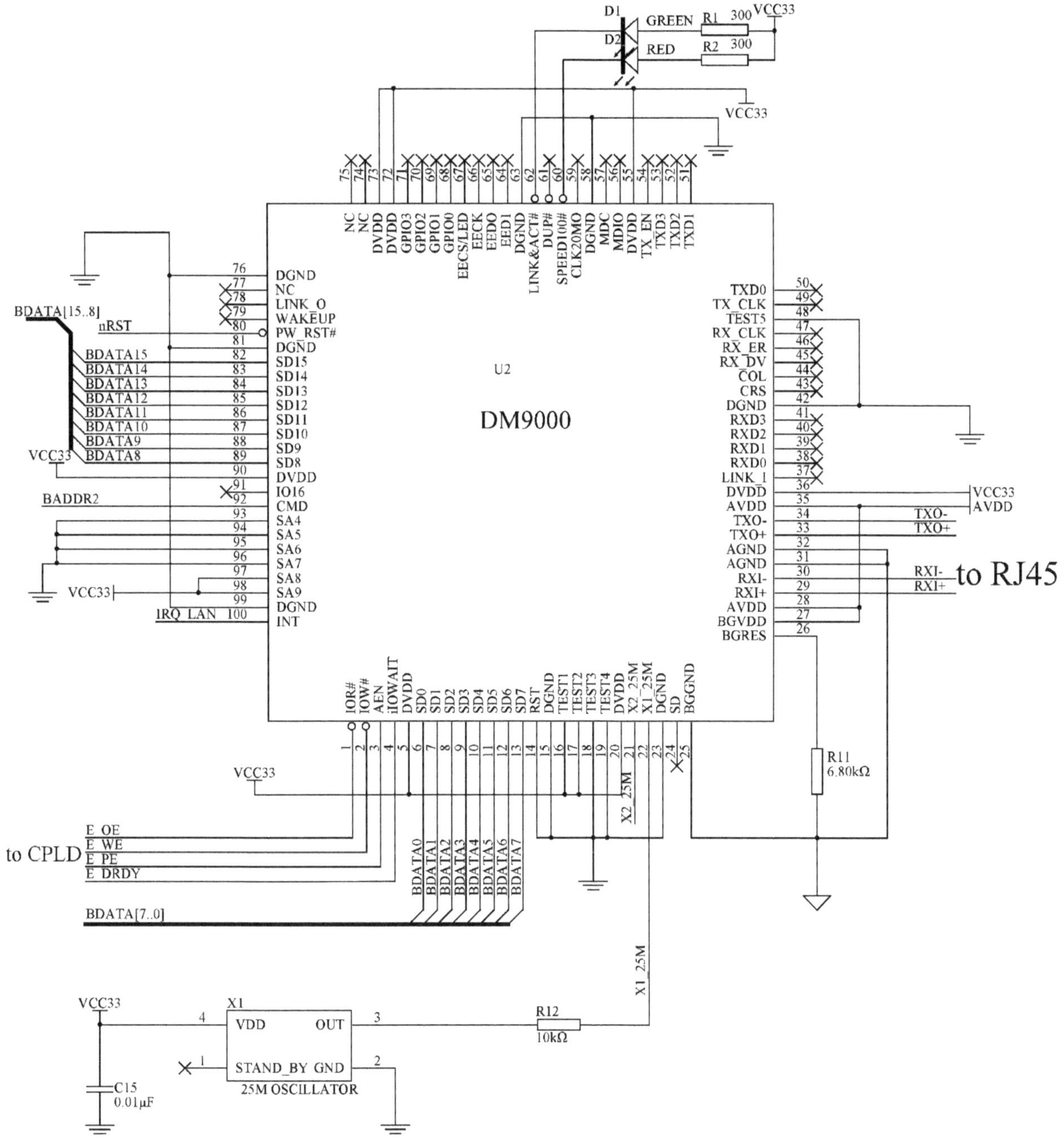

图 8-12　S3C2440 和 DM9000 的连接电路图

8.2.5　JTAG 调试接口

JTAG 是在开发过程中十分常用的接口，由于 S3C2440 处理器内部已提供了对 JTAG 的支持，因此只需要按照电气规范进行直接连接即可。图 8-13 为 JTAG 的连接电路图。

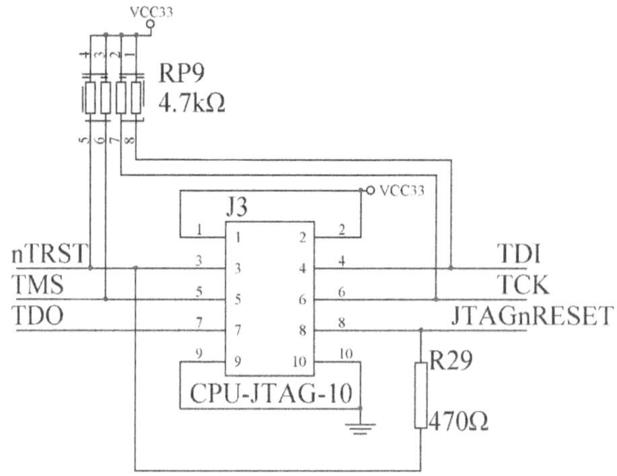

图 8-13　S3C2440 的 JTEG 调试接口电路

8.2.6　音频接口

S3C2440 微处理器内嵌音频接口电路，我们都知道很多计算机的集成主板有集成声卡的，S3C2440 微处理器也集成支持 AC'97 音频的接口，用户只需外接音频编码/解码电路，即可完成系统的音频输入/输出接口。这里外接编码/解码芯片 CS4299，完成系统的音频输入/输出功能。CS4299 是基于多媒体应用的立体声编码/解码器，兼容 AC'97 2.2 规范，内嵌 20 位立体声 D/A 转换器和 18 位立体声 A/D 转换器，可提供高质量的音频输入/输出。关于 CS4299 更具体的内容可参考有关用户手册。图 8-14 为 S3C2440 与 CS4299 的连接电路图。

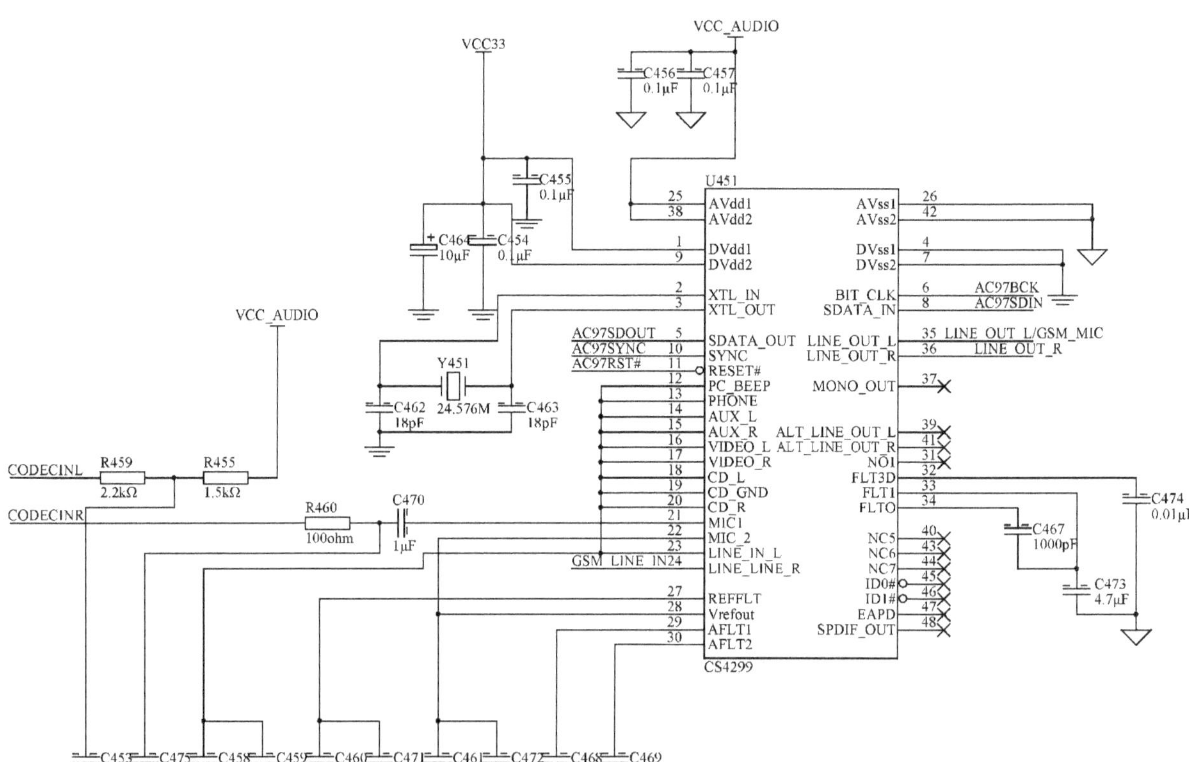

图 8-14　S3C2440 与 CS4299 的连接电路

8.2.7 LCD 接口

S3C2440 支持 TFT/STN 型的 LCD，但是不能直接与 LCD 相连，需要接口板驱动，而本系统所用LCD集成了驱动电路，使设计更为稳定，该LCD应用了最新的QVGA技术，分辨率是240×320像素的液晶输出方式，使显示的像素更高、更清晰。该 LCD 采用 4 线电阻触摸屏，4 线电阻模拟量技术的 2 层透明金属层，工作时每层均增加恒定电压，一个竖直方向 YD、YU，一个水平方向 XR、XL，总共需 4 根电缆。其特点是：高解析度，高速传输反应，表面硬度处理，减少擦伤、刮伤及防化学处理，具有光面及雾面处理，一次校正，稳定性高，永不漂移通过。LCD 通过 40 引脚的插座与 S3C2440 接口电路连接，如图 8-15 所示。

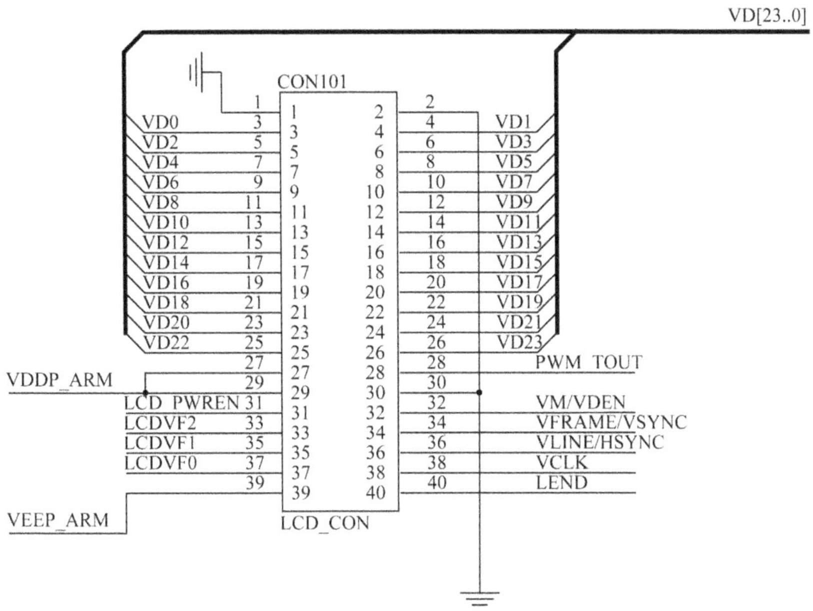

图 8-15 S3C2440 的 LCD 连接电路

8.2.8 SD 卡接口

SD 卡接口采用 S3C2440 本身的 SD 卡接口控制器，它支持 MultiMedia Card（MMC）标准 V2.2 和 SD Memory Card 标准 V1.0。SD 存储器卡通信基于 9 脚的接口（时钟、命令、4 个数据线和 3 个电源线）。S3C2440 的 SD 控制器的主要特点如下。

- 与 MultiMedia Card 标准 Version2.2 兼容。
- 与 SD Memory Card 标准 Version1.0 兼容。
- 时钟可达主时钟（Master Clock）的一半。
- 嵌入的电源管理可以在设备不用时降低时钟速率来降低功耗。
- 支持流、块和多块的数据读写。
- 支持与外围 DMA 控制器连接。

电路图中的 SDDATA0～SDDATA3 为 4 个数据线，SDCLK 为时钟线，SDCMD 为命令线，2 个地线和 1 个 3.3V 的电源线。其电路图如图 8-16 所示。

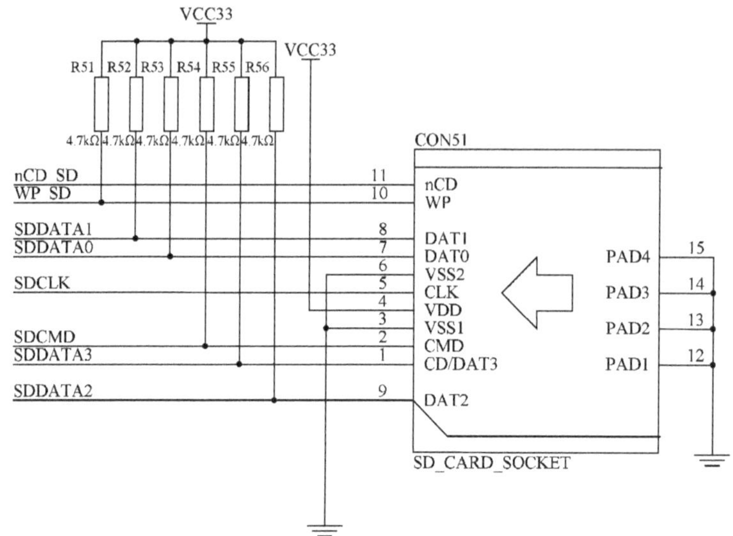

图 8-16　S3C2440 的 SD 卡接口电路图

8.3　小结

本章详细介绍了基于 S3C2440 处理器的基本应用电路图。这些电路在 S3C2440 微处理器的系统设计中会经常使用到，读者也可以根据自身的实际需求，做必要的修改。

8.4　习题

一、填空题

1. S3C2440 核心板晶振电路设计中，需要一个________有源晶振作为系统外部时钟源，和一个________的无源晶振作为 RTC 时钟源。系统可以以较低的外部时钟信号获得较高的工作频率，目的是________。

2. 当系统启动时，CPU 首先从复位地址________处读取启动代码，在完成系统的初始化后，程序代码一般应调入________运行，以提高________。

3. S3C2440 微处理器工作在 300MHz 时内核工作电压为________，工作在 400MHz 时为________，但其片内功能模块的工作电压为________和________。

4. S3C2440 支持________型的 LCD，但是不能直接与 LCD 相连，需要________。

二、选择题

1. 当 S3C2440 芯片引脚 OM1 和 OM0 都接下拉时，总线大小是（　　）。

A. Nand boot　　　　B. Halfword(16-bit)

C. Word(32-bit)　　　　D. Test Mode

2. RS-232-C 标准采用的接口是 9 芯 D 型插头中，TXD 属于（　　）引脚。

A. 1　　　　B. 2

C. 3　　　　D. 4

第 9 章 嵌入式 Linux 文件系统

大部分的嵌入式系统都是把文件系统建立在 FLASH 之上的，由于对 FLASH 操作的特殊性，使得在 FLASH 上的文件系统和普通磁盘上的文件系统有很大的差别，因此这样建立文件也有自己独特的特点。本章就介绍嵌入式系统下的文件系统的特点、常见的几种嵌入式文件系统及建立这些文件系统的方法。

9.1 嵌入式文件系统基础

FLASH 具有速度快、成本低、密度大的特点，被广泛应用于嵌入式系统中。与磁性介质的存储器（如硬盘等）相比，对 FLASH 操作存在一些如下的特殊性。

- 不能对单个字节进行擦除，最小的擦写单位是一个块（Block），有时候也称为一个扇区（Sector）。典型的一个 Block 的大小是 64KB。不同的 FLASH 会有不同，具体参考 FLASH 芯片的规范。
- 写操作只能对一个原来是空（也就是该地址的内容是全 0xFF）的位置操作，如果该位置非空，写操作不起作用，也就是说如果要改写一个原来已经有内容的空间，只能是读出该扇区到内存，在内存中改写，然后写整个扇区。

这些特点都是由嵌入式文件系统的存储介质所决定的。FLASH 存储器主要有 NOR 和 NAND 两种类型，总的来说，NOR 型比较适合存储程序代码，NAND 型则可用作大容量数据存储。

仅仅有存储器还是不够的，还需要 MTD、日志型文件系统、BusyBox 等技术的支持，本节会简单介绍下它们的能力。

9.1.1 NOR FLASH 存储器

NOR FLASH 的特点是芯片内执行（XIP，eXecute In Place），这样应用程序可以直接在 FLASH 闪存内运行，不必再把代码读到系统 RAM 中。NOR 的传输效率很高，在 1～4MB 的小容量时具有很高的成本效益，但是很低的写入和擦除速度大大影响了它的性能。在许多开发板上，常将 NOR FLASH 作为存放 Boot Loader 的存储器。NOR FLASH 要求在进行擦除前先要将目标块内所有的位都写为 0。由于擦除 NOR 器件时是以 64～128KB 的块进行的，因此执行一个写入/擦除操作的时间为 5s，导致 NOR FLASH 的写入速度远低于 NAND FLASH。

NOR FLASH 带有 SRAM 接口，有足够的地址引脚来寻址，可以很容易地存取其内部的每一个字节。换句话说，NOR FLASH 就是一个掉电后也不会丢失数据的 SRAM。NOR FLASH 的成本较高，NOR FLASH 占据了容量为 1～16MB 闪存市场的大部分，而 NAND FLASH 只是用在 8～

128MB 以及更高容量的产品当中，这也说明 NOR 主要应用在代码存储介质中。

9.1.2 NAND FLASH 存储器

NAND FLASH 的存储单元为块和页。整个 NAND FLASH 阵列划分为一系列 128KB 的区块，这些区块是 NAND 器件中最小的可擦除实体。擦除一个区块就是把所有的位设置为“1”（而所有字节设置为 0xFF）。有必要通过编程，将已擦除的位从“1”变为“0”。擦除 NAND 器件是以 8～32KB 的块进行的，执行一个擦除操作最多只需要 4ms。最小的编程实体是字节。

以 SAMSUNG 公司的 K9F5608 为例，它包括 2048 块，每一块又包括 32 页，一页大小为 528B，依次分为 2 个 256B 的数据区，最后是 16B 的备用空间。读/写操作以页为单位进行，而擦除操作以块为单位，读、写和擦除操作均通过命令完成，不能以字节擦除，在每次改写操作之前需要先擦除一整块。

对于 16 位的器件，NOR 闪存大约需要 41 个 I/O 引脚；相对而言，NAND 器件仅需 24 个引脚。NAND 器件能够复用指令、地址和数据总线，从而节省了引脚数量。复用接口的好处就在于能够利用同样的硬件设计和电路板，支持较大的 NAND 器件。然而，坏处是 NAND FLASH 的使用要比 NOR FLASH 复杂得多，如表 9-1 所示，比较了 NOR FLASH 和 NAND FLASH 的特点。

表 9-1　　NOR FLASH 与 NAND FLASH 的对比

NOR FLASH	NAND FLASH
接口时序同 SRAM，易使用	地址/数据线复用，数据位较窄
读取速度较快	读取速度较慢
擦除速度慢，以 64～128KB 的块为单位	擦除速度快，以 8～32KB 的块为单位
写入速度慢（因为一般要先擦除）	写入速度快
随机存取速度较快，支持 XIP（eXecute In Place，芯片内执行），适用于代码存储。在嵌入式系统中，常用于存放引导程序、根文件系统等	顺序读取速度较快，随机存取速度慢，适用于数据存储（如大容量的多媒体应用）。在嵌入式系统中，常用于存放用户文件系统等
单片容量较小，1～32MB	单片容量较大，8～128MB，提高了单元密度
最大擦写次数 10 万次	最大擦写次数 100 万～1000 万次
单片容量较小，1～32MB	单片容量较大，8～128MB，提高了单元密度

如果需要在 NAND 器件上运行代码，通常还需要驱动程序支持，在 Linux 下也就是内存技术驱动程序 MTD。

9.1.3 MTD 简介

MTD 是 Memory Technology Device 的缩写，它是底层硬件和上层软件之间的桥梁。对底层来说，它无论对 NOR 型或是 NAND 型都有很好的驱动支持；对上层来说，它抽象出文件系统所需要的接口函数。图 9-1 所示为文件系统。MTD 和 NAND FLASH 的层次关系和调用关系。

一个 MTD 设备按照用户访问的顺序可以得到图 9-2 所示的层次结构。图中 NAND 特定硬件驱动层为具体 NAND 设备的驱动，实现特定硬件的具体操作。NAND 通用驱动层是所有 NAND 设备的公用部分，实现了 NAND 设备发现、通用 NAND 读写等操作。MTD 原始设备层是 MTD 原始设备的通用代码，此外还包括各个特定的闪存设备所注册的数据，例如 NAND 分区等。MTD 向上提供块设备和字符设备两种接口。文件系统通过 MTD 块设备接口访问 NAND 闪存驱动。

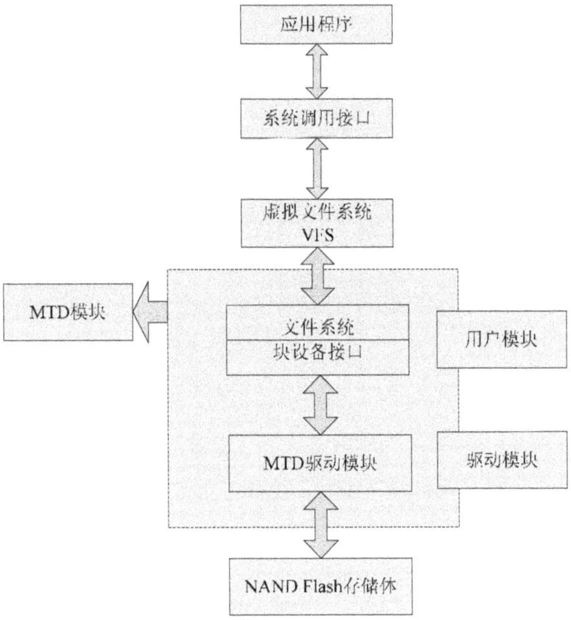

图 9-1　文件系统、MTD 和 NAND FLASH 的层次关系

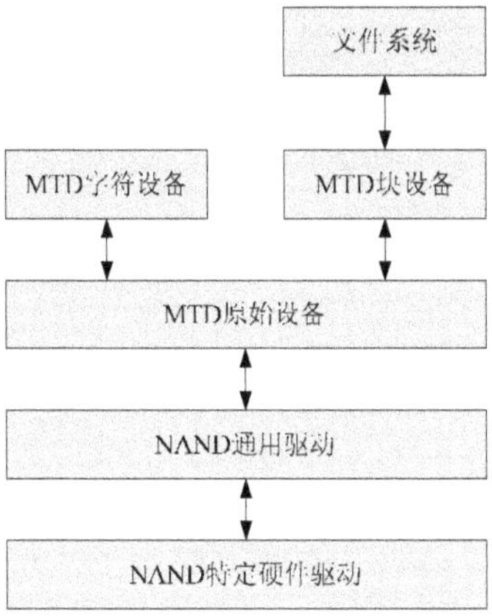

图 9-2　MTD 模块的层次结构

具体的 NAND 闪存驱动是和 NAND 通用驱动相关联的，要实现一个 NAND 闪存硬件驱动，需要实现初始化函数、硬件相关的设备就绪函数和控制函数这几个部分。为了灵活起见，还可以实现硬件相关的命令函数、硬件相关的等待函数和硬件 ECC 函数。

在编程上，MTD 为上层提供了一系列的接口，可以使上层程序不关心底层的硬件细节，而通过这些函数直接访问。这些接口包括：erase、read、write、read_ecc、write_ecc、read_oob、write_oob、sync、lock、unlock、suspend、resume、block_isbad 和 block_markbad 等函数。通过这些抽象出的接口，文件系统就可以方便地对 FLASH 进行各种操作了。

9.1.4　日志型文件系统

与 EXT2 是针对磁盘设计的文件系统不同，用于 FLASH 的文件系统应该是专门针对 FLASH 的特点设计的文件系统。这是因为 FLASH 的工作方式与 EEPROM 类似，可以随机读出，但是由于 FLASH 的写操作只能将 1 写为 0，所以必须首先将待写区域全部“擦除”为 1，才能写入新的内容。而且擦除操作必须以擦除块为单位进行，即使只改动一个字节的数据，也不得不擦除其所在的整个擦除块。

在 EXT2 文件系统中如果修改了文件的某一个区域，那么在写文件前，必须首先找出相应区域所对应的磁盘块，然后根据需要读出这个块，再修改，最后异步地写回这个块。而在 JFFS 文件系统中如果修改了文件的某一个区域，那么不会改动 FLASH 上含有该区域数据的原有数据实体，是直接向 FLASH 分区中写入一个崭新的数据实体，同时将原有数据实体在内核中的描述符标记为“过时”。那么在打开这个文件、为其数据实体创建相应的数据结构时就会跳过所有过时的数据实体。写入日志型文件系统的过程就好像在写日记：今天的日记总会在新的、空白的一页上写，而不会去修改昨天的日记。

日志文件系统的主要设计思想是跟踪文件系统的变化而不是文件系统的内容。日志文件系统中，存储系统上面有一系列节点记录了对文件的操作。日志节点上面记录的信息如下。

- 和日志节点关联的文件的标示符。
- 日志节点的序列号（version）。

- 当前节点的 uid、gid 等信息。
- 其他关于文件内容分布的信息。

例如：

第一次对文件进行操作的时候，在闪存中建立了 version 号为 1 的节点，在节点中记录了在偏移位置为 0 的地方写入了“AAA…”，长度为 200。此时在对应的文件中建立了文件和一号日志节点的对应关系。

第二次对文件的操作是在偏移位置为 200 的地方写入数据“BBBB…”，长度为 200，这时在闪存中建立 version 号为 2 的日志节点并且在文件中建立对应的关联。

第三次操作在该文件偏移位置为 150 的地方写入“CCC…”，长度为 100，并且建立 3 号节点以及该节点和文件的关联。

可以看出，日志节点记录的是对文件做的修改信息，而且还能看出有了日志文件系统，在一定程度上能对文件进行的操作回滚。这里由于对文件的反复操作有可能造成早期的日志节点“过时”，比如在上面的操作中，第四次操作里在 0-200 的位置写入“DDD…”，那么日志节点 1 记录的信息对文件的当前信息没有任何价值，这个时候就将日志节点 1 称为“脏数据”。

文件系统中不断加入新文件，不断对旧文件进行操作，那么文件系统就会被占满，这个时候就需要释放“过时”的日志节点，释放过时日志节点的工作称为“垃圾收集”。要进行垃圾收集时，不是简单地将过时的节点释放掉就可以。前面也提到过，NAND FLASH 的擦写操作是以块为单位的，所以必须将一个设备块中有用的数据复制到文件系统的空闲块中，直到剩下的数据都是过时的数据才进行擦写释放。

9.1.5 BusyBox

BusyBox 是一个 Unix 工具集。它可提供一百多种 GNU 常用工具、Shell 脚本工具等。虽然 BusyBox 中的这些工具相对于 GNU 提供的完全工具有所简化，但是它们都很实用，可以用来制作根文件系统，用 BusyBox 制作的根文件系统可以做到短小精悍并且运行效率较高。

BusyBox 的特色是所有命令都编译成一个文件：BusyBox，其他命令工具（如 sh、cp、ls 等）都是指向 BusyBox 文件的链接。在使用 BusyBox 生成的工具时，会根据工具的文件名链接到特定的处理程序。这样，所有这些程序只需被加载一次，而所有的 BusyBox 工具组件都可以共享相同的代码段，这在很大程度上节省了系统的内存资源也提高了应用程序的执行速度。

由于许多个 Linux 命令都集中在 BusyBox 一个软件中，所以在使用时有特别的使用方法。第一种使用方法是使用时在命令 busybox 后跟上不同的参数，这些参数实际上也就是 Linux 中常用的命令，如 ls、pwd 等，完整形式就是：

```
$busybox ls
```

它的功能就相当于运行 ls 命令。

第二种使用方法是为这些命令建立与 busybox 的符号链接，不同的链接名就可以完成不同的功能。例如：

```
$ln-s busybox ls
$ln-s busybox rm
$ln-s busybox mkdir
```

然后分别运行这三个链接。

```
$./ls
$./rm
$./mkdir
```

就可以分别完成 ls、rm 和 mkdir 命令的功能。

接下来配置编译 BusyBox，首先把 BusyBox 的源码从网站上下载到本地目录下，然后运行如下的命令：

```
$tar -jxvf busybox-1.24.2.tar.bz2
$cd busybox-1.24.2
$make menuconfig
```

就可以打开 BusyBox 的图形化编译界面，这个和 Linux 内核编译类似，如图 9-3 所示。

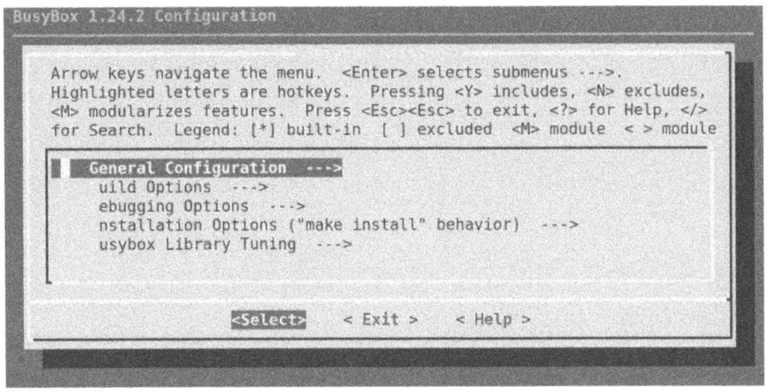

图 9-3　BusyBox 的配置界面

在这个菜单界面中可以对最终编译到可执行文件中的命令进行选择。笔者推荐在配置时选上下面的这些编译项目。

```
Busybox Settings>.
General Configuration>
[*]Support for devfs
```

这个选项提供对文件系统的支持。

```
Build Options >
[*]Build BusyBox as a static binary (no shared libs)
```

这一项将 BusyBox 编译为静态链接，可以减少启动时查找动态链接库的时间。

```
[*] Do you want to build BusyBox with:Cross Compiler?
(/usr/local/ARM/3.4.1/bin/ARM-linux-)
```

指定交叉编译器路径。

```
Init Utilities>
[*]init
[*]Support reading an inittab file
```

支持 init 读取/etc/inittab 配置文件。

```
Shells>
Choose your default shell (ash)>
[*]ash
```

选中 ash，用以生成/bin/sh 文件。同时选中这一级选项中的：

```
[*]command line editing
[*]vi-style line editing commands
(15) history size
[*]history saving
[*]tab completion
[*]username completion
```

这样便添加了历史记录、自动补全和删除字符等功能。

最后选择各种常用工具。

```
Coreutils >
[*]cp
[*]cat
[*]ls
[*]mkdir
[*]echo (basic SuSv3 version taking no options)
[*]env
[*]mv
[*]pwd
[*]rm
[*]touch
Editors>
[*]vi
Linux System Utilities>
[*] mount
[*]umount
[*]Support loopback mounts
[*]Support for the old /etc/mtab file
Networking Utilities>
[*] inetd
```

配置完成后，就可以使用 make 命令进行最后的编译和安装了，如下所示：

```
$make TARGET_ARCH=ARM PREFIX=/rootfs all install
```

设置 TARGET_ARCH 为 ARM 架构处理器，PREFIX 指明了安装路径，也就是根文件系统所在的路径。安装完成后，会在 rootfs 目录下的 bin、sbin 等目录下生成相应的工具文件。正如前面介绍的，这些工具文件都是指向 BusyBox 文件的符号链接。

典型的 BusyBox 文件大小在动态链接的情况下是 300KB 左右，静态链接为 800KB 左右，用它实现的文件系统完全可以控制在 1MB 以下。

9.2 CramFS 文件系统

在嵌入式的环境之下，内存和外存资源都十分紧张，需要节约使用。CramFS 是一个压缩式的文件系统，它并不需要一次性地将文件系统中的所有内容都解压缩到内存之中，而只是在系统需要访问某个位置的数据时，首先计算出该数据在 CramFS 文件系统中的位置，将这段数据实时地解压缩到内存中，而不是所有的数据。然后程序就可以从内存中访问需要读取的数据了。CramFS 中的解压缩以及解压缩之后的内存中数据存放位置都是由 CramFS 文件系统本身进行维护的，用户并不需要了解具体的实现过程，因此这种方式增强了透明度，对开发人员来说，既方便，又节省了存储空间。

9.2.1 CramFS 文件系统的特性

CramFS 文件系统具有以下的特性。

- 采用实时解压缩方式，由于涉及复杂的解压缩算法，解压缩的时候存在延迟。
- CramFS 的数据都是经过处理、打包之后的，所以 CramFS 通常不支持写操作，这个特性刚好适合嵌入式应用中 ROM 类型的只读存储设备使用。
- 在 CramFS 中文件的大小不能超过 16MB。

● 支持组标识（gid），但是只有 gid 的低 8 位有效，高 8 位的 gid 在使用 mkcramfs 时就被处理掉了。

● 支持硬链接。但是在 CramFS 中有一个 BUG，硬链接的文件属性中，链接数始终为 1。

● 没有“.”和“..”这两个目录。因此，CramFS 中的目录的链接数通常也仅有一个。

● 正在使用的文件由于 inode 保存在内存中，因此其时间可以暂时地变更为最新时间，但是不会保存到 CramFS 文件系统中去，只是当 inode 节点在内存中时存在。CramFS 不会保存文件的时间戳（timestamps）信息。

● 当前版本的 CramFS 只支持 PAGE_CACHE_SIZE 为 4096 的内核。因此，如果发现 CramFS 不能正常读写的时候，可以检查一下内核的参数设置。

9.2.2　CramFS 文件系统映像文件的结构

图 9-4 所示是一个 CramFS 档案系统映像文件的结构，首先可以看到最前面就是 CramFS 的 Superblock，大小共 76B。之后便是 CramFS 的 inode 结构，需要注意的一点就是每个 cramfs_inode 的结构大小为 12B，而每个 cramfs_inode 所代表的文件名称直接就会接在 cramfs_inode 的后面，以 0x00 结尾。并且“cramfs_inode + 文件名称”的长度必须为 4 的倍数，如果不足的部分就会补 0，如果长度恰好为 4 的倍数，那就不补 0 直接连接下一个 cramfs_inode。

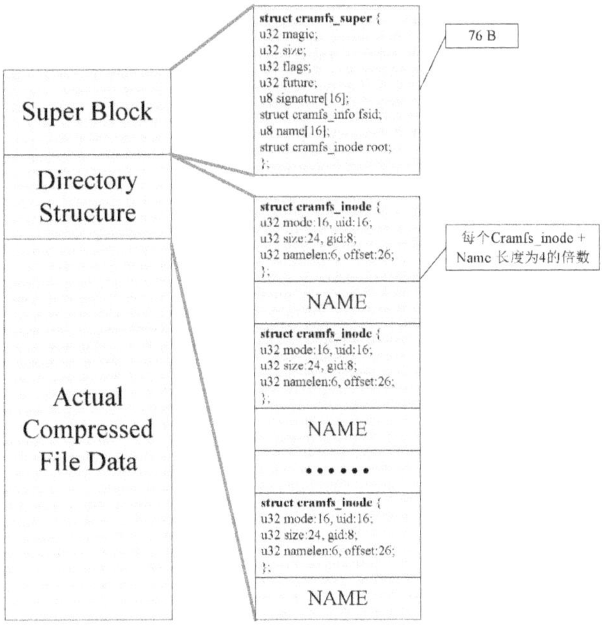

图 9-4　CramFS 文件系统映像文件的结构

参数说明如下。

● Magic 即俗称的魔术数，作为 CramFS 文件系统的识别标志。初始值为 0x28cd3d45，该值定义在内核源码 linux/fs/ cramfs.h 中。

● Superblock 最后面 12 个 B，是用来记录 CramFS 档案系统映像文件的根目录，在 Linux 下所使用的根目录为“/”。

9.2.3　CramFS 文件系统的工作原理

如果在 CramFS 的文件系统中，浏览一个目录的内容，CramFS 文件系统会直接去读取 Directory

Structure 扇区中的内容，并且把完整的目录结构读取出来，主要的原因是在于文件的实体数据本身会通过 CramFS 来压缩，可是文件名称与目录的架构，是不会通过 CramFS 文件系统压缩的，所以说这些查询目录的过程，就无须通过解压缩的流程，可以直接通过查询 Directory Structure 扇区的内容，来得到所要的结果。

CramFS 文件系统预设是每次都会解压缩 4KB 的数据到 Linux Cache Memory 中，如图 9-4 所示。所以，如果读者观察 CramFS 的读取运作，会发现只有第一次被读取文件时才会动态地解压缩，第二次与第二次以后的文件读取动作就会直接去该文件目前所对应到的 Linux Cache Memory 来读取，而不会再去解压缩，耗费系统运算资源。这样的运作原理，与一般使用的 Linux 文件系统（例如：Ext2）是一致的。通过一个 Cache 的机制，让目前被读取的文件不必要每次都从磁盘驱动器中读取出来，浪费许多磁盘驱动器搜寻的时间，而是把目前使用的资料暂存在 Cache 中，这样可以增加每一次读取文件的速度。如果在 CramFS 文件系统中，文件大小超过 4KB 时，就会分多次来解压缩。

如果读取的文件比较大，系统并不会一次就读取文件的全部内容，而是采取图 9-5 所示的方式。

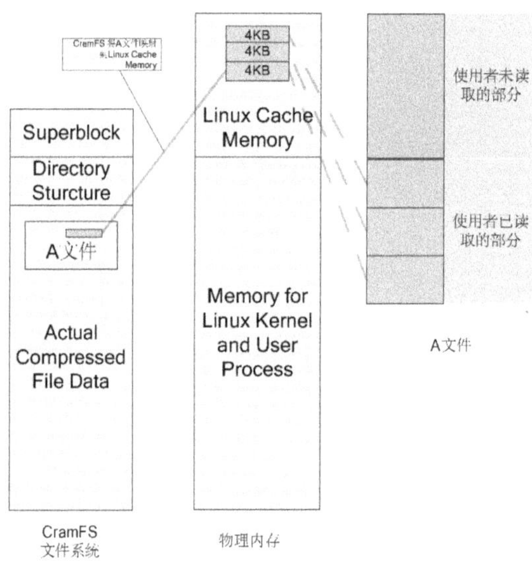

图 9-5　CramFS 文件系统的文件读取原理

在 Linux 的环境下，解决读取大型文件的方式为，当使用者开启一个大型文件时，使用者读取到文件的某个位置，就依据该文件目前所读取内容储存的扇区，来动态地从磁盘系统中读取出来，加载到内存中。

这种方式的好处就是，开启大型文件时不会一下子就耗用过多的内存空间，而可以针对目前实际已经读取的部分才配置内存，尚未读取的部分就不配置内存，以节省内存的资源。CramFS 文件系统会动态地去把文件每个区块依目前读取的进度与位置，来动态地解压缩到内存中。

9.2.4　CramFS 文件系统的初始化过程

CramFS 的初始化过程发生在 VFS 文件系统启动之后，其中 CramFS 档文件系统的初始化入口为 init_cramfs_fs（包含在 Linux 内核源码的 linux/fs/cramfs/inode.c 文件中），如图 9-6 所示。

CramFS 初始化是通过调用函数 init_cramfs_fs()来进行的，可以由图中看到在函数 init_cramfs_fs()的最后，会调用 register_filesystem()对系统进行注册，以便于在遇到文件系统类型为“cramfs”的文件系统时，可以由系统交给 CramFS 文件系统来进行处理。

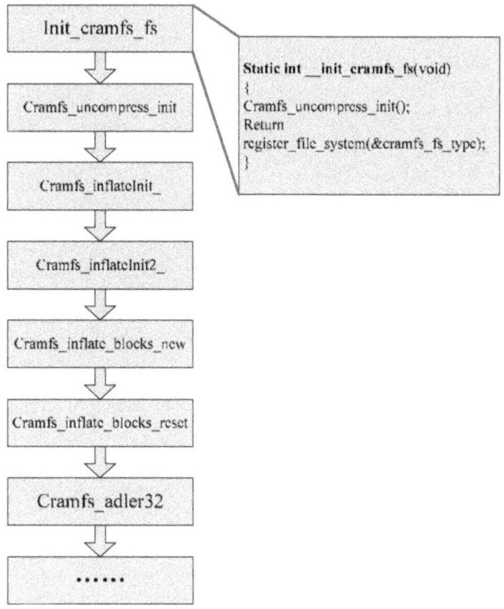

图 9-6　CramFS 文件系统的初始化流程

9.2.5　CramFS 文件系统的制作

根文件系统最少应该有表 9-2 所示的 8 个目录。

表 9-2　　根文件系统的基本目录

目录	说明	备注
/dev	设备文件	目录中的设备文件必须用 mknod 命令创建
/proc	proc 文件系统所需的目录	可为空目录
/etc	系统配置文件	
/sbin	重要的系统程序	
/bin	基本应用程序	
/lib	共享函数库	
/mnt	装载其他磁盘节点	可为空目录
/usr	附加应用程序	可为空目录

在创建这些目录时，有以下几点经验供读者参考。

- 空目录只需用 mkdir 命令创建即可。
- 创建/dev 目录时，除了使用 mknod 命令创建其中的设备文件，也可以把现有系统中/dev 的文件复制过来，然后删除不必要的文件。

复制/dev 目录的命令：

```
$cp -dpR /dev /mnt
```

该命令会复制/dev 整个目录但不复制文件内容，dp 选项不会复制链接所指的原文件，以保证链接文件的指向不变，属性也不变。

注意　每一个设备文件占用一个信息节点（inode），而文件系统上节点数是有限的，因此有必要删除没用的设备文件。例如，如果没有 SCSI 设备，就删除所有的以 sd 开头的文件。如果不想使用串口设备，就删除所有以 cua 开头的文件。不过记住一定要保留 console、kmem、mem、null、ram、tty1 等设备文件。

以下为创建 CramFS 根文件系统的详细步骤。

（1）准备根文件系统。

创建工作目录：

```
$mkdir /rootfs
```

创建根文件系统的目录如下所示。

```
$cd /rootfs
$mkdir bin dev etc home lib mnt proc sbin sys tmp var usr
$mkdir etc/init.d
```

（2）创建设备文件。

复制当前系统的设备文件：

```
$cp -dpR /dev /rootfs/dev
```

如果使用 linux 2.6.xx 内核，应该有节点 console、null。如果在/rootfs/dev 目录下没有这些节点，则转到/rootfs/dev/目录来创建：

```
$mknod console c 5 1
$mknod null c 1 3
```

缺少这些设备，会在启动 Shell 时出现提示“Warning: unable to open an initial console. Kernel panic - not syncing: Attempted to kill init!”的错误。

（3）准备目标系统启动所需的四个文件：linuxrc、rcS、inittab、fstab。

linuxrc 文件（位于“/”）的内容如下所示。

```
#!/bin/sh
echo "mount /etc as ramfs"
/bin/mount -f -t cramfs -o remount,ro /dev/bon/2 /
/bin/mount -t ramfs ramfs /var
/bin/mkdir -p /var/tmp
/bin/mkdir -p /var/run
/bin/mkdir -p /var/log
/bin/mkdir -p /var/lock
/bin/mkdir -p /var/empty
#/bin/mount -t usbdevfs none /proc/bus/usb exec /sbin/init
```

rcS 文件（位于/etc/init.d/）的内容如下所示。

```
#!/bin/sh
/bin/mount -a
```

这两个文件生成后，应该使其具有执行的权限，可使用 chmod 775 linuxrc rcS 来修改。

inittab 文件（位于/etc）的内容如下所示。

```
# This is run first except when booting
::sysinit:/etc/init.d/rcS

# Start an "askfirst" shell on the console
#::askfirst:-/bin/bash
::askfirst:-/bin/sh

# Stuff to do when restarting the init process
::restart:/sbin/init

# Stuff to do before rebooting
::ctrlaltdel:/sbin/reboot
::shutdown:/bin/umount -a -r
```

fstab 文件（位于/etc）的内容如下所示。

```
none        /proc      proc     defaults       0 0
none        /dev/pts   devpts    mode=0622     0 0
tmpfs       /dev/shm   tmpfs    defaults       0 0
```

（4）将编译好的 BusyBox 的_install 目录下的三个文件夹用 tar 命令打包复制到/rootfs 目录，解压后删除打包文件。

（5）将一些常用的 lib 文件复制到/rootfs/lib/目录下，例如：ld-2.5.so、libc-2.5.so、libcrypt.so.1、libgcc_s.so.1、libm.so.6、ld-linux.so.3、libcrypt-2.5.so、libc.so.6 和 libm-2.5.so 等文件以及其符号链接。注意这些 lib 文件指的是交叉编译工具链的 lib 文件，即位于/usr/local/ARM/3.4.1/ ARM-linux/lib 下的 lib 文件。在复制时应该注意采用打包后解包方式复制，以保证符号链接的正确性和完整性。

> **注意**　（1）～（4）步所经历过程与采用何种文件系统没有直接的关系，基本上制作所有类型的文件系统都要经历这几步相同的步骤。为了便于表述，可以称这 4 个步骤为“制作根文件系统的准备阶段”。

（6）生成 CramFS 文件系统映像文件 cram.img。

```
$cd /
$mkcramfs /rootfs cram.img
```

将工作目录/rootfs 作为根目录制作 CramFS 文件系统，这将经历一个处理和压缩的过程。压缩完成后，就可以测试一下生成的 cram.img 文件了。

下面的命令挂载 CramFS 的文件系统：

```
$mount -o loop -t cramfs /cram.img /mnt      //将 cram.img 文件系统加载到/mnt
$ls /mnt                                     //查看是否有 bin、sbin、usr，等等目录
```

（7）将映像文件 cram.img 下载并写入目标板的 root 分区，正确配置 Linux 的内核启动参数，启动后如图 9-7 所示。

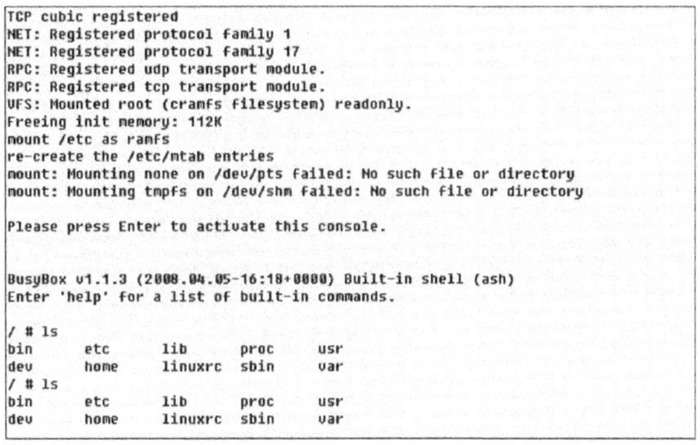

```
TCP cubic registered
NET: Registered protocol family 1
NET: Registered protocol family 17
RPC: Registered udp transport module.
RPC: Registered tcp transport module.
VFS: Mounted root (cramfs filesystem) readonly.
Freeing init memory: 112K
mount /etc as ramfs
re-create the /etc/mtab entries
mount: Mounting none on /dev/pts failed: No such file or directory
mount: Mounting tmpfs on /dev/shm failed: No such file or directory

Please press Enter to activate this console.

BusyBox v1.1.3 (2008.04.05-16:18+0000) Built-in shell (ash)
Enter 'help' for a list of built-in commands.

/ # ls
bin     etc     lib      proc    usr
dev     home    linuxrc  sbin    var
/ # ls
bin     etc     lib      proc    usr
dev     home    linuxrc  sbin    var
```

图 9-7　CramFS 文件系统在目标板上加载

9.2.6　CramFS 文件系统的挂载流程

当通过 mount 命令挂载一个 CramFS 文件系统时，系统会执行图 9-8 所示的流程。

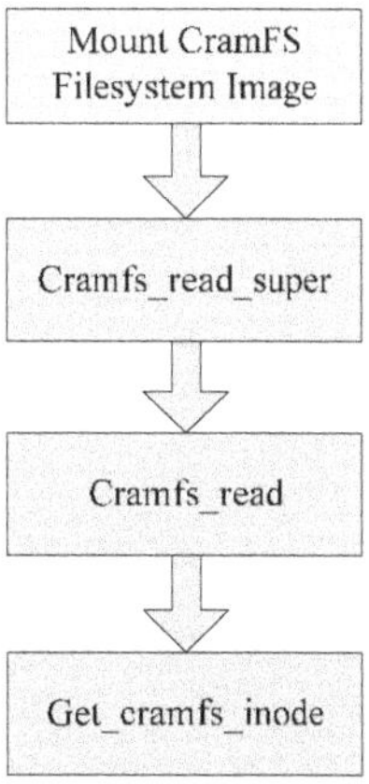

图 9-8　CramFS 文件系统的挂载流程

在函数 cramfs_read_super()中，会调用函数 cramfs_read()把 Superblock 读取到内存中，并且进行 Superblock 扇区的类型确认，即确认 Superblock 的参数 magic 是否为 0x28cd3d45，具体的过程如下面的代码所示：

```
//若不是 cramfs 的文件系统则结束函数，并传回 NULL
if (super.magic != CRAMFS_MAGIC)
{
        printk("wrong magic\n");
```

```
        goto out;
 }
```

确认 Superblock 的参数 signature 是否为 Compressed ROMFS。

```
//若不是"Compressed ROMFS"则结束函数，并传回 NULL
if (memcmp(super.signature, CRAMFS_SIGNATURE, sizeof(super.signature)))
{
        printk("wrong signature\n");
        goto out;
}
```

参数 flags 默认值为 0，而 CRAMFS_SUPPORTED_FLAGS 值为 0xff。

```
if (super.flags & ~CRAMFS_SUPPORTED_FLAGS)
{
        printk("unsupported filesystem features\n");
        goto out;
}
```

如果顺利通过了前面的测试，确信是 CramFS 的文件系统，则在函数 cramfs_read_super()执行的最后，将调用函数 get_cramfs_inode()，取得 CramFS 档案系统根目录的信息。

这样便成功挂载上了 CramFS 的文件系统。

9.3 基于 RAM 的文件系统

前面提到的文件系统都是基于 FLASH 存储器的，而本节介绍的这些文件系统都是利用 RAM 来作为它们存储的空间。它们共同的优点都是读写的速度非常快（因为是在内存中读写），而缺点也是很明显的，就是当系统复位之后会丢失所有的数据。

9.3.1 Ramdisk 文件系统

Ramdisk 是将一部分固定大小的内存当作分区来使用。它并非一个实际的文件系统，而是一种将实际的文件系统装入内存的机制，并且可以作为根文件系统。

这种文件系统比较简单，将一些经常被访问而又不会更改的文件（如只读的根文件系统）通过 Ramdisk 放在内存中，可以明显地提高系统的性能。

虽然 Ramdisk 也是可以把数据进行压缩存储的文件系统，但是和前面提到的 CramFS、JFFS2 文件系统相比，Ramdisk 压缩效率不高，而且占用内存资源比较多。但是它突出的优点就是执行速度快。因为 Ramdisk 文件系统是基于内存方式的，系统对 Ramdisk 文件系统进行的数据操作实际上是对内存中的数据进行直接的操作，因此存取速度快。但是，Ramdisk 文件系统是只读的，而且由于是在 RAM 中运行，因此其中的数据在断电之后就会消失。

1. 创建 Ramdisk 的方法

创建一个 Ramdisk 是一件很简单的事，大部分的 Linux 内核都在默认编译下就支持了 Ramdisk，只需要格式化一个 Ramdisk，并将其 mount 到某一个目录上就可以了。其主要的步骤有下面几步。

（1）查看所有可用的 Ramdisk。

```
$ls-al /dev/ram*
```

内核将 Ramdisk 作为一个设备文件来管理。上面的命令列出系统中所有可用的 Ramdisk，这些 Ramdisk 现在还不占用内存，只有当对它进行格式化之后才会占据一定的内存空间。

（2）创建一个 Ramdisk。

```
$mke2fs /dev/ram0
```

这个命令格式化了一个 Ramdisk。执行该命令将出现以下提示：

```
mke2fs 1.14, 9-Jan-1999 for EXT2 FS 0.5b, 95/08/09
Linux ext2 filesystem format
Filesystem label=
1024 inodes, 4096 blocks
204 blocks (4.98%) reserved for the super user
First data block=1
Block size=1024 (log=0)
Fragment size=1024 (log=0)
1 block group
8192 blocks per group, 8192 fragments per group
1024 inodes per group
```

如果该操作执行失败，那么有可能是因为内核不支持 Ramdisk，这时只有重新配置、编译内核。在配置时将 CONFIG_BLK_DEV_RAM 设置为 Enable，然后在新的内核下再创建 Ramdisk。

（3）加载 Ramdisk。

```
$mkdir /mnt/Ramdisk
```

新建一个目录：

```
$mount /dev/ram0 /tmp/Ramdisk
```

将刚才格式化过的 Ramdisk 加载到新建的目录上。这样，就可以使用这个新建的 Ramdisk（/mnt/Ramdisk）了。要注意的一点是：由于这个部分是内存，因此在系统重新启动后，将刷新这个区域。所以不要将任何没有保存的数据放在该区域。

2. 改变 Ramdisk 大小的方法

可以执行 df 命令来查看一下该 Ramdisk 的大小：

```
$df -k /dev/ram0
Filesystem 1k-blocks Used Available Use% Mounted on
/dev/ram0 3963 13 3746 0% /mnt/Ramdisk
```

这个 Ramdisk 只有 4MB 大小。Ramdisk 的大小是在编译 Linux 内核时决定的，要想改变它的大小，就需要重新编译内核或者以模块的形式编译 Ramdisk，后者的好处是可以在加载时重新确定 Ramdisk 的大小。可以通过修改/etc/conf.modules 的选项设置来做到，加入

```
options rd rd_size=10000
```

当然也可以在命令行中指定参数给 ismod 来实现：

```
insmod rd rd_size=10000
```

当使用以上两种方法创建了大小约为 9MB 的 Ramdisk 时，还需要执行以下命令来使用它。

```
$mke2fs /dev/ram0
$mkdir /mnt/Ramdisk
$mount /dev/ram0 /mnt/Ramdisk
```

而当不使用时，应执行以下命令。

```
$umount /mnt/Ramdisk
```

若是使用 insmod 来加载模块，应该再执行以下命令。

```
$rmmod rd
```

9.3.2　RamFS/TmpFS 文件系统

RamFS/TmpFS（以下简称 RamFS）是一种基于内存的文件系统，工作于虚拟文件系统

（VFS）层，不能格式化，可以创建多个，在创建时可以指定其最大能使用的内存大小，并且可读写。

我们知道，当 Linux 运行于嵌入式设备上时，许多守护进程会在后台运行并生成许多日志消息。另外，内核日志记录机制，像 syslogd、dmesg 和 klogd，会在/var 和/tmp 目录下生成许多消息。由于这些进程产生了大量数据，而且只是为了记录系统当前的执行状态，在重新引导之后就丢弃了这些信息，所以如果将这些信息都保存在 FLASH 中，势必将极大地消耗 FLASH 的使用寿命，因而是不可取的。所以解决这个问题的比较好的方案是使用 RamFS。

RamFS 文件系统把所有的文件都放在 RAM 中，所以读/写操作发生在 RAM 中，可以用 RamFS 来存储一些临时性或经常要修改的数据，例如/tmp 和/var 目录，这样既避免了对 FLASH 存储器的读写损耗，也提高了数据读写速度。

RamFS 相对于传统的 Ramdisk 的不同之处主要在于：不能格式化，文件系统大小可随所含文件内容大小变化。RamFS 相对于传统的 Ramdisk 的优点包括以下两个方面。

- 动态文件系统大小。文件系统大小可以根据被复制、创建或删除的文件及目录的数量来缩放，使得能够以最理想的方式使用内存。
- 速度。因为 RamFS 驻留在 RAM，所以读和写几乎都是瞬时的。即使以交换的形式存储文件，I/O 操作的速度仍非常快。

同样，RamFS 在系统重新引导时会丢失所有数据。因此，需要长期保存的数据不能存储在 RamFS 上。

如果 Linux 内核已经支持了 RamFS，那么就可以随时使用 RamFS 了。创建一个目录，加载 RamFS 到该目录即可。

与 EXT2 和 JFFS2 等大多数其他文件系统都驻留在块设备之上不同，RamFS 直接位于 VFS 上。因而，挂装 RamFS 文件系统的命令略有不同，如下所示：

```
$mkdir /mnt/Ramfs
$mount -t ramfs none /mnt/Ramfs
```

注意　RamFS 没有对应的 dev 目录下的设备文件。

默认情况下，RamFS 被限制最多可使用内存大小的一半。可以通过 maxsize（以 KB 为单位）选项来改变，如：

```
$mount -t ramfs none /mnt/Ramfs -o maxsize=2000
```

这个命令创建了一个限定最大使用内存为 2M 的 Ramdisk。

在/etc/rc.d 文件中，常常能看到这样的内容：

```
# mount -t tmpfs tmpfs /var -o size=512k
# mkdir -p /var/tmp
# mkdir -p /var/log
# ln -s /var/tmp /tmp
```

这段命令将在/var 上创建 RamFS 并将 RmpFS 的最大大小限制为 512K。同时，tmp/和 log/目录成为 RamFS 的一部分以便在 RAM 中存储日志消息。可见 RamFS 还是相当实用的一种 Ramdisk。

如果想将 RamFS 的一个项添加到/etc/fstab，那么它可能看起来像这样：

```
tmpfs /var tmpfs size=32m 0 0
```

这将在/var 上挂装一个新的 RamFS 文件系统。

9.4　嵌入式文件系统的设计

适用于嵌入式系统的 Linux 文件系统设计涉及文件系统格式的选型及根文件系统内容的精简，本节首先给出文件系统选型的基本策略，然后综合了各种文件系统的优点后，给出了一种混合型的文件系统组合。

9.4.1　文件系统格式选择的基本策略

通常，当设计根文件系统时，可以按如下 3 点配置方案来解决文件系统的选择。

（1）把任何在运行时不需要进行更新的文件放在 CramFS 文件系统中。因为 CramFS 的压缩比高达 2:1，节约存储空间的效果是明显的。如果应用程序要求采用 XIP 方式运行，则可以选择采用 RomFS 文件系统。

（2）那些需要经常读/写的目录，例如/var、/tmp，应该放在 tmpfs 文件系统中，以减少对 FLASH 的擦写次数，延长 FLASH 的使用寿命。tmpfs 文件系统中的变化在下次启动后是不会保存的。

（3）对于那些需要进行读、写，并且在下次启动之后也能将更新信息保存的文件，则应该放入日志型文件系统里。如果采用的是 NOR 型闪存，则应选择 JFFS2 文件系统；如果是 NAND 闪存，则应选择 YAFFS 文件系统。

9.4.2　混合型文件系统格式设计方法

综合考虑存储空间和系统可用性因素，适用于嵌入式系统的文件系统格式各有千秋，因此可以在嵌入式系统中采用混杂模式的文件系统格式。由于 CramFS 是只读的，虽然其采取了 zlib 做压缩，但还是可以做到高效的随机读取。既然 CramFS 不会影响系统读取文件的速度，又是一个高度压缩的文件系统，因此，它是一个相当不错的选择。JFFS2 是日志型文件系统，采用了压缩存储方式，具有掉电保护功能，可擦写，是支持 NOR 型 FLASH 最出色的文件系统。NAND 型 FLASH 是更便宜的闪存设备，如果使用这种类型的 FLASH，JFFS 的表现就不如 YAFFS，因为 YAFFS 更适合大容量的 NAND 型 FLASH。因此，可以针对不同类型的 FLASH 混和使用 CramFS 和 JFFS2/YAFFS 文件系统，同时使用 Tmpfs 文件系统作为配合方案。这几类文件系统在系统中的关系如图 9-9 所示。

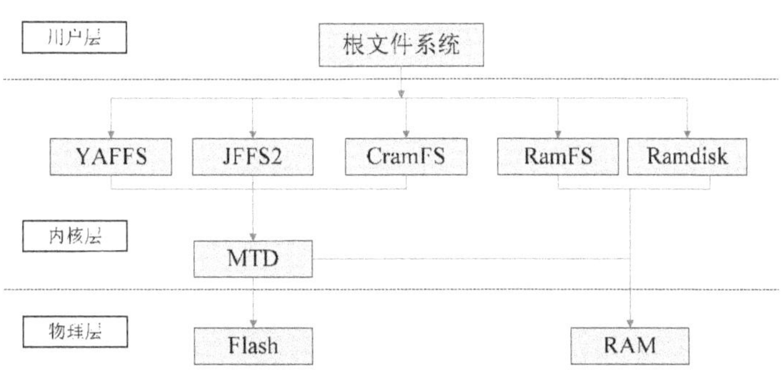

图 9-9　各种文件系统的关系

使用 CramFS 文件系统，可以获得更大的空间节省和更快的运行速度；同时由于嵌入式系统要求软件定制，可以把系统软件以及一些不希望被意外破坏的重要数据做成 CramFS 格式，这就提供了很好的误删除保护。

使用日志型文件系统，可以为系统提供读写空间，方便系统添加个人文件和数据，比如系统参数设置等。使用 CramFS 可以有效避免频繁的写操作对 FLASH 造成的损坏。

Tmpfs 文件系统用来存放经常需要读/写的文件，由于 Tmpfs 文件系统是建立在 RAM 中，所以可以延长 FLASH 的寿命。

对于一些高端的掌上设备来说，仅仅依靠 CramFS 与 JFFS2 的合用，往往并不能解决系统对存储空间的需求。综合成本的考虑，现行的解决办法通常是使用 NAND FLASH，目前在 NAND FLASH 运行最为稳定的是 YAFFS2 文件系统。

NAND FLASH 由于芯片工艺的原因，相对于 NOR FLASH 的最大优点是其单元存储密度更高，成本更低。这样，系统可以在不增加成本的情况下扩大存储容量。但是 NAND FLASH 是不支持 XIP 技术的，这就为需要从 ROM 启动的系统带来了问题。解决的办法是再添加一小块 NOR FLASH，用于存放系统启动代码。但有些处理器也支持从 NAND FLASH 启动，如 S3C2410 处理器。

另外，如果对存储空间的利用率要求较高，由于 CramFS 文件系统是不可写，同时在 FLASH 中建立的分区大小不可能刚好与 CramFS 镜像体积一样大，这必然会造成一部分存储空间的浪费。

解决这个问题的办法，可以使用 Linux 中的 Loopback 设备。Loopback 设备是 Linux 中的一种虚拟设备。它可以将某个文件当作一个块设备来使用，这样就可以在这个虚拟的块设备中应用其他的文件系统格式。由于用文件虚拟出来的块设备也是不可扩充的，因此可以把它做成 CramFS 格式的。

/usr 目录下面的内容在系统运行的时候，是不需要被改写的，因此可以将//usr 目录下面的内容做成 CramFS 文件系统格式的镜像。这样需要把日志型文件系统分区做成根文件系统，将 CramFS 镜像文件包含在日志镜像文件中，然后再烧写到 FLASH 中，在系统启动完成后再将 CramFS 镜像挂载成 Loopback 设备。CramFS 的压缩效率一般都能达到 50%，而我们的系统上绝大部分的内容是位于//usr 目录下面，这样一来可以大大缩小 FLASH 使用量，提高了存储空间的利用率。

9.5 小结

本章首先介绍了嵌入系统中两种主要的存储介质 NAND FLASH 和 NOR FLASH，对它们的特点和区别进行了阐述。然后介绍了常见的适用于嵌入式系统的 3 种文件系统：CramFS 文件系统、Ramdisk 文件系统和 TmpFS/RamFS 文件系统，分析了这些文件系统的基本结构和实现原理，介绍了各种文件系统及相应的映像文件的制作方法。最后针对文件系统的选择和设计提出了参考意见和方法。

9.6 习题

一、填空题

1. 与普通 PC 上的硬盘相比，嵌入式系统对 FLASH 的操作具有一些特殊性，不能对________进行擦除，最小的擦写单位是________。写操作只能对原地址内容是________的位置进行。如果该位置________，写操作无效。

2. NOR FLASH 特点是________，即可以使应用程序运行在 FLASH 上，而不必拷贝到 RAM 中。

3. NAND FLASH 特点是________、________、________、________，而在数码产品中广泛使用。

4. CramFS 是一个________文件系统，通常不支持________操作，并且文件的大小不超过________，支持________。

5. Ramdisk 是将一部分固定大小的________当作分区来使用。它并非一个实际的文件系统。RamFS / TmpFS 是一种基于内存的文件系统，工作于________，不能________，可以________，在创建时可以指定其最大能使用的内存大小，并且可读写。

二、实践题

1. 根据 9.1.5 小节介绍的 BusyBox 配置及编译步骤，读者自行从官网上下载最新的 BusyBox 版本，并配置及编译。

2. 使用 BusyBox 制作 CramFS 文件系统。

3. 描述创建 Ramdisk 及改变 Ramdisk 大小的方法。

第 10 章 内存和信号量

每个进程都在独立的内存空间中工作，所以不同的进程间不能直接访问，那进程间该如何访问呢？同一进程内的线程共享内存空间，很容易实现数据共享，但需要严格控制多线程对同一内存地址的访问，因此又需要采用某种方式来同步呢？

在 Linux 中有一些多任务通信和同步的方式，有的方式既能实现通信又能实现同步，有的方式不但进程能用线程也能用，因此本章将这些内容安排在一起，以对这些知识有个总的了解，这样就可以针对不同的应用环境选用合适的方法。这些方式主要有：消息队列、共享内存及信号量。消息队列和共享内存主要用于多任务间通信，信号量主要用于多任务间同步。

10.1 共享内存

采用共享内存通信的一个显而易见的好处是效率高，因为进程可以直接读写内存，而不需要任何数据的复制。实际上，进程之间在共享内存时，并不总是读写少量数据后就解除映射，有新的通信时，再重新建立共享内存区域。而是保持共享区域，直到通信完毕为止，这样，数据内容就一直保存在共享内存中，并没有写回文件。共享内存中的内容往往是在解除映射时才写回文件的。因此，采用共享内存的通信方式效率非常高。

10.1.1 共享内存的定义

所谓共享内存就是两个不同进程 A、B 访问同一块逻辑内存，通常安排为同一段物理内存。一般由进程 A 或 B 来创建/分配一个内存共享段，其大小和权限在其创建时设定。共享内存段一经创建，在权限允许的情况下，进程 B 即可获得共享内存段的访问，并将其映射到自己的数据空间中。由于共享内存没有提供同步的机制，这使得我们在使用共享内存进行进程间通信时，往往要借助其他的手段来进行进程间的同步工作。

10.1.2 涉及的系统调用

1. 系统调用 mmap()

mmap()系统调用使得进程之间通过映射同一个普通文件实现共享内存。函数的原型如下：

```
#include <sys/mman.h>
void* mmap ( void * addr , size_t len , int prot , int flags , int fd , off_t offset )
```

各个参数的说明如下。

- 参数 fd：为即将映射到进程空间的文件描述字，一般由 open()返回。fd 可以指定为-1，此时须指定 flags 参数中的 MAP_ANON，表明进行的是匿名映射（不涉及具体的文件名，避免了文件的创建及打开，很显然只能用于具有亲缘关系的进程间通信）。
- 参数 len：是映射到调用进程地址空间的字节数，它从被映射文件开头 offset 个字节开始算起。
- 参数 prot：指定共享内存的访问权限。可取如下几个值：PROT_READ（可读），PROT_WRITE（可写），PROT_EXEC（可执行），PROT_NONE（不可访问）。
- 参数 flags：由以下几个常值指定，分别为 MAP_SHARED、MAP_PRIVATE、MAP_FIXED。其中，MAP_SHARED、MAP_PRIVATE 必选其一，而 MAP_FIXED 则不推荐使用。
- 参数 offset：一般设为 0，表示从文件头开始映射。
- 参数 addr：指定文件应被映射到进程空间的起始地址，一般被指定一个空指针，此时选择起始地址的任务留给内核来完成。
- 函数的返回值为最后文件映射到进程空间的地址，进程可直接操作起始地址为该值的有效地址。

系统调用 mmap()用于共享内存时有下面两种常用的方式。

（1）使用普通文件提供的内存映射：适用于任何进程之间。此时，需要打开或创建一个文件，然后再调用 mmap()，这种方式有许多特点和要注意的地方，将在例程 10-1 中具体说明。

（2）使用特殊文件提供匿名内存映射：适用于具有亲缘关系的进程之间。由于父子进程特殊的亲缘关系，在父进程中先调用 mmap()，然后调用 fork()。那么在调用 fork()之后，子进程继承父进程匿名映射后的地址空间，同样也继承 mmap()返回的地址，这样，父子进程就可以通过映射区域进行通信了。注意，mmap()返回的地址，需要由父子进程共同维护。

对于任意的两个进程可以使用第一种方式，而对于具有亲缘关系的进程实现共享内存最好的方式应该是采用匿名内存映射的方式。此时，不必指定具体的文件，只要设置相应的标志即可，可参见例程 10-2。

2. 系统调用 munmap()

该调用在进程地址空间中解除一个映射关系，当映射关系解除后，对原来映射地址的访问将导致段错误发生。其函数原型为：

```
#include <sys/mman.h>
int munmap( void * addr, size_t len )
```

参数说明如下。

- 参数 addr：是调用 mmap()时返回的地址。
- 参数 len：是映射区的大小。

3. 系统调用 msync()

一般说来，进程在映射空间的对共享内容的改变并不直接写回到磁盘文件中，往往在调用 munmap()后才执行该操作。可以通过调用 msync()实现磁盘上文件内容与共享内存区的内容一致。其函数原型如下：

```
#include <sys/mman.h>
int msync ( void * addr , size_t len, int flags)
```

参数说明如下。

- 参数 addr：是调用 mmap()时返回的地址。
- 参数 len：是映射区的大小。

- 参数 flags：是写回的动作细节设置。

10.1.3 共享内存举例

例程 10-1 包含两个子程序：program_10_1r.c 及 program_10_1w.c。编译两个程序，可执行文件分别为 mmap_read 及 mmap_write。两个程序通过命令行参数指定同一个文件来实现共享内存方式的进程间通信。mmap_write 试图打开命令行参数指定的一个普通文件，把该文件映射到进程的地址空间，并对映射后的地址空间进行写操作。mmap_read 把命令行参数指定的文件映射到进程地址空间，然后对映射后的地址空间执行读操作。这样，两个进程通过命令行参数指定同一个文件来实现共享内存方式的进程间通信。读操作子程序源代码如下：

```
/*****************************************************************************/
/*文件：program_10_1w.c                                                    */
/*简介：mmap_write 共享内存，读操作子程序                                    */
/*****************************************************************************/
#include <sys/mman.h>
#include <sys/types.h>
#include <fcntl.h>
#include <unistd.h>
typedef struct{
    char name[4];
    int  age;
}people;

int main(int argc, char** argv)
{
    int fd,i;
    people *p_map;
    char name[4];
    if (argc != 2)
    {
       perror("usage: mmap_write <mmap file>");
       return 1;
    }

    fd=open(argv[1],O_CREAT|O_RDWR|O_TRUNC,00777);
    lseek(fd,sizeof(people)*5-1,SEEK_SET);
    write(fd,"",1);

    p_map = (people*) mmap( NULL,sizeof(people)*10,\
        PROT_READ|PROT_WRITE,MAP_SHARED,fd,0 );
    close( fd );
    name[0] = 'a';
    name[1] = '\0';
    for(i=0; i<10; i++)
    {
        name[0] ++;
        memcpy( ( *(p_map+i) ).name, &name,sizeof(name) );
        ( *(p_map+i) ).age = 20+i;
    }
    printf(" initialize over \n ");
    sleep(10);

    munmap( p_map, sizeof(people)*10 );
```

```
    printf( "umap ok \n" );
    return 0;
}
```

program_10_1c 首先定义了一个 people 数据结构（在这里采用数据结构的方式是因为，共享内存区的数据往往有固定格式，由通信的各个进程决定，采用结构的方式有普遍代表性）。mmap_write 首先打开或创建一个文件，并把文件的长度设置为 5 个 people 结构大小。然后从 mmap() 的返回地址开始，设置了 10 个 people 结构。然后，进程睡眠 10s，等待其他进程映射同一个文件，最后解除映射。写操作子程序源代码如下：

```
/******************************************************************************/
/*文件：program_10_1r.c                                                      */
/*简介：mmap_read 共享内存，写操作子程序                                       */
/******************************************************************************/
#include <sys/mman.h>
#include <sys/types.h>
#include <fcntl.h>
#include <unistd.h>
typedef struct{
    char name[4];
    int  age;
}people;

int main(int argc, char** argv)
{
    int fd,i;
    people *p_map;
    if (argc != 2){
       perror("usage: mmap_read <mmap file>");
       return 1;
       }
    fd=open( argv[1],O_CREAT|O_RDWR,00777 );
    p_map = (people*)mmap(NULL,sizeof(people)*10,\
        PROT_READ|PROT_WRITE,MAP_SHARED,fd,0);
    for(i = 0;i<10;i++)
    {
    printf( "name: %s age %d;\n",(*(p_map+i)).name, (*(p_map+i)).age );
    }
    munmap( p_map,sizeof(people)*10 );
    return 0;
}
```

mmap_read 只是简单地映射一个文件，并以 people 数据结构的格式从 mmap()返回的地址处读取 10 个 people 结构，并输出读取的值，然后解除映射。分别把两个程序编译成可执行文件 mmap_read 和 mmap_write 后，在一个终端上先运行：

```
$./mmap_write /tmp/test_mmap
```

程序输出结果如下所示。

```
initialize over
umap ok
```

在出现 umap ok 之前（10s 内），在另一个终端上运行：

```
mmap_read /tmp/test_mmap
```

将会产生如下输出。

```
name: b age 20;
```

```
name: c age 21;
name: d age 22;
name: e age 23;
name: f age 24;
name: g age 25;
name: h age 26;
name: i age 27;
name: j age 28;
name: k age 29;
```

文件一旦被映射后，调用 mmap()的进程对返回地址的访问其实是对某一内存区域的访问，暂时脱离了磁盘上文件的影响。所有对 mmap()返回地址空间的操作只在内存中才有意义，只有在调用了 munmap()后或者 msync()时，才把内存中的相应内容写回磁盘文件。

10.2 System V 共享内存

为了在多个进程间交换数据，内核专门留出了一块共享内存区域，所有需要访问该共享区域的进程都要把该共享区域映射到本进程的地址空间中。每个内存区域都有一个标示符（shmid），进程通过这个标示符访问内存区域。

10.2.1 System V 共享内存的定义

系统调用 mmap()通过映射一个普通文件实现共享内存。System V 则是通过映射特殊文件系统 shm 中的文件实现进程间的共享内存通信。也就是说，首先使用 shmget()获得或创建一个 IPC 共享内存区域，并返回相应的标识符。然后调用系统调用 shmat()完成将该共享内存区域映射到进程地址空间。由于在调用 shmget()时，已经创建了文件系统 shm 中的一个同名文件与共享内存区域相对应，因此，调用 shmat()的过程相当于映射文件系统 shm 中的同名文件过程，原理与 mmap()大同小异。

10.2.2 System V 涉及的系统调用

1. 系统调用 shmget()

该系统调用获得（或新建）一个共享内存区域，调用成功返回该区域的 ID，即 shmid，若出错则返回-1。函数原型为：

```
#include <sys/shm.h>
int shmget (key_t key, size-t size, int flag);
```

参数说明如下。

- 参数 key：为 IPC 结构的键值，通常取常量 IPC_PRIVATE。

> **提示** 共享内存、消息队列和信号量是由内核维护进程间通信方式，它们以 IPC 结构的形式存在于内核中，在内部以标示符加以应用，而在外部则通过键值引用。键的数据结构为 key_t 类型，由内核负责将它转换为标示符。命令 ipcs 可提供系统中所有的共享内存、消息队列和信号量的标示符和键。

- 参数 size：为该共享内存区域的长度。如果创建一个新的区域，必须指定其 size 参数。如果引用一个已有的区域，则 size 应该为 0。
- 参数 flag：为权限位，可用八进制数表示。

2. 系统调用 shmat()

该系统调用将 shmget()返回的区域映射到进程的内存空间中。其函数原型如下：

```
#include <sys/shm.h>
void *shmat (int shmid, const void *addr, int flag);
```

调用成功返回被映射的地址，失败则返回-1。参数说明如下。

- 参数 shmid：为通过 shmget()得到的内存区域的 ID。
- 参数 addr：表示将内存区域映射到调用进程的哪个地址上，有三种情况：①如果 addr 为 0，则由内核选择可用的内存地址，推荐采用这个参数；②如果 addr 非 0，且 flag 参数没有指定 SHM_RND，则映射到 addr 所指定的地址上；③如果 addr 非 0，且 flag 参数指定了 SHM_RND，则映射到 addr 所指定的地址上（该地址应为 2 的乘方，否则向下取最近的 1 个 2 的乘方的地址）。
- 参数 flag：为选项位，常用选项只有 SHM_RDONLY。指定该选项将以只读的方式映射该共享内存，否则以读写的方式映射。

3. 系统调用 shmdt()

该系统调用解除被共享内存区域与进程地址 addr 的映射关系。

```
#include <sys/shm.h>
int shmdt (void *addr);
```

调用成功返回 0，否则返回-1。参数 addr 为被映射的共享内存区域的地址。

10.2.3　System V 共享内存举例

本例将例程 10-1 改写为 System V 的共享内存方式，但将读写都放在了同一个程序中，源代码如下。

```
/*******************************************************************************/
/*文件：program_10_2.c                                                        */
/*简介：mmap_read 共享内存，写操作子程序                                        */
/*******************************************************************************/
#include <sys/ipc.h>
#include <sys/shm.h>
#include <sys/types.h>
#include <unistd.h>
typedef struct{
    char name[4];
    int age;
} people;
int main(int argc, char** argv)
{
    int shm_id,i;
    people *p_map;
    char name[4];
    shm_id=shmget(IPC_PRIVATE,2048,0600);
    if(shm_id<0)
    {
        perror("shmget error");
        return 1;
    }
   /*写操作*/
    p_map=(people*)shmat(shm_id,0,0);
   if (p_map<0)
   {
        perror("shmmat error");
```

```
        return 1;
    }
    name[0]='a';
    name[1]='\0';
    for(i = 0;i<10;i++)
    {
        name[0]++;
        memcpy((*(p_map+i)).name,&name,sizeof(name));
        (*(p_map+i)).age=20+i;
    }
    if(shmdt(p_map)<0)
        perror(" detach error ");
    /*读操作*/
    p_map = (people*)shmat(shm_id,NULL,0);
    for(i = 0;i<10;i++)
    {
    printf( "name:%s\n",(*(p_map+i)).name );
    printf( "age %d\n",(*(p_map+i)).age );
    }
    if(shmdt(p_map)<0)
        perror(" detach error ");

    return 0;
}
```

运行的结果与例程 10-1 一样，这里就不重复了。

10.3 消息队列

消息队列就是一个消息的链表。可以把消息看作一个记录，具有特定的格式以及特定的优先级。对消息队列有写权限的进程可以向其中按照一定的规则添加新消息，对消息队列有读权限的进程则可以从消息队列中读走消息。

10.3.1 消息队列的定义

消息队列简称为队列，其标示符为队列 ID。可以通过命令 ipcs–q 查看当前系统的消息队列。消息队列的实现包括创建或打开消息队列、添加消息、读取消息和控制消息队列这四种操作。其中创建或打开消息队列使用的函数是 msgget()，这里创建的消息队列的数量会收到系统消息队列数量的限制；添加消息使用的函数是 msgsnd()函数，它把消息添加到已打开的消息队列末尾；读取消息使用的函数是 msgrcv()，它把消息从消息队列中取走。

10.3.2 消息队列涉及的系统调用

1. 系统调用 msgget()

该系统调用创建或打开一个消息队列。其函数原型如下：

```
#include <sys/types.h>
#include <sys/ipc.h>
#include <sys/msg.h>
int msgget(key_t key, int msgflg)
```

调用成功返回消息队列 ID，否则返回-1。参数说明如下所示。

- 参数 key：是队列 ID，通常取 IPC_PRIVATE，意味着创建新的消息队列。
- 参数 msgflg：是一些标志位，可以为：IPC_CREAT、IPC_EXCL、IPC_NOWAIT 或三者的组合。

在以下两种情况下，该调用将创建一个新的消息队列：

- 如果没有消息队列与键值 key 相对应，并且 msgflg 中包含了 IPC_CREAT 标志位。
- key 参数为 IPC_PRIVATE。

2. 系统调用 msgsnd()

该系统调用向 msgid 代表的消息队列发送一个消息。其函数原型为：

```
#include <sys/types.h>
#include <sys/ipc.h>
#include <sys/msg.h>
int msgsnd(int msqid, struct msgbuf *msgp, int msgsz, int msgflg);
```

调用成功返回 0，否则返回-1。即将发送的消息存储在 msgp 指向的 msgbuf 结构中，消息的大小由 msgze 指定。msgbuf 结构为消息的基本结构，该结构如下所示。

```
struct msgbuf{
long mtype;
char mtext[1];
};
```

- mtype 成员代表消息类型，从消息队列中读取消息的一个重要依据就是消息的类型。
- mtext 是消息内容，当然长度不一定为 1。因此，对于发送消息来说，首先预置一个 msgbuf 缓冲区并写入消息类型和内容，调用相应的发送函数即可。对读取消息来说，首先分配这样一个 msgbuf 结构的缓冲区，然后把消息读入该缓冲区即可。

对发送消息来说，有意义的 msgflg 标志为 IPC_NOWAIT，指明在消息队列没有足够空间容纳要发送的消息时，msgsnd()是否等待。造成 msgsnd()等待的条件有两种。

（1）当前消息的大小与当前消息队列中的字节数之和超过了消息队列的总容量。

（2）当前消息队列的消息数（单位：“个”）不小于消息队列的总容量（单位：“字节数”），此时，虽然消息队列中的消息数目很多，但基本上都只有一个字节。

msgsnd()解除阻塞的条件有三个。

（1）不满足上述两个条件，即消息队列中有容纳该消息的空间。

（2）msqid 代表的消息队列被删除。

（3）调用 msgsnd()的进程被信号中断。

3. 系统调用 msgrcv()

该系统调用从 ID 为 msgid 的消息队列中读取一个消息，并把消息存储在 msgp 指向的 msgbuf 结构中。

```
#include <sys/types.h>
#include <sys/ipc.h>
#include <sys/msg.h>
int msgrcv(int msqid, struct msgbuf *msgp, int msgsz, long msgtyp, int msgflg);
```

调用成功返回读出消息的实际字节数，否则返回-1。参数的说明如下所示。

- 参数 msqid：为消息队列 ID。
- 参数 msgp：为消息返回后的存储地址。
- 参数 msgsz：指定 msgbuf 的 mtext 成员的长度（即消息内容的长度）。
- 参数 msgtyp：为请求读取的消息类型。

- 参数 msgflg：为读消息标志。

其中，读消息标志 msgflg 可以为以下 3 个常值的组合。

（1）IPC_NOWAIT：如果没有满足条件的消息，调用立即返回，此时，errno=ENOMSG。

（2）IPC_EXCEPT：与 msgtyp>0 配合使用，返回队列中第一个类型不为 msgtyp 的消息。

（3）IPC_NOERROR：如果队列中满足条件的消息内容大于所请求的 msgsz 字节，则把该消息截断，截断部分将丢失。

msgrcv()解除阻塞的条件有如下 3 个。

（1）消息队列中有了满足条件的消息。

（2）msqid 代表的消息队列被删除。

（3）调用 msgrcv()的进程被信号中断。

4. 系统调用 msgctl()

该系统调用对由 msqid 标识的消息队列执行 cmd 操作。其函数原型如下：

```
#include <sys/types.h>
#include <sys/ipc.h>
#include <sys/msg.h>
int msgctl(int msqid, int cmd, struct msqid_ds *buf);
```

共有三种 cmd 操作：IPC_STAT、IPC_SET、IPC_RMID。

（1）IPC_STAT：该命令用来获取消息队列信息，返回的信息存储在 buf 指向的 msqid 结构中。

（2）IPC_SET：该命令用来设置消息队列的属性，要设置的属性存储在 buf 指向的 msqid 结构中；可设置属性包括：msg_perm.uid、msg_perm.gid、msg_perm.mode 以及 msg_qbytes，同时，也影响 msg_ctime 成员。

（3）IPC_RMID：删除 msqid 标识的消息队列。

调用成功返回 0，否则返回-1。

10.3.3 消息队列举例

这个例程分为两个部分：接收者和发送者。接收者获取一个消息队列，这个消息队列应该是由后面介绍的发送者程序所创建的，然后采取轮询的方式从队列中读取数据。源代码如下所示：

```
/*************************************************************************************/
/*文件：program_10_3r.c                                                  */
/*简介：消息队列例程，接收者子程序                                         */
/*************************************************************************************/
#include <stdlib.h>
#include <stdio.h>
#include <string.h>
#include <errno.h>
#include <unistd.h>
#include <sys/types.h>
#include <sys/ipc.h>
#include <sys/msg.h>
/*消息的结构*/
struct my_msg_st {
   long int my_msg_type;
   char some_text[BUFSIZ];
};

int main()
```

```
{
    int running = 1;
    int msgid;
    struct my_msg_st some_data;
    long int msg_to_receive = 0;
    /*获取消息队列*/
    msgid = msgget((key_t)1234, 0666 | IPC_CREAT);
    if (msgid == -1) {
        fprintf(stderr, "msgget failed with error: %d\n", errno);
        return 1;
    }
    /*从队列里检索消息，直到遇见"endr"消息为止。最后，删除消息队列*/
    while(running) {
        if (msgrcv(msgid, (void *)&some_data, BUFSIZ,
                msg_to_receive, 0) == -1) {
            fprintf(stderr, "msgrcv failed with error: %d\n", errno);
            return 1;
        }
        printf("You wrote: %s", some_data.some_text);
        if (strncmp(some_data.some_text, "end", 3) == 0) {
            running = 0;
        }
    }
    if (msgctl(msgid, IPC_RMID, 0) == -1) {
        fprintf(stderr, "msgctl(IPC_RMID) failed\n");
        return 1;
    }
    return 0;
}
```

rnsgget()获得消息队列的标识码，然后开始接收消息，直到接收到特殊的“end”消息。发送者程序与接收者很相似，但发送者程序需要创建一个消息队列。与其他通信方式不同的是，发送者程序把消息送入消息队列后就可以退出了，并不需要等待接收者程序的读操作。发送者程序源代码如下：

```
/*****************************************************************************/
/*文件：program_10_3s.c                                                      */
/*简介：消息队列例程，发送者子程序                                           */
/*****************************************************************************/
#include <stdlib.h>
#include <stdio.h>
#include <string.h>
#include <errno.h>
#include <unistd.h>
#include <sys/types.h>
#include <sys/ipc.h>
#include <sys/msg.h>
#define MAX_TEXT 512
struct my_msg_st {
    long int my_msg_type;
    char some_text[MAX_TEXT];
};

int main()
{
    int running = 1;
    struct my_msg_st some_data;
```

```
    int msgid;
    char buffer[BUFSIZ];
    msgid = msgget((key_t)1234, 0666 | IPC_CREAT);
    if (msgid == -1) {
        fprintf(stderr, "msgget failed with error: %d\n", errno);
        return 1;
    }
    while(running) {
        printf("Enter some text: ");
        fgets(buffer, BUFSIZ, stdin);
        some_data.my_msg_type = 1;
        strcpy(some_data.some_text, buffer);
        if (msgsnd(msgid, (void *)&some_data, MAX_TEXT, 0) == -1) {
            fprintf(stderr, "msgsnd failed\n");
            return 1;
        }
        if (strncmp(buffer, "end", 3) == 0) {
            running = 0;
        }
    }
    return 0;
}
```

发送者程序用 msgget()函数创建了一个消息队列，然后用 msgsnd()往队列里放上一些消息。将两个程序分别编译为 msg_read 和 msg_send，在执行这两个程序时，应先运行发送者程序 msg_send，下面是示例：

```
$./msg_send
Enter some text: hello
Enter some text: How do you do
Enter some text: end;
$./msg_read
You wrote: hello
You wrote: How do you do
You wrote: end
```

在两个不相关的进程之间传递数据有许多种办法，消息队列是其中比较简单同时也比较高效的一种。与命名管道相比，消息队列的优势在于它们既不依赖于发送进程，也不依赖于接收进程，它们自己是可以独立存在的，这就省掉了在打开和关闭命名管道时必不可少的同步与协调环节。

10.4　System V 信号量

System V 信号量常用于进程间的同步，且是内核持续的。而对于 POSIX 信号量，常用于线程同步。虽然两者非常相近，但它们使用的函数调用却各不相同，System V 信号量主要通过 3 个以“sem”开头的系统调用去对信号量集获取、操作和控制。3 个系统调用分别是 semget()、semop() 和 semctl()。

10.4.1　System V 信号量的定义

信号量与其他进程间通信方式不大相同，它主要提供对进程间共享资源访问控制机制。相当于内存中的标志，进程可以根据它判定是否能够访问某些共享资源，同时，进程也可以修改该标志。除了用于访问控制外，还可用于进程同步。信号量有以下两种类型。

（1）二值信号量：最简单的信号量形式，信号量的值只能取 0 或 1。

（2）计算信号量：信号量的值可以取任意非负值（当然受内核本身的约束）。

操作信号量的方法与消息队列类似，主要包括三种类型。

（1）打开或创建信号量。

（2）增加或减少信号量的值。

（3）获得或设置信号量属性。

信号量同步的原理实际上就是操作系统中所用到的 PV 原语。一次 P 操作使信号量 sem 减 1，而一次 V 操作使 sem 加 1。进程（或线程）根据信号量的值来判断是否对共享资源具有访问权限。当 sem 的值大于等于 0 时，该进程（或线程）具有公共资源的访问权限；相反，当 sem 的值小于 0 时，该进程（或线程）就将阻塞直到 sem 的值大于等于 0 为止。

10.4.2　System V 信号量涉及的系统调用

1. 系统调用 semget()

该系统调用返回与键值 key 相对应的信号量集描述字。其函数原型如下：

```
#include <sys/types.h>
#include <sys/ipc.h>
#include <sys/sem.h>
int semget(key_t key, int nsems, int semflg);
```

调用失败返回-1。参数的说明如下所示。

- 参数 key：是标识一个信号量集的表示符，用法与 msgget()中的 key 相同。
- 参数 nsems：指定打开或者新创建的信号量集中将包含信号量的数目。
- 参数 semflg：是一些标志位。如果 key 所代表的信号量已经存在，且 semget()指定了 IPC_CREAT|IPC_EXCL 标志，那么即使参数 nsems 与原来信号量的数目不等，返回的也是 EEXIST 错误；如果 semget()只指定了 IPC_CREAT 标志，那么参数 nsems 必须与原来的值一致。

2. 系统调用 semop()

该系统调用执行信号量集合上的操作数组，这是个原子操作。其函数原型如下：

```
#include <sys/types.h>
#include <sys/ipc.h>
#include <sys/sem.h>
int semop(int semid, struct sembuf *sops, unsigned nsops);
```

调用成功返回 0，否则返回-1。参数的说明如下所示。

- 参数 semid：是信号量集 ID。
- 参数 sops：指向数组的每一个 sembuf 结构都表示一个在特定信号量上的操作。
- 参数：nsops 为 sops 指向数组的大小。

sembuf 结构如下：

```
struct sembuf {
    unsigned short        sem_num;
    short                 sem_op;
    short                 sem_flg;
};
```

sem_num 对应信号集中的信号量，0 对应第一个信号量。sem_flg 可取 IPC_NOWAIT 以及 SEM_UNDO 两个标志。如果设置了 SEM_UNDO 标志，那么在进程结束时，相应的操作将被取消，这是比较重要的一个标志位。如果设置了该标志位，那么在进程没有释放共享资源就退出时，内核将代为释放。如果为一个信号量设置了该标志，内核都要分配一个 SEM_UNDO 结构来记录它，为的是确保以后资源能够安全释放。sem_op 的值大于 0，等于 0 以及小于 0 确定了对 sem_num 指定的信号量进行的三种操作。具体请参考相应的 man 手册。

3. 系统调用 semctl()

该系统调用实现对信号量的各种控制操作。其函数原型如下：

```
#include <sys/types.h>
#include <sys/ipc.h>
#include <sys/sem.h>
int semctl(int semid, int semnum, int cmd, union semun arg)
```

调用失败返回-1，成功时的返回值与 cmd 相关。参数的说明如下。

- 参数 semid：指定信号量集。
- 参数 cmd：指定具体的操作类型。
- 参数 semnum：指定对哪个信号量操作，只对几个特殊的 cmd 操作有意义。
- 参数 arg：用于设置或返回信号量信息。

semun 联合的结构定义为：

```
union semun {
   int                val;
   struct semid_ds    *buf;
   unsignaed short    *array;
}
```

该系统调用详细信息请参见其手册页，这里只给出参数 cmd 所能指定的操作。

- IPC_STAT：获取信号量信息，信息由 arg.buf 返回。
- IPC_SET：设置信号量信息，待设置信息保存在 arg.buf 中（在 man 手册中给出了可以设置哪些信息）。
- GETALL：返回所有信号量的值，结果保存在 arg.array 中，参数 sennum 被忽略。
- GETNCNT：返回等待 semnum 所代表信号量的值增加的进程数，相当于目前有多少进程在等待 semnum 代表的信号量所代表的共享资源。
- GETPID：返回最后一个对 semnum 所代表信号量执行 semop 操作的进程 ID；成功时返回值为 sempid。
- GETVAL：返回 semnum 所代表信号量的值；成功时返回值为 semval。
- GETZCNT：返回等待 semnum 所代表信号量的值变成 0 的进程数；成功时返回值为 Semzcnt。
- SETALL：通过 arg.array 更新所有信号量的值；同时，更新与本信号集相关的 semid_ds 结构的 sem_ctime 成员。
- SETVAL：设置 semnum 所代表信号量的值为 arg.val。

10.4.3 System V 信号量举例

在这个例程里，将用全功能程序设计接口为二进制信号量编写一个简单很多的 PV 操作接口。然后，通过这个比较简单的接口向读者展示信号量的工作情况。源代码为：

```
/*********************************************************************************/
/*文件：program_10_4.c                                                          */
```

```
/*简介：二进制信号量演示程序                                    */
/*************************************************************************/
#include <unistd.h>
#include <stdlib.h>
#include <stdio.h>
#include <sys/types.h>
#include <sys/ipc.h>
#include <sys/sem.h>

static int set_semvalue(void);
static void del_semvalue(void);
static int semaphore_p(void);
static int semaphore_v(void);
static int sem_id;

int main(int argc, char *argv[])
{
    int i;
    int pause_time;
    char op_char = 'O';
    srand((unsigned int)getpid());
    sem_id = semget((key_t)1234, 1, 0666 | IPC_CREAT);
    if (argc > 1) {
        if (!set_semvalue()) {
            fprintf(stderr, "Failed to initialize semaphore\n");
            return 1;
        }
        op_char = 'X';
        sleep(2);
    }
/* 这是一个总共进出关键代码 10 次的循环语句。在每次循环的开始都要先做一次
semaphore_p 调用，程序将从此开始进入关键代码 */
    for(i = 0; i < 10; i++) {
        if (!semaphore_p())
            return 1;
        printf("%c", op_char);
        fflush(stdout);
        pause_time = rand() % 3;
        sleep(pause_time);
        printf("%c", op_char);
        fflush(stdout);
/*经过一个随机等待时间之后，在进入下一次循环之前要先调用 semaphore_v 把信号量设置为可用状态。整个
循环语句执行完毕后，发出 del_semaphore 调用对代码进行清理*/
        if (!semaphore_v())
            return 1;
        pause_time = rand() % 2;
        sleep(pause_time);
    }
    printf("\n%d - finished\n", getpid());
    if (argc > 1) {
        sleep(10);
```

```
        del_semvalue();
    }
    return 0;
}
```

set_semvalue()函数通过一个带 SETVAL 命令的 semctl()调用初始化信号量。在使用信号量之前必须调用该函数。

```
static int set_semvalue(void)
{
    union semun sem_union;
    sem_union.val = 1;
    if (semctl(sem_id, 0, SETVAL, sem_union) == -1) return(0);
    return(1);
}
```

del_semvalue()函数通过调用一个带 IPC_RMID 命令的 semctl()系统调用来删除那个信号量的标识码。

```
static void del_semvalue(void)
{
    union semun sem_union;
    if (semctl(sem_id, 0, IPC_RMID, sem_union) == -1)
        fprintf(stderr, "Failed to delete semaphore\n");
}
```

semaphore()函数对信号量做"-1"操作（等待）。

```
static int semaphore_p(void)
{
    struct sembuf sem_b;
    sem_b.sem_num = 0;
    sem_b.sem_op = -1; /* P() */
    sem_b.sem_flg = SEM_UNDO;
    if (semop(sem_id, &sem_b, 1) == -1) {
        fprintf(stderr, "semaphore_p failed\n");
        return(0);
    }
    return(1);
}
```

semaphore_v()函数把 sembuf 结构中的 sem_op 部分设置为"1"，从而使信号量变得可用。

```
static int semaphore_v(void)
{
    struct sembuf sem_b;

    sem_b.sem_num = 0;
    sem_b.sem_op = 1; /* V() */
    sem_b.sem_flg = SEM_UNDO;
    if (semop(sem_id, &sem_b, 1) == -1) {
        fprintf(stderr, "semaphore_v failed\n");
        return(0);
    }
    return (1);
}
```

这个简单的程序只允许每个程序只有一个二进制信号量，如果需要用到更多的信号量，可以通过传递信号量变量的办法来扩展它。通过多次启动这个程序的办法来对它进行测试。第一次启动时要加上一个参数，表示应该由它来负责创建和删除信号量的工作，而后就不需要参数。将这个例程编译为 sem_test 可执行文件，下面是该程序的操作演示：

```
$./sem_test 1&
[1] 23097
$./sem_test
ooxxooxxooxxooxxooxxooooxxooxxooxxxxx
23097 -  finished
23102 -  finished
```

10.5　POSIX 信号量

POSIX 信号量来源于 POSIX 技术规范的实时扩展方案(POSIX Realtime Extension)，常用于线程，且是基于内存的，即信号量值是放在共享内存中的，它是由可能与文件系统中的路径名对应的名字来标识的。

10.5.1　POSIX 信号量的定义

POSIX 信号量是另一种信号量的实现。它的定义和功能与 System V 信号量基本一样，不同的是这组信号量函数的名字以“sem_”开头（注意多了一个下画线）。基本的系统调用有四个：sem_init()、sem_wait()、sem_post()和 sem_destory()。

10.5.2　POSIX 信号量涉及的系统调用

1. 系统调用 sem_init()

该系统调用的作用是对由 sem 指定的信号量进行初始化。其函数原型为：

```
#include <semaphore.h>
int sem_init (sem_t *sem, int pshared, unsined value);
```

若调用成功则返回 0，否则返回-1。参数说明如下所示。

- 参数 sem：指向一个用于同步的信号量结构，该结构通常为一个长整形的数。
- 参数 pshared：表示信号量的类型，由于目前 Linux 只支持进程内的信号量，该值只能取 0。
- 参数 value：表示信号量的初始化值。

2. 系统调用 sem_wait()

该函数阻塞当前线程直到信号量 sem 的值大于 0，也就是说，如果对一个值为 2 的信号量调用 sem_wait()线程将会继续执行，但信号量的值将减到 1。其函数原型为：

```
#include <semaphore.h>
int sem_wait (sem_t *sem);
```

如果对一个值为 0 的信号量调用 sem_wait()，这个函数就会等待直到有其他线程增加了这个值使它不再是 0 为止。如果有两个线程都在 sem_wait()中等待同一个信号量变成非 0 值，那么当它被第三个线程增加一个“1”时，等待线程中只有一个能够对信号量做减法并继续执行，另外一个还将处于等待状态。若调用成功则返回 0，否则返回-1。参数 sem 指向一个用于同步的信号量结构。

3. 系统调用 sem_post()

该函数用来增加信号量的值。其函数原型为：

```
#include <semaphore.h>
int sem_post(sem_t *sem);
```

当有线程阻塞在这个信号量上时，调用这个函数会使其中的一个线程不再阻塞。具体说来，sem_post()函数的作用是给信号量的值加一个“1”，它是一个原子操作，即同时对同一个信号量做加“1”操作的两个线程是不会冲突的，信号量的值会正确地加上一个“2”。若调用成功则返回 0，否则返回-1。参数 sem 指向一个用于同步的信号量结构。

4. 系统调用 sem_destory()函数

该函数用来释放信号量 sem。其函数原型为：

```
#include <semaphore.h>
int sem_destory (sem_t *sem);
```

若调用成功则返回 0，否则返回-1。参数 sem 指向一个用于同步的信号量结构。

10.5.3 POSIX 信号量举例

下面来看一个使用信号量的例子。在这个例子中，一共有 4 个线程，其中两个线程负责从文件读取数据到公共的缓冲区，另两个线程从缓冲区读取数据做不同的处理（加和乘运算）。

```
/****************************************************************************/
/*文件：program_10_5.c                                                      */
/*简介：信号量同步线程演示程序                                              */
/****************************************************************************/
#include <stdio.h>
#include <pthread.h>
#include <semaphore.h>
#define MAXSTACK 100
int stack[MAXSTACK][2];
int size=0;
sem_t sem;
/* 从文件 1.dat 读取数据，每读一次，信号量加 1*/
void ReadData1(void){
    FILE *fp=fopen("1.dat","r");
    while(!feof(fp)){
        fscanf(fp,"%d %d",&stack[size][0],&stack[size][1]);
        sem_post(&sem);
        ++size;
        }
    fclose(fp);
}
```

ReadData2()函数从文件 2.dat 读取数据。

```
void ReadData2(void){
    FILE *fp=fopen("2.dat","r");
    while(!feof(fp)){
        fscanf(fp,"%d %d",&stack[size][0],&stack[size][1]);
        sem_post(&sem);
        ++size;
    }
    fclose(fp);
}
```

阻塞等待缓冲区有数据，读取数据后，释放空间，然后继续等待。

```
void HandleData1(void){
```

```
    while(1){
        sem_wait(&sem);
        printf("Plus:%d+%d=%d\n",stack[size][0],stack[size][1],
        stack[size][0]+stack[size][1]);
        --size;
    }
}
void HandleData2(void){
    while(1){
        sem_wait(&sem);
        printf("Multiply:%d*%d=%d\n",stack[size][0],stack[size][1],
        stack[size][0]*stack[size][1]);
        --size;
    }
}
int main(void){
    pthread_t t1,t2,t3,t4;
    sem_init(&sem,0,0);
    pthread_create(&t1,NULL,(void *)HandleData1,NULL);
    pthread_create(&t2,NULL,(void *)HandleData2,NULL);
    pthread_create(&t3,NULL,(void *)ReadData1,NULL);
    pthread_create(&t4,NULL,(void *)ReadData2,NULL);
    /* 防止程序过早退出，让它在此无限期等待*/
    pthread_join(t1,NULL);
    return 0;
}
```

事先编辑好数据文件 1.dat 和 2.dat，假设它们的内容分别为 1 2 3 4 5 6 7 8 9 10 和-1 -2 -3 -4 -5 -6 -7 -8 -9 -10，运行这个程序，得到如下的结果：

```
Plus:1+2=3
Plus:0+0=0
Plus:0+0=0
Plus:-9+-10=-19
Plus:-7+-8=-15
Plus:-5+-6=-11
Plus:-3+-4=-7
Plus:3+4=7
Multiply:0*0=0
Plus:7+8=15
Multiply:9*10=90
```

从中可以看出各个线程间的竞争关系。而数值并未按原先的顺序显示出来，则是由于共享变量 size 的值被各个线程任意修改的缘故。

10.6　小结

本章介绍了在嵌入式 Linux 下进行多任务处理时，任务间通信和同步的方法。主要介绍了共享内存［mmap()方式和 semget()方式］、消息队列数据通信方式，以及信号量（SystemV 方式和 POSIX 方式）同步方式。这些内容都是编制多任务处理程序时所必备的，而且不同的方式有它不同的特点和适用的场合，因此在实际应用中应该在对任务有充分理解和测试后进行优化选择。

10.7 习题

一、填空题

1. 所谓共享内存就是两个不同进程访问同一块________，通常安排为同一段________。一般由进程来创建/分配一个内存共享段，其大小和权限在其创建时设定。其所用到的系统调用有________、________、________。

2. 系统调用 mmap()通过映射一个普通文件实现共享内存。System V 则是通过映射特殊文件系统________中的文件实现进程间的共享内存通信。其所用到的系统调用有________、________、________。

3. 消息队列简称为队列，其标示符为队列 ID。可以通过命令________查看当前系统的消息队列。消息队列就是一个消息的________。可以把消息看作一个记录，具有特定的格式以及特定的优先级。消息队列的实现包括________、________、________和________这四种操作。

4. 信号量与其他进程间通信方式不大相同，它主要提供对进程间________。相当于内存中的________，进程可以根据它判定是否能够访问某些共享资源。除了用于________外，还可用于________。

5. POSIX 信号量是另一种信号量的实现，其四个基本系统调用分别是________、________、________、________。

二、实践题

1. 根据 10.1.4 小节介绍的共享内存实例，读者可根据提供的源文件自行运行，并输出结果。

2. 根据 10.2.3 小节介绍的 System V 共享内存实例，读者可根据提供的源文件自行运行，并输出结果。

第 3 篇　嵌入式设备驱动与移植

第 11 章 设备驱动开发基础

Linux 内核源码有一半是由驱动组成，驱动在 Linux 中扮演重要角色，而在开发自己的系统时，有时会发现无法在现有代码中找到支持特定的硬件的驱动，这时就需要读者自己动手，才能“丰衣足食”了。本章的目的正是帮助读者具备这种本领。

11.1 Linux 设备管理和驱动概述

Linux 的设备管理的主要任务是控制设备完成输入/输出操作，所以又称输入/输出（I/O）子系统。它的任务是把各种设备硬件的复杂物理特性的细节屏蔽起来，提供一个对各种不同设备使用统一方式进行操作的接口。Linux 把设备当作是特殊的文件，系统通过处理文件的接口——虚拟文件系统 VFS 来管理和控制各种设备。

11.1.1 Linux 设备的分类

Linux 设备被分为三类：字符设备、块设备和网络设备。

（1）字符设备是以字符为单位输入/输出数据的设备，一般不需要使用缓冲区而直接对它进行读写。如打印机，显示终端。

（2）块设备是以一定大小的数据块为单位输入/输出数据的，一般要使用缓冲区在设备与内存之间传送数据。如磁盘、光盘等。

（3）网络设备是通过通信网络传输数据的设备，一般指与通信网络连接的网络适配器（网卡）等，如以太网卡、Linux 使用套接口（socket）以文件 I/O 方式提供了对网络数据的访问。

11.1.2 设备驱动程序的作用

系统对设备的控制和操作是由设备驱动程序完成的，设备驱动程序为应用程序屏蔽了硬件的细节，这样在应用程序看来，硬件设备只是一个设备文件，应用程序可以像操作普通文件一样对硬件设备进行操作。

设备驱动程序是由设备服务子程序和中断处理程序组成。设备服务子程序包括了对设备进行各种操作的代码，中断处理子程序处理设备中断。设备驱动程序的主要功能如下。

- 对设备进行初始化。
- 启动或停止设备的运行。
- 把设备上的数据传送到内存。
- 把数据从内存传送到设备。
- 检测设备状态。

其具有以下特点。

- 驱动程序是与设备相关的。
- 驱动程序的代码由内核统一管理。
- 驱动程序在具有特权级的内核态下运行。
- 设备驱动程序是输入输出子系统的一部分。
- 驱动程序是为某个进程服务的，其执行过程仍处在进程运行的过程中，即处于进程上下文中。
- 若驱动程序需要等待设备的某种状态，它将阻塞当前进程，把进程加入该种设备的等待队列中。

11.1.3 访问设备的实现

访问设备包括以下两个步骤。

（1）识别设备：对设备的识别使用设备类型、主设备号、次设备号。其中设备类型指的是字符设备还是块设备。按照设备使用的驱动程序不同而赋予设备不同的主设备号。主设备号是与驱动程序一一对应的，同时还使用次设备号来区分一种设备中的各个具体设备。次设备号用来区分使用同一个驱动程序的个体设备。

（2）对相应设备文件进行操作：设备文件一般置于/dev 目录下，如/dev/hda2、/dev/lp0 等。Linux 使用虚拟文件系统 VFS 作为统一的操作接口来处理文件和设备。与普通的目录和文件一样，每个设备也使用一个 VFSinode 来描述，其中包含着该种设备的主、次设备号。

11.1.4 Linux 设备控制方式

Linux 的 I/O 控制方式有三种：查询等待方式、中断方式和 DMA（直接内存存取）方式。

1. 查询等待方式

查询等待方式又称轮询方式（polling mode）。对于不支持中断方式的机器只能采用这种方式来控制 I/O 过程，所以 Linux 中也配备了查询等待方式。例如，并行接口的驱动程序中默认的控制方式就是查询等待方式。如下例中的函数 lp_char_polled()就是以查询等待方式向与并口连接的设备输出一个字符。

```
static inline int lp_char_polled(char lpchar, int minor)
{
    int status, wait = 0;
    unsigned long count  = 0;
    struct lp_stats *stats;

    do {                        /* 查询等待循环 */
        status = LP_S(minor);
        count ++;
        if(need_resched)
            schedule();
    } while(!LP_READY(minor,status) && count < LP_CHAR(minor));
```

```
    if (count == LP_CHAR(minor)) { /* 超时退出 */
        return 0;
    }
    outb_p(lpchar, LP_B(minor)); /* 向设备输出字符 */
```

2. 中断方式

在硬件支持中断的情况下，驱动程序可以使用中断方式控制 I/O 过程。对 I/O 过程控制使用的中断是硬件中断，当某个设备需要服务时就向 CPU 发出一个中断脉冲信号，CPU 接收到信号后根据中断请求号 IRQ 启动中断服务例程。在中断方式中，Linux 设备管理的一个重要任务就是在 CPU 接收到中断请求后，能够执行该设备驱动程序的中断服务例程。为此，Linux 设置了名字为 irq_action 的中断例程描述符表：

```
static struct irqaction *irq_action[NR_IRQS+1];
```

其中 NR_IRQS 表示中断源的数目。irq_action［ ］是一个指向 irqaction 结构的指针数组，它指向的 irqaction 结构是各个设备中断服务例程的描述符。

在驱动程序初始化时，调用函数 request_irq()建立该驱动程序的 irqaction 结构体，并把它登记到 irq_action[]数组中。irqaction 结构体定义如下：

```
struct irqaction {
    void (*handler)(int, void *, struct pt_regs *);  /* 指向中断服务例程 */
    unsigned long flags;                              /* 中断标志 */
    unsigned long mask;                               /* 中断掩码 */
    void *dev_id; /*
    struct irqaction *next;                           /* 指向下一个描述符 */
};
```

request_irq()函数的原型如下：

```
int request_irq(unsigned int irq,
                void (*handler)(int, void *, struct pt_regs *),
                unsigned long irqflags,
                const char * devname,
                void *dev_id);
```

其中参数 irq 是设备中断请求号，在向 irq_action[]数组登记时，它作为数组的下标。把中断号为 irq 的 irqaction 结构体的首地址写入 irq_action[irq]。这样就把设备的中断请求号与该设备的服务例程联系在一起了。当 CPU 接收到中断请求后，根据中断号就可以通过 irq_action[]找到该设备的中断服务例程。

3. DMA 方式

DMA 是一种无需 CPU 的参与，让外设与系统 RAM 之间进行双向数据传输的硬件机制。使用 DMA 可以使系统 CPU 从实际的 I/O 数据传输过程中摆脱出来，从而大大提高系统的吞吐率。由于 DMA 是一种硬件机制，因此它通常与硬件体系结构相关，尤其依赖于外设的总线技术。

DMA 由 DMA 控制器（DMA Controller，简称 DMAC）来完成整个数据传输过程。在此期间，CPU 可以并发地执行其他任务，当 DMA 结束后，DMAC 通过中断通知 CPU 数据传输已经结束，然后由 CPU 执行相应的 ISR 进行后处理。

11.2　Linux 设备驱动开发流程

Linux 设备驱动的开发遵循特定流程，本节介绍的驱动开发流程并不针对于某一个具体的硬件，而是通用的驱动开发过程和规则，是理解和开发具体硬件驱动的基础。下面分节详细讲解。

11.2.1 构造和运行模块

下面的代码是一个完整的最简化的“hello world”模块。

```
/*********************************************************************************/
/*文件：hello.c                                                                   */
/*简介：HelloWorld                                                                */
/*********************************************************************************/
#include <linux/init.h>
#include <linux/module.h>
MODULE_LICENSE("Dual BSD/GPL");

static int hello_init(void)
{
      printk(KERN_ALERT "Hello, world\n");
      return 0;
}
static void hello_exit(void)
{

      printk(KERN_ALERT "Goodbye, cruel world\n");
}

module_init(hello_init);
module_exit(hello_exit);
```

这个模块定义了两个函数：一个在模块加载到内核时被调用（hello_init），一个在模块被去除时被调用（hello_exit）。module _init 和 module_exit 这几行使用了特别的内核宏来指出这两个函数的角色。另一个特别的宏（MODULE_LICENSE）是用来告知内核，该模块带有一个自由的许可证，没有这样的说明，在模块加载时内核会报错。

printk 函数在 Linux 内核中定义并且对模块可用，它与标准 C 库函数 printf 的行为相似。字串 KERN_ALERT 是消息的优先级。在此模块中指定了一个高优先级，因为使用默认优先级的消息可能不会直接显示，这依赖于运行的内核版本、klogd 守护进程的版本以及配置。为了编译模块文件，可以创建一个 Makefile 文件，对该例来说非常简单，只需一行即可，命令如下：

```
obj_m := hello.o
```

如果要把上述程序编译为一个运行时加载和删除的模块，则编译命令如下所示。

```
make -C~/kernel-2.6 M='pwd'modules
```

下列命令将可加载 hello 模块。

```
insmod  hello.ko
```

下列命令完成相反过程。

```
rmmod  hello
```

如果要将其直接编译入 Linux 内核，则需要将源代码文件复制入 Linux 内核源代码的相应路径里，并修改 Makefile。

理解内核模块需要读者先了解用户空间和内核空间的含义。一个模块在内核空间运行，而应用程序在用户空间运行。这个概念是操作系统理论的基础。操作系统的角色实际上是给程序提供一个统一的计算机硬件的访问接口。另外，操作系统必须负责程序的独立操作和保护对于非授权的资源存取，这一任务只有 CPU 能增强系统软件对应用程序的保护。每种现代处理器都能够加强这种行为，方法是 CPU 自己实现不同的操作形态（或者级别），这些级别有不同的角色，一些操作在低级别中不允许，程序代码只能通过有限的几个门从一种级别切换到另一个。Linux 系统设计成利用这种硬件特性，使用了两个这样的级别。所有当今的处理器至少有两个保护级别，并且某些处理器例如 x86 家族有更多级别。当几个级别存在时，使用最高和最低级别。在 Linux 下内核在最高级运行（也称之为超级模式），可执行所有操作，而应用程序在最低级运行（所谓的用户模式），这时处理器控制了对硬件的直接存取以及对内存的非法存取。

平常提到的运行模式为内核空间和用户空间，这些术语不仅说明两种模式具有不同优先级等级，而且还说明每个模式都有自己的内存映射，即自己的地址空间。

当一个应用程序发出一个系统调用或者被硬件中断挂起时，Linux 将从用户空间转换执行到内核空间。执行系统调用的内核代码在进程的上下文中工作，它代表调用进程执行操作并且可以存取该进程的地址空间。换句话说，处理中断的代码对进程来说是异步的，不和任何特别的进程有关。

模块的角色是扩展内核的功能，模块化的代码在内核空间运行。一个驱动经常完成之前提到的两种任务：模块中一些函数作为系统调用的一部分执行，另一些负责中断处理。

11.2.2 字符设备驱动编写

Linux 下的设备驱动程序被组织为一组完成不同任务的函数集合，通过这些函数使得 Linux 的设备操作犹如文件操作一般。在应用程序看来，硬件设备只是一个设备文件，应用程序可以像操作普通文件一样对硬件设备进行操作，如 open()、close()、read()、write()等。

下面假设一个非常简单的虚拟字符设备：这个设备中只有一个 4B 的全局变量 int chardev_var，而这个设备的名字叫做“chardev”。对“chardev”设备的读写等操作即是对其中全局变量 chardev_var 的操作。

驱动程序是内核的一部分，因此需要给其添加模块初始化函数，该函数用来完成对设备的初始化工作，并调用 register_chrdev()函数注册字符设备：

```
static int __init chardev_init(void)
{
 if(register_chrdev(MAJOR_NUM, "chardev", &chardev_fops))
 {
  /*…注册失败*/
 }
 else
 {
  /*…注册成功*/
 }
}
```

其中，register_chrdev 函数中的参数 MAJOR_NUM 为主设备号，“chardev”为设备名，chardev_fops 为包含基本函数入口点的结构体，类型为 file_operations。当 chardev 模块被加载时，chardev_init 首先被执行，它将调用内核函数 register_chrdev()，把驱动程序的基本入口点指针存放在内核的字符设备地址列表中，在用户进程对该设备执行系统调用时提供入口地址。与模块初始化函数对应的就是模块卸载函数，需要调用 register_chrdev()的“反函数”unregister_chrdev()：

```
static void __exit chardev_exit(void)
{
 if(unregister_chrdev(MAJOR_NUM, "chardev"))
```

```
  {
   /*…卸载失败*/
  }
  else
  {
   /*…卸载成功*/
  }
}
```

随着内核不断增加新的功能，file_operations 结构体已逐渐变得越来越大，但是大多数的驱动程序只是利用了其中的一部分。对于字符设备来说，要提供的主要入口函数如表 11-1 所示。

表 11-1 字符设备操作的入口函数

函数名称	说明
open()	对设备文件进行 open()系统调用时，将调用驱动程序的 open()函数
release()	最后一个打开设备的用户进程执行 close()系统调用时，内核将调用驱动程序的 release()函数
read()	当对设备文件进行 read()系统调用时，将调用驱动程序 read()函数
write()	当设备文件进行 write()系统调用时，将调用驱动程序的 write()函数
ioctl()	通过它向设备传递控制信息或从设备取得状态信息
llseek()	用来修改文件的当前读写位置，并将新位置作为（正的）返回值返回
poll()	用来查询设备是否可读或可写，或是否处于某种特殊状态

11.2.3 字符设备驱动示例

下面给出一个字符设备驱动实例，并介绍了访问这个设备的方法。完整的 chardev.c 文件源代码如下：

```
/*****************************************************************************/
/*文件：chardev.c                                                            */
/*简介：一个简单的字符设备驱动                                               */
/*****************************************************************************/
#include <linux/module.h>
#include <linux/init.h>
#include <linux/fs.h>
#include <asm/uaccess.h>
MODULE_LICENSE("GPL");

#define MAJOR_NUM 254 /*主设备号*/

static ssize_t chardev_read(struct file *, char *, size_t, loff_t*);
static ssize_t chardev_write(struct file *, const char *, size_t, loff_t*);

/*初始化字符设备驱动的 file_operations 结构体*/
struct file_operations chardev_fops =
{
 read: chardev_read, write: chardev_write,
};
static int chardev_var = 0; /*"chardev"设备的全局变量*/

static int __init chardev_init(void)
{
```

```
 int ret;

 /*注册设备驱动*/
 ret = register_chrdev(MAJOR_NUM, "chardev", &chardev_fops);
 if (ret)
 {
  printk("chardev register failure");
 }
 else
 {
  printk("chardev register success");
 }
 return ret;
}

static void __exit chardev_exit(void)
{
 int ret;

 /*注销设备驱动*/
 ret = unregister_chrdev(MAJOR_NUM, "chardev");
 if (ret)
 {
  printk("chardev unregister failure");
 }
 else
 {
  printk("chardev unregister success");
 }
}

static ssize_t chardev_read(struct file *filp, char *buf, size_t len, loff_t *off)
{
 /*将 chardev_var 从内核空间复制到用户空间*/
 if (copy_to_user(buf, &chardev_var, sizeof(int)))
 {
  return - EFAULT;
 }
 return sizeof(int);
}

static ssize_t chardev_write(struct file *filp, const char *buf, size_t len, loff_t *off)
{
 /*将用户空间的数据复制到内核空间的 chardev_var*/
 if (copy_from_user(&chardev_var, buf, sizeof(int)))
 {
  return - EFAULT;
 }
 return sizeof(int);
}

module_init(chardev_init);
module_exit(chardev_exit);
```

编译模块后，运行以下命令。

```
inmod chardev.ko
```

加载 chardev 模块，再运行以下命令。

```
cat /proc/devices
```

发现其中多出了“254 chardev”这一行，接着可以运行：

```
mknod /dev/chardev c 254 0
```

创建设备节点，这时用户进程可以通过/dev/chardev 这个路径访问到这个全局变量虚拟设备。下面再写一个用户态的程序 chardevtest.c 来验证。

```
/***************************************************************************/
/*文件：chardevtest.c                                                     */
/*简介：测试字符设备                                                      */
/***************************************************************************/
#include <sys/types.h>
#include <sys/stat.h>
#include <stdio.h>
#include <fcntl.h>
main()
{
 int fd, num;
 /*打开"/dev/chardev"*/
 fd = open("/dev/chardev", O_RDWR, S_IRUSR | S_IWUSR);
 if (fd != -1 )
 {
  /*初次读 chardev*/
  read(fd, &num, sizeof(int));
  printf("The chardev is %d\n", num);

  /*写 chardev*/
  printf("Please input the num written to chardev\n");
  scanf("%d", &num);
  write(fd, &num, sizeof(int));

  /*再次读 chardev*/
  read(fd, &num, sizeof(int));
  printf("The chardev is %d\n", num);

  /*关闭"/dev/chardev"*/
  close(fd);
 }
 else
 {
  printf("Device open failure\n");
 }
}
```

编译上述文件如下。

```
gcc -o chardevtest.o chardevtest.c
```

运行程序：

```
./chardevtest.o
```

可以发现"chardev"设备可以正确地读写。

11.2.4 并发控制

并发是驱动中最常见的一种现象，因此掌握并发也是编写驱动的一个最基础的知识点。在驱动程序中，当多个线程同时访问相同的资源时（驱动程序中的全局变量是一种典型的共享资源），可能会引发“竞态”，因此必须对共享资源进行并发控制。Linux 内核中解决并发控制的最常用方法是自旋锁与信号量（绝大多数时候作为互斥锁使用）。自旋锁与信号量在功能上具有相似性，但它们在本质和实现机理上完全不一样。

自旋锁不会引起调用者休眠，如果自旋锁已经被别的执行单元保持，调用者就一直循环查看是否该自旋锁的保持者已经释放了锁，“自旋”就是“在原地打转”。而信号量则引起调用者休眠，它把进程从运行队列上移出，除非获得锁。但是，无论是信号量还是自旋锁在任何时刻最多只能有一个保持者，即在任何时刻最多只能有一个执行单元获得锁，这就是它们的相似性。

与信号量及自旋锁相关的 API 函数如表 11-2 所示。

表 11-2　　字符设备操作的入口函数

功能	函数名称	说明
与信号量相关的 API	void sema_init (struct semaphore *sem, int val)	初始化信号量
	void init_MUTEX (structsemap hore *sem)	用于初始化一个互斥锁，即它把信号量 sem 的值设置为 1
	void init_MUTEX_LOCKED (struct semaphore *sem)	用于初始化一个互斥锁，但它把信号量 sem 的值设置为 0
	void down(struct semaphore * sem)	用于获得信号量 sem，它会导致休眠，因此不能在中断上下文使用
	int down_interruptible (struct semap hore * sem)	功能与 down 类似，不同之处为，down 不能被信号打断
	int down_trylock (struct semap hore * sem)	尝试获得信号量 sem，如果能够立刻获得，它就获得该信号量并返回 0，否则，返回非 0 值
	void up(struct semaphore * sem)	释放信号量 sem，唤醒等待者
与自旋锁相关的 API	spin_lock_init(lock)	初始化自旋锁
	spin_lock(lock)	获得自旋锁
	spin_trylock(lock)	尝试获得自旋锁 lock，如果能立即获得锁，则它获得锁并返回真，否则立即返回假
	spin_unlock(lock)	释放自旋锁

下面进入对并发控制的实战。首先，在 chardev 的驱动程序中，可以通过信号量来控制对 int chardev_var 的并发访问，源代码如下。

```
/**************************************************************************/
/*文件：chardev_sem.c                                                      */
/*简介：信号量使用                                                         */
/**************************************************************************/
#include <linux/module.h>
#include <linux/init.h>
#include <linux/fs.h>
#include <asm/uaccess.h>
#include <asm/semaphore.h>
MODULE_LICENSE("GPL");

#define MAJOR_NUM 254
```

```
static ssize_t chardev_read(struct file *, char *, size_t, loff_t*);
static ssize_t chardev_write(struct file *, const char *, size_t, loff_t*);
/*初始化字符设备驱动的 file_operations 结构体*/
struct file_operations chardev_fops =
{
 read: chardev_read,
 write: chardev_write,
};
static int chardev_var = 0;
static struct semaphore sem;

static int __init chardev_init(void)
{
 int ret;
 /*注册设备驱动*/
 ret = register_chrdev(MAJOR_NUM, "chardev", &chardev_fops);
 if (ret)
 {
  printk("chardev register failure");
 }
 else
 {
  printk("chardev register success");
  init_MUTEX(&sem);
 }
 return ret;
}

static void __exit chardev_exit(void)
{
 int ret;
 /*注销设备驱动*/
 ret = unregister_chrdev(MAJOR_NUM, "chardev");
 if (ret)
 {
  printk("chardev unregister failure");
 }
 else
 {
  printk("chardev unregister success");
 }
}

static ssize_t chardev_read(struct file *filp, char *buf, size_t len, loff_t *off)
{
 /*获得信号量*/
 if (down_interruptible(&sem))
 {
  return - ERESTARTSYS;
 }

 /*将 chardev_var 从内核空间复制到用户空间*/
 if (copy_to_user(buf, &chardev_var, sizeof(int)))
 {
```

```
    up(&sem);
    return - EFAULT;
   }

   /*释放信号量*/
   up(&sem);

   return sizeof(int);
  }

  ssize_t chardev_write(struct file *filp, const char *buf, size_t len, loff_t *off)
  {
   /*获得信号量*/
   if (down_interruptible(&sem))
   {
    return - ERESTARTSYS;
   }

   /*将用户空间的数据复制到内核空间的 chardev_var*/
   if (copy_from_user(&chardev_var, buf, sizeof(int)))
   {
    up(&sem);
    return - EFAULT;
   }

   /*释放信号量*/
   up(&sem);
   return sizeof(int);
  }

  module_init(chardev_init);
  module_exit(chardev_exit);
```

接下来，给 chardev 的驱动程序增加 open()和 release()函数，并在其中借助自旋锁来保护对全局变量 int chardev_count（记录打开设备的进程数）的访问来实现设备只能被一个进程打开（必须确保 chardev_count 最多只能为 1）。

```
/*****************************************************************************/
/*文件：chardev_spin_lock.c                                                 */
/*简介：自旋锁                                                              */
/*****************************************************************************/
#include <linux/module.h>
#include <linux/init.h>
#include <linux/fs.h>
#include <asm/uaccess.h>
#include <asm/semaphore.h>

MODULE_LICENSE("GPL");

#define MAJOR_NUM 254

static ssize_t chardev_read(struct file *, char *, size_t, loff_t*);
static ssize_t chardev_write(struct file *, const char *, size_t, loff_t*);
static int chardev_open(struct inode *inode, struct file *filp);
static int chardev_release(struct inode *inode, struct file *filp);
```

```
/*初始化字符设备驱动的 file_operations 结构体*/
struct file_operations chardev_fops =
{
 read: chardev_read,
 write: chardev_write,
 open: chardev_open,
  release:chardev_release,
};

static int chardev_var = 0;
static int chardev_count = 0;
static struct semaphore sem;
static spinlock_t spin = SPIN_LOCK_UNLOCKED;

static int __init chardev_init(void)
{
 int ret;
 /*注册设备驱动*/
 ret = register_chrdev(MAJOR_NUM, "chardev", &chardev_fops);
 if (ret)
 {
  printk("chardev register failure");
 }
 else
 {
  printk("chardev register success");
  init_MUTEX(&sem);
 }
 return ret;
}

static void __exit chardev_exit(void)
{
 int ret;
 /*注销设备驱动*/
 ret = unregister_chrdev(MAJOR_NUM, "chardev");
 if (ret)
 {
  printk("chardev unregister failure");
 }
 else
 {
  printk("chardev unregister success");
 }
}

static int chardev_open(struct inode *inode, struct file *filp)
{
 /*获得自旋锁*/
 spin_lock(&spin);

 /*临界资源访问*/
 if (chardev_count)
 {
  spin_unlock(&spin);
```

```
  return - EBUSY;
 }
 chardev_count++;

 /*释放自旋锁*/
 spin_unlock(&spin);
 return 0;
}

static int chardev_release(struct inode *inode, struct file *filp)
{
 chardev_count--;
 return 0;
}

static ssize_t chardev_read(struct file *filp, char *buf, size_t len, loff_t
*off)
{
 /*获得信号量*/
 if (down_interruptible(&sem))
 {
  return - ERESTARTSYS;
 }
 /*将 chardev_var 从内核空间复制到用户空间*/
 if (copy_to_user(buf, &chardev_var, sizeof(int)))
 {
 /*释放信号量*/
  up(&sem);
  return - EFAULT;
 }
 up(&sem);
 return sizeof(int);
}

static ssize_t chardev_write(struct file *filp, const char *buf, size_t len,
loff_t *off)
{
 /*获得信号量*/
 if (down_interruptible(&sem))
 {
  return - ERESTARTSYS;
 }
 /*将用户空间的数据复制到内核空间的 chardev_var*/
 if (copy_from_user(&chardev_var, buf, sizeof(int)))
 {
 /*释放信号量*/
  up(&sem);
  return - EFAULT;
 }
 up(&sem);
 return sizeof(int);
}

module_init(chardev_init);
```

```
module_exit(chardev_exit);
```

为了达到上述驱动程序的效果，启动了两个进程分别打开/dev/chardev。在两个终端中调用./chardevtest.o 测试程序，当一个进程打开/dev/chardev 后，另外一个进程将打开失败，输出“device open failure”。

11.2.5 阻塞与非阻塞

阻塞操作是指在执行设备操作时，若不能获得资源，则进程挂起直到满足可操作的条件再进行操作。非阻塞操作的进程在不能进行设备操作时并不挂起。被挂起的进程进入休眠状态后，被操作系统从调度器的运行队列移走，直到等待的条件被满足。

在 Linux 驱动程序中，可以使用等待队列（wait queue）来实现阻塞操作。wait queue 很早就作为一个基本的功能单位出现在 Linux 内核里，它以队列为基础数据结构，与进程调度机制紧密结合，能够用于实现核心的异步事件通知机制。等待队列可以用来同步对系统资源的访问，11.1 节中所讲述 Linux 信号量在内核中也是由等待队列来实现的。

下面重新定义设备“chardev”，使它可以被多个进程打开，但是每次只有当一个进程写入了一个数据之后，本进程或其他进程才可以读取该数据，否则一直阻塞。

```
/*****************************************************************************/
/*文件：chardev_block.c                                                      */
/*简介：阻塞                                                                 */
/*****************************************************************************/
#include <linux/module.h>
#include <linux/init.h>
#include <linux/fs.h>
#include <asm/uaccess.h>
#include <linux/wait.h>
#include <asm/semaphore.h>
MODULE_LICENSE("GPL");

#define MAJOR_NUM 254

static ssize_t chardev_read(struct file *, char *, size_t, loff_t*);
static ssize_t chardev_write(struct file *, const char *, size_t, loff_t*);

struct file_operations chardev_fops =
{
 read: chardev_read, write: chardev_write,
};

static int chardev_var = 0;
static struct semaphore sem;
static wait_queue_head_t outq;
static int flag = 0;

static int __init chardev_init(void)
{
 int ret;
 /*注册设备驱动*/
 ret = register_chrdev(MAJOR_NUM, "chardev", &chardev_fops);
 if (ret)
 {
```

```
 printk("chardev register failure");
 }
 else
 {
  printk("chardev register success");
  init_MUTEX(&sem);
  init_waitqueue_head(&outq);
 }
 return ret;
}

static void __exit chardev_exit(void)
{
 int ret;
 /*注销设备驱动*/
 ret = unregister_chrdev(MAJOR_NUM, "chardev");
 if (ret)
 {
  printk("chardev unregister failure");
 }
 else
 {
  printk("chardev unregister success");
 }
}

static ssize_t chardev_read(struct file *filp, char *buf, size_t len, loff_t *off)
{
 /*等待数据可获得*/
 if (wait_event_interruptible(outq, flag != 0))
 {
  return - ERESTARTSYS;
 }
 /*获得信号量*/
 if (down_interruptible(&sem))
 {
  return - ERESTARTSYS;
 }

 flag = 0;
 if (copy_to_user(buf, &chardev_var, sizeof(int)))
 {
 /*释放信号量*/
  up(&sem);
  return - EFAULT;
 }
 /*释放信号量*/
 up(&sem);
 return sizeof(int);
}

static ssize_t chardev_write(struct file *filp, const char *buf, size_t len,loff_t *off)
{
 /*获得信号量*/
```

```
 if (down_interruptible(&sem))
 {
  return - ERESTARTSYS;
 }
 if (copy_from_user(&chardev_var, buf, sizeof(int)))
 {
  up(&sem);
  return - EFAULT;
 }
 /*释放信号量*/
 up(&sem);
 flag = 1;
 /*通知数据可获得*/
 wake_up_interruptible(&outq);
 return sizeof(int);
}

module_init(chardev_init);
module_exit(chardev_exit);
```

编写两个用户态的程序来测试，第一个用于阻塞读/dev/chardev，另一个用于写/dev/chardev。只有当后一个对/dev/chardev 进行了输入之后，前者的 read 才能返回。

读的程序为：

```
/*****************************************************************************/
/*文件：chardevtest_read.c                                                  */
/*简介：字符设备的读取程序                                                  */
/*****************************************************************************/
#include <sys/types.h>
#include <sys/stat.h>
#include <stdio.h>
#include <fcntl.h>
main()
{
 int fd, num;
 /*打开文件*/
 fd = open("/dev/chardev", O_RDWR, S_IRUSR | S_IWUSR);
 if (fd != - 1)
 {
  while (1)
  {
   read(fd, &num, sizeof(int)); /*程序将阻塞在此语句，除非有针对 chardev 的输入*/
   printf("The chardev is %d\n", num);

   /*如果输入是 0，则退出*/
   if (num == 0)
   {
    close(fd);
    break;
   }
  }
 }
 else
 {
```

```
  printf("device open failure\n");
 }
}
```

写的程序为：

```
/****************************************************************************/
/*文件：chardevtest_write.c                                                */
/*简介：字符设备的写程序                                                   */
/****************************************************************************/
#include <sys/types.h>
#include <sys/stat.h>
#include <stdio.h>
#include <fcntl.h>
main()
{
 int fd, num;

 fd = open("/dev/chardev", O_RDWR, S_IRUSR | S_IWUSR);
 if (fd != - 1)
 {
  while (1)
  {
   printf("Please input the chardev:\n");
   scanf("%d", &num);
   write(fd, &num, sizeof(int));

   /*如果输入 0，退出*/
   if (num == 0)
   {
    close(fd);
    break;
   }
  }
 }
 else
 {
  printf("device open failure\n");
 }
}
```

打开两个终端，分别运行上述两个应用程序，发现当第二个终端中没有输入数据时，第一个终端没有输出（保持阻塞），而每当在第二个终端中给 chardev 输入一个值时，第一个终端就会输出这个值。

11.2.6　select 和 poll

select 和 poll 的本质一样，前者在 BSD UNIX 中引入，后者在 System V 中引入。poll 和 select 用于查询设备的状态，以便用户程序获知是否能对设备进行非阻塞的访问，它们都需要设备驱动程序中的 poll 函数支持。驱动程序中 poll 函数中最主要用到的一个 API 是 poll_wait，其原型如下：

```
void poll_wait(struct file *filp, wait_queue_heat_t *queue, poll_table * wait);
```

poll_wait 函数所做的工作是把当前进程添加到 wait 参数指定的等待列表（poll_table）中。下面给 chardev 的驱动添加一个 poll 函数：

```
static unsigned int chardev_poll(struct file *filp, poll_table *wait)
{
```

```
    unsigned int mask = 0;

    poll_wait(filp, &outq, wait);

    /*数据是否可获得 */
    if (flag != 0)
    {
     mask |= POLLIN | POLLRDNORM; /*标示数据可获得*/
    }
    return mask;
}
```

需要说明的是，poll_wait 函数并不阻塞，程序中 poll_wait(filp,&outq,wait)并不意味着一直等待 outq 信号量可获得，真正的阻塞动作是上层的 select/poll 函数中完成的。select/poll 会在一个循环中对每个需要监听的设备调用它们自己的 poll 支持函数以使得当前进程被加入各个设备的等待列表。如果当前没有任何被监听的设备就绪，则内核调度（调用 schedule）让出 CPU 进入阻塞状态，schedule 返回时将再次循环检测是否有操作可以进行，如此反复。否则，如果有任意一个设备就绪，select/poll 都立即返回。下面编写一个用户态应用程序来测试改写后的驱动。程序中要用到 BSD Unix 中引入的 select 函数，其原型为：

```
int select(int numfds, fd_set *readfds, fd_set *writefds, fd_set *exceptfds, struct timeval *timeout);
```

其中 readfds、writefds、exceptfds 分别指被 select()监视的读、写和异常处理的文件描述符集，numfds 的值是需要监视的最大文件描述符加 1。timeout 参数是一个指向 struct timeval 类型的指针，它可以使 select()在等待 timeout 时间后如果没有文件描述符准备好则返回。struct timeval 数据结构为：

```
struct timeval
{
  int tv_sec; /* seconds */
  int tv_usec; /* microseconds */
};
```

除此之外，我们还将使用下列 API。

- FD_ZERO(fd_set *set)：用来清除一个文件描述符集。
- FD_SET(int fd,fd_set *set)：将一个文件描述符加入文件描述符集中。
- FD_CLR(int fd,fd_set *set)：将一个文件描述符从文件描述符集中清除。
- FD_ISSET(int fd,fd_set *set)：判断文件描述符是否被置位。

下面的用户态测试程序等待/dev/chardev 可读，但是设置了 5s 的等待超时，如果超过 5s 仍然没有数据可读，则输出“No data within 5 seconds”。

```
/*****************************************************************************/
/*文件：chardevtest_select.c                                                 */
/*简介：字符设备的超时测试                                                   */
/*****************************************************************************/
#include <sys/types.h>
#include <sys/stat.h>
#include <stdio.h>
#include <fcntl.h>
#include <sys/time.h>
#include <sys/types.h>
#include <unistd.h>
```

```
main()
{
 int fd, num;
 fd_set rfds;
 struct timeval tv;

 fd = open("/dev/chardev", O_RDWR, S_IRUSR | S_IWUSR);
 if (fd != - 1)
 {
  while (1)
  {
   /*查看 chardev 是否有输入*/
   FD_ZERO(&rfds);
   FD_SET(fd, &rfds);
   /*设置超时时间为 5s*/
   tv.tv_sec = 5;
   tv.tv_usec = 0;
   select(fd + 1, &rfds, NULL, NULL, &tv);

   /*数据是否可获得*/
   if (FD_ISSET(fd, &rfds))
   {
    read(fd, &num, sizeof(int));
    printf("The chardev is %d\n", num);

    /*输入为 0, 退出*/
    if (num == 0)
    {
     close(fd);
     break;
    }
   }
   else
    printf("No data within 5 seconds.\n");
  }
 }
 else
 {
  printf("device open failure\n");
 }
}
```

打开两个终端分别运行程序：一个对 chardev 进行写，一个用上述程序对 chardev 进行读。当在写终端给 chardev 输入一个值后，读终端立即就能输出该值，当连续 5s 没有输入时，则"No data within 5 seconds"在读终端将被输出。

11.2.7　中断处理

与 Linux 设备驱动中中断处理相关的首先是申请与释放 IRQ 的 API：request_irq()和 free_irq()。request_irq()的原型如下所示。

```
int request_irq(unsigned int irq,void (*handler)(int irq, void *dev_id, struct pt_regs *regs),unsigned long irqflags,const char * devname,void *dev_id);
```

free_irq()的原型为：

```
void free_irq(unsigned int irq,void *dev_id);
```

另外一个重要概念是 Linux 中断分为两个半部：上半部（top half）和下半部（bottom half）。上半部的功能是“登记中断”，当一个中断发生时，它进行相应的硬件读写后就把中断例程的下半部挂到该设备的下半部执行队列中去。因此，上半部执行的速度就会很快，可以服务更多的中断请求。但是，仅有“登记中断”是远远不够的，因为中断的事件可能很复杂。因此，Linux 引入了一个下半部，来完成中断事件的绝大多数任务。下半部和上半部最大的不同是下半部是可中断的，而上半部是不可中断的，下半部几乎做了中断处理程序所有的事情，而且可以被新的中断打断！下半部则相对来说并不是非常紧急，通常还比较耗时，因此由系统自行安排运行时段，不在中断服务上下文中执行。Linux 实现下半部的机制主要有 tasklet 和工作队列。tasklet 基于 Linux softirq，其使用相当简单，只需要定义 tasklet 及其处理函数并将二者关联：

```
void my_tasklet_func(unsigned long);                    /*定义一个处理函数：*/
DECLARE_TASKLET(my_tasklet,my_tasklet_func,data);     /*定义一个tasklet结构my_tasklet，与my_tasklet_func(data)函数相关联 */
```

然后，在需要调度 tasklet 的时候引用一个简单的 API 就能使系统在适当的时候进行调度运行：

```
tasklet_schedule(&my_tasklet);
```

此外，Linux 还提供了一些其他的控制 tasklet 调度与运行的 API，如下所示。

```
/*与DECLARE_TASKLET类似，但等待tasklet被使能*/
DECLARE_TASKLET_DISABLED(name,function,data);
/*使能tasklet */
tasklet_enable(struct tasklet_struct *);
/*禁用tasklet */
tasklet_disble(struct tasklet_struct *);
/*类似DECLARE_TASKLET()*/
tasklet_init(struct tasklet_struct *,void (*func)(unsigned long),unsigned long);
/*清除指定tasklet的可调度位，即不允许调度该tasklet */
tasklet_kill(struct tasklet_struct *);
```

先来看一个 tasklet 的运行实例，该实例没有任何实际意义，仅仅为了演示。它的功能是：在 chardev 被写入一次后，就调度一个 tasklet，函数中输出“tasklet is executing”：

```
#include <linux/interrupt.h>
…
/*定义与绑定tasklet函数*/
void test_tasklet_action(unsigned long t);
DECLARE_TASKLET(test_tasklet, test_tasklet_action, 0);

void test_tasklet_action(unsigned long t)
{
 printk("tasklet is executing\n");
}

…

ssize_t chardev_write(struct file *filp, const char *buf, size_t len, loff_t *off)
{
 …
 if (copy_from_user(&chardev_var, buf, sizeof(int)))
```

```
{
 return - EFAULT;
}

/*调度 tasklet 执行*/
tasklet_schedule(&test_tasklet);
return sizeof(int);
}
```

11.2.8　内存与 I/O 操作

对于提供了 MMU（存储管理器，辅助操作系统进行内存管理，提供虚实地址转换等硬件支持）的处理器而言，Linux 提供了复杂的存储管理系统，使得进程所能访问的内存达到 4GB。这 4GB 内存空间被人为地分为两个部分：用户空间与内核空间。

kmalloc 和 get_free_page 申请的内存位于物理内存映射区域，而且在物理上也是连续的，它们与真实的物理地址只有一个固定的偏移，因此存在较简单的转换关系，virt_to_phys()可以实现内核虚拟地址转化为物理地址：

```
#define __pa(x) ((unsigned long)(x)-PAGE_OFFSET)
extern inline unsigned long virt_to_phys(volatile void * address)
{
 return __pa(address);
}
```

上面转换过程是将虚拟地址减去 3GB（PAGE_OFFSET=0XC000000）。与之对应的函数为 phys_to_virt()，将内核物理地址转化为虚拟地址：

```
#define __va(x) ((void *)((unsigned long)(x)+PAGE_OFFSET))
extern inline void * phys_to_virt(unsigned long address)
{
 return __va(address);
}
```

virt_to_phys()和 phys_to_virt()都定义在 include\asm-i386\io.h 中。而 vmalloc 申请的内存则位于 vmalloc_start～vmalloc_end 之间，与物理地址没有简单的转换关系，虽然在逻辑上它们也是连续的，但是在物理上它们不要求连续。

我们用下面的程序来演示 kmalloc、get_free_page 和 vmalloc 的区别：

```
/*****************************************************************************/
/*文件：chardev_malloc.c                                                      */
/*简介：内存分配                                                               */
/*****************************************************************************/
#include <linux/module.h>
#include <linux/slab.h>
#include <linux/vmalloc.h>
MODULE_LICENSE("GPL");
unsigned char *pagemem;
unsigned char *kmallocmem;
unsigned char *vmallocmem;

int __init mem_module_init(void)
{
 /*最好每次内存申请都检查申请是否成功*/
 /*下面这段仅仅作为演示的代码没有检查*/
```

```
 pagemem = (unsigned char*)get_free_page(0);
 printk("<1>pagemem addr=%x", pagemem);

 kmallocmem = (unsigned char*)kmalloc(100, 0);
 printk("<1>kmallocmem addr=%x", kmallocmem);

 vmallocmem = (unsigned char*)vmalloc(1000000);
 printk("<1>vmallocmem addr=%x", vmallocmem);

 return 0;
}

void __exit mem_module_exit(void)
{
 free_page(pagemem);
 kfree(kmallocmem);
 vfree(vmallocmem);
}

module_init(mem_module_init);
module_exit(mem_module_exit);
```

我们的系统上有 160MB 的内存空间，运行一次上述程序，发现 pagemem 的地址在 0xc7997000（约 3GB+121MB）、kmallocmem 地址在 0xc9bc1380（约 3GB+155MB）、vmallocmem 的地址在 0xcabeb000（约 3GB+171MB）处，符合前文所述的内存布局。前面讲到内存布局和内存分配，接下来，讨论 Linux 设备驱动究竟怎样访问外设的 I/O 端口（寄存器）。

几乎每一种外设都是通过读写设备上的寄存器来进行的，通常包括控制寄存器、状态寄存器和数据寄存器三大类，外设的寄存器通常被连续编址。根据 CPU 体系结构的不同，CPU 对 I/O 端口的编址方式有以下两种。

（1）I/O 映射方式（I/O-mapped）：典型地，如 x86 处理器为外设专门实现了一个单独的地址空间，称为“I/O 地址空间”或者“I/O 端口空间”，CPU 通过专门的 I/O 指令（如 x86 的 IN 和 OUT 指令）来访问这一空间中的地址单元。

（2）内存映射方式（Memory-mapped）：RISC 指令系统的 CPU（如 ARM、PowerPC 等）通常只实现一个物理地址空间，外设 I/O 端口成为内存的一部分。此时，CPU 可以像访问一个内存单元那样访问外设 I/O 端口，而不需要设立专门的外设 I/O 指令。

但是，这两者在硬件实现上的差异对于软件来说是完全透明的，驱动程序开发人员可以将内存映射方式的 I/O 端口和外设内存统一看作是“I/O 内存”资源。

一般来说，在系统运行时，外设的 I/O 内存资源的物理地址是已知的，由硬件的设计决定。但是 CPU 通常并没有为这些已知的外设 I/O 内存资源的物理地址预定义虚拟地址范围，驱动程序并不能直接通过物理地址访问 I/O 内存资源，而必须将它们映射到核心虚地址空间内（通过页表），然后才能根据映射所得到的核心虚地址范围，通过访内指令访问这些 I/O 内存资源。Linux 在 io.h 头文件中声明了函数 ioremap()，用来将 I/O 内存资源的物理地址映射到核心虚地址空间（3GB-4GB）中，原型如下：

```
void * ioremap(unsigned long phys_addr, unsigned long size, unsigned long flags);
```

iounmap()函数用于取消 ioremap()所做的映射，原型如下：

```
void iounmap(void * addr);
```

这两个函数都是实现在 mm/ioremap.c 文件中。

在将 I/O 内存资源的物理地址映射成核心虚地址后，理论上讲就可以像读写 RAM 那样直接读写 I/O 内存资源了。为了保证驱动程序的跨平台的可移植性，应该使用 Linux 中特定的函数来访问 I/O 内存资源，而不应该通过指向核心虚地址的指针来访问。如在 x86 平台上，读写 I/O 的函数如下所示：

```
#define readb(addr) (*(volatile unsigned char *) __io_virt(addr))
#define readw(addr) (*(volatile unsigned short *) __io_virt(addr))
#define readl(addr) (*(volatile unsigned int *) __io_virt(addr))
#define writeb(b,addr) (*(volatile unsigned char *) __io_virt(addr) = (b))
#define writew(b,addr) (*(volatile unsigned short *) __io_virt(addr) = (b))
#define writel(b,addr) (*(volatile unsigned int *) __io_virt(addr) = (b))
#define memset_io(a,b,c) memset(__io_virt(a),(b),(c))
#define memcpy_fromio(a,b,c) memcpy((a),__io_virt(b),(c))
#define memcpy_toio(a,b,c) memcpy(__io_virt(a),(b),(c))
```

在 Linux 中有替代 ioremap()的语句，I/O 操作的物理地址转换到虚拟地址的过程在大多数驱动中是不可或缺的。下面的程序在启动的时候保留一段内存，然后使用 ioremap()将它映射到内核虚拟空间，同时又用 remap_page_range 映射到用户虚拟空间，这样一来，内核和用户都能访问。如果通过内核虚拟地址将这段内存初始化为字符串“abcd”，那么在用户虚拟地址也能够读出来：

```
/*****************************************************************************/
/*文件: chardev_ioremap.c                                                  */
/*简介: ioremap 和 mmap 函数使用实例                                        */
/*****************************************************************************/
#include <linux/module.h>
#include <linux/kernel.h>
#include <linux/errno.h>
#include <linux/mm.h>
#include <linux/wrapper.h>      /* 实现 mem_map_(un)reserve */
#include <asm/io.h>             /* 实现 virt_to_phys */
#include <linux/slab.h>         /* 实现 kmalloc and kfree */

MODULE_PARM(mem_start, "i");
MODULE_PARM(mem_size, "i");

static int mem_start = 101, mem_size = 10;
static char *reserve_virt_addr;
static int major;

int mmapdrv_open(struct inode *inode, struct file *file);
int mmapdrv_release(struct inode *inode, struct file *file);
int mmapdrv_mmap(struct file *file, struct vm_area_struct *vma);

static struct file_operations mmapdrv_fops =
{/*操作函数集合*/
 owner: THIS_MODULE,
 mmap: mmapdrv_mmap,
 open: mmapdrv_open,
 release:mmapdrv_release,
};

int init_module(void)
{/*模块初始化函数*/
 if ((major = register_chrdev(0, "mmapdrv", &mmapdrv_fops)) < 0)
```

```
{/*注册字符设备*/
 printk("mmapdrv: unable to register character device\n");
 return ( - EIO);
}
printk("mmap device major = %d\n", major);

printk("high memory physical address 0x%ldM\n", virt_to_phys(high_memory) /
1024 / 1024);

/*映射内存*/
reserve_virt_addr = ioremap(mem_start *1024 * 1024, mem_size *1024 * 1024);
printk("reserve_virt_addr = 0x%lx\n", (unsigned long)reserve_virt_addr);
if (reserve_virt_addr)
{/*映射成功时初始化内存*/
 int i;
 for (i = 0; i < mem_size *1024 * 1024; i += 4)
 {
  reserve_virt_addr[i] = 'a';
  reserve_virt_addr[i + 1] = 'b';
  reserve_virt_addr[i + 2] = 'c';
  reserve_virt_addr[i + 3] = 'd';
 }
}
else
{
 unregister_chrdev(major, "mmapdrv");
 return - ENODEV;
}
return 0;
}

/* remove the module */
void cleanup_module(void)
{/*卸载模块函数*/
 if (reserve_virt_addr)
  iounmap(reserve_virt_addr);/*取消内存映射*/

 unregister_chrdev(major, "mmapdrv");
 return ;
}

int mmapdrv_open(struct inode *inode, struct file *file)
{
 MOD_INC_USE_COUNT;
 return (0);
}

int mmapdrv_release(struct inode *inode, struct file *file)
{
 MOD_DEC_USE_COUNT;
 return (0);
}

int mmapdrv_mmap(struct file *file, struct vm_area_struct *vma)
```

```
{/*内存映射到用户空间函数*/
 unsigned long offset = vma->vm_pgoff << PAGE_SHIFT; /*偏移量*/
 unsigned long size = vma->vm_end - vma->vm_start;        /*映射大小*/

 if (size > mem_size *1024 * 1024)
 {
  printk("size too big\n");
  return ( - ENXIO);
 }

 offset = offset + mem_start * 1024 * 1024;

 /*锁定该区域*/
 vma->vm_flags |= VM_LOCKED;
 if (remap_page_range(vma, vma->vm_start, offset, size, PAGE_SHARED))
 {
  printk("remap page range failed\n");
  return - ENXIO;
 }
 return (0);
}
```

使用 mmap()最典型的例子是显示卡的驱动，将显存空间直接从内核映射到用户空间将可提高显存的读写效率。

11.3 块设备驱动编写

块设备是与字符设备并列的概念，这两类设备在 Linux 中驱动的结构有较大差异，总体而言，块设备驱动比字符设备驱动要复杂得多，在 I/O 操作上表现出极大的不同，缓冲、I/O 调度、请求队列等都是与块设备驱动相关的概念。

11.3.1 块设备的 I/O 操作特点

字符设备与块设备 I/O 操作的不同如下。

- 块设备只能以块为单位接受输入和返回输出，而字符设备则以字节为单位。大多数设备是字符设备，因为它们不需要缓冲而且不以固定块大小进行操作。
- 块设备对于 I/O 请求有对应的缓冲区，因此它们可以选择以什么顺序进行响应，字符设备无须缓冲且被直接读写。对于存储设备而言调整读写的顺序作用巨大，因为读写连续的扇区比分离的扇区更快。
- 字符设备只能被顺序读写，而块设备可以随机访问。虽然块设备可随机访问，但是对于磁盘这类机械设备而言，顺序地组织块设备的访问可以提高性能。

11.3.2 block_device_operations 结构体

在块设备驱动中，有 1 个类似于字符设备驱动中 file_operations 结构体的 block_device_operations 结构体，它是对块设备操作的集合，定义代码如下。

```
struct block_device_operations
{
```

```
    int(*open)(struct inode *, struct file*);                          /*打开*/
    int(*release)(struct inode *, struct file*);                       /*释放*/
    int(*ioctl)(struct inode *, struct file *, unsigned, unsigned long);  /*ioctl*/
    long(*unlocked_ioctl)(struct file *, unsigned, unsigned long);
    long(*compat_ioctl)(struct file *, unsigned, unsigned long);
    int(*direct_access)(struct block_device *, sector_t, unsigned long*);
    int(*media_changed)(struct gendisk*);                              /*介质被改变? */
    int(*revalidate_disk)(struct gendisk*);                            /*使介质有效*/
    int(*getgeo)(struct block_device *, struct hd_geometry*);          /*填充驱动器信息*/
    struct module *owner;                                              /*模块拥有者*/
};
```

下面对其主要的成员函数进行分析。

- 打开和释放：包括 open 和 release 函数，与字符设备驱动类似，当设备被打开和关闭时将调用它们。
- IO 控制函数：即 ioctl()系统调用的实现，块设备包含大量的标准请求，这些标准请求由 Linux 块设备层处理，因此大部分块设备驱动的 ioctl()函数相当短。
- 介质改变函数：media_changed()被内核调用来检查驱动器中的介质是否已经改变，如果是则返回一个非 0 值，否则返回 0。这个函数仅适用于支持可移动介质的驱动器（非可移动设备的驱动不需要实现这个方法），通常需要在驱动中增加一个表示介质状态是否改变的标志变量。
- 使介质有效：revalidate_disk()函数被调用来响应一个介质改变，它给驱动一个机会来进行必要的工作以使新介质准备好。
- 获得驱动器信息：getgeo()函数根据驱动器的几何信息填充一个 hd_geometry 结构体，该结构体包含磁头、扇区、柱面等信息。
- 模块指针：owner 指向拥有这个结构体的模块的指针，它通常被初始化为 THIS_MODULE。

11.3.3 gendisk 结构体

在 Linux 内核中，使用 gendisk（通用磁盘）结构体来表示一个独立的磁盘设备（或分区），该结构体的定义代码如下。

```
struct gendisk
{
    int major;                                  /* 主设备号 */
    int first_minor;                            /*第 1 个次设备号*/
    int minors;                                 /* 最大的次设备数，如果不能分区，则为 1*/
    char disk_name[32];                         /* 设备名称 */
    struct hd_struct **part;                    /* 磁盘上的分区信息 */
    struct block_device_operations *fops;       /*块设备操作结构体*/
    struct request_queue *queue;                /*请求队列*/
    void *private_data;                         /*私有数据*/
    sector_t capacity;                          /*扇区数，512B 为 1 个扇区*/

    int flags;
    char devfs_name[64];
    int number;
    struct device *driverfs_dev;
    struct kobject kobj;
```

```
    struct timer_rand_state *random;
    int policy;

    atomic_t sync_io; /* RAID */
    unsigned long stamp;
    int in_flight;
    #ifdef CONFIG_SMP
    struct disk_stats *dkstats;
    #else
    struct disk_stats dkstats;
    #endif
};
```

major、first_minor 和 minors 共同表示了磁盘的主、次设备号，同一个磁盘的各个分区共享一个主设备号，而次设备号则不同。fops 为 block_device_operations，即前面描述的块设备操作集合。queue 是内核用来管理这个设备的 I/O 请求队列的指针。capacity 表明设备的容量，以 512B 为单位。private_data 可用于指向磁盘的任何私有数据，用法与字符设备驱动 file 结构体的 private_data 类似。Linux 内核提供了一组函数来操作 gendisk，如表 11-3 所示。

表 11-3　　操作 gendisk 的函数

操作	函数名称	说明
分配	struct gendisk *alloc_disk(int minors)	gendisk 结构体是一个动态分配的结构体，它需要特别的内核操作来初始化
增加	void add_disk(struct gendisk *gd)	gendisk 结构体被分配之后，系统还不能使用这个磁盘，需要调用函数来注册这个磁盘设备
释放	void del_gendisk(struct gendisk *gd)	当不再需要一个磁盘时，应当使用函数释放 gendisk
设置容量	void set_capacity(struct gendisk *disk, sector_t size)	不管物理设备的真实扇区大小是多少，内核与块设备驱动交互的扇区都以 512B 为单位。因此，set_capacity()函数也以 512B 为单位

11.3.4　request 结构体

request 结构体涉及内核能否高效处理 I/O 请求，必须对其每一个成员的含义和作用有充分的理解。

1．request 结构体的定义

在 Linux 块设备驱动中，使用 request 结构体来描述等待进行的 I/O 请求，该结构体的定义代码如下。

```
struct request
{
    struct list_head queuelist;              /*链表结构*/
    unsigned long flags;                     /* REQ_ */

    sector_t sector;                         /* 要传送的下一个扇区 */
    unsigned long nr_sectors;                /*要传送的扇区数目*/
    /*当前要传送的扇区数目*/
    unsigned int current_nr_sectors;

    sector_t hard_sector;                    /*要完成的下一个扇区*/
```

```
    unsigned long hard_nr_sectors;              /*要被完成的扇区数目*/
    /*当前要被完成的扇区数目*/
    unsigned int hard_cur_sectors;

    struct bio *bio;                            /*请求的 bio 结构体的链表*/
    struct bio *biotail;                        /*请求的 bio 结构体的链表尾*/

    void *elevator_private;

    unsigned short ioprio;

    int rq_status;
    struct gendisk *rq_disk;
    int errors;
    unsigned long start_time;

    /*请求在物理内存中占据的不连续段的数目，scatter/gather 列表的尺寸*/
    unsigned short nr_phys_segments;
    /*与 nr_phys_segments 相同，但考虑了系统 I/O MMU 的 remap */
    unsigned short nr_hw_segments;
    int tag;
    char *buffer;                               /*传送的缓冲，内核虚拟地址*/
    int ref_count;                              /* 引用计数 */
    ...
 };
```

2. 块请求队列

一个块请求队列是一个块 I/O 请求的队列，其定义代码如下。

```
struct request_queue
{
    ...
    /* 保护队列结构体的自旋锁 */
    spinlock_t __queue_lock;
    spinlock_t *queue_lock;

    /* 队列 kobject */
    struct kobject kobj;

    /* 队列设置 */
    unsigned long nr_requests;                  /* 最大请求数量 */
    unsigned int nr_congestion_on;
    unsigned int nr_congestion_off;
    unsigned int nr_batching;

    unsigned short max_sectors;                 /* 最大的扇区数 */
    unsigned short max_hw_sectors;
    unsigned short max_phys_segments;           /* 最大的段数 */
    unsigned short max_hw_segments;
    unsigned short hardsect_size;               /* 硬件扇区尺寸 */
    unsigned int max_segment_size;              /* 最大的段尺寸 */
```

```
    unsigned long seg_boundary_mask;         /* 段边界掩码 */
    unsigned int dma_alignment;              /* DMA 传送的内存对齐限制 */

    struct blk_queue_tag *queue_tags;

    atomic_t refcnt;                         /* 引用计数 */

    unsigned int in_flight;

    unsigned int sg_timeout;
    unsigned int sg_reserved_size;
    int node;

    struct list_head drain_list;

    struct request *flush_rq;
    unsigned char ordered;
};
```

请求队列跟踪等待的块 I/O 请求，它存储用于描述这个设备能够支持的请求的类型信息、它们的大小、多少不同的段可进入一个请求、硬件扇区大小和对齐要求等参数，其结果是：如果请求队列被配置正确时，它不会交给该设备一个不能处理的请求。

3. I/O 调度器

请求队列还实现一个插入接口，这个接口允许使用多个 I/O 调度器，I/O 调度器（也称电梯）的工作是以最优性能的方式向驱动提交 I/O 请求。大部分 I/O 调度器累积批量的 I/O 请求，并将它们排列为递增（或递减）的块索引顺序后提交给驱动。进行这些工作的原因在于：对于磁头而言，当给定顺序排列的请求时，可以使得磁盘顺序地从一头到另一头工作，非常像一个满载的电梯，在一个方向移动直到所有“请求”已被满足。

另外，I/O 调度器还负责合并邻近的请求，当一个新 I/O 请求被提交给调度器后，它会在队列里搜寻包含邻近扇区的请求。如果找到一个，并且结果的请求不是太大，调度器将会合并这两个请求。

对磁盘等块设备进行 I/O 操作顺序的调度类似于电梯的原理，先服务完上楼的乘客，再服务下楼的乘客效率会更高，而“上蹿下跳”，挨个响应用户的请求则会导致电梯无序地忙乱。

Linux 中四个 I/O 调度器，它们分别是 Noop I/O scheduler、Anticipatory I/O scheduler、Deadline I/O scheduler 与 CFQ I/O scheduler。

（1）Noop I/O scheduler：是一个简化的调度程序，它只做最基本的合并与排序。

（2）Anticipatory I/O scheduler：是当前内核中默认的 I/O 调度器，它拥有非常好的性能，在 2.5 中它就相当引人注意。在与 2.4 内核进行的对比测试中，在 2.4 中多项以分钟为单位完成的任务，它可以秒为单位来完成，正因为如此，它成为目前 2.6 中默认的 I/O 调度器。Anticipatory I/O scheduler 的缺点是比较庞大与复杂，在一些特殊的情况下，特别是在数据吞吐量非常大的数据库系统中它会变得比较缓慢。

（3）Deadline I/O scheduler：是针对 Anticipatory I/O scheduler 的缺点进行改善而来的，表现出的性能几乎与 Anticipatory I/O scheduler 一样好，但是比 Anticipatory 小巧。

（4）CFQ I/O scheduler：为系统内的所有任务分配相同的带宽，提供一个公平的工作环境，它比较适合桌面环境。事实上在测试中它也有不错的表现，mplayer、xmms 等多媒体播放器与它配合的相当好，回放平滑，几乎没有因访问磁盘而出现的跳帧现象。

内核 block 目录中的 noop-iosched.c、as-iosched.c、deadline-iosched.c 和 cfq-iosched.c 文件分别实现了上述调度算法。可以通过给 kernel 添加启动参数，选择使用的 IO 调度算法，如：

```
kernel elevator=deadline
```

11.3.5 request 操作函数

request 操作涉及一系列函数，如表 11-4 所示。

表 11-4 操作 request 的函数

操作	函数名称	说明
初始化	request_queue_t *blk_init_queue(request_fn_ proc *rfn, spinlock_t *lock)	初始化请求队列
清除	void blk_cleanup_queue(request_queue_t * q)	完成将请求队列返回给系统的任务
分配	request_queue_t *blk_alloc_queue(int gfp_mas k)	分配"请求队列"
提取	struct request *elv_next_request(request_queue_ t *queue)	用于返回下一个要处理的请求(由 I/O 调度器决定)，如果没有请求则返回 NULL
去除	void blkdev_dequeue_request(struct request *req)	函数从队列中去除一个请求

另外，块设备层还提供了一套函数，这些函数可被驱动用来控制一个请求队列的操作，主要包括以下 3 点。

（1）启停请求队列。

（2）参数设置。

（3）通告内核。

启停请求队列函数原型如下。

```
void blk_stop_queue(request_queue_t *queue);
void blk_start_queue(request_queue_t *queue);
```

如果块设备到达不能处理等候命令的状态，应调用 blk_stop_queue()来告知块设备层。之后，请求函数将不被调用，除非再次调用 blk_start_queue()将设备恢复到可处理请求的状态。参数设置函数用于设置描述块设备可处理的请求的参数。函数原型如下：

- void blk_queue_max_sectors(request_queue_t *queue, unsigned short max);
- void blk_queue_max_phys_segments(request_queue_t *queue, unsigned short max);
- void blk_queue_max_hw_segments(request_queue_t *queue, unsigned short max);
- void blk_queue_max_segment_size(request_queue_t *queue, unsigned int max);

blk_queue_max_sectors()描述任一请求可包含的最大扇区数，默认值为 255；blk_queue_max_phys_segments()和 blk_queue_max_hw_segments()都控制一个请求中可包含的最大物理段（系统内存中不相邻的区），blk_queue_max_hw_segments()考虑了系统 I/O 内存管理单元的重映射，这两个参数默认都是 128。blk_queue_max_segment_size 告知内核请求段的最大字节数，默认值为 65 536。

通告内核函数用于告知内核块设备执行 DMA 时可使用的最高物理地址 dma_addr，如果一个请求包含超出这个限制的内存引用，一个"反弹"缓冲区将被用来给这个操作。这种方式的代价昂贵，因此应尽量避免使用。原型如下：

```
void blk_queue_bounce_limit(request_queue_t *queue, u64 dma_addr);
```

可以给 dma_addr 参数提供任何可能的值或使用预先定义的宏，如 BLK_BOUNCE_HIGH（对高端内存页使用反弹缓冲区）、BLK_BOUNCE_ISA（驱动只可在 16MB 的 ISA 区执行 DMA）或者 BLK_BOUCE_ANY（驱动可在任何地址执行 DMA），默认值是 BLK_BOUNCE_HIGH。

```
blk_queue_segment_boundary(request_queue_t *queue, unsigned long mask);
```

如果正在编写驱动的设备无法处理跨越一个特殊大小内存边界的请求，应该使用这个函数来告知内核这个边界。例如，如果设备处理跨 4MB 边界的请求有困难，应该传递一个 0x3fffff 掩码。默认的掩码是 0xffffffff（对应 4GB 边界）。

下面函数用于告知内核块设备施加于 DMA 传送的内存对齐限制，所有请求都匹配这个对齐，默认的屏蔽是 0x1ff，它导致所有的请求被对齐到 512B 边界。

```
void blk_queue_dma_alignment(request_queue_t *queue, int mask);
```

下面函数用于告知内核块设备硬件扇区的大小，所有由内核产生的请求都是这个大小的倍数并且被正确对界。但是，内核块设备层和驱动之间的通信还是以 512B 扇区为单位进行。

```
void blk_queue_hardsect_size(request_queue_t *queue, unsigned short max);
```

11.3.6　bio 结构体

通常一个 bio 对应一个 I/O 请求，bio 结构体的定义代码如下。I/O 调度算法可将连续的 bio 合并成一个请求。所以，一个请求可以包含多个 bio。

```
struct bio
{
    sector_t bi_sector;                 /* 要传输的第一个扇区 */
    struct bio *bi_next;                /* 下一个 bio */
    struct block_device *bi_bdev;
    unsigned long bi_flags;             /* 状态，命令等 */
    unsigned long bi_rw;                /* 低位表示 READ/WRITE，高位表示优先级*/

    unsigned short bi_vcnt;             /* bio_vec 数量 */
    unsigned short bi_idx;              /* 当前 bvl_vec 索引 */

    /*不相邻的物理段的数目*/
    unsigned short bi_phys_segments;

    /*物理合并和 DMA remap 合并后不相邻的物理段的数目*/
    unsigned short bi_hw_segments;

    unsigned int bi_size;               /* 以字节为单位所需传输的数据大小 */

    /* 为了明了最大的 hw 尺寸，考虑这个 bio 中第一个和最后一个
     虚拟的可合并的段的尺寸 */
    unsigned int bi_hw_front_size;
    unsigned int bi_hw_back_size;

    unsigned int bi_max_vecs;           /* 能持有的最大 bvl_vecs 数 */

    struct bio_vec *bi_io_vec;          /* 实际的 vec 列表 */
```

```
    bio_end_io_t *bi_end_io;
    atomic_t bi_cnt;

    void *bi_private;

    bio_destructor_t *bi_destructor;      /* destructor */
};
```

下面就对其中的核心成员进行分析：

- bi_sector：表示这个 bio 要传送的第一个（512B）扇区。
- bi_size：指被传送的数据大小，以字节为单位，驱动中可以使用 bio_sectors(bio)宏获得以扇区为单位的大小。
- bi_flags：一组描述 bio 的标志，如果这是一个写请求，最低有效位被置位，可以使用 bio_data_dir(bio)宏来获得读写方向。
- bio_phys_segments，bio_hw_segments：分别表示包含在这个 bio 中要处理的不连续的物理内存段的数目，以及考虑 DMA 重映像后的不连续的内存段的数目。

bio 的核心是一个称为 bi_io_vec 的数组，它由 bio_vec 结构体组成，bio_vec 结构体的定义代码如下：

```
struct bio_vec
{
    struct page *bv_page;           /* 页指针 */
    unsigned int bv_len;            /* 传输的字节数 */
    unsigned int bv_offset;         /* 偏移位置 */
};
```

不应该直接访问 bio 的 bio_vec 成员，而应该使用 bio_for_each_segment()宏来进行这项工作，可以用该宏循环遍历整个 bio 中的每个段，其定义代码如下：

```
#define __bio_for_each_segment(bvl, bio, i, start_idx)                  \
        for (bvl = bio_iovec_idx((bio), (start_idx)), i = (start_idx);  \
             i < (bio)->bi_vcnt; \
             bvl++, i++)

 #define bio_for_each_segment(bvl, bio, i) \
          __bio_for_each_segment(bvl, bio, i, (bio)->bi_idx)
```

内核还提供了一组函数（宏）用于操作 bio，如表 11-5 所示。

表 11-5　　操作 bio 的函数

函数名称	说明
int bio_data_dir(struct bio *bio)	用于获得数据传输的方向是 READ 还是 WRITE
struct page *bio_page(struct bio *bio)	用于获得目前的页指针
int bio_offset(struct bio *bio)	返回操作对应的当前页内的偏移，通常块 I/O 操作本身就是页对齐的
int bio_cur_sectors(struct bio *bio)	返回当前 bio_vec 要传输的扇区数
char *bio_data(struct bio *bio)	返回数据缓冲区的内核虚拟地址

续表

函数名称	说明
char *bvec_kmap_irq(struct bio_vec *bvec, unsigned long *flags)	返回一个内核虚拟地址
void bvec_kunmap_irq(char *buffer, unsigned long *flags)	撤销 bvec_kmap_irq()创建的映射
char *bio_kmap_irq(struct bio *bio, unsigned long *flags)	返回给定的 bio 的当前 bio_vec 入口的映射
char *__bio_kmap_atomic(struct bio *bio, int i, enum km_type type)	返回给定 bio 的第 i 个缓冲区的虚拟地址
void __bio_kunmap_atomic(char *addr, enum km_type type)	返回由__bio_kmap_atomic()获得的内核虚拟地址

11.3.7 注册与注销

块设备驱动中的第一个工作通常是向内核注册，完成这个任务的函数是 register_blkdev()，其原型为：

```
int register_blkdev(unsigned int major, const char *name);
```

major 参数是块设备要使用的主设备号，name 为设备名，它会在/proc/devices 中被显示。如果 major 为 0，内核会自动分配一个新的主设备号，register_blkdev()函数的返回值就是这个主设备号。如果 register_blkdev()返回 1 个负值，表明发生了一个错误。与 register_blkdev()对应的注销函数是 unregister_blkdev()，其原型为：

```
int unregister_blkdev(unsigned int major, const char *name);
```

这里，传递给 register_blkdev()的参数必须与传递给 register_blkdev()的参数匹配，否则这个函数返回-EINVAL。如下是一个块设备驱动注册的模板代码：

```
xxx_major = register_blkdev(xxx_major, "xxx");
if (xxx_major <= 0) /*注册失败*/
{

  printk(KERN_WARNING "xxx: unable to get major number\n");
  return -EBUSY;
}
```

11.3.8 加载与卸载

在块设备驱动的模块加载函数中通常需要完成如下工作。

- 分配、初始化请求队列，绑定请求队列和请求函数。
- 分配、初始化 gendisk，给 gendisk 的 major、fops、queue 等成员赋值，最后添加 gendisk。
- 注册块设备驱动。

以下代码示意了使用 blk_alloc_queue()分配请求队列，并使用 blk_queue_make_request()绑定请求队列和制造请求函数的块设备驱动模块加载函数模板。

```
static int __init xxx_init(void)
{
  /*分配 gendisk*/
  xxx_disks = alloc_disk(1);
  if (!xxx_disks)
  {
```

```
    goto out;
  }

  /*块设备驱动注册*/
  if (register_blkdev(XXX_MAJOR, "xxx"))
  {
    err = - EIO;
    goto out;
  }

  /* “请求队列” 分配*/
  xxx_queue = blk_alloc_queue(GFP_KERNEL);
  if (!xxx_queue)
  {
    goto out_queue;
  }

  blk_queue_make_request(xxx_queue, &xxx_make_request);  /*绑定制造请求函数*/
  blk_queue_hardsect_size(xxx_queue, xxx_blocksize);     /*硬件扇区尺寸设置*/

  /*gendisk 初始化*/
  xxx_disks->major = XXX_MAJOR;
  xxx_disks->first_minor = 0;
  xxx_disks->fops = &xxx_op;
  xxx_disks->queue = xxx_queue;
  sprintf(xxx_disks->disk_name, "xxx%d", i);
  set_capacity(xxx_disks, xxx_size); /*xxx_size 以 512bytes 为单位*/
  add_disk(xxx_disks); /*添加 gendisk*/

  return 0;
  out_queue: unregister_blkdev(XXX_MAJOR, "xxx");
  out: put_disk(xxx_disks);
  blk_cleanup_queue(xxx_queue);

  return - ENOMEM;
}
```

以下代码示意了使用 blk_init_queue()初始化请求队列，并绑定请求队列与请求处理函数的块设备驱动模块加载函数模板。

```
static int __init xxx_init(void)
{
  /*块设备驱动注册*/
  if (register_blkdev(XXX_MAJOR, "xxx"))
  {
    err = - EIO;
    goto out;
  }

  /*请求队列初始化*/
  xxx_queue = blk_init_queue(xxx_request, xxx_lock);
  if (!xxx_queue)
  {
    goto out_queue;
```

```
    }

    blk_queue_hardsect_size(xxx_queue, xxx_blocksize); /*硬件扇区尺寸设置*/

    /*gendisk 初始化*/
    xxx_disks->major = XXX_MAJOR;
    xxx_disks->first_minor = 0;
    xxx_disks->fops = &xxx_op;
    xxx_disks->queue = xxx_queue;
    sprintf(xxx_disks->disk_name, "xxx%d", i);
    set_capacity(xxx_disks, xxx_size *2);
    add_disk(xxx_disks); /*添加 gendisk*/

    return 0;
    out_queue: unregister_blkdev(XXX_MAJOR, "xxx");
    out: put_disk(xxx_disks);
    blk_cleanup_queue(xxx_queue);

    return - ENOMEM;
}
```

在块设备驱动的模块卸载函数中通常需要与模块加载函数做相反的工作。

- 清除请求队列。
- 删除 gendisk 和对 gendisk 的引用。
- 删除对块设备的引用，注销块设备驱动。

下面的代码给出了块设备驱动模块卸载函数的模板。

```
static void __exit xxx_exit(void)
{
  if (bdev)
  {
    invalidate_bdev(xxx_bdev, 1);
    blkdev_put(xxx_bdev);
  }
  del_gendisk(xxx_disks);                 /*删除 gendisk*/
  put_disk(xxx_disks);
  blk_cleanup_queue(xxx_queue[i]);        /*清除请求队列*/
  unregister_blkdev(XXX_MAJOR, "xxx");
}
```

11.3.9　打开与释放

块设备驱动的 open()和 release()函数并非是必须的，一个简单的块设备驱动可以不提供 open()和 release()函数。

块设备驱动的 open()函数和其字符设备驱动中的对等体非常类似，都以相关的 inode 和 file 结构体指针作为参数。当一个节点引用一个块设备时，inode->i_bdev->bd_disk 包含一个指向关联 gendisk 结构体的指针。因此，类似于字符设备驱动，也可以将 gendisk 的 private_data 赋给 file 的 private_data，private_data 同样最好是指向描述该设备的设备结构体 xxx_dev 的指针，代码如下：

```
static int xxx_open(struct inode *inode, struct file *filp)
{
  struct xxx_dev *dev = inode->i_bdev->bd_disk->private_data;
```

```
    filp->private_data = dev;  /*赋值 file 的 private_data*/
    ...
    return 0;
}
```

在一个处理真实的硬件设备的驱动中，open()和 release()方法还应当设置驱动和硬件的状态，这些工作可能包括启停磁盘、加锁一个可移出设备和分配 DMA 缓冲等。

11.3.10 ioctl 函数

与字符设备驱动一样，块设备可以包含一个 ioctl()函数以提供对设备的 I/O 控制能力。实际上，高层的块设备层代码处理了绝大多数 ioctl()，因此，具体的块设备驱动中通常不需要实现很多 ioctl()命令。

下面的代码给出的 ioctl()函数只实现一个命令 HDIO_GETGEO，用于获得磁盘的几何信息（geometry，指 CHS，即 Cylinder、Head、Sector/Track）。

```
int xxx_ioctl(struct inode *inode, struct file *filp, unsigned int cmd,unsigned long arg)
{
   long size;
   struct hd_geometry geo;
   struct xxx_dev *dev = filp->private_data; /*通过 file->private 获得设备结构体*/

   switch (cmd)
   {
     case HDIO_GETGEO:
       size = dev->size *(hardsect_size / KERNEL_SECTOR_SIZE);
       geo.cylinders = (size &~0x3f) >> 6;
       geo.heads = 4;
       geo.sectors = 16;
       geo.start = 4;
       if (copy_to_user((void __user*)arg, &geo, sizeof(geo)))
       {
         return - EFAULT;
       }
       return 0;
   }

   return - ENOTTY;                          /*不知道的命令*/
}
```

11.3.11 I/O 请求处理

块设备驱动 I/O 请求处理包括使用请求队列和不使用请求队列两种，分别适合于不同的使用场合。

1. 使用请求队列

块设备驱动请求函数的原型为：

```
void request(request_queue_t *queue);
```

这个函数不能由驱动自己调用，只有当内核认为是时候让驱动处理对设备的读写等操作时，它才调用这个函数。请求函数可以在没有完成请求队列中的所有请求的情况下返回，甚至一个请求不完成也可以返回。但是，对大部分设备而言，在请求函数中处理完所有请求后再返回通常是值得推荐的方法。下面给出一个例子：

```
static void xxx_request(request_queue_t *q)
{
  struct request *req;
  while ((req = elv_next_request(q)) != NULL)
  {
    struct xxx_dev *dev = req->rq_disk->private_data;
    if (!blk_fs_request(req)) /*不是文件系统请求*/
    {
      printk(KERN_NOTICE "Skip non-fs request\n");
      end_request(req, 0);/*通知请求处理失败*/
      continue;
    }
    xxx_transfer(dev, req->sector, req->current_nr_sectors, req->buffer,
      rq_data_dir(req));   /*处理这个请求*/
    end_request(req, 1);  /*通知成功完成这个请求*/
  }
}

/*完成具体的块设备 I/O 操作*/
static void xxx_transfer(struct xxx_dev *dev, unsigned long sector, unsigned  long
nsect, char *buffer, int write)
{
  unsigned long offset = sector * KERNEL_SECTOR_SIZE;
  unsigned long nbytes = nsect * KERNEL_SECTOR_SIZE;
  if ((offset + nbytes) > dev->size)
  {
    printk(KERN_NOTICE "Beyond-end write (%ld %ld)\n", offset, nbytes);
    return ;
  }
  if (write)
  {
    write_dev(offset, buffer, nbytes);  /*向设备写 nbytes 个字节的数据*/
  }
  else
  {
    read_dev(offset, buffer, nbytes); /*从设备读 nbytes 个字节的数据*/
  }
}
```

上述代码使用 elv_next_request()获得队列中第一个未完成的请求，end_request()会将请求从请求队列中剥离。blk_fs_request()判断请求是否为文件系统请求，如果不是，则直接清除，调用 end_request()，传递给 end_request()的第二个参数为 0，意味着处理该请求失败，为 1，意味着该请求处理成功。

end_request()函数非常重要，其源代码如下：

```
void end_request(struct request *req, int uptodate)
{

  if (!end_that_request_first(req, uptodate, req->hard_cur_sectors))
  {
    add_disk_randomness (req->rq_disk);
    blkdev_dequeue_request (req);
    end_that_request_last(req);
  }
```

```
}
```

当设备已经完成一个 I/O 请求的部分或者全部扇区传输后，它必须通告块设备层，上述代码中 end_that_request_first()完成这个工作。end_that_request_first()函数的原型为：

```
int end_that_request_first(struct request *req, int success, int count);
```

这个函数告知块设备层，块设备驱动已经完成 count 个扇区的传送。end_that_request_first()的返回值是一个标志，指示是否这个请求中的所有扇区已经被传送。返回值为 0 表示所有的扇区已经被传送并且这个请求完成，之后，必须使用 blkdev_dequeue_request()从队列中清除这个请求。最后，将这个请求传递给 end_that_request_last()函数：

```
void end_that_request_last(struct request *req);
```

end_that_request_last()通知所有正在等待这个请求完成的对象，请求已经完成并回收这个请求结构体。

add_disk_randomness()函数的作用是使用块 I/O 请求的定时来给系统的随机数池贡献熵，它不影响块设备驱动。但是，仅当磁盘的操作时间是真正随机的时候（大部分机械设备如此），才应该调用它。

下面给出了一个更复杂的请求函数，它进行了三层遍历：遍历请求队列中的每个请求，遍历请求中的每个 bio，遍历 bio 中的每个段。

```
static void xxx_full_request(request_queue_t *q)
{
   struct request *req;
   int sectors_xferred;
   struct xxx_dev *dev = q->queuedata;
   /* 遍历每个请求 */
   while ((req = elv_next_request(q)) != NULL)
   {
     if (!blk_fs_request(req))
     {
       printk(KERN_NOTICE "Skip non-fs request\n");

       end_request(req, 0);
       continue;
     }
     sectors_xferred = xxx_xfer_request(dev, req);
     if (!end_that_request_first(req, 1, sectors_xferred))
     {
       blkdev_dequeue_request(req);
       end_that_request_last(req);
     }
   }
}
/* 请求处理 */
static int xxx_xfer_request(struct xxx_dev *dev, struct request *req)
{
   struct bio *bio;
   int nsect = 0;
   /* 遍历请求中的每个 bio */
   rq_for_each_bio(bio, req)
   {
     xxx_xfer_bio(dev, bio);
```

```
    nsect += bio->bi_size / KERNEL_SECTOR_SIZE;
  }
  return nsect;
 }
/* bio 处理 */
static int xxx_xfer_bio(struct xxx_dev *dev, struct bio *bio)
{
  int i;
  struct bio_vec *bvec;
  sector_t sector = bio->bi_sector;

  /* 遍历每个段 */
  bio_for_each_segment(bvec, bio, i)
  {
    char *buffer = __bio_kmap_atomic(bio, i, KM_USER0);
    xxx_transfer(dev, sector, bio_cur_sectors(bio), buffer, bio_data_dir(bio)
      == WRITE);
    sector += bio_cur_sectors(bio);
    __bio_kunmap_atomic(bio, KM_USER0);
  }
  return 0;
}
```

2. 不使用请求队列

使用请求队列对于一个机械的磁盘设备而言的确有助于提高系统的性能，但是对于许多块设备，如数码相机的存储卡、RAM 盘等完全可真正随机访问的设备而言，则无法从高级的请求队列逻辑中获益。对于这些设备，块层支持“无队列”的操作模式，为使用这个模式，驱动必须提供一个制造请求函数，而不是一个请求函数，制造请求函数的原型为：

```
typedef int (make_request_fn) (request_queue_t *q, struct bio *bio);
```

上述函数的第一个参数仍然是请求队列，但是这个请求队列实际不包含任何请求。因此，制造请求函数的主要参数是 bio 结构体，这个 bio 结构体表示一个或多个要传送的缓冲区。制造请求函数或者直接进行传输，或者把请求重定向给其他设备。

在制造请求函数中处理 bio 的方式与前面内容描述的完全一致，但是在处理完成后，应该使用 bio_endio()函数通知处理结束：

```
void bio_endio(struct bio *bio, unsigned int bytes, int error);
```

参数 bytes 是已经传送的字节数，它可以比这个 bio 所代表的字节数少，这意味着“部分完成”，同时 bio 结构体中的当前缓冲区指针需要更新。当设备进一步处理这个 bio 后，驱动应该再次调用 bio_endio()，如果不能完成这个请求，应指出一个错误，错误码赋值给 error 参数。

不管对应的 I/O 处理成功与否，制造请求函数都应该返回 0。如果制造请求函数返回一个非 0 值，bio 将被再次提交。示例代码如下：

```
static int xxx_make_request(request_queue_t *q, struct bio *bio)
{
  struct xxx_dev *dev = q->queuedata;
  int status;
  status = xxx_xfer_bio(dev, bio);          /*处理 bio*/
  bio_endio(bio, bio->bi_size, status);    /*通告结束*/
  return 0;
}
```

11.4 小结

本章主要内容介绍了 Linux 驱动开发的基础知识，包括字符设备和块设备驱动。其中字符设备知识主要包括：内核与模块、并发控制、阻塞、中断、内存操作。

作为初学者，大多数读者并不需要在实际工作中接触到块设备的驱动编写，因此建议读者将主要精力放在学习字符设备驱动之上，而这也足可以满足大多数情况下的实际需要。

11.5 习题

一、填空题

1. Linux 设备被分为三类，分别是：________、________和________。

2. Linux 设备管理的基本特点是把物理设备看成________。Linux 使用________作为统一的操作接口来处理文件和设备。

3. Linux 的 I/O 控制方式有三种，分别是：________、________和________。

4. 块设备驱动中的第一个工作通常是________，完成这个任务的函数是________。

二、实践题

读者根据块设备驱动编写的介绍，编写一个 SD 卡的驱动程序。

第 12 章 MiniGUI 图形界面设计

MiniGUI 是一种面向嵌入式系统和实时系统的图形用户界面支持系统。它主要运行在 Linux 控制台，实际可以运行在任何一种具有线程支持的 POSIX 兼容系统上，包括 Linux、uClinux、uC/OS-II、eCos、VxWorks 等系统。MiniGUI 同时也是国内最早出现的几个自由软件项目之一，作者是魏永明。

12.1 MiniGUI 概述

MiniGUI 最初是为了满足一个工业控制系统的需求而设计和开发的。这个工业控制系统是清华大学为一台数控机床设计的计算机数控系统（CNC）。在比较了 DOS、Windows 98、Windows NT、Linux 等系统之后，该项目组决定选择 RT-Linux 作为实时操作系统，以便满足 2ms 甚至更高的实时性。但是图形用户界面是一个问题，因为 X Window 不适合于实时控制系统，并且当时 X Window 系统的本地化也不尽如人意。因此，项目组决定自己开发一套图形用户界面支持系统。

12.1.1 MiniGUI 的特点

显然，MiniGUI 一开始就针对实时系统而设计，在设计之初就考虑到了小巧、高性能和高效率。因此，MiniGUI 是一个非常适合于工业控制实时系统以及嵌入式系统的可定制的、小巧的图形用户界面支持系统。它的主要特色如下。

- 遵循 LGPL 条款的纯自由软件。
- 提供了完备的多窗口机制。
- 多个单独线程中运行的多窗口。
- 单个线程中主窗口的附属。
- 对话框和预定义的控件类（按钮、单行和多行编辑框、列表框、进度条、工具栏等）。
- 消息传递机制。
- 多字符集和多字体支持，目前支持 ISO8859-1、GB2312、Big5 等字符集，并且支持各种光栅字体和 TrueType、Type 1 等矢量字体。
- 全拼、五笔等汉字输入法支持。
- BMP、GIF、JPEG、PCX、TGA 等常见图像文件的支持。
- Windows 的资源文件支持，如位图、图标、光标等。
- 插入符、定时器、加速键等。
- 小巧。包含全部功能的库文件大小为 300KB 左右。

- 可配置。可根据项目需求进行定制配置和编译。
- 高稳定性和高性能。MiniGUI 已经在 Linux 发行版安装程序、CNC 系统、蓝点嵌入式系统等关键应用程序中得到了实际的应用。
- 可移植性好。
- 其他（Beep、ETC/INI 文件操作等）。

MiniGUI 是面向实时嵌入式系统的轻量级图形用户界面支持系统，1999 年年初遵循 GPL 条款发布第一个版本以来，已广泛应用于手持信息终端、机顶盒、工业控制系统及工业仪表、便携式多媒体播放机、查询终端等产品和领域。目前，MiniGUI 已成为跨操作系统的图形用户界面支持系统，可在 Linux/uClinux、eCos、uC/OS-II、VxWorks、pSOS、ThreadX 等操作系统以及 Win32 平台上运行；已验证的硬件平台包括 Intel x86、ARM（ARM7/AMR9/StrongARM/ xScale）、PowerPC、MIPS、M68K（DragonBall/ColdFire）等。

12.1.2 MiniGUI 运行模式

和 Linux 这样的类 UNIX 操作系统相比，一般意义上的嵌入式操作系统具有一些特殊性。举例而言，诸如 uClinux、uC/OS-II、eCos、VxWorks 等操作系统，通常运行在没有 MMU（内存管理单元，用于提供虚拟内存支持）的 CPU 上。这时，往往就没有进程的概念，而只有线程或者任务的概念，这样，GUI 系统的运行环境也就大相径庭。因此，为了适合不同的操作系统环境，可将 MiniGUI 配置成 3 种运行模式。

（1）MiniGUI-Threads。运行在 MiniGUI-Threads 上的程序可以在不同的线程中建立多个窗口，但所有的窗口在一个进程或者地址空间中运行。这种运行模式非常适合于大多数传统意义上的嵌入式操作系统，比如 uC/OS-II、eCos、VxWorks、pSOS 等。当然，在 Linux 和 uClinux 上，MiniGUI 也能以 MiniGUI-Threads 的模式运行。

（2）MiniGUI-Processes。和 MiniGUI-Threads 相反，MiniGUI-Processes 上的每个程序是单独的进程，每个进程也可以建立多个窗口，并且实现了多进程窗口系统，来自不同进程的窗口可以在同一桌面上协调存在。MiniGUI-Processes 适合于具有完整 UNIX 特性的嵌入式操作系统，比如嵌入式 Linux、VxWorks 6 等。

（3）MiniGUI-Standalone。这种运行模式下，MiniGUI 可以以独立进程的方式运行，既不需要多线程也不需要多进程的支持，这种运行模式适合功能单一的应用场合。比如在一些使用 uClinux 的嵌入式产品中，因为各种原因而缺少线程库支持，或者线程库存在缺陷，这时，就可以使用 MiniGUI-Standalone 来开发应用软件。

12.2 MiniGUI 的安装和使用

现有的资料主要介绍了 MiniGUI 在 RedHat9.0 下的安装和配置，而对其他 Linux 发行版下应用的资料还很少。本章将介绍 MiniGUI 在 Ubuntu 下的安装和配置方法，以及如何使用 Eclipse 进行 MiniGUI 的嵌入式开发。

12.2.1 安装 MiniGUI 库

MiniGUI v3.0.12 的源代码包可以在飞漫公司的网站上下载，网址是：http://www.minigui.org/

zhcn/download/。

一共需要下载 3 个文件，它们是 libminigui-gpl-3.0.12.tar.gz、minigui-res-be-3.0.12.tar.gz 和 mg-samples-3.0.12.tar.gz。

（1）使用 tar 命令解压 libminigui-3.0.12.tar.gz 文件：

```
$tar zxvf libminigui-3.0.12.tar.gz
```

该命令将在当前目录建立 libminigui-3.0.12 目录，进入该目录。

（2）运行配置命令：

```
$cd libminigui-3.0.12
$make menuconfig
```

如果命令执行成功，将出现图 12-1 所示的配置界面。

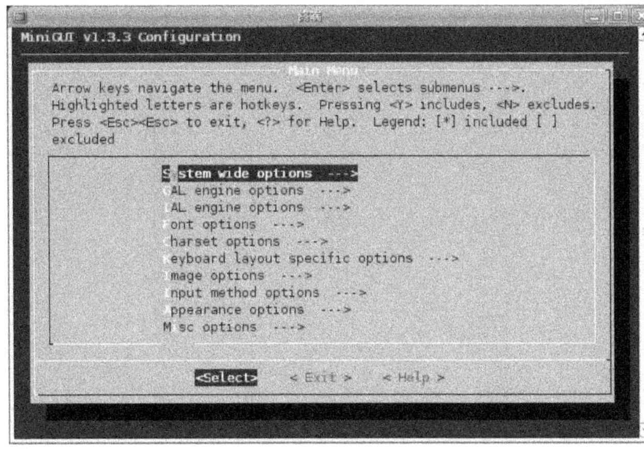

图 12-1　MiniGUI 配置界面

提示

如果 make menuconfig 执行错误，通常是由于缺少一个名为 libncurses5 的库，该库提供了在终端模式下的图形界面，执行 make menuconfig 需要该库的支持。

如果没有特殊的需要，默认的配置就能很好地工作了，这时控制光标选择“Exit”项，在随后出现的提示中选择“YES”即可。接下来 make 程序就会调用相应的脚本检查本机的编译环境，并生成 Makefile 文件。

读者也可以尝试使用./configure 命令生成 Makefile。但笔者推荐使用 make menu 命令，因为后者更为直观，也不容易犯错。

（3）如果没有出现错误，就可以继续执行 make 和 make install 命令编译并安装 libminigui 库文件：

```
$make
```

注意

如果读者系统中 GCC 的版本比较高，如 4.0 以上，就可能出现编译错误。可以通过安装较低版本的 GCC 编译器解决这个问题，如 3.4 版本。但需要在执行 make 命令时使用这样的命令：make CC=gcc−3.4。

安装 libminigui 需要具有 root 权限，可以使用如下的命令：

```
$sudo make install
```

（4）默认情况下，MiniGUI 的函数库将安装在/usr/local/lib 目录中。应该确保该目录已经列在/etc/ld.so.conf 文件中。修改/etc/ld.so.conf 文件，如果该文件不存在则新建一个。将/usr/local/lib 目录添加到该文件最后一行。修改后类似：

```
/usr/lib
/usr/X11R6/lib
/usr/i486-linux-libc5/lib
/usr/local/lib
```

运行 ldconfig 命令刷新系统的共享库搜索缓存：

```
$sudo ldconfig
```

12.2.2　安装 MiniGUI 的资源

MiniGUI 资源的安装比较简单，只需解开软件包并以 root 身份运行 make install 命令，如下所示：

```
$tar zxvf minigui-res-1.3.tar.gz
$cd minigui-res-1.3.3
$sudo make install
```

默认的安装脚本会把 MiniGUI 资源文件安装到/usr/local/lib/minigui/res/目录下。

12.2.3 配置 MiniGUI

MiniGUI 的配置文件位于“/usr/local/etc/MiniGUI.cfg”，编辑这个文件需要具有 root 权限。这里主要是通过该文件选择通过 QVFB 或是 FrameBuffer 作为图形引擎，详细的配置说明请参考 MiniGUI 的配置手册。打开该文件后，请注意下列的配置选项：

```
[system]
#GAL engine
gal_engine=fbcon
#IAL engine
ial_engine=console
mdev=/dev/mouse
mtype=IMPS2
[fbcon]
defaultmode=1024x768-16bpp
[qvfb]
defaultmode=640x480-16bpp
display=0
```

12.2.4 编译应用程序例子

在 mg-samples-3.0.12.tar.gz 中提供了很多介绍 MiniGUI 中各类函数和控件等使用的例子，这些例子都比较简单，适合初学时研究。编译该应用程序例程库所需的命令如下：

```
$tar zxvf mg-samples-3.0.12.tar.gz
$cd mg-samples-3.0.12
$./configure
$make
```

编译完成后，编译好的可执行文件都在 src 子目录下。

12.2.5 交叉编译 MiniGUI 库

与编译 PC 上的 libminigui 的过程是大致相同的，只需在 make menu 出现的配置界面中略做配置即可。当出现图 12-1 所示的配置界面后，选择菜单（可能需要向下移动光标才会看到该菜单）：

```
"Development environment options→"
```

按 Enter 键后进入子菜单，需要配置的项如图 12-2 所示。

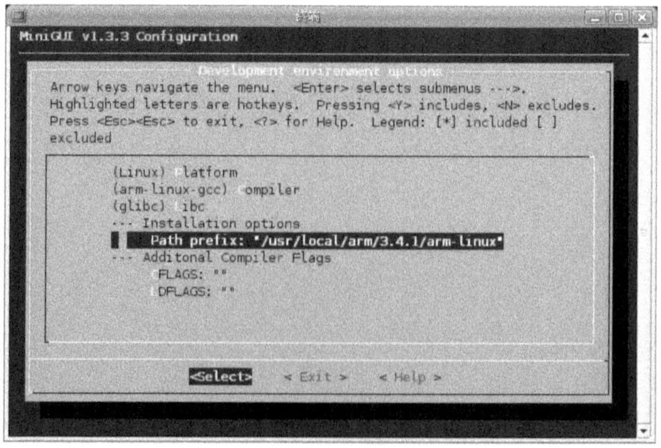

图 12-2　MiniGUI 交叉编译配置界面

下面说明这些配置的含义。

- Platform：表示目标系统，如需在其他系统上使用 MiniGUI，则需要亲自进行移植工作。
- Compiler：表示交叉编译所使用的编译器，MiniGUI v3.0.x 版支持 ARM-linux- gcc、ARMv4l-unknown-linux-gcc、ARM-elf- gcc 和 i386 等编译器，其中 i386 是编译在 PC 上运行

的 MiniGUI 时所使用的编译器，而 ARM-linux-gcc 则是编译为在嵌入式 linux 系统上运行的程序所使用的编译器。

- Libc：表示所使用的 C 标准库，有两个选项 glibc 和 uClibc，后者主要用于 uClinux 系统上，通常选择前者。
- Path prefix：表示 libminigui 的安装路径。这个路径的选择有个技巧，如果将 libminigui 安装至交叉编译器所管理的目录结构中，那么在做交叉编译时就不需要另外指定 libminigui 的路径了。这里由于笔者的交叉编译器位于“/usr/local/ARM/3.4.1”中，因而指定 libminigui 的安装路径为“/usr/local/ARM/3.4.1/ARM-linux”。
- CFLAGS：表示编译器的选项，通常留空不填。
- LDFLAGS：表示链接器的选项，通常留空不填。

选择 exit 退出后，依次执行：

```
$make
$make install
```

针对开发板的 MiniGUI 的资源需要安装至开发板的“/usr/local/lib/minigui”，方法与在 PC 上的步骤类似，这里就不再介绍。

12.2.6　交叉编译例程

以交叉编译 mg-sample-3.0 为例，所需的命令如下：

```
$tar zxvf mg-samples-3.0.12.tar.gz
$cd mg-samples-3.0.12
$./configure
$export PATH="/usr/local/ARM/3.4.1/bin":$PATH
$make CC=ARM-linux-gcc
```

注意不要在前面编译 mg-samples 的目录中做交叉编译，而要在新的目录中进行编译，以避免编译出错。第四行的命令指定了 shell 在指定的路径搜索交叉编译器，当然这一步并不是必须的。当编译完成之后，在 src 目录中执行如下的命令：

```
$file static
```

如果出现以下的信息：

```
static: ELF 32-bit LSB executable, ARM, version 1 (ARM), for GNU/Linux 2.4.3, dynamically
linked (uses shared libs), for GNU/Linux 2.4.3, not stripped
```

表明 libminigui 已经正确安装，可以进行交叉编译了。

12.2.7　QVFB 图形引擎

在运行 Linux 的 PC 上，MiniGUI 应用程序可以两种方式运行。

（1）在 X Window 系统上，运行在虚拟 FrameBuffer 程序 QVFB 中。

（2）在 Linux 的字符控制台上，运行在 Linux 内核提供的 FrameBuffer 驱动程序上。

不管是 QVFB 还是控制台下的 FrameBuffer 驱动程序，两者的本质是一样的，即它们都为 MiniGUI 提供了一种可以用来绘图的底层设施，就像一块画布一样。下面分别介绍如何准备这两种运行环境。

QVFB 是 Qt 提供的一个虚拟 FrameBuffer 工具。这个程序基于 Qt 开发（Qt 是 Linux 窗口管理器 KDE 使用的底层函数库），运行在 X Window 上。可以在 Qt 2 或者 Qt 3 源代码的 src/tools 目录下找到这个程序。因为读者很少有机会需要独立编译 Qt 函数库，因此，可以到飞漫的网站下载编译好的独立 QVFB 包（qvfb2-2.0.tar.gz），网址是：

```
http://www.minigui.com/zhcn/download/
```

将 qvfb2-2.0.tar.gz 下载后解压，在其中的 QVFB 目录下可以找到 QVFB 的可执行文件，打开一个终端，然后执行命令：

```
$qvfb&
```

上述命令将启动 QVFB 程序，在屏幕上将看到 QVFB 程序会建立一个黑色的空白窗口，该窗口就代表了一个可以用来在上面显示图像的显示屏。用户在该窗口中的鼠标单击，将被看成是在这个模拟的显示屏上的单击。还可以通过程序菜单打开 QVFB 的配置界面，以便按自己的需要设置不同的显示模式，从而可以让 QVFB 模拟具有不同显示能力（分辨率及可显示的颜色数等）的显示屏，如图 12-3 所示。

为了避免每次启动 QVFB 都进行分辨率等的设置，可以通过命令行参数指定 QVFB 的分辨率和颜色模式等，如指定 QVFB 的参数为：

```
$./qvfb-width 640-height 480-depth 32
```

意味着 QVFB 将以分辨率为 640x480 和颜色模式为 32 位启动，其他的参数设置，读者可通过指定-h 参数查看。MiniGUI 内置了对 QVFB 的支持，但在使用前需要稍做配置。主要在 system 段做如下设置：

```
gal_engine=qvfb
ial_engine =qvfb
```

下面就运行一个 MiniGUI 的例程来测试上面的配置。首先按照前面的方法运行一个 QVFB 程序，等 QVFB 的窗口显示出来后，进入 mde-1.3.0/ tools 目录，执行 fminigui 程序，显示的效果如图 12-4 所示。

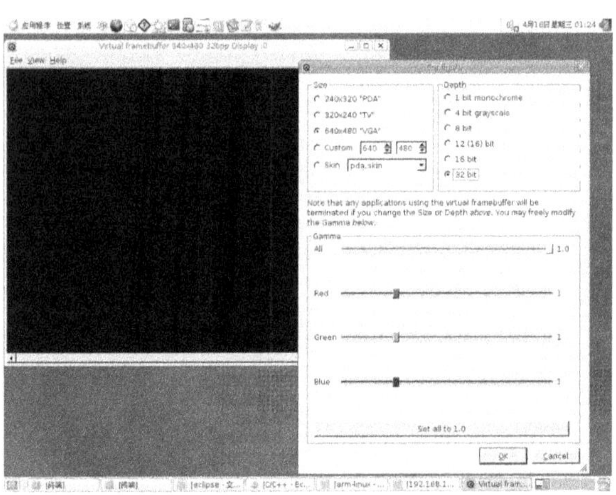

图 12-3　QVFB 设置界面

图 12-4　fminigui 执行效果

12.2.8　FrameBuffer 图形引擎

FrameBuffer 是出现在 Linux 2.2.xx 内核当中的一种驱动程序接口。这种接口将显示设备抽象为帧缓冲区。用户可以将它看成是显示内存的一个映像，将其映射到进程地址空间之后，就可以直接进行读写操作，而写操作可以立即反应在屏幕上。使用 FrameBuffer 需要内核的支持，同时也与具体所使用的显示芯片有关，在不同的系统下有不同的配置方法。

通常在内核除提供了最通用的 VESA FrameBuffer 驱动程序之外，Linux 内核中还包含有一些常见显示芯片的专有 FrameBuffer 驱动程序。如果显示芯片恰好是 Linux 内核的 FrameBuffer 驱动程序所支持的，比如，ATI Mach64、ATI Radeon、NeoMagic、3Dfx Banshee/ Voodoo3 等（详细列表可参见 Linux 内核的配置文件），则可以将对应的 FrameBuffer 驱动程序编译到内核，或者编译成模块，然后使用 fbset 程序，就可以灵活改变显示芯片所支持的显示模式。而且因为使用了显示芯片专有的 FrameBuffer 驱动程序，Linux 控制台上的字符刷新速度会明显好于 VESA FrameBuffer。其他关于 Linux FrameBuffer 的信息，可参阅 Framebuffer 的 HOWTO 文档。

如果正确配置了内核对 FrameBuffer 的支持，在 Linux 的引导过程中，会在屏幕的左上方显示一个可爱的小企鹅或者 Linux 发行版厂商的 Logo 图片。

默认的 MiniGUI.cfg 就是配置为使用 FrameBuffer，因此不需做任何修改就可以以 FrameBuffer 作为图形引擎来运行 MiniGUI 的程序，但必须在真实的终端模式下运行，而不是在虚拟终端中（通过 Ctrl+Alt+F1～F5 切换至终端模式，Ctrl+Alt+F7 切换回图形模式）。

至此，就设置好了运行 MiniGUI 所需的两种显示设施。建议大多数用户使用 QVFB 程序，因为 QVFB 运行环境容易安装和使用，而控制台上的 FrameBuffer 驱动程序使用起来相对复杂，所以在开发 MiniGUI 程序的过程中，尽量采用 QVFB 作为图形引擎，这样可以避免由于反复切换至终端调试程序而带来的麻烦。

12.3 利用 Eclipse 编写 MiniGUI 程序

Eclipse 提供了一个使用十分方便的集成开发环境，在前面的章节中，介绍了如何使用 Eclipse 开发一般的 Linux 程序，在本节中将介绍如何在 Eclipse 中开发和调试 MiniGUI 的程序。下面通过一个例子来说明上述的优势是如何体现的。

12.3.1 建立 vacs 工程

vacs 是 mde-1.3.0 中的一个比较复杂的演示程序，共有 10 个源代码文件，需要先将这些代码导入至 Eclipse 的工程中，请读者按下列的步骤操作。

（1）新建 Project。选择菜单命令 File | New | C Project，在随后出现的 Project name 中输入工程的名字 vacs，然后单击 Finish 按钮即可。

（2）导入源代码文件。选择菜单命令 File | Import，然后在分类 General 中选择 File System，单击 Browse 按钮，选择 mde-1.3.0 中的 vacs 所在的目录，然后单击 OK 确认。之后勾选上 vacs 文件夹及子文件夹，选择完成的 Import 对话框如图 12-5 所示。

（3）最后单击 Finish 按钮，完成导入工作，这时 Eclipse 的工作区将如图 12-6 所示。

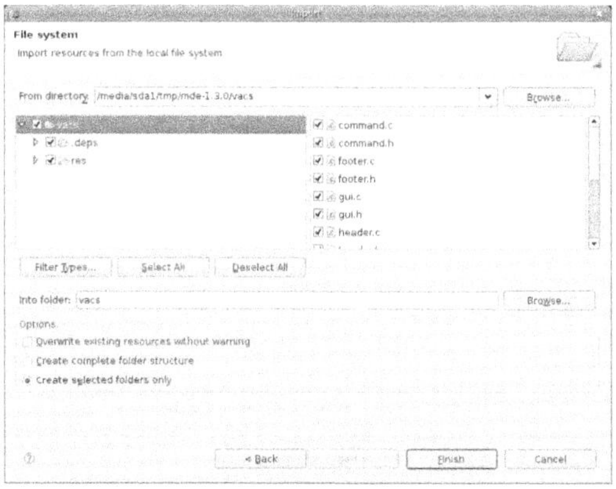

图 12-5 Import 对话框示意图

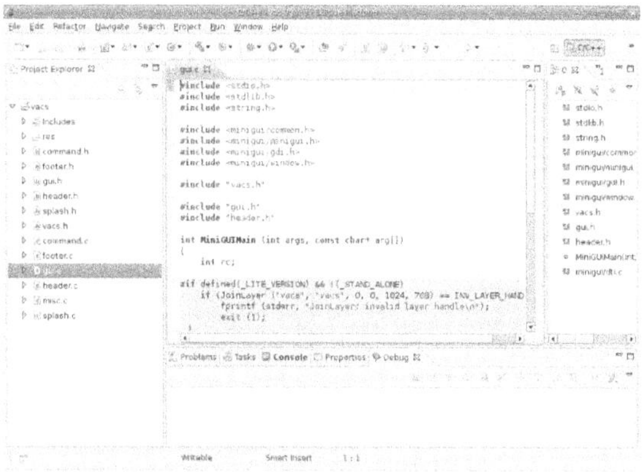

图 12-6 完成导入后的工作区

这样便完成了 vacs 工程的创建工作。为了正确编译这个工程，还需要配置编译选项。

12.3.2 配置编译选项

因为 MiniGUI 的程序用到了 libminigui、libpthread 等库文件，所以还需要在编译选项中做好相关的配置。选择菜单 Project | Properties，将出现 vacs 工程的属性配置对话框。在左侧的列表中选择 C/C++ Buile | Settings，然后进行图 12-7 所示的配置。

首先在“1”这里选择 Libraries 表示设置链接器的库参数，然后单击“2”所指的按钮，添加链接所需的库文件。这里添加需要 minigui 库和 pthread 库。最后，在“4”所指示的位置，切换到 Release 模式的配置设置，按照同样的方法，配置好 Release 模式中链接器的库参数，便可以单击 OK 按钮确认了。

在 Project Explorer 视图中，选中 vacs 工程，单击鼠标右键，在快捷菜单中依次选择 Build Configurations | Build | All，如图 12-8 所示，便可以开始编译了。

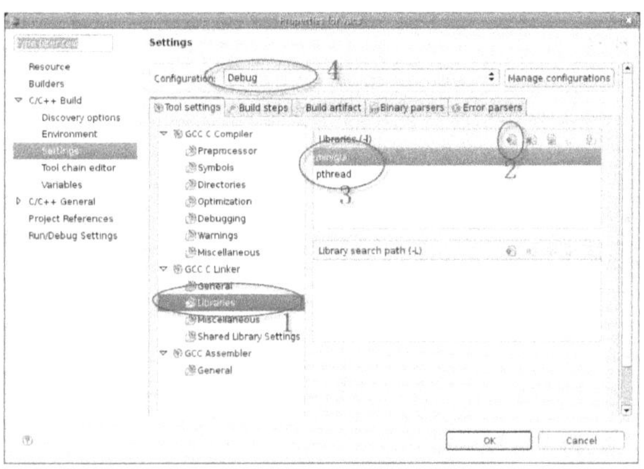

图 12-7　编译参数设置

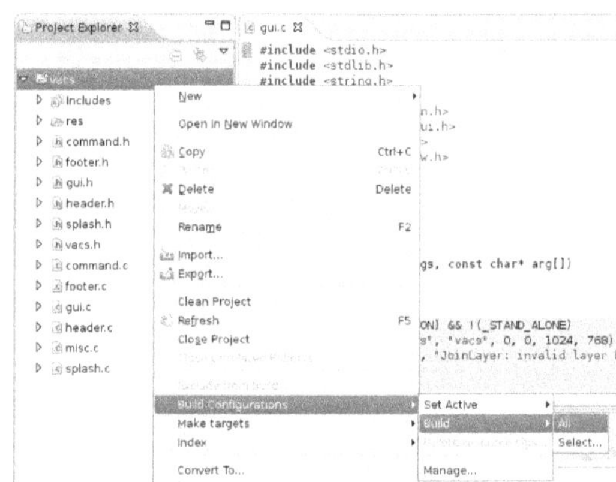

图 12-8　编译工程

编译过程中将在 Console 视图中显示编译的详细进度，通过观察可以发现，Eclipse 实际上是先自动生成了一个 Makefile 文件（该文件可以在工程所在目录的 Debug 和 Release 子目录中找到），然后调用 make 命令编译这个工程的。

12.3.3 配置外部工具 QVFB

尽管可以直接在命令行运行 QVFB，但 Eclipse 其实提供了更好的选择，即利用“外部工具”功能来启动 QVFB。配置的方法很简单如下所示。

（1）选择菜单 Run | External Tools | Open External Tools Dialog，便打开了外部工具的配置界面，如图 12-9 所示。

（2）配置的步骤如图 12-9 所示，在“1”处双击 Program 新建一个外部工具配置项，接下来在“2”处输入外部工具的名字 QVFB（与文件名无关），然后单击“3”处的 Browse File System...按钮在文件系统中找到并选中 QVFB 可执行文件，最后在“4”设置 QVFB 的启动参数，这里采取了和前面相同的配置，以 640x480 的分辨率和 32 位颜色模式启动 QVFB。单击

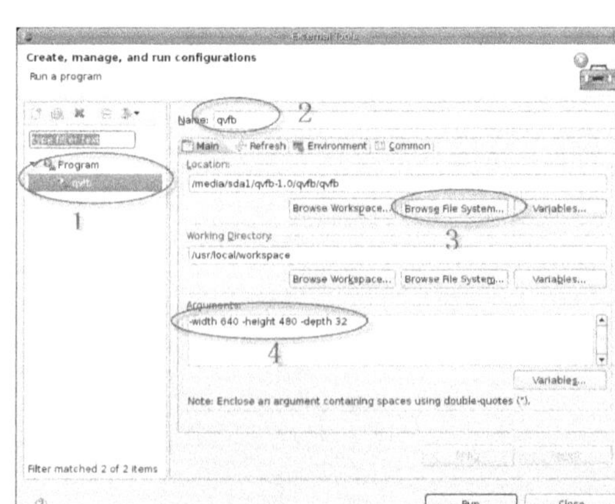

图 12-9　配置外部工具 QVFB

Run 按钮退出该配置界面，并启动了 QVFB。

12.3.4　运行 vacs

当完成前面的准备工作后，就可以运行 vacs 了。选择菜单 Run | Run 或组合键 Crtl+F11 都可以启动该程序。运行的效果如图 12-10 所示。

注意图中所标记的按钮为终止程序的按钮，当需要强行终止程序的运行时，就可以单击该按钮使程序立即退出。

图 12-10　运行 vacs 示意图

12.3.5　调试 vacs

回到编辑环境后，选择菜单 Run | Debug 或按下 F11 键后便可以进入调试模式，如图 12-11 所示。

调试 MiniGUI 程序的方法与调试普通的 Linux 的方法略有差别，由于 MiniGUI 是基于线程的图形系统，每隔一段时间就会刷新一次，因此如果使用单步调试就会发现总是会进入一个信号处理函数 sig_handler()中。为了避免这种情况，就需要在每一个希望程序停下来的代码处设上断点，显得略为麻烦了一些，但 Eclipse 所提供的其他强大的调试功能足以弥补这点小小的遗憾。

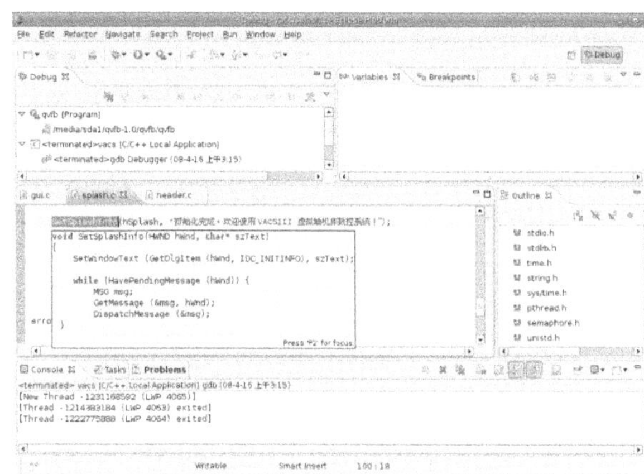

图 12-11　调试 vacs 示意图

另外，在调试或编辑的过程中，常常需要了解某个函数的功能和定义等信息，Eclipse 中提供了非常方便的解决方法，例如只需将鼠标指向 SetSplashInfo()这个函数的名字上，就会如图 12-11 所示，出现一个黄底的提示信息，从中就可以了解到关于该函数的定义等信息。

由于篇幅限制，无法在这里为读者逐一介绍 Eclipse 的各种强大的功能，希望读者能在使用过程中不断地学习和发掘。

12.4　MiniGUI 的编程基础

为了说明 MiniGUI 的程序结构，从一个经典的例子“HelloWorld”说起。函数源代码如下所示。

```
/*****************************************************************************/
/*文件：program_12_1.c                                                      */
/*简介：HelloWorld                                                          */
/*****************************************************************************/
#include <stdio.h>
#include <stdlib.h>
#include <string.h>

#include <minigui/common.h>
```

```
#include <minigui/minigui.h>
#include <minigui/gdi.h>
#include <minigui/window.h>

static int HelloWinProc (HWND hWnd, int message, WPARAM wParam, LPARAM lParam)
{
    HDC hdc;

    switch (message) {
        case MSG_PAINT:
            hdc = BeginPaint (hWnd);
            TexOut (hdc, 0, 0, "Hello, world!");
            EndPaint (hWnd, hdc);
        break;

        case MSG_CLOSE:
            DestroyMainWindow (hWnd);
            PostQuitMessage (hWnd);
        return 0;
    }

    return DefaultMainWinProc(hWnd, message, wParam, lParam);
}

static void InitCreateInfo (PMAINWINCREATE pCreateInfo)
{
    pCreateInfo->dwStyle = WS_VISIBLE | WS_BORDER | WS_CAPTION;
                            // 设置主窗口风格，这里把窗口设为初始可见的，并具有边框和标题栏
    pCreateInfo->dwExStyle = WS_EX_NONE;      // 设置主窗口的扩展风格，该窗口没有扩展风格
    pCreateInfo->spCaption = " HelloWorld " ;     // 设置主窗口的标题为“HelloWorld”
    pCreateInfo->hMenu = 0;     // 设置主窗口的主菜单，该窗口没有主菜单
    pCreateInfo->hCursor = GetSystemCursor (0); // 设置主窗口的光标为系统默认光标
    pCreateInfo->hIcon = 0;// 设置主窗口的图标，该窗口没有图标
    pCreateInfo->MainWindowProc = HelloWinProc;// 设置主窗口的窗口过程函数为 HelloWinProc
    pCreateInfo->lx = 0;
    pCreateInfo->ty = 0;
    pCreateInfo->rx = 320;
    pCreateInfo->by = 240;// 设置主窗口在屏幕上的位置，该窗口左上角位于(0, 0)，右下角位于(320, 240)
    pCreateInfo->iBkColor = PIXEL_lightwhite;// 设置主窗口的背景色为白色，PIXEL_lightwhite
是 MiniGUI 预定义的像素值
    pCreateInfo->dwAddData = 0;              // 设置主窗口的附加数据，该窗口没有附加数据
    pCreateInfo->hHosting = HWND_DESKTOP;    // 设置主窗口的托管窗口为桌面窗口
}

int MiniGUIMain (int args, const char* arg[])
{
    MSG Msg;
    MAINWINCREATE CreateInfo;
    HWND hMainWnd;

#ifdef _LITE_VERSION
    SetDesktopRect (0, 0, 800, 600);
#endif
```

```
    InitCreateInfo (&CreateInfo);

    hMainWnd = CreateMainWindow (&CreateInfo);
    if (hMainWnd == HWND_INVALID)
        return -1;
    ShowWindow(hMainWnd, SW_SHOWNORMAL);
    while (GetMessage (&Msg, hMainWnd)) {
        TranslateMessage(&Msg);
        DispatchMessage (&Msg);
    }

    MainWindowThreadCleanup (hMainWnd);
    return 0;
}
```

在该程序中有三个重要的函数，分别如下。

- MiniGUIMain()函数：MiniGUI 程序的入口。
- InitCreateInfo()函数：窗口定义函数。
- HelloWinProc()函数：窗口过程函数。

这三个函数的内容是每一个 MiniGUI 程序中都包含了的，在随后的内容中将进一步介绍它们的功能和编程的规则。

12.4.1　头文件

HelloWorld 的开始所包括的四个头文件是所有 MiniGUI 应用程序都必须包括的头文件。它们的含义分别如下。

（1）common.h：包括 MiniGUI 常用的宏及数据类型的定义。

（2）minigui.h：包含了全局的和通用的接口函数以及某些杂项函数的定义。

（3）window.h：包含了窗口有关的宏、数据类型、数据结构的定义以及函数接口声明。

（4）control.h：包含了 libminigui 中所有内建控件的接口定义。

12.4.2　程序入口

一个 C 程序的入口点为 main()函数，而一个 MiniGUI 程序的入口点为 MiniGUIMain()。该函数的原型如下：

```
int MiniGUIMain (int argc, const char* argv[])
```

main()函数已经在 MiniGUI 的函数库中定义了，该函数在进行一些 MiniGUI 的初始化工作之后调用 MiniGUIMain()函数。所以，每个 MiniGUI 应用程序（无论是服务器端程序 mginit 还是客户端应用程序）的入口点均为 MiniGUIMain()函数。参数 argc 和 argv 与 C 程序 main 函数的参数 argc 和 argv 的含义是一样的，分别为命令行参数的个数和参数字符串的数组指针。

12.4.3　创建和显示主窗口

每个 MiniGUI 应用程序的初始界面一般都是一个主窗口，可以通过调用 CreateMainWindow() 函数来创建一个主窗口，其参数是一个指向 MAINWINCREATE 结构的指针，本例中就是 CreateInfo，返回值为所创建的主窗口的句柄。MAINWINCREATE 结构描述一个主窗口的属性。在使用 CreateInfo 创建主窗口之前，需要设置它的各项属性。

创建完主窗口之后，还需要调用 ShowWindow()函数才能把所创建的窗口显示在屏幕上。

ShowWindow()的第一个参数为所要显示的窗口句柄，第二个参数指明显示窗口的方式（显示还是隐藏），SW_SHOWNORMAL 说明要显示主窗口，并把它置为顶层窗口。

12.4.4 进入消息循环

在调用 ShowWindow()函数之后，主窗口就会显示在屏幕上。和其他 GUI 一样，现在是进入消息循环的时候了。MiniGUI 为每一个 MiniGUI 程序维护一个消息队列。在发生事件之后，MiniGUI 将事件转换为一个消息，并将消息放入目标程序的消息队列之中。应用程序现在的任务就是执行如下的消息循环代码，不断地从消息队列中取出消息，进行处理：

```
while (GetMessage(&Msg, hMainWnd) {
TranslateMessage(&Msg);
DispatchMessage(&Msg);
}
```

Msg 变量是类型为消息 MSG 的结构。在 MiniGUI 中 MSG 结构定义在 include/window.h 中，该结构的定义如下：

```
typedef struct _MSG
{
    HWND                hwnd;
    int                 message;
    WPARAM              wParam;
    LPARAM              lParam;
#ifdef _LITE_VERSION
    unsigned int        time;
#else
    struct timeval      time;
#endif
    POINT               pt;
#ifndef _LITE_VERSION
    void*               pAdd;
#endif
}MSG;
typedef MSG* PMSG;
```

这些成员的含义如下所示。

- hwnd：消息发往的窗口的句柄。在 HelloWorld 程序中，该值与 hMainWnd 相同。
- message：消息标志符。这是一个用于标志消息的整数值。每一个消息均有一个对应的预定义标志符，这些标志符定义在 window.h 头文件中，以前缀 MSG 开头。
- wParam：一个 32 位的消息参数，其含义和值根据消息的不同而不同。
- lParam：一个 32 位的消息参数，其含义和值取决于消息的类型。
- time：消息放入消息队列中的时间。

GetMessage()函数调用从应用程序的消息队列中取出一个消息：

```
GetMessage(&Msg, hMainWnd);
```

该函数调用的第二个参数为要获取消息的主窗口的句柄，第一个参数为一个指向 MSG 结构的指针，GetMessage()函数将用从消息队列中取出的消息来填充该消息结构的各个域，只要从消息队列中取出的消息不为 MSG_QUIT，GetMessage()就返回一个非 0 值，消息循环将持续下去。MSG_QUIT 消息使 GetMessage()返回 0，导致消息循环的终止。

```
TranslateMessage(&Msg);
```

TranslateMessage()函数把击键消息转换为 MSG_CHAR 消息，然后直接发送到窗口过程函数。

```
DispatchMessage(&Msg);
```

DispatchMessage()函数最终把消息发往该消息的目标窗口的窗口过程，让它进行处理，在本例中，该窗口过程就是 HelloWinProc。也就是说，MiniGUI 在 DispatchMessage()函数中调用主窗口的窗口过程函数（回调函数）对发往该主窗口的消息进行处理。处理完消息之后，应用程序的窗口过程函数将返回到 DispatchMessage()函数中，而 DispatchMessage()函数最后又将返回到应用程序代码中，应用程序又从下一个 GetMessage()函数调用开始消息循环。

12.4.5 窗口过程函数

窗口过程函数是 MiniGUI 程序的主体部分，应用程序实际所做的工作大部分都发生在窗口过程函数中，因为 GUI 程序的主要任务就是接受和处理窗口收到的各种消息。

在 HelloWorld 程序中，窗口过程是名为 HelloWinProc()的函数。窗口过程函数可以由程序员任意命名，CreateMainWindow()函数根据 MAINWINCREATE 结构类型的参数中指定的窗口过程创建主窗口。窗口过程函数总是定义为如下形式：

```
static int HelloWinProc(HWND hWnd, int message, WPARAM wParam, LPARAM lParam)
```

窗口过程的 4 个参数与 MSG 结构的前四个域是相同的。第一个参数 hWnd 是接收消息的窗口的句柄，它与 CreateMainWindow()函数的返回值相同，该值标识了接收该消息的特定窗口。第二个参数与 MSG 结构中的 message 域相同，它是一个标识窗口所收到消息的整数值。最后两个参数都是 32 位的消息参数，它提供和消息相关的特定信息。

程序通常不直接调用窗口过程函数，而是由 MiniGUI 进行调用，也就是说，它是一个回调函数。窗口过程函数不予处理的消息应该传给 DefaultMainWinProc()函数进行默认处理，从 DefaultMainWinProc()返回的值必须由窗口过程返回。

12.4.6 屏幕输出

程序在响应 MSG_PAINT 消息时进行屏幕输出。应用程序应首先通过调用 BeginPaint()函数来获得设备上下文句柄，并用它调用 GDI 函数来执行绘制操作。这里，程序使用 TextOut()文本输出函数在客户区的中部显示了一个“Hello world!”字符串。绘制结束之后，应用程序应调用 EndPaint()函数释放设备上下文句柄。

12.4.7 程序的退出

用户单击窗口右上角的关闭按钮时窗口过程函数将收到一个 MSG_CLOSE 消息。HelloWorld 程序在收到 MSG_CLOSE 消息时调用 DestroyMainWindow()函数销毁主窗口，并调用 PostQuitMessage()函数在消息队列中投入一个 MSG_QUIT 消息。当 GetMessage()函数取出 MSG_ QUIT 消息时将返回 0，最终导致程序退出消息循环。

程序最后调用 MainWindowThreadCleanup()清除主窗口所使用的消息队列等系统资源并由 MiniGUIMain()返回。运行结果如图 12-12 所示。

图 12-12 HelloWorld 运行示意图

如果有在 Windows 下利用 API 函数编程经验的读者，一定发现了这个例程中的很多函数的名称都很面熟，而且消息处理的方式和窗口的结构等都与 Windows 极为相似，这正是 MiniGUI 的特点和优势之一。

12.5 消息循环和窗口过程

我们知道，流行的 GUI 编程都有一个重要的概念与之相关，即“事件驱动编程”。事件驱动的含义就是，程序的流程不再是只有一个入口和若干个出口的串行执行线路；相反，程序会一直处于一个循环状态，在这个循环当中，程序从外部输入设备获取某些事件，比如用户的按键或鼠标的移动，然后根据这些事件做出某种的响应，并完成一定的功能，这个循环直到程序接收到某个消息为止。“事件驱动”的底层设施，就是常说的“消息队列”和“消息循环”。

12.5.1 消息处理函数

简而言之，消息循环就是一个循环体，在这个循环体中，程序利用 GetMessage()函数不停地从消息队列中获得消息，然后利用 DispatchMessage()函数将消息发送到指定的窗口，也就是调用指定窗口的窗口过程，并传递消息及其参数。典型的消息循环如下所示：

```
while (GetMessage (&Msg, hMainWnd)) {
      TranslateMessage (&Msg);
      DispatchMessage (&Msg);
}
```

GetMessage()函数从 hMainWnd 窗口所属的消息队列当中获得消息，然后调用 TranslateMessage()函数将 MSG_KEYDOWN 和 MSG_KEYUP 消息翻译成 MSG_CHAR 消息，最后调用 DispatchMessage()函数将消息发送到指定的窗口。

在 MiniGUI-Threads 版本中，每个建立有窗口的 GUI 线程有自己的消息队列，而且，所有属于同一线程的窗口共享同一个消息队列。因此，GetMessage()函数将获得所有与 hMainWnd 窗口在同一线程中的窗口的消息。

除了上面提到的 GetMessage()和 TranslateMessage()、DispatchMessage()函数以外，MiniGUI 支持如下 4 个消息处理函数。

（1）PostMessage()函数：该函数将消息放到指定窗口的消息队列后立即返回。这种发送方式称为“邮寄”消息。如果消息队列中的邮寄消息缓冲区已满，则该函数返回错误值。在下一个消息循环中，由 GetMessage()函数获得这个消息之后，窗口才会处理该消息。PostMessage()一般用于发送一些非关键性的消息。比如在 MiniGUI 中，鼠标和键盘消息就是通过 PostMessage()函数发送的。

（2）SendMessage()函数：该函数和 PostMessage()函数不同，它在发送一条消息给指定窗口时，将等待该消息被处理之后才会返回。当需要知道某个消息的处理结果时，使用该函数发送消息，然后根据其返回值进行处理。在 MiniGUI-Threads 当中，如果发送消息的线程和接收消息的线程不是同一个线程，发送消息的线程将阻塞并等待另一个线程的处理结果，然后继续运行；否则，SendMessage()函数将直接调用接收消息窗口的窗口过程函数。MiniGUI-Lite 则和上面的第二种情况一样，直接调用接收消息窗口的窗口过程函数。

（3）SendNotifyMessage()函数：该函数和 PostMessage()消息类似，也是不等待消息被处理即返回。但和 PostMessage()消息不同，通过该函数发送的消息不会因为缓冲区满而丢失，因为系统采用链表的形式处理这种消息。通过该函数发送的消息一般称为“通知消息”，一般用来从控件向其父窗口发送通知消息。

（4）PostQuitMessage()函数：该消息在消息队列中设置一个 QS_QUIT 标志。GetMessage()在从指定消息队列中获取消息时，会检查该标志，如果有 QS_QUIT 标志，GetMessage()消息将返回 FALSE，从而可以利用该返回值终止消息循环。

12.5.2　重要的消息

在窗口（包括主窗口和子窗口在内）的生存周期当中，有几个重要的消息需要仔细处理。如表 12-1 所示，总结了这些消息的概念和典型处理。

表 12-1　　重要的消息及处理

消息名称	典型的处理
MSG_NCCREATE	该消息在 MiniGUI 建立主窗口的过程中发送到窗口过程。lParam 中包含了由 CreateMainWindow 传递进入的 pCreateInfo 结构指针。用户可以在该消息的处理过程中修改 pCreateInfo 结构中的某些值
MSG_SIZECHANGING	该消息窗口尺寸发生变化时，或者建立窗口时发送到窗口过程，用来确定窗口大小。wParam 包含预期的窗口尺寸值，而 lParam 用来保存结果值
MSG_CHANGESIZE	在确立窗口大小之后，该消息被发送到窗口过程，用来通知确定之后的窗口大小。wParam 包含了窗口大小 RECT 的指针。注意应用程序应该将该消息传递给 MiniGUI 进行默认处理
MSG_SIZECHANGED	该消息用来确定窗口客户区的大小，和 MSG_SIZECHANGING 消息类似。wParam 参数包含窗口大小信息，lParam 参数是用来保存窗口客户区大小的 RECT 指针，并且具有默认值。如果该消息的处理返回非 0 值，则将采用 lParam 当中包含的大小值作为客户区的大小；否则，将忽略该消息的处理
MSG_CREATE	该消息在建立好的窗口成功添加到 MiniGUI 的窗口管理器之后发送到窗口过程。这时，应用程序可以在其中创建子窗口。如果该消息返回非 0 值，则将销毁新建的窗口。注意，在 MSG_NCCREATE 消息被发送时，窗口尚未正常建立，所以不能在 MSG_NCCREATE 消息中建立子窗口
MSG_PAINT	该消息在需要进行窗口重绘时发送到窗口过程。MiniGUI 通过判断窗口是否含有无效区域来确定是否需要重绘。当窗口在初始显示、从隐藏状态变化为显示状态、从部分不可见到可见状态，或者应用程序调用 InvalidateRect 函数使某个矩形区域变成无效时，窗口将具有特定的无效区域。这时，MiniGUI 将在处理完所有的邮寄消息、通知消息之后处理无效区域，并向窗口过程发送 MSG_PAINT 消息
MSG_DESTROY	该消息在应用程序调用 DestroyMainWindow 或者 DestroyWindow 时发送到窗口过程当中，用来通知系统即将销毁一个窗口。如果该消息的处理返回非 0 值，则将取消销毁过程

为了用户能够自定义消息，MiniGUI 定义了 MSG_USER 宏，可如下定义自己的消息：

```
#define MSG_MYMESSAGE1  (MSG_USER + 1)
#define MSG_MYMESSAGE2  (MSG_USER + 2)
```

用户可以在自己的程序中使用自定义消息，并利用自定义消息传递数据。

12.5.3　窗口及窗口过程

窗口是 MiniGUI 当中最基本的 GUI 元素，一旦窗口建立之后，窗口就会从消息队列当中获取属于自己的消息，然后交由它的窗口过程进行处理。这些消息当中，有一些是基本的输入设备事件，而有一些则是与窗口管理相关的逻辑消息。

我们知道，MiniGUI 的 API 类似 Win32 的 API。因此，窗口的建立过程和 Windows 程序基本类似。不过也有一些差别。首先回顾一下 Windows 应用程序的框架。

在 Win32 程序中，在建立一个主窗口之前，程序首先要注册一个窗口类，然后创建一个属于该窗口类的主窗口。MiniGUI 却没有在主窗口中使用窗口类的概念。在 MiniGUI 程序中，首先初始化一个 MAINWINCREATE 结构，该结构中元素的含义如表 12-2 所示。

其中有如下 3 点要特别说明。

（1）CreateInfo.dwAddData()：在程序编制过程中，应该尽量减少静态变量，但是如何不使用静态变量而给窗口传递参数呢？这时可以使用这个域。该域是一个 32 位的值，因此可以把所有需要传递给窗口的参数编制成一个结构，而将结构的指针赋予该域。在窗口过程中，可以使用 GetWindowAdditionalData()函数获取该指针，从而获得所需要传递的参数。

表 12-2　　MAINWINCREATE 结构说明

成员	说明
CreateInfo.dwStyle	窗口风格
CreateInfo.spCaption	窗口的标题
CreateInfo.dwExStyle	窗口的附加风格
CreateInfo.hMenu	附加在窗口上的菜单句柄
CreateInfo.hCursor	在窗口中所使用的鼠标光标句柄
CreateInfo.hIcon	程序的图标
CreateInfo.MainWindowProc	该窗口的消息处理函数指针
CreateInfo.lx	窗口左上角相对屏幕的绝对横坐标，以像素点表示
CreateInfo.ty	窗口左上角相对屏幕的绝对纵坐标，以像素点表示
CreateInfo.rx	窗口的长，以像素点表示
CreateInfo.by	窗口的高，以像素点表示
CreateInfo.iBkColor	窗口背景颜色
CreateInfo.dwAddData	附带给窗口的一个 32 位值
CreateInfo.hHosting	窗口消息队列所属

（2）CreateInfo.hHosting：该域表示的是将要建立的主窗口使用哪个主窗口的消息队列。使用其他主窗口消息队列的主窗口，称为“被托管”的主窗口。当然，这只在 MiniGUI-Threads 版本中有效。

（3）MainWinProc 函数负责处理窗口消息。这个函数就是主窗口的“窗口过程”。窗口过程一般有四个入口参数：第一个是窗口句柄，第二个是消息类型，第三个和第四个是消息的两个参数。

当准备好 MAINWINCREATE 结构之后，就可以调用 CreateMainWindow()函数建立主窗口了。在建立主窗口之后，典型的程序将进入消息循环。如上节中的例程所示。

当在退出消息循环之后，首先要调用 DestroyMainWindow(hWnd)函数、MainWindowThread Cleanup()函数销毁一个主窗口，但不会销毁主窗口所使用的消息队列，而要使用 MainWindow ThreadCleanup()函数，最终清除主窗口所使用的消息队列。

一般而言，一个主窗口过程在接收到 MSG_CLOSE()消息之后会销毁主窗口，并调用 PostQuitMessage()消息终止消息循环。

12.6 对话框和控件编程

对话框编程是一个快速构建用户界面的技术。通常，在编写简单的图形用户界面时，可以通过调用 CreateWindow()函数直接创建所有需要的子窗口，即控件。但在图形用户界面比较复杂的情况下，每建立一个控件就调用一次 CreateWindow()函数，并传递许多复杂参数的方法很不可取。主要原因之一，就是程序代码和用来建立控件的数据混在一起，不利于维护。为此，一般的 GUI 系统都会提供一种机制，利用这种机制，通过指定一个模板，GUI 系统就可以根据此模板建立相应的主窗口和控件。MiniGUI 也提供这种方法，通过建立对话框模板，就可以建立模态或者非模态的对话框。

12.6.1 控件的概念

控件可以理解为主窗口中的子窗口。这些子窗口的行为和主窗口一样，即能够接收键盘和鼠标等外部输入，也可以在自己的区域内进行输出，只是它们的所有活动被限制在主窗口中。MiniGUI 也支持子窗口，并且可以在子窗口中嵌套建立子窗口，将 MiniGUI 中的所有子窗口均称为控件。

12.6.2 预定义控件

MiniGUI 提供了常用的预定义控件类，包括按钮（单选钮、复选钮）、静态框、列表框、进度条、滑块、编辑框，等。程序也可以定制自己的控件类，注册后再创建对应的实例，如表 12-3 所示，给出了 MiniGUI 预先定义的控件类和相应的类名称定义。

表 12-3　　MiniGUI 预定义的控件类和对应类名称

控件类	类名称	宏定义	备注
静态框	"static"	CTRL_STATIC	
按钮	"button"	CTRL_BUTTON	
列表框	"listbox"	CTRL_LISTBOX	
进度条	"progressbar"	CTRL_PRORESSBAR	
滑块	"trackbar"	CTRL_TRACKBAR	
单行编辑框	"edit""sledit"	CTRL_EDIT、CTRL_SLEDIT	
多行编辑框	"medit""mledit"	CTRL_MEDIT、 CTRL_MLEDIT	
工具条	"toolbar"	CTRL_TOOLBAR	
菜单按钮	"menubutton"	CTRL_MENUBUTTON	
树型控件	"treeview"	CTRL_TREEVIEW	包含在 mgext 库，即 MiniGUI 扩展库中
月历控件	"monthcalendar"	CTRL_MONTHCALENDAR	同上
旋钮控件	"spinbox"	CTRL_SPINBOX	同上

在 MiniGUI 中，通过调用 CreateWindow()函数，可以建立某个控件类的一个实例。控件类既可以是表 12-3 中预定义 MiniGUI 控件类，也可以是用户自定义的控件类。

例如下面的这段代码片段中，就是利用预定义控件类创建控件。

```
/*代码片段 1*/
/*利用预定义控件类创建控件*/
#define IDC_STATIC1   100
#define IDC_STATIC2   150
#define IDC_BUTTON1   110
#define IDC_BUTTON2   120
#define IDC_EDIT1     130
#define IDC_EDIT2     140
int ControlTestWinProc (HWND hWnd, int message, WPARAM wParam, LPARAM lParam)
{
   static HWND hStaticWnd1, hStaticWnd2, hButton1, hButton2, hEdit1, hEdit2;
   switch (message) {
   case MSG_CREATE:
   {
       hStaticWnd1 = CreateWindow (CTRL_STATIC,
                            "This is a static control",
               WS_CHILD | SS_NOTIFY | SS_SIMPLE | WS_VISIBLE | WS_BORDER,
                            IDC_STATIC1,
                            10, 10, 180, 300, hWnd, 0);
       hButton1    = CreateWindow (CTRL_BUTTON,
                            "Button1",
                            WS_CHILD | BS_PUSHBUTTON | WS_VISIBLE,
                            IDC_BUTTON1,
                            20, 20, 80, 20, hStaticWnd1, 0);
       hButton2    = CreateWindow (CTRL_BUTTON,
                            "Button2",
                            WS_CHILD | BS_PUSHBUTTON | WS_VISIBLE,
                            IDC_BUTTON2,
                            20, 50, 80, 20, hStaticWnd1, 0);
       hEdit1      = CreateWindow (CTRL_EDIT,
                            "Edit Box 1",
                            WS_CHILD | WS_VISIBLE | WS_BORDER,
                            IDC_EDIT1,
                            20, 80, 100, 24, hStaticWnd1, 0);
       hStaticWnd2 = CreateWindow (CTRL_STATIC,
                            "This is child static control",
            WS_CHILD | SS_NOTIFY | SS_SIMPLE | WS_VISIBLE | WS_BORDER,
                            IDC_STATIC1,
                            20, 110, 100, 50, hStaticWnd1, 0);
       hEdit2      = CreateWindow (CTRL_EDIT,
                            "Edit Box 2",
                            WS_CHILD | WS_VISIBLE | WS_BORDER,
                            IDC_EDIT2,
                            0, 20, 100, 24, hStaticWnd2, 0);
      break;
     }

    }
    return DefaultMainWinProc (hWnd, message, wParam, lParam);
}
```

在这个例程中，hStaticWnd1 是建立在主窗口 hWnd 中的静态框；hButton1、hButton2、hEdit1、hStaticWnd2 则是建立在 hStaticWnd1 内部的几个控件，并作为 hStaticWnd1 的子控件而存在，建立了两个按钮、一个编辑框和一个静态按钮；而 hEdit2 是 hStaticWnd2 的子控件，是 hStaticWnd1 的子控件。

12.6.3　自定义控件

用户也可以通过 RegisterWindowClass()函数注册自己的控件类，并建立该控件类的控件实例。如果程序不再使用某个自定义的控件类，则应该使用 UnregisterWindowClass()函数注销自定义的控件类。上述两个函数以及和窗口类相关函数的原型如下（include/window.h）：

```
BOOL GUIAPI RegisterWindowClass (PWNDCLASS pWndClass);
BOOL GUIAPI UnregisterWindowClass (const char* szClassName);
```

与它们配合使用的还有下列的这些函数：

```
char* GUIAPI GetClassName (HWND hWnd);
```

GetClassName()获得窗口对应的窗口类的名称，对主窗口而言，窗口类名称为“MAINWINDOW”。

```
BOOL GUIAPI GetWindowClassInfo (PWNDCLASS pWndClass);
BOOL GUIAPI SetWindowClassInfo (const WNDCLASS* pWndClass);
```

GetWindowClassInfo()和 SetWindowClassInfo()函数分别用来获取和指定特定窗口类的属性。下面这段代码片段演示了如何自定义控件。

```
/*代码片段 2*/
/*定义并注册自定义控件类*/

#define STEP_CTRL_NAME "mystep"
#define MSG_SET_STEP_INFO   (MSG_USER + 1)
#define MSG_SET_CURR_STEP   (MSG_USER + 2)
static int StepControlProc (HWND hwnd,
             int message, WPARAM wParam, LPARAM lParam)
{
   HDC hdc;
   HELPWININFO* info;

   switch (message) {
   case MSG_PAINT:
      hdc = BeginPaint (hwnd);
      /* 获取步骤控件信息 */
      info = (HELPWININFO*)GetWindowAdditionalData (hwnd);
      /* 绘制步骤内容 */
      ......
      EndPaint (hwnd, hdc);
      break;
   /* 控件自定义的消息：用来设置步骤信息 */
   case MSG_SET_STEP_INFO:
      SetWindowAdditionalData (hwnd, (DWORD)lParam);
      InvalidateRect (hwnd, NULL, TRUE);
      break;
   /* 控件自定义的消息：用来设置当前步骤信息 */
   case MSG_SET_CURR_STEP:
      InvalidateRect (hwnd, NULL, FALSE);
      break;
   case MSG_DESTROY:
      break;
   }
   return DefaultControlProc (hwnd, message, wParam, lParam);
}
static BOOL RegisterStepControl ()
```

```
{
    int result;
    WNDCLASS StepClass;
    StepClass.spClassName = STEP_CTRL_NAME;
    StepClass.dwStyle     = 0;
    StepClass.hCursor     = GetSystemCursor (IDC_ARROW);
    StepClass.iBkColor    = COLOR_lightwhite;
    StepClass.WinProc     = StepControlProc;
    return RegisterWindowClass (&StepClass);
}
static void UnregisterStepControl ()
{
    UnregisterWindowClass (STEP_CTRL_NAME);
}
```

在这段代码中，定义并注册了一个自己的控件类。该控件用来显示安装程序的步骤信息，MSG_SET_STEP_INFO 消息用来定义该控件中显示的所有步骤信息，包括所有步骤名称及其简单描述。MSG_SET_CURR_STEP 消息用来指定当前步骤，控件将高亮显示当前步骤。

12.6.4 控件子类化

采用控件类和控件实例的结构，不仅可以提高代码的可重用性，而且还可以方便地对已有控件类进行扩展。比如，在需要建立一个只允许输入数字的编辑框时，就可以通过重载已有编辑框控件类而实现，而不需要重新编写一个新的控件类。在 MiniGUI 中，这种技术称为子类化或者窗口派生。子类化的方法有以下 3 种。

（1）对已经建立的控件实例进行子类化，子类化的结果是只影响这一个控件实例。

（2）对某个控件类进行子类化，将影响其后创建的所有该控件类的控件实例。

（3）在某个控件类的基础上新注册一个子类化的控件类，不会影响原有控件类。在 Windows 中，这种技术又称为超类化。

在 MiniGUI 中，控件的子类化实际是通过替换已有的窗口过程实现的。下面的这段代码片段就通过控件类创建了两个子类化的编辑框，一个只能输入数字，而另一个只能输入字母。

```
/*代码片段 3*/
/*控件的子类化*/
#define IDC_CTRL1     100
#define IDC_CTRL2     110
#define IDC_CTRL3     120
#define IDC_CTRL4     130
#define MY_ES_DIGIT_ONLY     0x0001
#define MY_ES_ALPHA_ONLY    0x0002
static WNDPROC old_edit_proc;
static int RestrictedEditBox (HWND hwnd, int message, WPARAM wParam, LPARAM lParam)
{
    if (message == MSG_CHAR) {
        DWORD my_style = GetWindowAdditionalData (hwnd);
                         /* 确定被屏蔽的按键类型 */
        if ((my_style & MY_ES_DIGIT_ONLY) && (wParam < '0' || wParam > '9'))
            return 0;
        else if (my_style & MY_ES_ALPHA_ONLY)
            if (!((wParam >= 'A' && wParam <= 'Z') || (wParam >= 'a' && wParam <= 'z')))
                         /* 收到被屏蔽的按键消息，直接返回 */
```

```
            return 0;
        }
        /* 由老的窗口过程处理其余消息 */
        return (*old_edit_proc) (hwnd, message, wParam, lParam);
    }
    static int ControlTestWinProc (HWND hWnd, int message, WPARAM wParam, LPARAM lParam)
    {
        switch (message) {
        case MSG_CREATE:
        {
            HWND hWnd1, hWnd2, hWnd3;
            CreateWindow  ( CTRL_STATIC,
                            "Digit-only box:",
                            WS_CHILD | WS_VISIBLE | SS_RIGHT, 0,
                            10, 10, 180, 24, hWnd, 0);
            hWnd1 = CreateWindow (CTRL_EDIT, "",
                            WS_CHILD | WS_VISIBLE | WS_BORDER, IDC_CTRL1,
                            200, 10, 180, 24, hWnd, MY_ES_DIGIT_ONLY);
            CreateWindow  (CTRL_STATIC, "Alpha-only box:",
                            WS_CHILD | WS_VISIBLE | SS_RIGHT, 0,
                            10, 40, 180, 24, hWnd, 0);
            hWnd2 = CreateWindow (CTRL_EDIT, "",
                            WS_CHILD | WS_BORDER | WS_VISIBLE, IDC_CTRL2,
                            200, 40, 180, 24, hWnd, MY_ES_ALPHA_ONLY);
            CreateWindow (CTRL_STATIC, "Normal edit box:",
                            WS_CHILD | WS_VISIBLE | SS_RIGHT, 0,
                            10, 70, 180, 24, hWnd, 0);
            hWnd3 = CreateWindow (CTRL_EDIT, "",
                            WS_CHILD | WS_BORDER | WS_VISIBLE, IDC_CTRL2,
                            200, 70, 180, 24, hWnd, MY_ES_ALPHA_ONLY);
            CreateWindow ("button", "Close",
                            WS_CHILD | BS_PUSHBUTTON | WS_VISIBLE, IDC_CTRL4,
                            100, 100, 60, 24, hWnd, 0);
            /* 用自定义的窗口过程替换编辑框的窗口过程，并保存老的窗口过程*/
            old_edit_proc = SetWindowCallbackProc (hWnd1, RestrictedEditBox);
            SetWindowCallbackProc (hWnd2, RestrictedEditBox);
            break;
        }
        ......
        }
        return DefaultMainWinProc (hWnd, message, wParam, lParam);
    }
```

12.6.5　对话框和对话框模板

在 MiniGUI 中，对话框是一类特殊的主窗口，这种主窗口只关注与用户的交互——向用户提供输出信息，但更多的是用于用户输入。对话框可以理解为子类化之后的主窗口类。它针对对话框的特殊性（即用户交互）进行了特殊设计。比如用户可以使用 TAB 键遍历控件、可以利用 ENTER 键表示默认输入等。在 MiniGUI 当中，在建立对话框之前，首先需要定义一个对话框模板，该模板中定义了对话框本身的一些属性，比如位置和大小等，同时定义了对话框中所有控件的初始信息，包括位置、大小、风格等。在 MiniGUI 中，用两个结构来表示对话框模板（src/window.h）。结构 CTRLDATA 和 DLGTEMPLATE 的定义如下所示。

```
typedef struct
{
    char*            class_name;          // 控件类
    DWORD        dwStyle;                 // 控件样式
    int              x, y, w, h;          // 在对话框中的位置
    int              id;                  // 控件
    const char*      caption;             // 控件标题
    DWORD        dwAddData;               // 附加数据

    DWORD        dwExStyle;               // 控件扩展样式
} CTRLDATA;
typedef CTRLDATA* PCTRLDATA;

typedef struct
{
    DWORD        dwStyle;                 // 对话框样式
    DWORD        dwExStyle;               // 对话框扩展样式
    int              x, y, w, h;          // 对话框的位置
    const char*      caption;             // 对话框标题
    HICON            hIcon;               // 对话框图标
    HMENU        hMenu;                   // 对话框菜单
    int              controlnr;           // 所含控件的数量
    PCTRLDATA    controls;                // 定义控件的数组
    DWORD        dwAddData;               // 置为 0 的附加数据
} DLGTEMPLATE;
typedef DLGTEMPLATE* PDLGTEMPLATE;
```

结构 CTRLDATA 用来定义控件，DLGTEMPLATE 用来定义对话框本身。在程序中，应该首先利用 CTRLDATA 定义对话框中所有的控件，并用数组表示。控件在该数组中的顺序，也就是对话框中用户按 TAB 键时的控件切换顺序。然后定义对话框，指定对话框中的控件数目，并指定 DLGTEMPLATE 结构中的 controls 指针指向定义控件的数组。

如下的代码片段定义了一个对话框。

```
/*代码片段 4*/
/*对话框模板的定义*/
DLGTEMPLATE DlgInitProgress =
{
    WS_BORDER | WS_CAPTION,
    WS_EX_NONE,
    120, 150, 400, 130,
    "VACS 正在进行初始化,
    0, 0,
    3, NULL,
    0
};

CTRLDATA CtrlInitProgress [] =
{
    {
        "static",
        WS_VISIBLE | SS_SIMPLE,
        10, 10, 380, 16,
```

```
        IDC_PROMPTINFO,
        "正在...",
        0
    },
    {
        "progressbar",
        WS_VISIBLE,
        10, 40, 380, 20,
        IDC_PROGRESS,
        NULL,
        0
    },
    {
        "button",
        WS_TABSTOP | WS_VISIBLE | BS_DEFPUSHBUTTON,
        170, 70, 60, 25,
        IDOK,
        "确定",
        0
    }
};
```

在定义了对话框模板数据之后，需要定义对话框的消息处理过程函数，并调用 DialogBox IndirectParam()函数建立对话框，如下列代码片段所示。

```
/*代码片段 5*/
/*定义对话框消息处理函数，并建立对话框 */
static int InitDialogBoxProc (HWND hDlg, int message, WPARAM wParam, LPARAM lParam)
{
    switch (message) {
    case MSG_INITDIALOG:
        return 1;

    case MSG_COMMAND:
        switch (wParam) {
        case IDOK:
        case IDCANCEL:
            EndDialog (hDlg, wParam);
            break;
        }
        break;

    }

    return DefaultDialogProc (hDlg, message, wParam, lParam);
}
static void InitDialogBox (HWND hWnd)
{
    /* 将对话框和控件数组关联起来 */
    DlgInitProgress.controls = CtrlInitProgress;
    /* 建立对话框 */
    DialogBoxIndirectParam (&DlgInitProgress, hWnd, InitDialogBoxProc, 0L);
}
```

DialogBoxIndirectParam()函数的原型如下。

```
int  GUIAPI DialogBoxIndirectParam (PDLGTEMPLATE pDlgTemplate,
                 HWND hOwner, WNDPROC DlgProc, LPARAM lParam);
```

在 DialogBoxIndirectParam()中，需要指定对话框模板（pDlgTemplate）、对话框的托管主窗口句柄(hOwner)、对话框消息处理函数地址（DlgProc）、和发送到 DlgProc 函数的参数（lParam）。

关闭对话框的相关函数有：

```
BOOL GUIAPI EndDialog (HWND hDlg, int endCode);
```

EndDialog()函数将结束一个对话框调用。

```
void GUIAPI DestroyAllControls (HWND hDlg);
```

DestroyAllControls()函数销毁对话框中所有的控件。

12.6.6 模态和非模态对话框

模态对话框就是显示之后，用户不能再切换到其他主窗口进行工作的对话框，而只能在关闭之后，才能使用其他的主窗口。MiniGUI 中，使用 DialogBoxIndirectParam()函数建立的对话框就是模态对话框。实际上，该对话框首先根据模板建立对话框，然后禁止其托管主窗口，并在主窗口的 MSG_CREATE 消息中创建控件，并发送 MSG_INITDIALOG 消息给回调函数，最终建立一个新的消息循环，并进入该消息循环，直到程序调用 EndDialog()函数为止。

在 MiniGUI 中，非模态的对话框实际上就是利用对话框模板建立的普通的主窗口。可以通过 CreateMainWindowIndirect()函数来建立一个非模态的对话框。该函数以及相关函数的原型如下：

```
#include "window.h"
HWND GUIAPI CreateMainWindowIndirect (PDLGTEMPLATE pDlgTemplate,
                    HWND hOwner, WNDPROC WndProc);
```

使用 CreateMainWindowIndirect()根据对话框模板建立的主窗口和其他类型的普通主窗口没有任何区别。

销毁非模态窗口的函数为：

```
#include "window.h"
BOOL GUIAPI DestroyMainWindowIndirect (HWND hMainWin);
```

对话框编程是 MiniGUI 应用开发中使用最为常见的一种技术。在工作中将经常同对话框打交道，因此本节用了较多的篇幅详细介绍了一些常用的技术，希望对读者能有所帮助。

12.7 图形设备接口

GUI 系统的一个重要组成部分就是 GDI，即图形设备接口（Graphics Device Interface，GDI）。通过 GDI，GUI 程序就可以在计算机屏幕上，或者其他的显示设备上进行图形输出，包括基本绘图和文本输出。

12.7.1 图形设备上下文

图形设备定义了计算机显示屏幕上的一个矩形输出区域。在调用图形输出函数时，均要求指定经初始化的图形设备上下文（Device Context，DC），也称作“设备环境”。从程序员的角度看，一个经过初始化的图形设备上下文确定了其后进行图形输出的一些基本属性，并一直保持这些属性，直到被改变为止。这些属性包括：输出的线条颜色、填充颜色、字体颜色、字体形状等。而从 GUI 系统角度来讲，一个图形设备上下文所代表的含义就要复杂得多，它起码应该包含如下内容。

- 该设备上下文所在设备信息（显示模式、色彩深度、显存布局等）。
- 该设备上下文所代表的窗口以及该窗口被其他窗口剪切的信息。

- 该设备上下文的基本操作函数（点、直线、多边形、填充、块操作等），及其上下文信息。
- 由程序设定的局部信息（绘图属性、映射关系和局部剪切域等）。

12.7.2　矩形操作和区域操作

在 MiniGUI 中，矩形是以数据结构 RECT 定义的，其具体结构如下所示：

```
typedef struct tagRECT
{
    int left;
    int top;
    int right;
    int bottom;
} RECT;
```

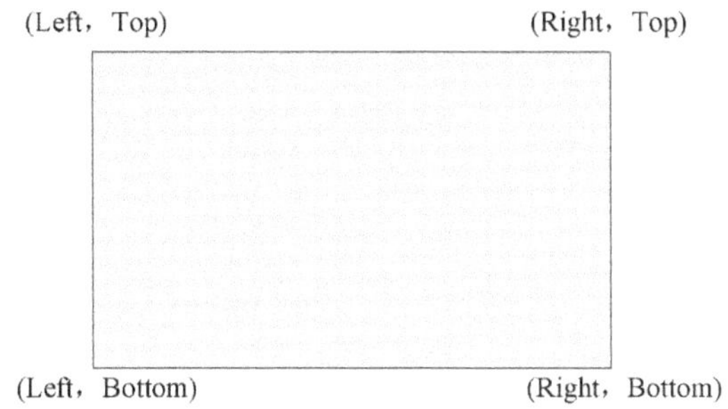

图 12-13　矩形的坐标定义

矩形是用来表示屏幕上一个矩形区域的数据结构，定义了矩形左上角的 x、y 坐标（Left 和 Top）以及右下角的 x、y 坐标（Right 和 Bottom），如图 12-13 所示。

表 12-4 所示为 MiniGUI 提供的一组函数，可对 RECT 对象进行操作。

表 12-4　矩形对象操作函数

函数名	说明
SetRect	对 RECT 对象的各个分量进行赋值
SetRectEmpty	将 RECT 对象设置为空。MiniGUI 中的空矩形定义为高度或宽度为 0 的矩形
IsRectEmpty	判断给定 RECT 对象是否为空
NormalizeRect	对给定矩形进行正规化处理。MiniGUI 中的矩形，应该满足（right>left 并且 bottom>top）的条件。满足这一条件的矩形又称“正规化矩形”，该函数可以对任意矩形进行正规化处理
CopyRect	复制矩形
EqualRect	EqualRect 判断两个 RECT 对象是否相等，即两个 RECT 对象的各个分量相等
IntersectRect	该函数求两个 RECT 对象之交集。若两个矩形根本不相交，则函数返回 FALSE，且结果矩形未定义；否则返回相交矩形
DoesIntersec	该函数仅仅判断两个矩形是否相交
IsCovered	该函数判断 RECT 对象 A 是否全部覆盖 RECT 对象 B，即 RECTB 是 RECTA 的真子集
UnionRect	该函数求两个矩形之并。如果两个矩形根本无法相并，则返回 FALSE。两个相并之后的矩形，其中所包含的任意点，应该属于两个相并矩形之一
GetBoundRect	该函数求两个矩形的外包最小矩形
SubstractRect	该函数从一个矩形中减去另外一个矩形。注意，两个矩形相减的结果可能生成 4 个不相交的矩形。该函数将返回结果矩形的个数以及差矩形
OffsetRect	该函数对给定的 RECT 对象进行平移处理
InflateRect	该函数对给定的 RECT 对象进行膨胀处理。注意膨胀之后的矩形宽度和高度是给定膨胀值的两倍
InflateRectToPt	该函数将给定的 RECT 对象膨胀到指定的点
PtInRect	该函数判断给定的点是否位于指定的 RECT 对象中

在 MiniGUI 中，区域定义为互不相交矩形的集合。区域可以用来表示窗口的剪切域、无效区

域、可见区域等。在 MiniGUI 中，区域和剪切域的定义是一样的，剪切域定义如下：

```
// Clip Rect
typedef struct tagCLIPRECT
{
     RECT rc;
     struct tagCLIPRECT* next;
}CLIPRECT;
// Clip Region
typedef struct tagCLIPRGN
{
    RECT              rcBound;     // 剪切域的边界
    PCLIPRECT         head;        // 矩形链表头
    PCLIPRECT         tail;        // 矩形链表尾
    PBLOCKHEAP        heap;        // 剪切域堆
  } CLIPRGN;
```

每个剪切域对象有一个 BLOCKHEAP 对象。该对象是剪切域分配 RECT 对象的私有堆。在使用一个剪切域对象之前，首先应该建立一个 BLOCKHEAP 对象，并对剪切域对象进行初始化。如下所示：

```
static BLOCKHEAP sg_MyFreeClipRectList;

...

    CLIPRGN my_region

    InitFreeClipRectList (&sg_MyFreeClipRectList, 20);
    InitClipRgn (&my_regioni, &sg_MyFreeClipRectList);
```

在实际使用当中，多个剪切域可以共享同一个 BLOCKHEAP 对象。在初始化剪切域对象之后，可以对剪切域进行如表 12-5 中所列的操作。

表 12-5　　剪切域的操作函数

函数名	说明
SetClipRgn	该函数将剪切域设置为仅包含一个矩形的剪切域
ClipRgnCopy	该函数复制剪切域
ClipRgnIntersect	该函数求两个剪切域的交集
GetClipRgnBoundRect	该函数求剪切域的外包最小矩形
IsEmptyClipRgn	该函数判断剪切域是否为空，即是否包含剪切矩形
EmptyClipRgn	该函数释放剪切域中的剪切矩形，并清空剪切域
AddClipRect	该函数将一个剪切矩形追加到剪切域中。注意该操作并不判断该剪切域是否和剪切矩形相交
IntersectClipRect	该函数求剪切区域和给定矩形相交的剪切区域
SubtractClipRect	该函数从剪切区域中减去指定的矩形

矩形和区域的运算构成了窗口管理的主要算法，也是高级 GDI 函数的基本算法之一，在 GUI 编程中占有非常重要的地位。

在利用设备上下文进行绘图时，可以进行剪切处理。MiniGUI 提供了如表 12-6 中所列的函数完成对指定设备上下文的剪切处理。

表 12-6　　设备上下文剪切处理函数

函数名	说明
ExcludeClipRect	从设备上下文的当前可见区域中排除给定的矩形区域，设备上下文的可见区域将缩小
IncludeClipRect	向当前设备上下文的可见区域中添加一个矩形区域，设备上下文的可见区域将扩大
ClipRectIntersect	将设备上下文的可见区域设置为已有区域和给定矩形区域的交集
SelectClipRect	将设备上下文的可见区域重置为一个矩形区域
SelectClipRegion	将设备上下文的可见区域设置为一个指定的区域
GetBoundsRect	获取当前可见区域的外包最小矩形
PtVisible	判断给定的点是否可见，即是否全部或部分落在可见区域当中
RectVisible	判断给定矩形是否可见，即是否全部或部分落在可见区域当中

12.7.3　像素值和调色板

这里有两个基本的概念需要明确区分，即 RGB 值和像素值。

- RGB：是计算机中通过三原色的不同比例表示某种颜色的方法。通常，RGB 中的红、绿、蓝可取 0～255 当中的任意值，从而可以表示 255×255×255，共 16581375 种不同的颜色。
- 像素值：是在显示内存当中保存的像素实际能显示的颜色值。像素值的范围根据显示模式的不同而变化。在 16 色显示模式下，像素值范围为[0,15]；而在 256 色模式下，像素值范围为[0,255]；在 16 位色模式下，像素值范围为[0,2^16-1]。通常所说的显示模式是多少位色，就是指像素的位数。

在 MiniGUI 中，设置某个像素点的颜色，既可以直接使用像素值（使用 SetPixel()函数），也可以间接通过 RGB 值来设置（使用 SetPixelRGB()函数）。通过 RGB2Pixel()函数，可以将 RGB 值转换为像素值。

调色板是低颜色位数的模式下（比如 256 色或者更少的颜色模式），用来建立有限的像素值和 RGB 对应关系的一个线性表，以较少的存储空间换取较多的显示内容。

在 MiniGUI 当中，可以通过 SetPalette()和 GetPalette()函数进行调色板的操作，而 SetColorfulePalette()将调色板设置为默认的调色板。

12.7.4　位图操作函数

在 MiniGUI 的 GDI 函数中，位图操作函数占有非常重要的地位。实际上，许多高级绘图操作函数均建立在位图操作函数之上，比如文本输出函数。

在 MiniGUI 中，存在两种位图，设备相关的位图对象和设备无关的位图对象，分别用 BITMAP 和 MYBITMAP 两种数据结构表示。设备相关的位图指的是，位图当中包含的是与指定设备上下文的显示模式相匹配的像素值，而设备无关图像中则不包括这部分内容。MiniGUI 目前可以用来装载 BMP 文件、JPG 文件、GIF 文件以及 PCX、TGA 等格式的位图文件。MiniGUI 的主要位图操作函数如表 12-7 所示。

表 12-7　　位图操作函数

函数名	说明
LoadBitmap	将某种位图文件装载为 MiniGUI 设备相关的位图对象，即 BITMAP 对象
LoadMyBitmap	用来将位图文件装载成设备无关的位图对象

续表

函数名	说明
SaveBitmap	将一个 BITMAP 对象保存为位图文件
UnloadBitmap	卸载一个 BITMAP 对象
ExpandMyBitmap	将 MYBITMAP 扩展为 BITMAP 对象
ReplaceBitmapColor	将 BITMAP 对象中指定的像素值替换为另一个像素值
FillBox	用当前填充色填充矩形框
FillBoxWithBitmap	用设备相关位图对象填充矩形框，可以用来扩大或者缩小位图
FillBoxWithBitmapPart	用设备相关位图对象的部分填充矩形框，也可以扩大或缩小位图
BitBlt	函数用来实现两个不同设备上下文之间的显示内存复制
StretchBlt	在 BitBlt 的基础上进行缩放操作

下面的代码片段演示了载入、显示和卸载 Bitmap 对象的过程和方法。

```
/*代码片段 6*/
/*显示 Bitmap 的过程演示 */
static int LoadBmpWinProc(HWND hWnd, int message, WPARAM wParam, LPARAM lParam)
{
    HDC hdc;
    switch (message) {
        case MSG_CREATE:
            /*载入 Bitmap 文件*/
            if (LoadBitmap (HDC_SCREEN, &bmp, "bkgnd.jpg"))
                return -1;
            return 0;
        case MSG_PAINT:
            hdc = BeginPaint (hWnd);
            /*以原始大小显示*/
            FillBoxWithBitmap (hdc, 0, 0, 100, 100, &bmp);
            Rectangle (hdc, 0, 0, 100, 100);
            /*放大显示*/
            FillBoxWithBitmap (hdc, 100, 0, 200, 200, &bmp);
            Rectangle (hdc, 100, 0, 300, 200);
            /*显示位图的一部分*/
            FillBoxWithBitmapPart (hdc, 0, 200, 400, 200, 0, 0, &bmp, 10, 10);
            Rectangle (hdc, 0, 200, 400, 400);
            EndPaint (hWnd, hdc);
            return 0;
        case MSG_CLOSE:
            /*卸载 Bitmap 文件，释放各种资源*/
            UnloadBitmap (&bmp);
            DestroyMainWindow (hWnd);
            PostQuitMessage (hWnd);
            return 0;
    }
    return DefaultMainWinProc(hWnd, message, wParam, lParam);
}
```

12.7.5 字体和文本输出

MiniGUI 的逻辑字体功能强大，它包括了字符集、字体类型、风格和样式等丰富的信息，不仅可以用来输出文本，而且可以用来分析多语种文本的结构。这在许多文本排版应用中非常有用。

在使用 MiniGUI 的逻辑字体之前，首先要创建逻辑字体，并且将其选择到要使用这种逻辑字体进行文本输出的设备上下文当中。每个设备上下文的默认逻辑字体是系统字体，即用来显示菜单、标题的逻辑字体。表 12-8 所示为与字体操作相关的函数。

表 12-8　字体操作相关的函数

函数	说明
CreateLogFont	通过字体名建立逻辑字体
CreateLogFontIndirect	通过 LOGFONT 结构体建立逻辑字体
SelectFont	将逻辑字体选择到指定的设备上下文中
DestroyLogFont	销毁逻辑字体。注意不能销毁正被选中的逻辑字体
GetSystemFont	返回默认的系统逻辑字体
GetCurFont	返回当前选中的逻辑字体
GetTextExtentPoint	计算在给定的输出宽度内输出多字节文本时（即输出的字符限制在一定的宽度当中），可输出的最大字符个数、每个字符所在的字节位置、每个字符的输出位置，以及实际的输出高度和宽度
GetFontHeight	返回逻辑字体的高度
GetMaxFontWidth	返回逻辑字体的最大字符宽度
GetTextExtent	计算文本的输出高度和宽度
GetTabbedTextExtent	返回格式化字符串的输出高度和宽度
TextOutLen	用来在给定位置输出指定长度的字符串，若长度为-1，则字符串必须是以'\0'结尾的
TabbedTextOutLen	输出格式化字符串
TabbedTextOutEx	输出格式化字符串，但可以指定字符串中每个 Tab 键的位置
DrawText	可以以不同的对齐方式在指定矩形内部输出文本

下面的代码片段建立了多个逻辑字体：

```
/* 代码片段 7 */
/* 建立逻辑字体 */
  static LOGFONT  *logfont, *logfontgb12, *logfontbig24;

        logfont = CreateLogFont (NULL, "SansSerif", "ISO8859-1",
            FONT_WEIGHT_REGULAR, FONT_SLANT_ITALIC,
            FONT_SETWIDTH_NORMAL, FONT_SPACING_CHARCELL,
            FONT_UNDERLINE_NONE, FONT_STRUCKOUT_LINE,
                    16, 0);
        logfontgb12 = CreateLogFont (NULL, "song", "GB2312",
            FONT_WEIGHT_REGULAR, FONT_SLANT_ROMAN,
            FONT_SETWIDTH_NORMAL, FONT_SPACING_CHARCELL,
            FONT_UNDERLINE_LINE, FONT_STRUCKOUT_LINE,
                    12, 0);
        logfontbig24 = CreateLogFont (NULL, "ming", "BIG5",
            FONT_WEIGHT_REGULAR, FONT_SLANT_ROMAN,
            FONT_SETWIDTH_NORMAL, FONT_SPACING_CHARCELL,
            FONT_UNDERLINE_LINE, FONT_STRUCKOUT_NONE,
```

```
                    24, 0);
```

其中，第一个字体，即 logfont 是属于字符集 ISO8859-1 的字体，并且选用 SansSerif 体，大小为 16 像素高；logfontgb12 是属于字符集 GB2312 的字体，并选用 song 体（宋体），大小为 12 像素高；logfontbig24 是属于字符集 BIG5 的字体，并选用 ming 体（即明体）。下面的这段代码片段，就根据字符串所描述的那样，调用 DrawText 函数进行对齐文本输出：

```
/* 代码片段 8 */
/* 格式化文本输出 */
void OnModeDrawText (HDC hdc)
{
    RECT rc1, rc2, rc3, rc4;
    const char* szBuff1 = "This is a good day. \n"
            "这是利用 DrawText 绘制的文本，使用字体 GB2312 Song 12 "
            "文本垂直靠上，水平居中";
    const char* szBuff2 = "This is a good day. \n"
            "这是利用 DrawText 绘制的文本，使用字体 GB2312 Song 16 "
            "文本垂直靠上，水平靠右";
    const char* szBuff3 = "单行文本垂直居中，水平居中";
    const char* szBuff4 =
            "这是利用 DrawTextEx 绘制的文本，使用字体 GB2312 Song 16 "
            "首行缩进值为 32. 文本垂直靠上，水平靠左";
    rc1.left = 1; rc1.top  = 1; rc1.right = 401; rc1.bottom = 101;
    rc2.left = 0; rc2.top  = 110; rc2.right = 401; rc2.bottom = 351;
    rc3.left = 0; rc3.top  = 361; rc3.right = 401; rc3.bottom = 451;
    rc4.left = 0; rc4.top  = 461; rc4.right = 401; rc4.bottom = 551;
    SetBkColor (hdc, COLOR_lightwhite);
    Rectangle (hdc, rc1.left, rc1.top, rc1.right, rc1.bottom);
    Rectangle (hdc, rc2.left, rc2.top, rc2.right, rc2.bottom);
    Rectangle (hdc, rc3.left, rc3.top, rc3.right, rc3.bottom);
    Rectangle (hdc, rc4.left, rc4.top, rc4.right, rc4.bottom);
    InflateRect (&rc1, -1, -1);
    InflateRect (&rc2, -1, -1);
    InflateRect (&rc3, -1, -1);
    InflateRect (&rc4, -1, -1);
    SelectFont (hdc, logfontgb12);
    DrawText (hdc, szBuff1, -1, &rc1, DT_NOCLIP | DT_CENTER | DT_WORDBREAK);
    SelectFont (hdc, logfontgb16);
    DrawText (hdc, szBuff2, -1, &rc2, DT_NOCLIP | DT_RIGHT | DT_WORDBREAK);
    SelectFont (hdc, logfontgb24);
    DrawText (hdc, szBuff3, -1, &rc3, DT_NOCLIP | DT_SINGLELINE | DT_CENTER | DT_VCENTER);
    SelectFont (hdc, logfontgb16);
    DrawTextEx (hdc, szBuff4, -1, &rc4, 32, DT_NOCLIP | DT_LEFT | DT_WORDBREAK);
}
```

12.7.6 绘制图形

MiniGUI 提供了下列的基本曲线绘制函数：

MoveTo()将当前画笔的起始点移动到给定点（x,y），以逻辑坐标指定。它的函数原型为：

```
void GUIAPI MoveTo (HDC hdc, int x, int y);
```

LineTo()从当前画笔点画直线到给定点（x,y），以逻辑坐标指定。它的函数原型为：

```
void GUIAPI LineTo (HDC hdc, int x, int y);
```

Rectangle()函数画顶点为（x0,y0）和（x1,y1）的矩形。它的函数原型为：

```
void GUIAPI Rectangle (HDC hdc, int x0, int y0, int x1, int y1);
```

PollyLineTo()函数利用 LineTo()函数画折线。pts 指定了折线的各个端点，vertices 指定了折线端点个数。它的函数原型为：

```
void GUIAPI PollyLineTo (HDC hdc, const POINT* pts, int vertices);
```

SplineTo()函数利用 LineTo()函数画三次样条曲线。需要注意的是，必须传递四个点才能唯一确定一条样条曲线，也就是说，pts 是一个指向包含 4 个 POINT 结构数组的指针。它的函数原型为：

```
void GUIAPI SplineTo (HDC hdc, const POINT* pts);
```

Circle()函数绘制圆，圆心为(sx,sy)，半径为 r，以逻辑坐标指定。它的函数原型为：

```
void GUIAPI Circle (HDC hdc, int sx, int sy, int r);
```

Ellipse()函数绘制椭圆，椭圆心为（sx,sy），*x* 轴半径为 rx，*y* 轴半径为 ry。它的函数原型为：

```
void GUIAPI Ellipse (HDC hdc, int sx, int sy, int rx, int ry);
```

Arc()函数绘制圆弧，（sx,sy）指定了圆心，r 指定半径，ang1 和 ang2 指定圆弧的起始弧度和终止弧度。需要注意的是，ang1 和 ang2 是以定点数形式指定的。它的函数原型为：

```
void GUIAPI Arc (HDC hdc, int sx, int sy, int r, fixed ang1, fixed ang2);
```

作为示例，下面的代码示范了 Circle()和 Ellipse()函数的用法。假设给定了两个点 pts[0]和 pts[1]，其中 pts[0]是圆心或者椭圆心，而 pts[1]是圆或者椭圆外切矩形的一个顶点。

```
int rx = ABS (pts[1].x - pts[0].x);
int ry = ABS (pts[1].y - pts[0].y);
if (rx == ry)
   Circle (hdc, pts[0].x, pts[0].y, rx);
else
   Ellipse (hdc, pts[0].x, pts[0].y, rx, ry);
```

对应地，还有一类封闭曲线的填充函数，如下所示。

FillBox()函数填充指定的矩形。该矩形左上角顶点为（x,y），宽度为 w，高度为 h，以逻辑坐标指定。它的函数原型为：

```
void GUIAPI FillBox (HDC hdc, int x, int y, int w, int h);
```

FillCircle()函数填充指定的圆。圆心为（sx,xy），半径为 r，以逻辑坐标指定。它的函数原型为：

```
void GUIAPI FillCircle (HDC hdc, int sx, int sy, int r);
```

FillEllipse()函数填充指定的椭圆。椭圆心为（sx,sy），*x* 轴半径为 rx，*y* 轴半径为 ry。它的函数原型为：

```
void GUIAPI FillEllipse (HDC hdc, int sx, int sy, int rx, int ry);
```

FillSector()函数填充由圆弧和两条半径形成的扇形。圆心为(x,y)，半径为 r，起始弧度为 ang1，终止弧度为 ang2。它的函数原型为：

```
void GUIAPI FillSector (HDC hdc, int sx, int sy, int r, int ang1, int ang2);
```

FillPolygon()函数填充多边形。pts 表示多边形各个顶点，vertices 表示多边形顶点个数。它的函数原型为：

```
BOOL GUIAPI FillPolygon (HDC hdc, const POINT* pts, int vertices);
```

FloodFill()从指定点（x,y）开始填注。它的函数原型为：

```
BOOL GUIAPI FloodFill (HDC hdc, int x, int y);
```

需要注意的是，所有填充函数使用当前画刷属性（颜色）。

下面的例子说明了如何使用 FillCircle()和 FillEllipse()函数填充圆或者椭圆。假定给定了两个点，pts[0]和 pts[1]，其中 pts[0]是圆心或者椭圆心，而 pts[1]是圆或者椭圆外切矩形的一个顶点。

```
int rx = ABS (pts[1].x - pts[0].x);
```

```
int ry = ABS (pts[1].y - pts[0].y);
if (rx == ry)
   FillCircle (hdc, pts[0].x, pts[0].y, rx);
else
   FillEllipse (hdc, pts[0].x, pts[0].y, rx, ry);
```

12.8 实例——MiniQQ 界面设计

MiniQQ 是一个仿 QQ 界面的 MiniGUI 例程，该程序由登录窗口（见图 12-14）、好友列表窗口（见图 12-15）、关于对话框（见图 12-16）和聊天窗口（见图 12-17）组成。这是程序运行后见到的第一个界面，用户在这个窗口中输入用户名等个人信息，然后选择登录方式，最后单击“登录”按钮进入“好友列表”窗口。

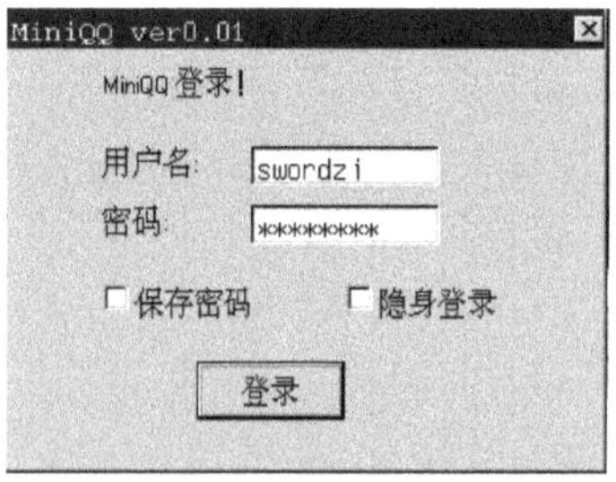

图 12-14　MiniQQ 登录界面

图 12-15　MiniQQ 好友列表

图 12-16　MiniQQ 的 About 对话框

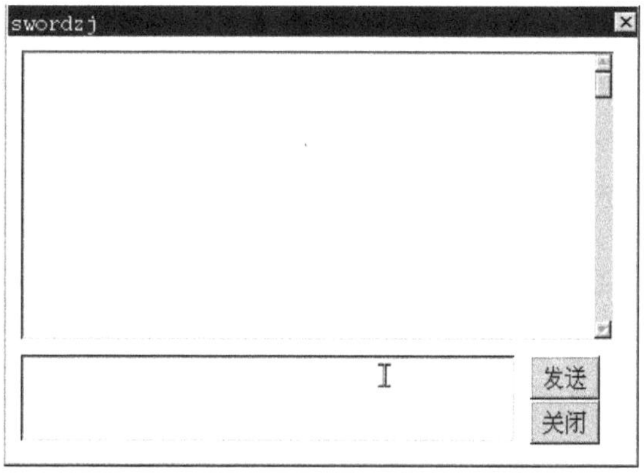

图 12-17　MiniQQ 的聊天窗口

在“好友列表”窗口中列出了已登录的用户。因为这个程序主要目的是演示 MiniGUI 的界面设计，所以没有实现那些具体的聊天功能。事实上，在这个好友列表中的用户名即为在上一个界面中输入的用户名。如果单击“关于”按钮，将出现 About 对话框。

在 About 对话框中显示了一些 MiniQQ 的版本信息等。这是一个有模对话框，因此当这个对话框弹出时，将不能再操作“好友列表”窗口了。单击“关闭”按钮返回“好友列表”窗口。在“好友列表”窗口的列表中双击一个用户名，如双击图中的“swordzj”。这时将打开与好友“swordzj”的聊天窗口。

聊天窗口的布局很简单，标题栏显示了当前的聊天对象，中间占据空间最大的区域为聊天内容的显示区域，在它下面相比而言小一点的区域为输入聊天内容的区域。最后还有两个按钮，分别用来添加一条新的聊天内容和关闭该聊天窗口。包含聊天内容的窗口如图 12-18 和图 12-19 所示。这是添加了一条聊天内容和编写新的消息时的场景。

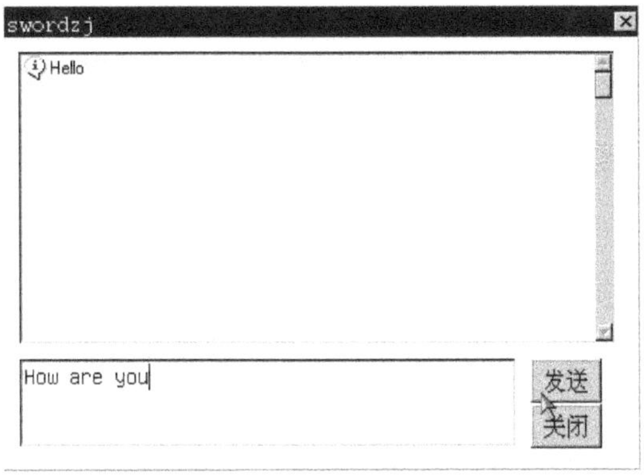

图 12-18　MiniQQ 的聊天过程

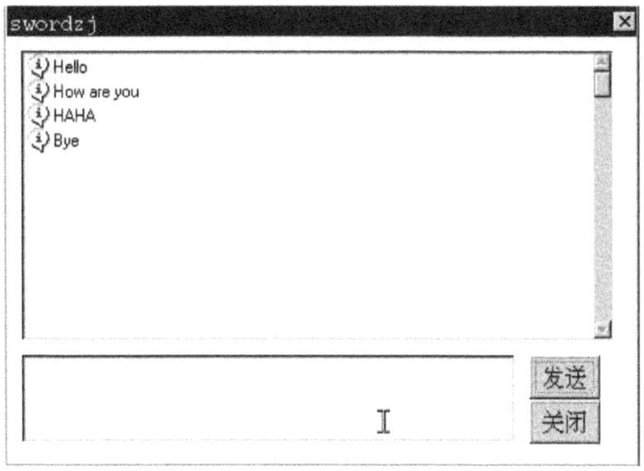

图 12-19　MiniQQ 中聊天内容的显示

每一条聊天的消息都按照顺序排列在内容列表中，其中每条消息都占据了一行。如果超过了一屏能显示的长度，就需要拖拽滚动条查看其他的消息。

这些窗口看上去比较复杂，实现起来会不会很难呢？如果没有 MiniGUI，要在嵌入式 Linux 下做出这样的界面可能是相当困难的，但借助 MiniGUI，实现这样的图形界面就是一件很容易的事情了。下面就为读者逐个分析每个窗口的源代码，从代码中学习如何编写 GUI 应用程序。

在正式开始之前，有必要说明 MiniQQ 的源代码是如何组织的。MiniQQ 的源代码文件共有 4 个，如表 12-9 所示。

表 12-9　MiniQQ 的文件组成

文件名	说明
MiniQQ.h	定义了公共的头文件、ID 定义和全局变量
login.c	登录界面的实现文件，也是程序的入口，即包含了 MiniGUIMain()函数
userlist.c	好友列表窗口的实现文件，还包括关于对话框的实现
talk.c	聊天窗口的实现文件

为了便于编写和调试程序，建议读者使用 Eclipse 管理这个程序，基本的方法和步骤已经在前面做过说明，这里就不再重复。

该程序已在 MiniGUI v.1.3.1 和 QVFB 下运行通过，其他环境下没有做过测试，理论上只要 MiniGUI 可以正常工作，该程序也就可以正常运行。

12.8.1　登录窗口

登录窗口用于输入各种用户数据，待用户提交后由程序进行身份判别。其实现的代码如下所示。

```
/* 文件： login.c */
/* 简介： 登录窗口，获取用户名、密码和登录方式 */
#include "MiniQQ.h"
#ifndef _LITE_VERSION
```

```
#include <minigui/dti.c>
#endif

/*创建登录窗口*/
void CreateLoginForm(HWND hWnd, char *title) {
    CreateWindow(CTRL_STATIC,
            title,
            WS_CHILD | WS_VISIBLE,
            IDC_TEXT0,
            50,10,220,20,hWnd,0);
    CreateWindow(CTRL_STATIC,
            "用户名:",
            WS_CHILD | WS_VISIBLE,
            IDC_TEXT1,
            50,50,80,20,hWnd,0);
    CreateWindow(CTRL_EDIT,
            "swordzj",
            WS_CHILD | WS_BORDER | WS_VISIBLE,
            IDC_USERNAME,
            130,50,100,20,hWnd,0);
    CreateWindow(CTRL_STATIC,
            "密码:",
            WS_CHILD | WS_VISIBLE,
            IDC_TEXT2,
            50,80,80,20,hWnd,0);
    CreateWindow(CTRL_EDIT,
            "Password",
            WS_CHILD | WS_BORDER | WS_VISIBLE | ES_PASSWORD,
            IDC_EDIT1,
            130,80,100,20,hWnd,0);
    CreateWindow(CTRL_BUTTON,
            "登录",
            WS_CHILD | BS_DEFPUSHBUTTON | WS_VISIBLE,
            IDC_LOGIN,
            100,160,80,30,hWnd,0);
    CreateWindow(CTRL_BUTTON,
            "保存密码",
            WS_CHILD | BS_AUTOCHECKBOX | WS_VISIBLE,
            IDC_CHECKBOX0,
            50,120,100,30,hWnd,0);
    CreateWindow(CTRL_BUTTON,
            "隐身登录",
            WS_CHILD | BS_AUTOCHECKBOX | WS_VISIBLE,
            IDC_CHECKBOX1,
            180,120,100,30,hWnd,0);
}
/* QQ 的主界面函数，定义在 QQ.c 中 */
extern int QQwin();
static int LoginWinProc(HWND hWnd, int message, WPARAM wParam, LPARAM lParam) {
    /*从创建窗口的附加数据中得到标题的文本，仅作为相关函数的演示*/
    char *title=(char *)GetWindowAdditionalData(hWnd);
```

```
    switch (message) {
    case MSG_CREATE:
        CreateLoginForm(hWnd, title);
        printf("The MainWin has been opened!\n");
        return 0;
    case MSG_COMMAND: {
        int id= LOWORD(wParam);
        int code= HIWORD(wParam);
            if (id == IDC_LOGIN && code == BN_CLICKED) {
                /*保存登录用户的用户名*/
                GetDlgItemText(hWnd, IDC_USERNAME, userName, 20);
                SendMessage(hWnd, MSG_CLOSE, 0, 0);
                QQwin();
            }
        return 0;
    }
    case MSG_DESTROY:
        DestroyAllControls(hWnd);
        return 0;
    case MSG_CLOSE:
        DestroyMainWindow(hWnd);
        PostQuitMessage(hWnd);
        return 0;
    }
    return DefaultMainWinProc(hWnd, message, wParam, lParam);
}
int MiniGUIMain(int argc, const char* argv[]) {

    MSG Msg;
    HWND hMainWnd;
    MAINWINCREATE CreateInfo;
#ifdef _LITE_VERSION
    SetDesktopRect( 0, 0, 800, 600);
#endif

    char *title = "MiniQQ登录! ";
    CreateInfo.dwStyle = WS_VISIBLE | WS_BORDER | WS_CAPTION;
    CreateInfo.dwExStyle = WS_EX_NONE;
    CreateInfo.spCaption = "MiniQQ ver0.01";
    CreateInfo.hMenu = 0;
    CreateInfo.hCursor = GetSystemCursor(0);
    CreateInfo.hIcon = 0;
    CreateInfo.MainWindowProc = LoginWinProc;
    CreateInfo.lx = 0;
    CreateInfo.ty = 0;
    CreateInfo.rx = 320;
    CreateInfo.by = 240;
    CreateInfo.iBkColor = COLOR_lightgray;
    CreateInfo.dwAddData =(DWORD) title;/*附加数据*/
    CreateInfo.hHosting = HWND_DESKTOP;

    hMainWnd = CreateMainWindow(&CreateInfo);
    if (hMainWnd==HWND_INVALID)
        return -1;
```

```
        ShowWindow(hMainWnd, SW_SHOWNORMAL);
        while (GetMessage(&Msg, hMainWnd)) {
            TranslateMessage(&Msg);
            DispatchMessage(&Msg);
        }
        MainWindowThreadCleanup(hMainWnd);
        printf("The MainWin has been close!\n");
        return 0;
    }
```

这个代码文件中包含了 MiniGUIMain()函数，因此登录窗口为该程序的入口，程序启动后将首先显示该窗口。

用户为了产生自定义的界面，需要在窗口过程函数中处理 MSG_CREATE 消息。首先调用 CreateLoginForm()函数，通过一系列的 CreateWindow()函数创建登录窗口上的各个元素。为了在输入密码时以“*”号代替实际输入的字符，给该编辑控件指定了一个扩展样式：ES_PASSWORD。

控件创建完成后将输出一条消息“The MainWin has been opened!\n”，需要注意这条信息是用 printf()函数打印的，因此将只输出到终端上的，而不会在窗口上显示。

当单击“登录”按钮后，MiniGUI 将发出一条 MSG_COMMAND 消息。由于别的控件也会发出 MSG_COMMAND 消息，因此在处理前要判断该消息是否是“登录”按钮发出的。代码为：

```
if (id == IDC_LOGIN && code == BN_CLICKED) {
```

LOWORD 和 HIWORD 是两个宏，它们从消息的参数 wParam 中分别取出低位和高位的数据，并赋给变量 id 和 code。前者表示消息的发出者，后者表示动作。

然后就可以取出用户输入的信息了。代码为：

```
GetDlgItemText(hWnd, IDC_USERNAME, userName, 20);    /* 获得用户名 */
SendMessage(hWnd, MSG_CLOSE, 0, 0);                  /* 关闭登录窗口 */
QQwin();                                             /* 调用好友列表窗口 */
```

注意顺序很重要，如果先发 MSG_CLOSE 消息，再尝试获取用户名，将会导致一个错误，因为这时该控件的数据已经不存在了。

注意 因为 QQWin()函数没有在这个文件中实现，为了能通过编译，需要在 LoginWinProc()函数前做如下的声明：extern int QQwin()，以告诉编译器在连接时再去找这个函数的实现。

在这个程序中还演示了如何通过窗口结构中的 dwAddData 成员传递数据，主要代码如下：

```
char *title = "MiniQQ 登录! ";
CreateInfo.dwAddData =(DWORD) title;                   /*附加数据*/
char *title=(char *)GetWindowAdditionalData(hWnd);    /*取出附加数据*/
```

这种技术也是很常用的，希望读者能很好地掌握。

12.8.2 好友列表窗口

在这个窗口中列出了一些用户的名字，当用户双击某个名字后，就可以开始聊天了。实现的代码如下所示。

```
/* 文件： userlist.c */
/* 简介： 好友列表窗口和 About 对话框 */
#include "MiniQQ.h"
#include <string.h>
```

```
/****************************About 对话框开始**********************************/
/* About 对话框模板*/
static DLGTEMPLATE DlgAboutProgress = {
        WS_BORDER | WS_CAPTION,
        WS_EX_NONE,
        0,      0, 320, 240,
        "About",
        0, 0, 3, NULL, 0
};
/* About 对话框中的控件列表*/
static CTRLDATA CtrlAboutProgress[] = {
        { CTRL_STATIC,
            WS_VISIBLE | SS_SIMPLE,
        50, 50, 250, 30,
        IDC_TEXT4,
        "MiniQQ v0.01: ",
        0 },
        { CTRL_STATIC,
        WS_VISIBLE | SS_SIMPLE,
        50, 80, 250, 30,
        IDC_TEXT4,
        "MiniQQ is developed on MiniGUI",
        0 },
        { CTRL_BUTTON,
        WS_TABSTOP | WS_VISIBLE | BS_DEFPUSHBUTTON,
        120, 150, 80, 30,
        IDOK,
        "关闭",
        0 }
};

static int AboutDialogBoxProc(HWND hDlg, int message, WPARAM wParam,
        LPARAM lParam) {
    switch (message) {
    case MSG_INITDIALOG:
        return 1;
    case MSG_COMMAND:
        if (wParam == IDOK){
            EndDialog(hDlg, wParam);
            break;
        }
        return 0;
    case MSG_CLOSE:
        EndDialog(hDlg, wParam);
        return 0;
    }
    return DefaultDialogProc(hDlg, message, wParam, lParam);
}
void AboutMe(HWND hWnd) {
    DlgAboutProgress.controls = CtrlAboutProgress;
    DialogBoxIndirectParam(&DlgAboutProgress, hWnd, AboutDialogBoxProc, 0L);
}
/*****************************About 对话框完**********************************/
```

在这个源文件中包含了两个窗口，上面的这段代码描述了一个关于对话框。由于这个对话框只在好友列表窗口中调用，为了便于管理代码，就将该对话框的代码嵌入了好友列表窗口的代码文件中。

```
/******************************好友列表窗口开始***********************************/
/*创建窗口*/
void CreateQQWin(HWND hWnd)
{
    /*好友列表控件*/
    CreateWindow(CTRL_LISTBOX,
                    "用户列表",
                    WS_CHILD | WS_VISIBLE | WS_BORDER | WS_VSCROLL |
    LBS_SORT | LBS_NOTIFY | LBS_USEICON,
                    IDC_USERLIST,
                    10,10,160,250,hWnd,0);
    CreateWindow(CTRL_BUTTON,
            "关于",
            WS_CHILD | WS_VISIBLE,
            ID_ABOUT,
            10,270,160,30,hWnd,0);
}
/*聊天窗口函数，定义在 talk.c 文件中*/
extern int MessageWin(HWND hWnd, char* friendName);
/* 好友列表的窗口过程函数 */
static int QQWinProc(HWND hWnd, int message, WPARAM wParam, LPARAM lParam) {

    switch (message) {
    case MSG_CREATE: {
        CreateQQWin(hWnd);
        /*添加一个已登录的用户*/
        LISTBOXITEMINFO lbii;
        lbii.hIcon = GetSmallSystemIcon(4);
        lbii.cmFlag = CMFLAG_BLANK;
        lbii.string = userName;
        SendMessage(GetDlgItem(hWnd,IDC_USERLIST),
                LB_ADDSTRING, 0, (LPARAM)&lbii);
        printf("The QQWin has been opened!\n");
        return 0;
    }
    case MSG_COMMAND: {
        int id= LOWORD(wParam);
        int code= HIWORD(wParam);
        switch (id) {
        /*双击一个用户打开聊天窗口*/
        case IDC_USERLIST:
            if (code == LBN_DBLCLK) {
                HWND hListBox = GetDlgItem(hWnd, IDC_USERLIST);
                int index;
                char buffer[20];
                index = SendMessage(hListBox, LB_GETCURSEL, 0, 0);
                SendMessage(hListBox, LB_GETTEXT, index, (LPARAM)buffer);
                MessageWin(hWnd, (char *)buffer);
```

```
            }
            /* 打开 About 对话框 */
        case ID_ABOUT:
            if (code == BN_CLICKED)
                AboutMe(hWnd);
        }
        return 0;
    }
    case MSG_DESTROY:
        DestroyAllControls(hWnd);
        return 0;
    case MSG_CLOSE:
        DestroyMainWindow(hWnd);
        PostQuitMessage(hWnd);
        return 0;
    }
    return DefaultMainWinProc(hWnd, message, wParam, lParam);
}
/* 好友列表窗口  */
int QQwin() {
    MSG Msg;
    HWND hQQWnd;
    MAINWINCREATE CreateInfo;
    CreateInfo.dwStyle = WS_VISIBLE | WS_BORDER | WS_CAPTION;
    CreateInfo.dwExStyle = WS_EX_NONE;
    CreateInfo.spCaption = "MiniQQ v0.01";
    CreateInfo.hMenu = 0;
    CreateInfo.hCursor = GetSystemCursor(0);
    CreateInfo.hIcon = 0;
    CreateInfo.MainWindowProc = QQWinProc;
    CreateInfo.lx = 10;
    CreateInfo.ty = 10;
    CreateInfo.rx = 200;
    CreateInfo.by = 350;
    CreateInfo.iBkColor = COLOR_lightgray;
    CreateInfo.dwAddData = 0;
    CreateInfo.hHosting = HWND_DESKTOP;

    hQQWnd = CreateMainWindow(&CreateInfo);
    if (hQQWnd==HWND_INVALID)
        return -1;
    ShowWindow(hQQWnd, SW_SHOWNORMAL);
    while (GetMessage(&Msg, hQQWnd)) {
        TranslateMessage(&Msg);
        DispatchMessage(&Msg);
    }
    MainWindowThreadCleanup(hQQWnd);
    printf("The QQWin has been closed!\n");
    return 0;
}
/*****************************好友列表窗口结束*********************************/
```

实际上这个文件实现了两个窗口：一是好友列表窗口，一是 About 对话框。

12.8.3 聊天窗口

在这个聊天窗口中，将采用新的消息处理方式。请先看源代码。

```
/* 文件: talk.c */
/* 简介: 聊天窗口 */
#include "MiniQQ.h"
#include <string.h>
#include <stdlib.h>
/* 发送按钮回调函数 */
void MessageSendProc(HWND hWnd, int id, int nc, DWORD add_data) {
    if (nc == BN_CLICKED) {
        char buffer[256];
        /*取出要发送的信息*/
        GetWindowText(GetDlgItem(GetParent(hWnd), IDC_EDITMSG), buffer, 255);
        LISTBOXITEMINFO lbii;
        lbii.hIcon = GetSmallSystemIcon(IDI_INFORMATION);
        lbii.cmFlag = CMFLAG_BLANK;
        lbii.string = buffer;
        /*在发送信息列表中添加信息*/
        SendMessage(GetDlgItem(GetParent(hWnd),  IDC_MSGLIST),  LB_ADDSTRING,  0,
(LPARAM)&lbii);
        /*清空发送信息编辑框*/
        SetWindowText(GetDlgItem(GetParent(hWnd), IDC_EDITMSG), "");
    }
}
void CreateMessageWin(HWND hWnd)
{
    CreateWindow(CTRL_LISTBOX,
            "",
            WS_CHILD | WS_VISIBLE | WS_BORDER | WS_VSCROLL | LBS_NOTIFY | LBS_USEICON,
            IDC_MSGLIST,
            10,10,420,200,hWnd,0);
    CreateWindow(CTRL_EDIT,
            "",
            WS_CHILD | WS_BORDER | WS_VISIBLE | WS_TABSTOP |ES_AUTOWRAP,
            IDC_EDITMSG,
            10,220,350,60,hWnd,0);
    CreateWindow(CTRL_BUTTON,
            "发送",
            WS_CHILD | WS_VISIBLE,
            IDC_SEND,
            370,220,50,30,hWnd,0);
    CreateWindow(CTRL_BUTTON,
            "关闭",
            WS_CHILD | WS_VISIBLE,
            IDC_BTNCLOSE,
            370,251,50,30,hWnd,0);
}
static int MessageWinProc(HWND hWnd, int message, WPARAM wParam, LPARAM lParam) {

    switch (message) {
```

```
    case MSG_CREATE:
        CreateMessageWin(hWnd);
        SetNotificationCallback(GetDlgItem(hWnd, IDC_SEND),
                 (NOTIFPROC)MessageSendProc);
        printf("The MessageWin has been opened!\n");
        return 0;
    case MSG_COMMAND: {
        int id= LOWORD(wParam);
        int code= HIWORD(wParam);
        if (id == IDC_BTNCLOSE && code == BN_CLICKED)
            SendMessage(hWnd, MSG_CLOSE, 0, 0);
        return 0;
    }
    case MSG_DESTROY:
        DestroyAllControls(hWnd);
        printf("The MessageWin has been destroyed!\n");
        return 0;
    case MSG_CLOSE:
        DestroyMainWindow(hWnd);
        MainWindowCleanup(hWnd);
        printf("The MessageWin has been closed!\n");
        return 0;
    }
    return DefaultMainWinProc(hWnd, message, wParam, lParam);
}

int MessageWin(HWND hWnd, char* friendName) {

    HWND hMsgWnd;
    MAINWINCREATE CreateInfo;
    CreateInfo.dwStyle = WS_VISIBLE | WS_BORDER | WS_CAPTION;
    CreateInfo.dwExStyle = WS_EX_NONE;
    CreateInfo.spCaption = friendName;
    CreateInfo.hMenu = 0;
    CreateInfo.hCursor = GetSystemCursor(0);
    CreateInfo.hIcon = 0;
    CreateInfo.MainWindowProc = MessageWinProc;
    CreateInfo.lx = 0;
    CreateInfo.ty = 0;
    CreateInfo.rx = 450;
    CreateInfo.by = 320;
    CreateInfo.iBkColor = COLOR_lightwhite;
    CreateInfo.dwAddData = 0;
    CreateInfo.hHosting = hWnd;

    hMsgWnd = CreateMainWindow(&CreateInfo);
    if (hMsgWnd==HWND_INVALID)
        return -1;
    ShowWindow(hMsgWnd, SW_SHOWNORMAL);
    return 0;
}
```

细心的读者可能注意到在处理 MSG_CREATE 消息时，用到了一个新的函数 SetNotificationCallback()。该函数为控件设定一个通知回调函数。简而言之，就是当控件收到一个它不知道该如何处理的消息时，就会调用通过该函数设定的函数，如前面用到的 LISTBOX 控件就在其内部实现了这样的通知回调函数。这样处理消息的好处就是可以在控件中封装自定义的消息处理机制，降低了控件与外围环境的耦合度，提高了代码的复用性。

12.8.4 其他

每一个 MiniGUI 的程序都需要引用相同的几个头文件，有时为了编程的便利，常常把这些头文件由一个头文件描述，然后只需在那些程序的“.c”文件中包含这个公共的头文件就可以了。在 MiniQQ 中就是这样做的，这个公共的头文件就是“MiniQQ.h”文件。其代码如下所示。

```
/* 文件： MiniQQ.h */
/* 简介： 公共头文件 */
#ifndef MINIQQ_H_                  /*避免重复包含*/
#define MINIQQ_H_
#include <stdio.h>
#include <minigui/common.h>
#include <minigui/minigui.h>
#include <minigui/gdi.h>
#include <minigui/window.h>
#include <minigui/control.h>

#define IDC_LOGIN 100
#define IDC_SEND 100+1
#define IDC_BTNCLOSE 100+2
#define ID_ABOUT 100+3
#define IDC_CHECKBOX0 110
#define IDC_CHECKBOX1 110+1
#define IDC_CHECKBOX2 110+2
#define IDC_TEXT0 120
#define IDC_TEXT1 120+1
#define IDC_TEXT2 120+2
#define IDC_TEXT3 120+3
#define IDC_TEXT4 120+4
#define IDC_USERNAME 130
#define IDC_EDIT1 130+1
#define IDC_MSGLIST 130+2
#define IDC_EDITMSG 130+3
#define IDC_EDIT4 130+4
#define IDC_USERLIST 140
char userName[20];                 /*全局变量*/
#endif /*MINIQQ_H_*/
```

12.9 小结

本章主要介绍了嵌入式图形界面库 MiniGUI 的程序设计。首先介绍了 MiniGUI 的安装、配置以及使用 Eclipse 进行 MiniGUI 应用开发的配置方式。然后对开发 MiniGUI 程序的基本函数进行解释，包括消息和消息传递、窗口过程、对话框、控件、图形设备和配置文件等方面。最后列举了一个利用 MiniGUI 编成的图形界面程序 MiniQQ，对这个例程的三个主要窗口的设计与编写做了详细的介绍。

12.10 习题

一、填空题

1. MiniGUI 是一种面向嵌入式系统和实时系统的图形用户界面支持系统。它主要运行在Linux控制台,还可以运行的系统有________、________、________等,并且可以运行在没有________的CPU上。

2. 可将 MiniGUI 配置成三种运行模式，分别是________、________和________。

3. 每个 MiniGUI 应用程序的初始界面一般都是一个主窗口，可以通过调用________函数来创建一个主窗口。而主窗口要显示在屏幕上，需要调用的函数是________。而这时 MiniGUI 为每个 MiniGUI 程序维护一个________，使得程序能够处理消息。

4. 控件可以理解为主窗口中的________。MiniGUI 提供了常用的预定义控件类，包括________、________、________、________、________、________等。

二、实践题

1. 读者根据 12.2 节的介绍，自己从 MiniGUI 官网上下载 MiniGUI，安装并配置。

2. 利用 Eclipse 编写一个 MiniGUI 程序，实现在界面上单击按钮，显示 Hello world 字符。

第 13 章 各类驱动设计和引导程序

前面对 Linux 设备驱动程序有了一个基本的认识，本章将对嵌入式 Linux 下 CAN 总线、SD 卡及网络接口的驱动做详细讲解。希望通过一个简单的实例介绍能对读者自己编写驱动程序有所帮助。接下来将从 Boot Loader 的概念、Boot Loader 的基本结构来介绍 Boot Loader 的结构，并介绍目前比较流行的两款引导程序 vivi 和 U-Boot。

13.1 CAN 总线和 SJA1000 介绍

控制器局域网（Controller Area Network，CAN）是德国 Bosch 公司于 1983 年为汽车应用而开发的，它是一种能有效支持分布式控制和实时控制的串行通信网络，属于现场总线（FieldBus）的范畴。1983 年 11 月，ISO 正式颁布了控制器局域网 CAN 国际标准（ISO11898）。

CAN 总线的通信介质可采用双绞线、同轴电缆和光导纤维。通信距离与波特率有关，最大通信距离可达 10km，最大通信波特率可达 1Mbit/s。CAN 总线仲裁采用 11 位标识和非破坏性位仲裁总线机构机制，可以确定数据块的优先级，保证在网络节点冲突时最高优先节点不需要冲突等待。CAN 总线采用了多主竞争式总线结构，具有多主站运行和分散仲裁的串行总线以及广播通信的特点。CAN 总线上任意节点可在任意时刻主动向网络上其他节点发送信息而不分主次，因此可在各节点之间实现自由通信。

SJA1000 是一个独立的 CAN 控制器，它在汽车和普通的工业应用上有先进的特征。由于硬件和软件的兼容，它将会替代 PCA82C200。它与 PCA82C200 相比，增加了一种新的工作模式（PeliCAN）。这种模式支持具有很多新特性的 CAN2.0B 协议，因此特别适合于轿车内的电子模块、传感器、制动器的连接和通用工业应用，特别是系统优化、系统诊断和系统维护时特别重要。

13.1.1 SJA1000 寄存器介绍

SJA1000 的寄存器主要包括控制寄存器、命令寄存器、状态寄存器、中断寄存器、发送缓冲器、接收缓冲器和验收滤波器。下面对这些寄存器做详细讲解。

1. 控制寄存器 CR

模式寄存器的内容是用来改变 CAN 控制器的行为的。CPU 把控制寄存器作为读/写寄存器，可以设置这些位。保留位读值为逻辑 0。表 13-1 所示为控制寄存器各位的说明。

表 13-1　控制寄存器各位的说明（CAN 地址 0）

位	符号	名称	值	功能
MOD.7	—	—	—	保留
MOD.6	—	—	—	保留
MOD.5	—	—	—	保留
MOD.4	SM	睡眠模式；注 1	1	睡眠；没有 CAN 中断等待和总线活动时，CAN 控制器进入睡眠模式
			0	唤醒；从睡眠状态唤醒
MOD.3	AFM	验收滤波器模式；注 2	1	单；选择单个验收滤波器（32 位长度）
			0	双；选择两个验收滤波器（每个有 16 位激活）
MOD.2	STM	自检测模式；注 2	1	自检测；此模式可以检测所有节点，没有任何活动的节点使用自接收命令；即使没有应答，CAN 控制器也会成功发送
			0	正常模式；成功发送时必须应答信号
MOD.1	LOM	只听模式；注 2 和注 3	1	只听；这种模式中，即使成功接收信息，CAN 控制器也不向总线发应答信号；错误计数器停止在当前值
			0	正常模式
MOD.0	RM	复位模式；注 4	1	复位；检测到复位模式位被置位，中止当前正在接收/发送的信息，进入复位模式
			0	正常；复位模式位接收到'1～0'的跳变后，CAN 控制器回到工作模式

2. 命令寄存器 CMR

命令位初始化 CAN 控制器传输层的一个动作。这个寄存器是只写的，所有位的读出值都是逻辑 0。因处理的需要，两条命令之间至少有一个内部时钟周期。内部时钟周期的频率是外部振荡器的一半。表 13-2 所示为命令寄存器各位的功能说明。

表 13-2　命令寄存器各位的功能说明（CAN 地址 1）

位	符号	名称	值	功能
CMR.7	—	—	—	保留
CMR.6	—	—	—	保留
CMR.5	—	—	—	保留
CMR.4	SRR	自接收请求；注 1 和注 2	1	当前；信息可被同时发送和接收
			0	—（空缺）
CMR.3	CDO	清除数据溢出；注 4	1	清除；数据溢出状态位被清除
			0	无动作
CMR.2	RRB	释放接收缓冲器；注 4	1	释放；接收缓冲器中存放信息的内存空间将被释放
			0	无动作
CMR.1	AT	中止发送；注 5 和注 2	1	当前；如果不是在处理过程中，等待处理的发送请求将取消
			0	空缺；无动作
CMR.0	TR	发送请求；注 6 和注 2	1	当前信息被发送
			0	空缺；无动作

3. 状态寄存器 SR

状态寄存器反映 CAN 控制器的状态，表 13-3 说明了状态寄存器各位的功能。需要注意的是，状态寄存器对 CPU 来说是只读内存。

表 13-3　　状态寄存器各位的功能说明（CAN 地址 2）

位	符号	名称	值	功能
SR.7	BS	总线状态；注 1	1	总线关闭；CAN 控制器不参与总线活动
			0	总线开启；CAN 控制器参与总线活动
SR.6	ES	出错状态；注 2	1	出错；至少一个错误计数器满或超过了由错误报警限制寄存器（EWLR）定义的 CPU 报警限制
			0	OK；两个错误计数器都在报警限制以下
SR.5	TS	发送状态；注 3	1	发送；CAN 控制器正在发送信息
			0	空闲
SR.4	RS	接收状态；注 3	1	接收；CAN 控制器正在接收信息
			0	空闲
SR.3	TCS	发送完毕状态；注 4	1	完毕；最后一次发送已被成功处理
			0	未完；当前请求的发送未处理完
SR.2	TBS	发送缓冲器状态；注 5	1	释放；CPU 可以向发送缓冲器中写信息
			0	锁定；CPU 不能访问发送缓冲器；信息不是在等待发送也不是正在发送
SR.1	DOS	数据溢出状态；注 6	1	溢出；信息因 RXFIFO 中无足够的存储空间而丢失
			0	空缺；自从上一次执行清除数据溢出命令以来无数据溢出发生
SR.0	RBS	接收缓冲器状态；注 7	1	满；RXFIFO 中有可用信息
			0	空；无可用信息

4. 中断寄存器 IR

中断寄存器允许中断源的识别，当这个寄存器的一位或多位被置位时，CAN 中断将反映到 CPU。CPU 读此寄存器的时候，除了接收中断外的所有位都被复位。寄存器中各位的功能如表 13-4 所示。同样，中断寄存器对 CPU 来说是只读存储器。

表 13-4　　中断寄存器 IR 的位功能说明（CAN 地址 3）

位	符号	名称	值	功能
IR.7	BEI	总线错误中断	1	置位；当 CAN 控制器检测到总线错误且中断使能寄存器中的 BEIE 位被置位时，此位被置 1
			0	复位
IR.6	ALI	总线错误中断	1	置位；当 CAN 控制器丢失仲裁，变为接收器和中断使能寄存器的 ALIE 位被置位时，此位被置 1
			0	复位
IR.5	EPI	总线错误中断	1	置位；当 CAN 控制器到达错误消极状态（至少一个错误计数器超过协议规定的值 127）或从错误消极状态又进入错误活动状态以及中断寄存器的 EPIE 位被置位时，此位被置 1
			0	复位

续表

位	符号	名称	值	功能
IR.4	WUI	总线错误中断	1	置位；当 CAN 控制器在睡眠模式中检测到总线的活动且中断寄存器的 WUIE 位被置 1 时，此位被置 1
			0	复位
IR.3	DOI	总线错误中断	1	置位；数据溢出状态位有‘0-1’跳变且中断寄存器的 DOIE 位被置位时，此位被置 1
			0	复位
IR.2	EI	总线错误中断	1	置位；错误状态位和总线状态位的改变和中断寄存器的 EIE 位被置位时，此位被置 1
			0	复位
IR.1	TI	总线错误中断	1	置位；发送缓冲器状态从‘0-1’（释放）跳变且中断寄存器的 TIE 位被置位时，此位被置 1
			0	复位
IR.0	RI	总线错误中断	1	置位；接收 FIFO 不空且中断寄存器的 RIE 位被置位时，此位被置 1
			0	复位；RXFIFO 中无可用信息

5. 发送缓冲器

发送缓冲器的全部列表如图 13-1 所示，请务必分清标准帧格式（SFF）和扩展帧格式（EFF）配置。发送缓冲器允许定义长达 8 个数据字节发送信息。

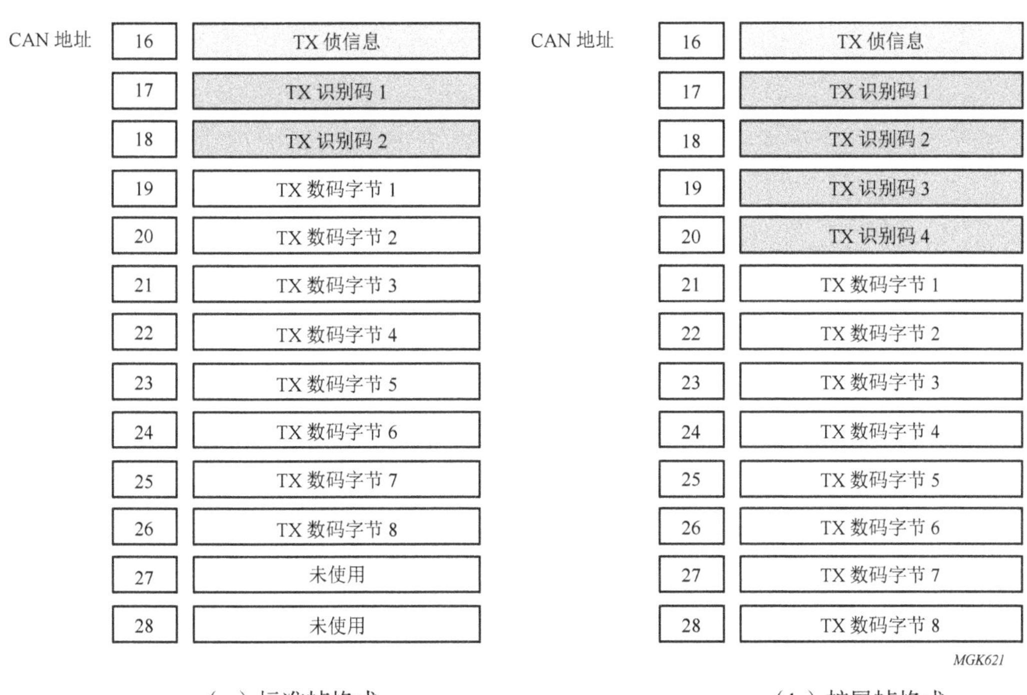

图 13-1　标准帧和扩展帧格式配置在发送缓冲器里的列表

6. 接收缓冲器

接收缓冲器的列表与前面介绍的发送缓冲器很相似。接收缓冲器是 RXFIFO 的可访问部分，位于 CAN 地址的 16 和 28。每条信息都分为描述符和数据区。

RXFIFO 共有 64 个信息字节的空间，如图 13-2 所示。一次可以存储多少条信息取决于数据的长度。如果 RXFIFO 中没有足够的空间来存储新的信息，CAN 控制器会产生数据溢出条件，此时信息有效且接收检测为肯定。发生数据溢出情况时，已部分写入 RXFIFO 的信息将被删除。这种情况可以通过状态寄存器和数据超限中断（中断允许）反映到 CPU。

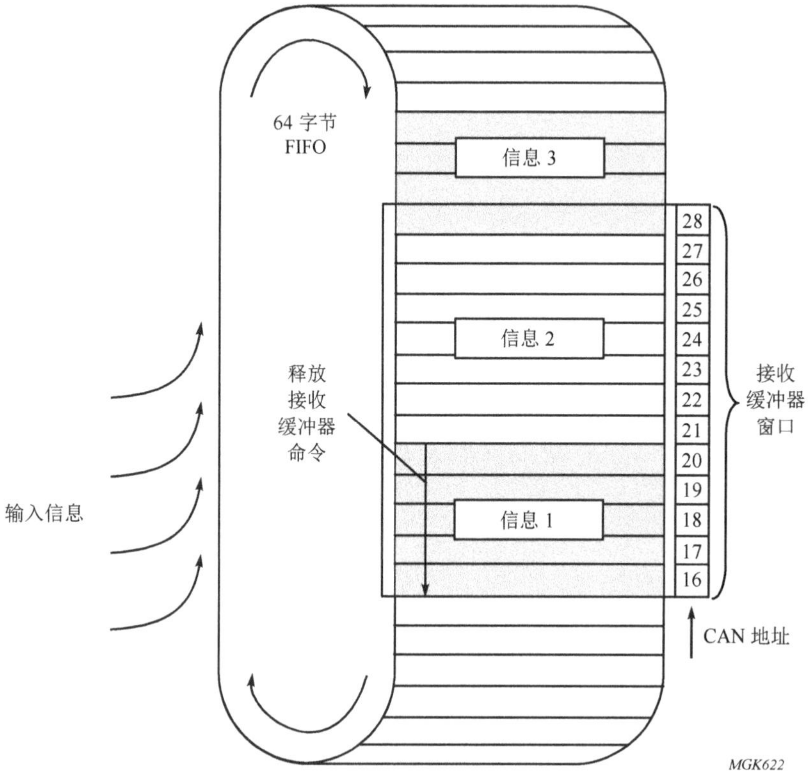

图 13-2　RXFIFO 中的信息存储举例

7. 验收滤波器

在验收滤波器的帮助下，只有当接收信息中的识别位和验收滤波器预定义的值相等时，CAN 控制器才允许将已接收信息存入 RXFIFO。

验收滤波器由验收代码寄存器（ACRn）和验收屏蔽寄存器（AMRn）定义。要接收的信息的位模式在验收代码寄存器中定义。相应的验收屏蔽寄存器允许定义某些位为“不影响”（即可为任意值）。有两种不同的过滤模式可在模式寄存器中选择：

（1）单滤波器模式（AFM 位是 1）。

（2）双滤波器模式（AFM 位是 0）。

13.1.2　SJA1000 与 S3C2440 连接

图 13-3 是 SJA1000 与 S3C2440 的硬件连接原理图。其中 CAN_WR 和 CAN_RD 分别接 S3C2440 的读和写管脚，nRST 接 S3C2440 的 RST 管脚，CAN_INT 接 S3C2440 的外部中断 EINT 管脚。

图 13-4 是 SJA1000 的读周期时序图。

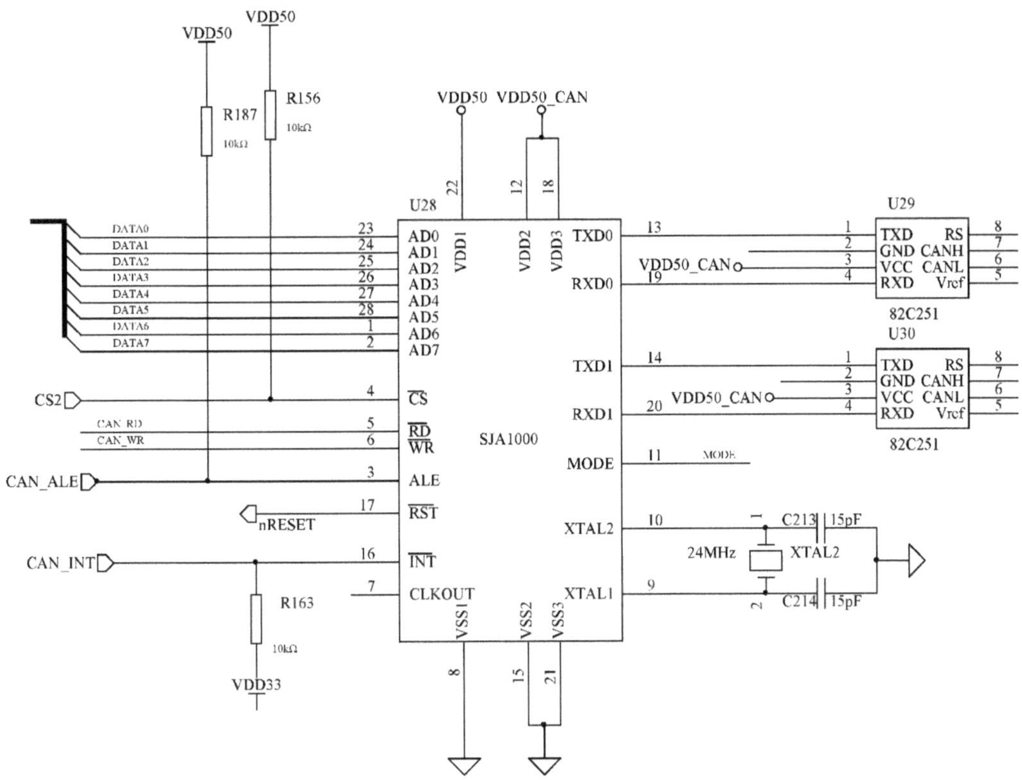

图 13-3 SJA1000 与 S3C2440 硬件连接原理图

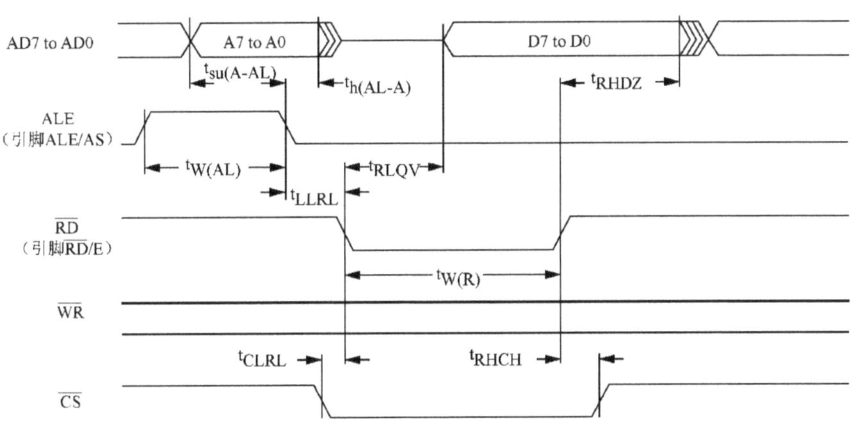

图 13-4 读周期时序图

图 13-5 是 SJA1000 的写周期时序图。

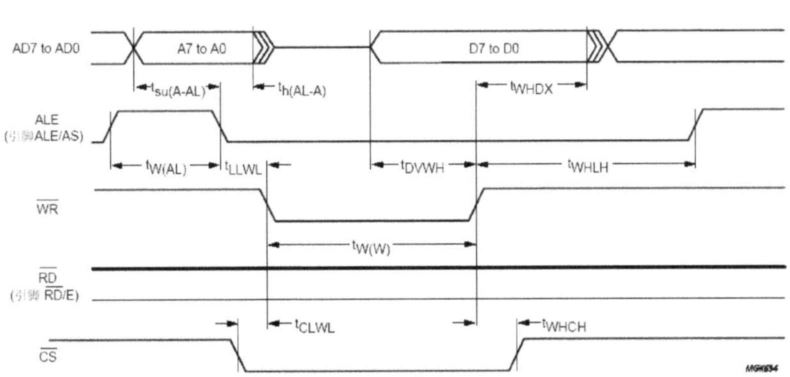

图 13-5 写周期时序图

13.1.3 SJA1000 的驱动程序

下面将详细讲解 SJA1000 的驱动程序。希望通过这些分析，对读者自己写设备驱动有所启发。

1. 驱动程序源代码

这个驱动程序分为 C 文件和头文件两个文件，其中 C 文件主要是驱动中读写、中断等函数的实现。头文件则是对 SJA1000 寄存器的宏定义，还包括一些针对 SJA1000 操作的函数。C 文件中必须包含许多必要的头文件，比如 asm/hardware.h 这个头文件就包含了所有寄存器的地址映射方式。有了这个头文件，CPU 所有的寄存器都可以通过调用宏来实现，而不需要每次都要对一个特定地址进行读写，不但麻烦而且非常容易出错。

```
/*****************************************************************************/
/*文件：program_13_1.c                                                      */
/*简介：SJA1000 驱动程序                                                     */
/*****************************************************************************/
#include <linux/kernel.h>
#include <linux/module.h>
#include <linux/init.h>
#include <linux/fs.h>
#include <asm/io.h>
#include <asm/uaccess.h>
#include <linux/ioport.h>
#include <linux/poll.h>
#include <linux/delay.h>
#include <asm/hardware.h>/*包括了所有寄存器地址映射方式*/
#include <asm/arch/cpu_s3c2440.h>
#include <linux/interrupt.h>
#include "candriver.h"
#define FAIL 0
#define SUCCESS 1
#define DEVICE_NAME "SJACAN"
#define MAX_NR_FRAMES 100
static unsigned char Receive(unsigned char *RCdata);
static void Transmit(unsigned char *TXdata);
static int log_flag = 1; /*0- 结束缓冲 CAN 数据帧. 1- 开始缓冲 CAN 数据帧*/
```

驱动程序中接收缓冲的数据结构，包括数据包以及数据包的头和尾。数据包是用来存放数据的，每一帧的数据是 13 个，定义一个最大帧的宏 MAX_NR_FRAMES。可以根据实际情况来调整 MAX_NR_FRAMES 的大小。

```
static struct rec
{
    unsigned char databuf[13 * MAX_NR_FRAMES];        /*定义接收缓冲的大小*/
    int start, end;                                   /*可以取值为 0, 1, 2…9*/
} rd_buf;
```

在程序第一次运行时，必须初始化接收缓冲，保证接收缓存是空的。因为如果接收缓冲没有初始化，那么每次应用程序去读的话就可能读到一些随机的数据，这在实际应用中是绝对不允许的。将缓冲的开始位和结束位都赋值为 0 就是清空缓冲的意思。

```
static void init_rd_buf()
{
    rd_buf.start = 0;      /*首先初始化缓冲的开始值为 0*/
    rd_buf.end = 0;        /*首先初始化缓冲的结束值为 0*/
}
```

接收缓冲是否为空的判断，用来检查接收缓存里面的内容。前面已经说过，将开始和结束变量都赋值为 0 就是代表给接收缓冲清空。所以这里只要判断这两个变量是否相等就能知道接收缓冲是否为空。当然，开始变量一般都为 0，只有结束变量才会随着接收数据的变化而产生变化。

```
static int is_empty_rd_buf()
{
    return (rd_buf.start == rd_buf.end);/*如果开始值等于结束值就代表接收缓冲是空的*/
}
```

接收缓冲是否为满的判断，和上面的是否为空一个道理。这里要根据 MAX_NR_FRAMES 的值来判断接收缓冲是否已经满了。只有在接收缓冲中存放了完整的帧，数据帧才表示真正地存放了数据，如果不是存放整数个数据帧，那表示还可以继续存放数据。所以这个函数用了取模的办法来实现。

```
static int is_full_rd_buf()
{
    return (rd_buf.start == (rd_buf.end+1) % MAX_NR_FRAMES);/*结束值对最大存放帧数宏取模
以后，和开始值进行比较，如果相等就说明是满的，如果不相等就说明是空的*/
}
```

读接收缓冲，应用程序通过读取内核中的缓冲数组，取得接收到的数据。如果发现接收缓冲是空的，则代表没有数据可以读到，所以直接返回。如果接收缓冲不是空的，就可以开始读接收缓存的数据。这里调用了 memcpy()函数，这是内存复制函数，第一个参数是目的地址，第二个参数是源地址，第三个参数是需要传递数据的大小。这里第三个参数设置为 13，就是说每次都是复制一帧的数据。同时改变接收缓冲中开始变量的值，以用来判断接收缓冲是否为空。

```
static void out_rd_buf(unsigned char *buf)
{
    if(is_empty_rd_buf())                              /*首先判断接收缓冲是否为空*/
        return;                                        /*如果是空的，就不能读出数据，返回*/
    memcpy(buf, &rd_buf.databuf[rd_buf.start*13], 13);/*如果是满的，就开始读数据，每次读
取一帧*/
    rd_buf.start = ++rd_buf.start % MAX_NR_FRAMES;    /*将接收缓冲的开始值改变*/
}
```

写接收缓冲，内核层通过写缓冲数组，保证接收到的数据一直能有效储存起来。这里内核接收到来自 CAN 总线的数据以后，首先判断接收缓冲是否已满，如果已经满了，只能退出。如果可以继续向里写数据，就开始调用 memcpy()函数，将 buf 指向的数据直接复制到接收缓冲中去，每次复制一帧的数据。

```
static void in_rd_buf(unsigned char *buf)
{
    if(is_full_rd_buf())/*首先判断接收缓冲是否为满，如果是满的，就不能向里面写数据*/
        return;
    memcpy(&rd_buf.databuf[rd_buf.end*13], buf, 13);/*如果还没有满，就可以向里面写数据，每
次写一帧的数据*/
    rd_buf.end = ++rd_buf.end % MAX_NR_FRAMES;/*改变接收缓冲的结束值*/
}
```

因为 SJA1000 的数据和地址是复用的，所以硬件上用一个 CPLD 对 SJA1000 的时序做了一个逻辑转换，这里的硬件重置就是重置 CPLD 芯片。这个函数的具体实现可以见后面内容。

```
canReset();/**对 SJA1000 进行硬件重置*/
```

接下来就是设置 SJA1000 的寄存器，具体参数设置可以参考寄存器介绍节的内容。首先设置

acc 码和 acc 掩码，然后设置波特率参数。设置好寄存器以后，必须对寄存器的数据都读一遍，然后判断是否已经准确地写了进去。如果已经写了进去，就开始运行 SJA1000，如果没有正确写进去，那就返回错误。

```
for(i=0;i<4;i++)/*因为寄存器有四个，所以循环四次*/
{
    can.acc_code[i]=0x00;/*对 acc 掩码寄存器设置*/
    can.acc_mask[i]=0xff;/**对 acc 掩码寄存器设置/
}
can.bt0=0x03;/*对 SJA1000 的波特率进行设置*/
can.bt1=0x1c;
if(canConfig(can)==FAIL)/*如果没有设置成功，那就返回错误*/
{
    return -1;
}
/*can 开始运行*/
canNormalRun();        *如果设置成功，那就开始运行 SJA1000*/
```

每次初始化 SJA1000 都要清除 SJA1000 的接收缓冲，以保证第一次读出来的不是错误的随机数据。清除 SJA1000 的接收缓冲和内核的接收缓冲不一样，前者是硬件的缓冲，而后者是在内存中开辟的一段缓冲。对硬件进行清空是通过写寄存器来实现的。向寄存器 CMR 写入 0x04 就能清空接收缓冲中的数据，详细内容可以见数据手册。

```
pokeb(SEG1, CMR, 0x04);                    /*释放接收缓冲*/
peekb(SEG1, ALC);
peekb(SEG1, ECC);
```

下面进行软件重置，通过给模式寄存器设置来实现软件重置的功能。关于模式寄存器的信息可以参考数据手册。在向模式寄存器写了 0x21 以后，就已经重置了 SJA1000，现在可以开始对它的寄存器内容进行修改了。

```
static int canReset(void )
{
    pokeb(SEG1, MOD, 0x21);                     /*向 MOD 寄存器写入 0x21*/
    delay(10000);/*时延，以确保数据已经正确写入寄存器中*/
    while((peekb(SEG1, MOD)&0x00ff)!=0x21)      /*当数据没有正确写到寄存器中去时*/
    {
    printk(" canReset:reset error!\n");         /*打印错误*/
        pokeb(SEG1, MOD, 0x21);                 /*同时继续向寄存器写值*/
    }
    return OK;/*寄存器写入成功以后，返回成功*/
}
```

SJA1000 寄存器设置函数，包括中断使能、设置波特率和设置输出控制寄存器等。首先向模式寄存器写入 0x09，这样就可以对 SJA1000 的寄存器进行修改了。然后有一个延时操作，目的和之前都是一样的。接下来就是向 ACR 和 AMR 寄存器写值。写完以后，必须读一次，进行比较，如果相同就说明已经成功写入，如果不同就说明还需要写。

```
/*set  can controller config(initial can controller) */
static int canConfig(CAN_STRUCT can)
{
    int i;
    pokeb(SEG1, MOD, 0x09);                     /*将 0x09(char)送至 SEG: BASE+0(MOD=0)*/
    for(i=0;i<5000;i++);                        /*延时*/
```

```
    pokeb(SEG1, CDR, 0x80);/*CDR=31*/
    for(i=0;i<20;i++);                            /*延时*/
    for(i=0;i<4;i++)
     {
        pokeb(SEG1, ACR0+i, can.acc_code[i]);    /*写入接收码*/
        pokeb(SEG1, AMR0+i, can.acc_mask[i]);    /*写入接收掩码*/
        /*peekb-取 SEG: BASE+ACR0+I 的字节*/
            if((peekb(SEG1, ACR0+i)&0x00ff)!=can.acc_code[i]
         ||(peekb(SEG1, AMR0+i)&0x00ff) !=can.acc_mask[i])
                {
                printk("canConfig:ACR or AMR is error!\n");
                return ERROR;
                }/*这里主要是判断数据是否已经成功写入寄存器中*/
        }
    pokeb(SEG1, BTR0, can.bt0);                   /*写入波特率*/
    pokeb(SEG1, BTR1, can.bt1);
    pokeb(SEG1, OCR, 0xfa);                       /*写输出控制寄存器*/
    pokeb(SEG1, IER, 0x01);                       /*0X01——接收中断使能*/
    if((peekb(SEG1, IER)&0x00ff)!=0x01)
        {
        printk("canConfig:IER is error!");
        return ERROR;
        }                                         /*如果没有成功就返回错误*/
    if((peekb(SEG1, OCR)&0x00ff)!=0xfa)
        {
        printk("canConfig:OCR is error!\n");
        return ERROR;
        }                                         /*如果没有成功就返回错误*/
    else
        return OK;                                /*如果成功就返回*/
}
```

SJA1000 正常运行函数。因为 SJA1000 分为两种模式，即配置模式和运行模式。配置结束以后必须通过修改寄存器的值来正常运行。现在向模式寄存器写入 0x08，这样就不能随便修改 SJA1000 寄存器的值，也就开始了正常的运行模式。

```
static int canNormalRun(void )           /*设置运行模式*/
{                                        /*软件重置/
    int i;
    pokeb(SEG1, MOD, 0x08);              /*设置运行模式*/
    for(i=0;i<2;i++);
    if((peekb(SEG1, MOD)&0x1f)!=0x08)    /*如果没有写成功*/
        {
        printk("normal run:MOD is error!\n"); /*打印错误信息*/
        return ERROR;}                   /*返回错误*/
    else
        return OK;                       /*返回成功*/
}
```

发送数据函数，首先将要发送的数据写到发送缓存中，如果 SJA1000 已经能够发送数据，就给发送寄存器写发送命令，数据就能顺利发出。同时，根据发送数据的格式不同，给出的数据帧头也不一样，发送之前需要做判断。

```
static int canSendMsg(MSG_STRUCT send_msg)  /*发送信息*/
{
    BYTE s, frame[5];                       /*初始化变量 s 和数组 frame*/
    UI base;                                /*初始化/*无符号整型变量 base*/
    int i;                                  /*初始化变量 i*/
    unsigned long SEG=0;                    /*初始化无符号长型变量 SEG*/
    SEG=SEG1;
    base=0;
    s=peekb(SEG, base+SR);                  /*读取状态*/
    while((s&0x0c)!=0x0c || (s&0xc0)!=0)    /*如果读取失败*/
    {
    s=peekb(SEG, base+SR);                  /*反复不停地读，直到读对为止*/
    }
    frame[0]=0;/*帧的第一个数据为 0*/
    frame[0]=((send_msg.rtr &0x01)?1:0)<<6;/*根据发送数据的长度来给帧的第一个数据赋值*/
    if(send_msg.frameformat)                /*如果发送的是扩展型的帧信息*/
    {
        frame[0]=(frame[0] | 0x80)+send_msg.dlen;/*按照扩展型的数据结构将数据写到帧的数据部分*/
        for(i=1;i<5;i++)
            frame[i]=send_msg.id[i-1];
        for(i=0;i<5;i++)                    /*写帧*/
            pokeb(SEG, base+TXB+i, frame[i]);
        for(i=0;i<send_msg.dlen;i++)
            pokeb(SEG, base+TXB+5+i, send_msg.data[i]);  /*写数据*/
    }
    else                                    /*如果发送的是标准型的帧信息*/
    {
        frame[0]=(frame[0] & 0x7f)+send_msg.dlen;/*按照标准型的数据结构将数据写到帧的数据部分*/
        for(i=1;i<3;i++)
            frame[i]=send_msg.id[i-1];
        for(i=0;i<3;i++)                    /*写帧*/
            pokeb(SEG, base+TXB+i, frame[i]);
        for(i=0;i<send_msg.dlen;i++)
            pokeb(SEG, base+TXB+3+i, send_msg.data[i]);  /*写数据*/
    }
    pokeb(SEG, base+CMR, 0x05);             /*请求发送*/
    for(i=0;i<20;i++);/*时延*/
    do{
        s=peekb(SEG, base+SR);              /*读取状态，如果不能发送就返回错误信息*/
        if(s & 0xc0) return ERROR;
    }while(!(s&0x08));                      /*发送结束 */
    return OK;                              /*发送成功，返回成功信息*/
}
```

接收数据函数，也要根据接收到的数据帧头来判断是哪个协议下面的数据。如果没有错误发生，就把收到的数据写到内核开辟的接收缓存中，同时清空接收缓冲寄存器。读数据的过程是先根据帧头判断是哪种模式，然后根据不同的模式进行操作。

```
static int canReceiveMsg(MSG_STRUCT *msg_ptr)
{
    UI base;/*初始化变量 base*/
```

```
    BYTE frame[5], s;
    int i;
    base=0;
    if(ErrorHandle(base)==ERROR)            /*如果没有接收中断，就返回*/
        return ERROR;
    frame[0]=peekb(SEG1, base+RXB);         /*读帧头*/
    if(frame[0]&0x80)                       /*如果是扩展型的帧信息*/
    {
        msg_ptr->frameformat=1;             /*按照扩展型的帧格式将数据从数据部分读出来*/
        msg_ptr->rtr=(frame[0]&0x40)?1:0;
        msg_ptr->dlen=frame[0]&0x0f;
        for(i=1;i<5;i++){
            frame[i]=peekb(SEG1, base+RXB+i);
            msg_ptr->id[i-1]=frame[i];
        }
        for(i=0;i<8;i++)   /*read datas*/
            msg_ptr->data[i]=peekb(SEG1, base+RXB+5+i);
    }
    else                            /*如果是标准型的格式，按照标准格式将数据从中读出来*/
    {
        msg_ptr->frameformat=0;
        msg_ptr->rtr=(frame[0]&0x40)?1:0;
        msg_ptr->dlen=frame[0]&0x0f;
        for(i=1;i<3;i++){
            frame[i]=peekb(SEG1, base+RXB+i);
            msg_ptr->id[i-1]=frame[i];
        }
        msg_ptr->id[2]=0x00;msg_ptr->id[3]=0x00;
        for(i=0;i<8;i++)                    /*读数据*/
            msg_ptr->data[i]=peekb(SEG1, base+RXB+3+i);
    }
    pokeb(SEG1, base+CMR, 0x04);            /*释放接收缓冲*/
    s=peekb(SEG1, base+ALC);
    s=peekb(SEG1, base+ECC);
    return OK;
}
```

中断服务程序，当有接收中断产生的时候，就把数据写到缓冲中去。如果是误操作则退出。当确实有中断产生的时候，先判断有没有接收缓冲，如果有，就将这帧数据复制到接收缓冲中，同时读一次中断寄存器，以便清除中断。最后释放 SJA1000 的接收缓冲，以进行下一次接收。

```
static irqreturn_t  sja1000_can_irq(int irq, void *dev_id, struct pt_regs *regs)
{
    unsigned char buf[13];
    int intrkind, s;
    intrkind=peekb(SEG1, IR);           /*读中断状态*/
    printk("can get data!\n");
    if((intrkind & 0x01) == 0)          /*没有接收中断产生*/
    {
        goto out;
    }
    Receive(buf);
    if(log_flag)
```

```
            in_rd_buf(buf);                    /*将这帧数据复制到接收缓冲中*/
            peekb(SEG1, IR);
            pokeb(SEG1, CMR, 0x04);            /*释放接收缓冲*/
            return IRQ_HANDLED;
out:
        pokeb(SEG1, CMR, 0x04);                /*清除接收缓冲以便清除接收中断 1*/
        return IRQ_NONE;
}
```

接收函数，将寄存器中的数据写到接收缓冲中去。这个函数就是将 SJA1000 接收缓冲中的数据原封不动地复制到内存中开辟的缓冲中，SJA1000 寄存器的地址从 16 开始就是接收缓冲，总共有 13 个地址。所以这里的循环有 13 次，地址从 16 开始。

```
static unsigned char Receive(unsigned char *RCdata)
{
    int i=16;/*接收缓冲地址是从 16 开始的*/
    int j=0;
    unsigned char sr =peekb(SEG1, SR); /*读取状态寄存器*/
    for(;j<13;i++, j++){               /*设置为 13 次循环，因为数据总共有 13 个*/
        RCdata[j] = peekb(SEG1, i);    /*将数据复制到内存中去*/
    }
    return sr;                         /*将状态寄存器的值返回*/
}
```

发送函数，将要发送的数据写到寄存器中去。发送缓冲和接收缓冲的地址是一样的，通常是从 16 开始，数据也是 13 个。首先要读取总线的状态，如果可以发送，就将数据从内存复制到 SJA1000 的发送缓冲中，如果不能发送，就继续读状态寄存器，直到可以发送为止。因为总线的状态有时候改变比较缓慢，需要不停地读状态寄存器才能将状态准确地读出来，这是在不断地调试中发现的。

```
static void Transmit(unsigned char *TXdata)
{
    int i=16;                /*初始化地址为 16，因为发送缓冲的地址就是从 16 开始的*/
    int j=0;
    int MAXWAIT=1000;        /*设置最大等待时间，因为总线可能一直忙，不能在这里死循环*/
    do{
        MAXWAIT--;           /*等待时间递减*/
        if (MAXWAIT==0)      /*如果等待时间已经耗尽*/
        {
        printk("send fail!\n");/*打印错误信息*/
        return;}/*返回*/
    }while( !(peekb(SEG1, SR)&0x04) ); /*读出状态寄存器的值，是否可以发送*/
    for(;j<13;i++, j++){               /*如果可以发送，开始循环，发送数据*/
        pokeb(SEG1, i, TXdata[j]);     /*将数据从内存复制到 SJA1000 的发送缓冲中去*/
    }
    pokeb(SEG1, CMR, 0x01);            /*发送给命令寄存器 0x01*/
}
```

读函数，就是应用程序读 SJA1000 的时候提供给 file_operations。首先根据需要读的数据长度来进行判断，如果长度为负，就退出；如果已经将给定长度的数据读出来，就退出。然后再判断接收缓冲是否为空，如果是空的就退出循环。这个读函数调用了 out_rd_buf()函数，就是从内核的接收数据缓冲中将数据发到应用程序中。最后，将总共读出来的数据长度返回给调用函数。

```
static ssize_t can_read(struct file *filep, char *buffer, size_t length, loff_t *ppos)
```

```
{
    int total = 0;
    while(1){/*一直循环*/
        if(total >= length)             /*如果给定长度小于 0，或者已将给定长度的数据读出去，
就退出循环*/
            break;
        if(is_empty_rd_buf())           /*如果接收缓冲是空的，退出循环*/
            break;
        out_rd_buf(buffer+total);       /*将接收缓冲的数据发送给应用程序*/
        total+=13;                      /*每完成一次就加 13*/
    }
    return total;                       /*将总的读出数据长度返回*/
}
```

写函数，应用程序向 SJA1000 写数据时最终调用的函数。将应用程序的数组数据通过 memcpy()复制到内核中临时开辟的数组中，然后将临时开辟的数组数据通过发送函数 Transmit()复制到 SJA1000 的发送缓冲中，最后发送出去。发送成功之后，将发送的数据长度返回给调用函数。

```
static ssize_t can_write(struct file *filep, const char *buffer, size_t length, loff_t *ppos)
{
    int total = 0, i;
    unsigned char TXdata[13];/*临时开辟一个数组，用来存放发送数据*/
    while(total+13 <= length){
        memcpy(TXdata, buffer+total, 13);/*将应用程序的数据复制给临时数组*/
        Transmit(TXdata);/*将数据发送出去*/
        total += 13;/*每发送成功一次，total 变量加 13*/
    }
    return total;/*将总的发送数据长度返回*/
}
```

下面对 S3C2440 的 GPIO 端口初始化，主要是设置 GPIO 的中断功能。首先将 CPU 的 GPIO 口设置为外部中断类型，然后是上升沿有效，下拉电阻有效。设置结束之后，加上一个时延，以确保设置成功以后再做其他操作。

```
static void s3c2440_GPIO_init(void)
    {
    /*初始化 CPU 的 GPIO 口*/
    Set_external_irq(IRQ_CAN, EXT_RISING_EDGE, GPIO_PULLUP_DIS);
    /*分配外部中断 6，上升沿有效，下拉电阻有效*/
    delay(1000);
    }
```

注册设备 SJA1000，包括申请设备号和中断号，建立设备路径等。首先是将 SJA1000 的物理地址映射给 Linux 内核空间，只有映射成功以后才能对 SJA1000 操作。接下来是申请中断号，申请成功就将中断号打印出来，失败就退出。申请完中断号要申请设备号，和中断一样，成功就打印出来，失败则退出。

```
static int __init sja1000_init(void)
{
    int a, ret;
    /*映射 can 的 SJA1000 物理首地址*/
    SEG1=ioremap(0x14000000, 128);
    /*这是硬件 reset 的地址*/
    SEG3=SEG1+0x101;
```

```
        /*初始化 can 的寄存器*/
        a=intialize_can();
        /*是否初始化成功，从打印的消息中能看出来*/
        if(a==0){
        s3c2440_GPIO_init ();
        /*申请中断号*/
            ret=request_irq(IRQ_GPIO(92),&sja1000_can_irq,SA_INTERRUPT,"can_irq",NULL);
            if(ret < 0)
            {
            printk ("%s device failed with %d\n", "Sorry, registering the IRQ", ret);
            return ret;/*失败就退出*/
            }
            delay(1000);
        /*申请设备号*/
            ret = register_chrdev(126, DEVICE_NAME,  &fops);
        if (ret < 0)                                   /*如果申请失败就将错误信息打印出来，退出*
        {
        printk ("%s device failed with %d\n", "Sorry, registering the character", ret);
        return ret;
        }
        delay(1000);
        printk("can_sja1000 driver init ok!\n");     /*申请成功就打印成功的信息*/
        return 0;
        }
        else
        {
        printk("can_sja1000 driver init fail!\n");  /*申请失败就将信息打印出来，退出*/
        return -1;
        }
    }
```

注销设备 SJA1000，首先重置 SJA1000，因为如果没有重置，下一次就不能正确使用 SJA1000。然后注销中断号，注销映射地址，注销设备号。设备号注销失败也是有可能的，如果失败就将失败信息打印出来。

```
    /* Cleanup - undid whatever init_module did */
    static void __exit sja1000_exit(void)
    {
        int ret;
        /*再次重置 can*/
        canReset();
        /*注销中断号*/
        free_irq(IRQ_GPIO(92), NULL);
        /*注销映射地址*/
          iounmap(SEG1);
        /*注销设备号
          ret = unregister_chrdev(126, DEVICE_NAME);
        if (ret < 0)
            printk("Error in unregister_chrdev: %d\n", ret);
    }
    module_init(sja1000_init);
    module_exit(sja1000_exit);
```

2. 测试的操作方法

CAN 的测试程序做成了 shell 模式。能够对 SJA1000 所有的寄存器进行测试，还有初始化命令，可以根据不同的传输模式对寄存器做不同的初始化。发送数据命令可以反复执行，每执行一次发送命令，一帧数据就从 SJA1000 发送到 CAN 总线上，如果前一帧数据没有发送出去，后面的发送就会出错。

（1）帮助命令

列出所有的命令：

```
myshell>help,
init   deinit
read    write
getfrm  sendfrm help
exit    quit
```

注意　命令最后要加上“,”否则会出错！下同。

（2）初始化命令

初始化 SJA1000 的寄存器，如果要设置 CAN 传输的波特率等参数，可以在这里修改。

```
myshell>init,
```

（3）读寄存器命令

读 SJA1000 地址 1 寄存器的值：

```
myshell>read, 1
```

（4）写寄存器命令

将 12 写到 SJA1000 地址 1 的寄存器中：

```
myshell>write, 1, 12
```

（5）发送数据命令

将一帧数据发送到 CAN 总线上。这个命令可以反复执行。如果前一帧数据没有发送出去，后面的发送就会出错：

```
myshell>sendfrm,
```

（6）接收数据命令

从数据接收缓冲中读取数据：

```
myshell>getfrm,
read in 12 frames
8 0 32 1 3 5 7 9 11 13 15
8 0 32 199 129 109 89 69 49 29 9
8 0 32 50 100 150 200 250 200 150 100
8 4 0 254 255 3 4 5 88 75 155
8 0 32 0 1 2 3 4 5 6 7
8 0 32 200 198 196 194 192 7 8 9
8 0 32 0 2 4 6 8 10 12 14
8 0 32 1 3 5 7 9 11 13 15
8 0 32 199 129 109 89 69 49 29 9
8 0 32 50 100 150 200 250 200 150 100
8 0 32 0 1 2 3 4 5 6 7
8 0 32 200 198 196 194 192 7 8 9
```

如果数据接收缓冲中有 N 帧数据，就能读出 N 帧数据出来。每读一次就将数据接收缓冲清空，所以下一次再读时，只能读到后面发送过来的数据。

13.2 SD 卡驱动

SD 存储器卡（Secure Digital Memory Card）是一种基于 Flash 的存储器卡，设计它是为了满足新出现的多媒体电子消费品对于保密、容量、性能和应用环境的要求。这里把 SD 卡设备作为一种块设备来应用，所以就必须按照块设备的驱动程序设计方法来进行设计。块设备驱动与之前的字符设备驱动有很大不同。下面将详细讲解块设备驱动程序是如何设计的，并且将 SD 卡的驱动程序做仔细的分析。

13.2.1 块设备驱动设计

块设备驱动程序提供了对面向块的设备的访问，这种设备以随机的方式传输数据，并且数据总是具有固定大小的块。其主要包含以下几个方面的内容：注册和注销块设备、块设备文件接口、I/O 操作方法。具体的内容读者可以参考 11.3 节介绍的块设备驱动编写。

13.2.2 SD 卡驱动程序分析

本系统中 SD 卡驱动程序的具体实现方式为：采用中断驱动方式，数据传输采用 DMA 方式，这也是本驱动程序的难点和重点。采用中断方式，可以减少 CPU 的干预，腾出 CPU 更多的时间来做其他事情，不过中断方式与普通方式不同，在普通方式下，request()函数一般在一个死循环中，直到所有请求处理完毕才会返回，而中断方式下立即返回，而不需等待，但是必须在中断函数中调用 end_request()函数来表明处理完了此次请求。采用 DMA（Direct Memory Access）也是为了减少 CPU 的干预而实现的，使用这种机制可以大大提高 CPU 与设备的通信吞吐量，避免了大量的计算。本系统 SD 卡驱动设计的思路图，如图 13-6 所示。

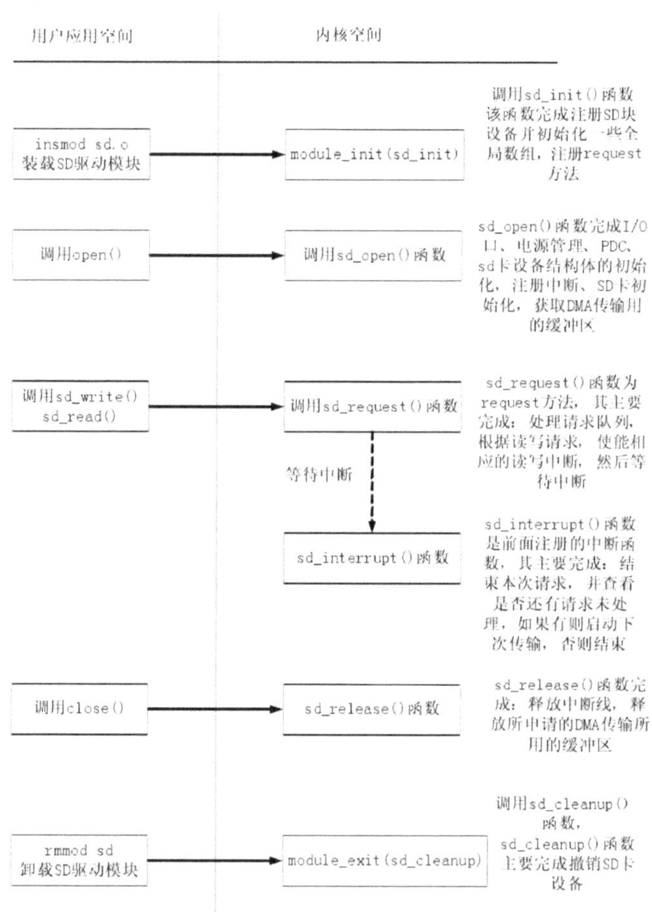

图 13-6 SD 卡驱动程序设计思路

13.2.3 SD 卡驱动程序设计

SD 卡驱动程序包括 SD 卡的注册与注销，设备接口函数以及 I/O 操作方法，下面做详细分析。

1. SD 卡的注册与注销

SD 卡驱动程序采用的是模块化的动态加载的方式，首先向内核申请注册设备号，如果申请成功就将申请到的设备号打印出来，如果申请失败，就退出。在申请设备号以后，需要对 SD 卡进行区块分配，每一块的大小是自己可以设置的。

```
int__init sd_init (void)
{
    int ret, i;/*初始化变量 ret,i*/
    ret=register_blkdev(sd_major, "sd", &sd_fops);             /*注册设备号*/
    if(ret<0)                                                  /*如果没有注册成功*/
    {
        printk(KERN_ERR"sd:can'g get major%d\n", sd_major);  /*打印错误*/
        return ret;/*返回*/
    }
    printk(KERN_INFO"S3C2440:has loaded module sd%d", sd_major);/*将注册成功的设备号打
印出来*/
    for(i=0;i<MAX_DEVICES;i++)      {/*对 SD 卡的块进行分配*/
        sd_blocksize[i]=1024;          /*每块大小是 1024*/
        sd_maxsectors[i]=1;
    }
    blk_size[sd_major]=sd_size;          /*内核中块的大小进行设置*/
    blksize_size[sd_major]=sd_blocksize;
    hardsect_size[sd_major]=sd_hardsize;
    max_sectors[sd_major]=sd_maxsectors;
    blk_init_queue(BLK_DEFAULT_QUEUE(sd_major), sd_request);
    #ifdef DEBUG_SD                      /*如果设置成调试模式*/
    printk(KERN_INFO"Register sd_request has succeeded!\n");/*将注册成功的信息打印出来*/
    #endif                               /*结束判断*/
    return 0;                            /*返回*/
}
void__exit sd_cleanup(void)/*退出*/
{
    unregister_blkdev(sd_major, "sd");  /*注销设备*/
}
module_init(sd_init);
module_exit(sd_cleanup);
module_init(sd_init);
```

在运行 insmod 命令后由系统调用，并将调用 sd_init()函数，此函数主要完成：注册 SD 设备、初始化一些全局的数组、给内核提供 request 方法，即 sd_request。module_exit(sd_cleanup);在运行 rmmod 命令后由系统调用，并将调用 sd_cleanup()函数，此函数主要完成注销 SD 块设备。

2. SD 卡的设备接口函数

SD 卡的设备接口函数和其他设备的接口函数基本类似，有 owner()、open()、release()和 ioctl()等函数，下面是结构。

```
static struct block_device_operations sd_fops={
    owner:                  THIS_MODULE,
    open:                   sd_open,
    release:                sd_release,
    ioctl:                      sd_ioctl,
    check_media_change:     check_sd_change,
```

```
    revalidate:                    sd_revalidate,
};
```

其中各函数的实现如下。open()函数就是将 SD 卡这个设备打开，和其他设备的打开函数类似，如果打开成功则要打印出成功的信息，如果打开失败就返回，并且打印出失败的原因。

```
int sd_open(struct inode*inode, struct file*filp)
{
    int ret;/*初始化 ret 变量，这个变量一般用于设备句柄*/
    unsigned int Max_Read_DataBlock_Length;             /*初始化数据块长度*/
    #ifdef DEBUG_SD                                     /*如果定义了调试模式*/
    printk(KERN_INFO"has entered the sd_open()!\n");    /*打印出已经进入调试 open 函数的信息*/
    #endif/*结束判断*/
    S3C2440PS_MciDevice device;
    device=MCI_Device+MINOR(inode->i_rdev);
    S3C2440F_PIO_CfgOutput();
    S3C2440F_MCI_CfgPIO();
    S3C2440F_MCI_CfgPMC();
    S3C2440F_PDC_Open();
    /*将所有中断关闭 */
    pS3C2440_mci->MCI_IDR=0xFFFFFFFF;
    /初始化 SD 卡结构*/
    S3C2440F_CfgDevice(device);
    /*配置中断*/
    ret=request_irq(S3C2440C_ID_MCI, sd_interrupt, SA_INTERRUPT, "sd", device);/*向内
核请求中断号*/
    if(ret){                                        /*如果请求成功*/
    printk(KERN_ERR"Can't get irq:%d!\n", S3C2440C_ID_MCI);/*将请求到的中断号打印出来*/
    return-1;/*返回*/
    }
    #ifdef DEBUG_SD                                 /*如果定义了调试模式*/
    printk(KERN_INFO"get irq:%d has succed!\n", S3C2440C_ID_MCI);/*打印已经成功申请到中
断号的信息*/
    #endif/*结束判断*/
    /*初始化 SD 卡*/
    S3C2440F_MCI_Configure();                       /*调用配置函数*/
    if(S3C2440F_MCI_SDCard_Init(device)!=S3C2440C_INIT_OK)
        {/*如果初始化失败*/
        printk(KERN_ERR"Init the SD Card has failure!or No Sd Card\n");/*打印出失败
的信息*/
        free_irq(S3C2440C_ID_MCI, device);          /*释放中断号*/
        return-1;/*返回*/
    }
    return 0;
}
```

此函数主要完成底层的硬件初始化、注册中断处理函数、初始化 SD 卡，完成卡的识别模式下的流程、模块使用计数加 1。

Release()函数主要完成注销中断处理函数、释放分配的内存单元和模块使用计数减 1（当使

用计数为 0 时，将注销此模块）。

```
int sd_release(struct inode*inode, struct file*filp)
{
    S3C2440PS_MciDevice device;                  /*次设备号*/
    device=MCI_Device+MINOR(inode->i_rdev);      /*次设备号要注销*/
    free_irq(S3C2440C_ID_MCI, device);           /*释放中断号*/
    kfree(Buffer);                               /*释放内存*/
    MOD_DEC_USE_COUNT;                           /*模块使用计数*/
    return 0;                                    /*返回*
}
```

13.3　网络驱动

13.3.1　DM9000 芯片介绍

DM9000 是开发板采用的网络芯片，是一个高度集成而且功耗很低的高速网络控制器，可以和 CPU 直连，支持 10/100M 以太网连接，芯片内部自带 4K 双字节的 SRAM（3KB 用来发送，1KB 用来接收）。针对不同的处理器，接口支持 8 位、16 位和 32 位。图 13-7 为 DM9000 的内部框图。

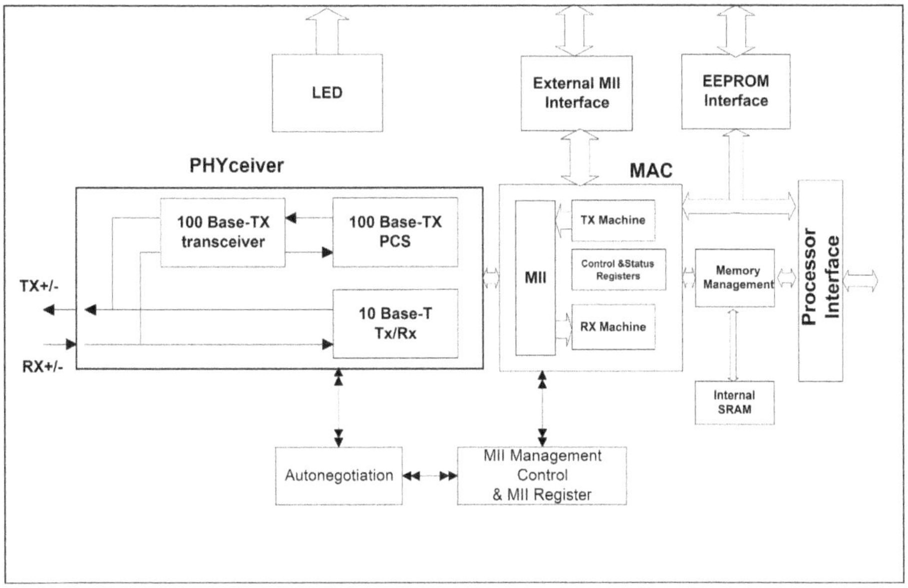

图 13-7　DM9000 的内部框图

13.3.2　重要数据结构

网络设备的关键数据结构是 net_device，它不仅包含了网络接口所使用的中断、地址、实际函数等硬件信息，也包含相关的上层网络协议的内容，它是网络和内核的接口。net_device 适用于所有的网络接口，结构比较复杂。在此分 4 个方面对它进行介绍。

1. 通用部分

net_device 的这些内容用于管理网络设备，不和具体协议相关。

- char *name：设备的名字，例如 eth0，如果不指定，在设备登记时 register_netdev()函数将会自动指定一个。
- struct device *next：指向下一个网络设备，用于维护整个网络设备链表。
- struct module *owner：在模块加载时指向模块的所有者。
- int ifindex：提供快速查找网络设备的索引。
- unsigned long state：包含网络设备的状态信息。

2. 硬件相关部分

标识设备使用共享内存的首地址及尾地址，包括如下域段：

```
unsigned long rmem_end;
unsigned long rmem_start;
unsigned long mem_end;
unsigned long mem_start;
```

如果设备用来接收和发送的内存块不同，则 mem 域段用来标识发送的内存位置，rmem 用来标识接收的内存位置。mem_start 和 mem_end 可在系统启动时用内核的命令行指定，用 ifconfig 命令可以查看它们的值。rmem 域段从来不被驱动程序以外的程序所引用。

```
unsigned long base_addr;
unsigned char irq;
```

I/O 基地址和中断号。对于嵌入式系统，这两个值基本是固定的，在 PCI 总线连接中它们可以在设备检测期间被赋值，但也可以在系统启动时指定传入（如传给 LILO）。ifconfig 命令可显示及修改它们的当前值。

- unsigned char if_port：记录哪个硬件 I/O 端口正在被接口所用，如 BNC，AUI。
- unsigned char dma：设备用的 DMA 通道。
- void *priv：是指向私有数据的指针。

私有数据是个很重要的结构，硬件不同这个结构内部的定义也不相同，不过一般都包括 struct enet_statistics()这个结构，用于记录网络设备各种统计信息。因为这些统计信息即使在接口卸下（down）时也要保存。所以私有数据总是在设备初始化时，而不是在设备打开时分配内存空间的。

3. 物理层相关数据

以下这些数据是针对于网络接口使用的各种不同的物理层的，对于以太网设备一般可直接调用 ether_setup()函数自动完成填写，像 token ring、FDDI 等其他接口一般也有类似函数完成这些域段的填写。

unsigned short mtu 这个域段表示最大数据传输单元，对以太网而言，该域段为 1500，不包括 MAC 帧的帧首和帧尾。

unsigned short type 这个域段表示接口的硬件类型，描述了与该网络接口绑在一起的媒介类型。Linux 网络设备支持许多不同种类的媒介，如以太网、X.25、令牌环、SLIP、PPP 和 Apple Localtalk 等。ARP 在判定接口支持哪种类型的物理地址时要用到该域段。若是以太网接口，则在 ether_setup()中将之设为 ARPHRD_ETHER。

unsigned long tx_queue_len 这个域段表示一个设备的传输队列能容纳的最大的帧数，对以太网，默认为 100；而 plip 则为节省系统资源，仅设为 10。

unsigned short hard_header_len 这个域段表示在被传送的包中 IP 头和其他协议信息之前的字节数。对于以太网接口，该域段为 14。

```
unsigned char broadcast[MAX_ADDR_LEN];
```

```
unsigned char dev_addr[MAX_ADDR_LEN];
unsigned char addr_len;
```

这几个域段提供数据链路层所需要的各种地址信息。

```
struct dev_mc_list *mc_list;
int              mc_count;
```

这两个域段表示在数据链路层提供多播协议要使用的一些信息。

4. 网络层协议相关部分

网路层协议包括 8 个不同的域段，下面分别讲它们的作用。

下面这域段标识本设备支持的网络层协议地址簇，大部分为 AF_INET（因特网 IP 协议）。

```
unsigned short family;
```

下面三个域段分别描述接口的网络层协议地址、协议广播地址和协议的网络掩码。若 dev->family 为 AF_INET，则它们即为 IP 地址。这些域段可用 ifconfig 命令赋值。

```
unsigned long pa_addr;
unsigned long pa_brdaddr;
unsigned long pa_mask;
```

下面这个域段表示网络层协议地址的长度。对于 IP 协议（AF_INET）值为 4。

```
unsigned short pa_alen;
```

下面这个域段表示点对点协议接口（如 SLIP、PPP），用这个域记录连接另一边设备的 IP 值。

```
unsigned long pa_dstaddr;
```

下面域段用于多播协议（Muticast），网络层相关信息。

```
struct ip_mc_list *ip_mc_list;
```

下面的域段包含一系列开关值，开关值有的是描述设备属性，有的表示设备现在的状态。最常用的一个就是 IFF_UP 表示设备是否被激活。这些开关值都可以用 ifconfig 命令设置。

```
unsigned short flags;
```

13.3.3 网络设备初始化

网络设备在激活前必须满足两个条件，第一是确实存在相应的硬件设备，第二这个设备已经被正确地登记在 base_dev 指向的结构链表中。接口函数 init()的任务就是完成这两项工作。函数定义如下：

```
int (*init) (struct device *dev);
```

参数是指向需初始化设备的 dev，正常返回值 0。在实际驱动程序中这个函数映射为一个实际的函数。

如果驱动程序采用模块化加载方法，模块初始化过程中 register_netdev()调用 init()的映射函数完成初始化；如果驱动程序是内核加载型，init()的映射函数加入到系统网络设备的 Space.c 中，在内核初始化时被调用。

init()函数具体实现功能包含以下 4 方面：检测设备是否存在，自动检测该设备的 I/O 端口和中断号，填写该设备 net_device 结构的大部分域段，用 kmalloc()分配所需的内存空间。若初始化失败，该设备的 net_device 结构就不会被链接到全局的网络设备表上。在我们的驱动程序中，init()被映射成：

```
int __init DM9000_init(struct net_device *dev)
```

这个函数在工作过程中再调用。

```
static int __init DM9000_probe(struct net_device *dev, unsigned int ioaddr )
```

完成相关工作，下面结合代码片段说明功能实现。

```
int __init DM9000_init(struct net_device *dev)
{
    int i;
    unsigned int irq_gpio_pin;
    int base_addr = dev ? dev->base_addr : 0;
    PRINTK2("CARDNAME:DM9000_init\n");
    irq_gpio_pin = IRQ_TO_GPIO_2_80(IRQ_DM9000);
    GPDR(irq_gpio_pin) &= ~GPIO_bit(irq_gpio_pin);
    set_GPIO_IRQ_edge(irq_gpio_pin, GPIO_RISING_EDGE);
    set_GPIO_mode(GPIO15_nCS_1_MD);
    MSC0 &= 0x0000ffff;
    MSC0 |= 0x7ff90000;
}
```

以上代码确定 IRQ 中断，由硬件连接映射到相应的中断向量去，并设置相关寄存器，这是嵌入式系统的一个特点，由于网络芯片的中断信号和 CPU 硬件相连，所以 IRQ 号是固定的。

```
for (i = 0; DM9000_portlist[i]; i++) {
    printk("i=%x\n", i);
    dev->irq = DM9000_irqlist[i];
    if ( DM9000_probe(dev, DM9000_portlist[i]) ==0)
        return 0;
    return -ENODEV;
}
```

以上代码通过循环只要基地址数组不为空就不断调用 DM9000_probe()函数进行硬件侦测，接着给出适当的返回值。从代码中可以看出，DM9000_init()除了做中断和基地址映射外，把大量初始化工作交给了 DM9000_probe()函数，下面来看该函数的代码片段。

```
static int __init DM9000_probe(struct net_device *dev, unsigned int ioaddr )
{
……
    bank = DM9000_inw( BANK_SELECT );
    if ( (bank & 0xFF00) != 0x3300 )
    {……
        return -ENODEV;
    }
    outw( 0x0, BANK_SELECT );
    bank = inw( BANK_SELECT );
    if ( (bank & 0xFF00 ) != 0x3300 )
    {……
        retval = -ENODEV;
        PRINTK2("DM9000_wrong_2\n");
        goto err_out;
    }
    if ((ioaddr & 0xfff) != (base_address_register >> 3 & 0x3E0)){
        retval = -ENODEV;
        goto err_out;
    }
    if ( !chip_ids[ ( revision_register >> 4 ) & 0xF ] )
    {
        retval = -ENODEV;
        goto err_out;
    }
}
```

以上这段代码进行三项检查确保芯片是 DM9000，这里检查用了一些硬件固有的特性。

```
……
    dev->base_addr = ioaddr;
    DM9000_SELECT_BANK( 1 );
    for (i = 0; (i < 6); i += 2) {
        word address;
        address = inw( ADDR0_REG + i ) ;
    if ((address != 0x0000) && (address != 0xffff))
        break;
    }
    if (i >= 6) {
        outw(0xCF00, ADDR0_REG);
        outw(0x4952, ADDR0_REG + 2);
        outw(0x01C3, ADDR0_REG + 4);
        DM9000_SELECT_BANK( 1 );
    for ( i = 0; i < 6; i += 2 )}
    {
        word address;
        address = inw( ADDR0_REG + i );
        dev->dev_addr[ i + 1] = address >> 8;
        dev->dev_addr[ i ] = address & 0xFF;
    }
```

这段代码的主要作用是把 mac 地址从芯片中读出填入到 net_device 结构中，正常 mac 应该是硬件确定的，在芯片加电时由一块串行 E^2PROM 写入芯片。这部分也包括一种特殊情况的处理就是如果缺少串行 E^2PROM，那么就为芯片写入一个默认的 mac 地址 CF.00.49.52.01.C3。这在实际产品中是不可能的。

```
……
    if (dev->priv == NULL) {
        dev->priv = kmalloc(sizeof(struct DM9000_local), GFP_KERNEL);
    if (dev->priv == NULL) {
        retval = -ENOMEM;
        goto err_out;
        }
    }
    memset(dev->priv, 0, sizeof(struct DM9000_local));
    ether_setup(dev);
    ……
    retval = request_irq(dev->irq,  &DM9000_interrupt, 0, dev->name, dev);
    printk("retval=%x\n", retval);
    if (retval) {
        printk("%s: unable to get IRQ %d (irqval=%d).\n",
        dev->name, dev->irq, retval);
        kfree (dev->priv);
        dev->priv = NULL;
        goto err_out;
    }
    dev->open = DM9000_open;
    dev->stop = DM9000_close;
    dev->hard_start_xmit = DM9000_wait_to_send_packet;
    dev->tx_timeout = DM9000_timeout;
```

```
    dev->get_stats = DM9000_query_statistics;
#ifdef HAVE_MULTICAST
    dev->set_multicast_list = &DM9000_set_multicast_list;
#endif
    enable_irq(dev->irq);
    return 0;
……
```

这部分代码完成了中断登记、内存分配和 net_device 各域段的填写。

13.3.4 激活和关闭网络设备

在实际使用网络设备前需要激活网络设备，可以使用 ifconfig 命令把一个设备设为 up 时就调用激活函数激活网络设备，激活函数的定义为：

```
int (*open) (struct device *dev);
```

所以又经常把激活函数称为 open()函数，不过它和字符和块设备的 open()函数并不一样。与 open()函数对应，网络设备也有关闭函数，其原形定义为：

```
int (*stop) (struct device *dev);
```

它执行和 open 完全相逆的工作。激活函数主要工作包括登记一些需要的系统资源，如 IRQ、DMA、I/O 端口等；把硬件复位；如果是模块方式加载还要把 module 使用数量加 1。因为在函数初始化时已经登记了要使用的资源，所以这里激活函数的主要任务就是硬件复位了。从 DM9000_init()函数代码可知，在我们的驱动程序中 open()函数实际映射为 DM9000_open()，下面就结合代码简述其功能实现。

```
static int DM9000_open(struct net_device *dev)
{……
    memset(dev->priv, 0, sizeof(struct DM9000_local));
    netif_start_queue(dev);
#ifdef MODULE
    MOD_INC_USE_COUNT;
#endif
    DM9000_reset( dev );
    DM9000_enable( dev );
    DM9000_phy_configure(dev);
    return 0;
}
```

该段代码比较简单地调用了几个硬件操作函数完成硬件复位工作。DM9000_reset()、DM9000_enable()和 DM9000_phy_configure()主要都是对芯片内部寄存器进行设置操作，在此就不详述了。在这里还需要说明的是 netif_start_queue()系列函数，这些函数包括：

```
netif_start_queue ( )
netif_stop_queue()
netif_wake_queue()
```

这几个函数是内核提供的用于控制网络设备发送队列，作用是告诉上层协议可以进行的操作，例如开始向网络设备发送数据、暂停对网络设备发送数据等。

13.3.5 中断控制的实现

中断是现代操作系统的一大特点，在嵌入式系统尤为明显，中断函数在驱动程序中的作用非常重要，相当于各种函数的调度中心。在我们的驱动程序中数据包被接收，数据包发送完毕，buffer

分配完成以及其他异常情况都会触发中断而调用中断函数进行处理。其他情况触发中断比较容易理解，下面对 buffer 分配完成中断做一些说明。

现代网络芯片为增加数据吞吐量，在芯片内部都包含一定数量的 buffer 缓存发送和接收的数据包，在发送数据时网络芯片往往要先分配适当大小的 buffer 空间，以接收内核发送的数据，当芯片 buffer 满时，这些 buffer 分配命令（芯片的内部寄存器指令）就暂时不能执行，如果芯片缓存数据因为成功发送或者接收的数据成功传递给上层协议，释放 buffer 空间，这时 buffer 分配命令就可以继续执行，一旦执行成功就触发中断告知系统可以向芯片传送数据了。

这种机制在现代网络芯片中非常常见，这种机制的实现涉及驱动程序的发送、接收和中断控制等函数。在前面已经介绍过，中断程序是在网络设备初始化被登记的，被触发调用后主要完成三项工作：一是保存中断现场屏蔽网络芯片的其他中断；二是读取相关寄存器信息，根据寄存器状态判断中断原因并进行处理；三是恢复中断现场。在我们的 DM9000_init()函数中登记的中断控制程序为 DM9000_interrupt()，下面结合代码片段简述功能实现。

```
static void DM9000_interrupt(int irq, void * dev_id, struct pt_regs * regs)
{
    saved_bank = inw( BANK_SELECT );
    DM9000_SELECT_BANK(2);
    saved_pointer = inw( PTR_REG );
    mask = inb( IM_REG );
    outw( 0, INT_REG );
```

保存中断现场，屏蔽网络芯片产生的所有中断，注意中断屏蔽采用的是硬件屏蔽方式，即靠芯片本身的寄存器来屏蔽中断，而不是靠内核函数 disable_irq()来屏蔽中断，这种方式执行效率要高一些。

```
do {
    status = inb( INT_REG ) & mask;
    if (!status )
        break;
    if (status & IM_RCV_INT) {
        DM9000_rcv(dev);
    } else if (status & IM_TX_INT ) {
        DM9000_tx(dev)
    } else if (status & IM_TX_EMPTY_INT ) {
        lp->stats.collisions += card_stats & 0xF;
    } else if (status & IM_ALLOC_INT ) {
        DM9000_hardware_send_packet( dev );
    } else if (status & IM_RX_OVRN_INT ) {
        lp->stats.rx_errors++;
        lp->stats.rx_fifo_errors++;
    } else if (status & IM_MDINT ) {
        DM9000_phy_interrupt(dev);
    }
} while ( timeout -- );
```

这段代码是中断控制的关键，读取中断状态进行比较，针对 6 种中断原因进行了相关处理，这些处理或者调用相关函数完成，或者仅对 priv 结构中的 struct enet_statistics 操作，做相关数据统计。

```
DM9000_SELECT_BANK( 2 );
outw( mask << 8, INT_REG );
outb( mask, IM_REG );
```

```
outw( saved_pointer, PTR_REG );
DM9000_SELECT_BANK( saved_bank );
```

这段代码恢复中断现场。

对于中断程序还有几点需要注意就是，DM9000 采用的是硬屏蔽模式也就是通过对寄存器操作，实现中断屏蔽功能。中断状态寄存器和中断屏蔽寄存器共用一个地址，高位为屏蔽寄存器，低位为状态寄存器，状态寄存器只读，所以代码 outw（0，INT_REG）进行的字操作（16 位）实际是把屏蔽寄存器全部关闭，inb（INT_REG）进行的字节操作（8 位）读入的是状态寄存器的内容。前面已述及 S3C2440 芯片没有端口地址空间，也不提供专门的 out、in 等端口操作指令。

基于此，驱动程序在头文件中不得不定义一系列宏来完成端口操作。这里使用的 outw 和 inb 就是这样的宏，由于 S3C2440 芯片端口和内存具有统一的地址空间，所以这些宏进行的其实是地址间的赋值操作。

```
DM9000_rcv(dev)
DM9000_hardware_send_packet( dev )
DM9000_phy_interrupt(dev)
DM9000_tx(dev)
```

这四个函数分别对应相应的中断处理。第一个是收到数据包的处理函数和第二个是 buffer 分配成功的处理函数，这两个函数在后面的相关章节中还会详细介绍。第三个 DM9000_phy_interrupt（dev）处理物理连接引起的中断，例如失去载波、连接中断等。第四个 DM9000_tx（dev）发送完成中断的处理程序，这个函数本来最重要的功能是释放已发送数据包占用的 buffer，但是由于我们使用了 DM9000 提供的自动释放功能，所以这个函数就只剩处理发送出现的异常情况（例如多次 collision）等的功能了。限于篇幅，第三、第四个函数就不再详细介绍。

13.3.6 发送过程的实现

要通过网卡发送数据时，上层协议实体调用函数 hard_start_xmit()，在我们的驱动程序中这个函数被映射成 DM9000_wait_to_send_packet()函数，正如它名字中 wait 所表示的那样，这个函数只完成了等待发送的工作，实际的发送是调用 DM9000_hardware_send_packet()函数完成的，这也是前面提到的 buffer 分配机制的一种体现。

在具体介绍这两个函数之前，有必要简单说一说 DM9000 芯片发送数据的工作原理。前面已经讲过，为了增加网络吞吐量 DM9000 芯片内部集成了 8K 的 buffer，芯片对这些 buffer 采用了内存页面管理方式，每页 256B，内部寄存器支持简单的内存分配指令。对于内核来说，发送数据只是把数据从内核送到芯片的 buffer 中去，实际向物理媒介上的发送和相关的控制（CSMA/CD）是由芯片自主完成的。完成情况通过中断的方式通知内核。

在数据发送中用到两个函数。函数 DM9000_wait_to_send_packet()一方面实现和上层协议接口，另一方面检查 buffer 分配是否成功，如果成功就调用，DM9000_hardware_send_packet()将数据传送到 buffer 中去，如果不成功，则打开相关中断，在分配成功时由中断控制程序调用 DM9000_hardware_send_packet()完成数据传送。这两个函数都用到 Linux 网络协议栈中很重要的一个数据结构 sk_buff，关于它在讲接收程序时再详细介绍。下面结合代码片段分析这两个函数的功能实现。

```
static int DM9000_wait_to_send_packet( struct sk_buff* skb, struct net_device * dev )
{
    struct DM9000_local *lp = (struct DM9000_local *)dev->priv;
    word length;
    unsigned short numPages;
```

```
    word time_out;
    word status;
    lp->saved_skb = skb;
    length = ETH_ZLEN < skb->len ? skb->len : ETH_ZLEN;
    numPages = ((length & 0xfffe) + 6);
    numPages >>= 8;
    DM9000_SELECT_BANK( 2 );
    outw( MC_ALLOC | numPages, MMU_CMD_REG );
}
```

以上代码从 skb 中读出数据长度做一些处理后，换算出所需的页面数。然后向芯片发出分配 buffer 的请求，MC_ALLOC 和 MMU_CMD_REG 都是在头文件中定义的宏，MC_ALLOC 是分配 buffer 空间的寄存器指令，而 MMU_CMD_REG 是 MMU 命令寄存器的地址。

```
time_out = MEMORY_WAIT_TIME;
do {
    status = inb( INT_REG );
    if ( status & IM_ALLOC_INT ) {
        break;
    }
} while ( -- time_out );
```

这段代码是检查 buffer 分配是否成功,检查的方法很特别。须说明一下,在系统初始化时 buffer 分配中断是被屏蔽的，所以即使分配成功也不会产生物理中断信号，但是中断状态寄存器仍然会有相应标志。这段代码正是利用这个特性，在一个时间范围内检查中断状态寄存器，检查分配是否成功，这个是一种忙等待，但因为 time_out 设得很小所以在有些时候它比中断方式效率高。

```
if ( !time_out ) {
    DM9000_ENABLE_INT( IM_ALLOC_INT );
    return 0;
}
```

如果超时，证明 buffer 忙，打开 buffer 分配中断，待分配成功时由中断程序完成有关操作。

```
DM9000_hardware_send_packet(dev);
    netif_wake_queue(dev);
    return 0;
}
```

如果不超时，直接调用 DM9000_hardware_send_packet()完成发送。下面来看 DM9000_hardware_send_packet()函数，它的主要功能一是把数据从 sk_buff 结构中传输到芯片 buffer 区，二是进行传输后处理。数据传输部分涉及一些特殊问题处理，例如按字（16B）传输时如何处理奇数字节的问题及构造以太网帧头结构问题等，这些问题各种网卡处理方式基本一致，相对比较烦琐，所以在代码片段中仅做表示。

```
static void DM9000_hardware_send_packet( struct net_device * dev )
{......
    outsw( DATA_REG, buf, (length ) >> 1);
    /*对相关寄存器进行操作，将数据传送到芯片 buffer*/
    DM9000_ENABLE_INT( (IM_TX_INT | IM_TX_EMPTY_INT) );
    lp->saved_skb = NULL;
    dev_kfree_skb_any (skb);
    dev->trans_start = jiffies;
    netif_wake_queue(dev);
    return;
}
```

传送后处理，具体为打开传送相关的异常情况中断，释放 skb 空间、设置发送时间、唤醒网络设备等待队列。

13.3.7 接收过程的实现

接收函数一般由中断控制程序调用，负责把网络设备接收到的数据以一定格式提交给内核中的网络层模块。在具体介绍接收函数前先简单介绍一下 sk_buff 结构。

1. sk_buff 结构

sk_buff 是 Linux 网络协议栈中一个重要的数据结构，网络协议栈中的各层协议都可以通过对它的操作实现本层协议数据的添加或者数据提取，这种机制避免了协议数据单元在不同的协议层间被来回复制情况的发生，提高了执行效率。内核在各协议层都提供一系列函数对此结构进行操作。图 13-8 为 sk_buff 结构的示意图。

sk_buff 的数据分成两大部分，一部分是实际在网络中要传输的部分，图中表示为 Packet date storage 部分，这就是常说的数据区。另一部分是用于内核进行管理的部分。在此着重介绍要用到的几个域段。其中有四个数据指针指向数据区相应的位置。

- unsigned char *head：指向被分配的内存空间的首地址。
- unsigned char *data：指向当前数据包的首地址。
- unsigned char *tail：指向当前数据包的末地址。

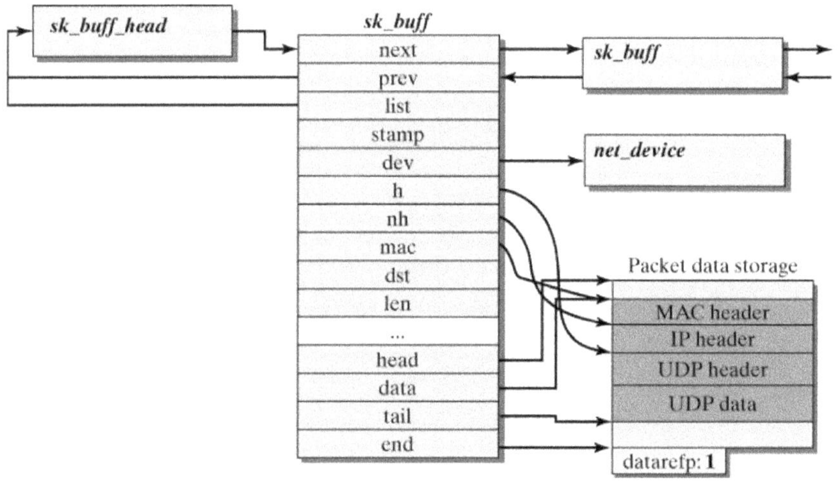

图 13-8 sk_buff 结构

- unsigned char *end：指向被分配的内存空间的末地址。
- unsigned long len：当前数据包的大小。len=skb->tail–skb->data。
- unsigned long truesize：分配到的内存空间大小。len=skb->end–skb->head。
- struct net_device *dev：接收或者发送该数据包的网络设备。
- unsigned short：protocol 给数据包使用的网络层协议。

由于数据包的大小会随着自己在不同协议层间的传送而不断地变化，故 data 和 tail 指针也将会不断地改变，即依赖于 sk_buff 当前所在的协议层；head 和 end 指针则在内存空间分配后就固定不变。

对 sk_buff 缓冲区的操作，核心提供了一个比较完整的函数界面，下面将列出用得最多的几个函数并做分析说明。

```
struct sk_buff*alloc_skb (unsigned int len, int priority);
struct sk_buff*dev_alloc_skb (unsigned int len);
```

申请一个 sk_buff 缓冲区。alloc_skb()函数分配一个缓冲区并将 skb->data 和 skb->tail 初始化为 skb->head；dev_alloc_skb()函数是 alloc_skb()函数的一个快捷方式，它用 priority=GFP_ATOMIC 调用 alloc_skb()并在 skb->data 和 skb->head 之间保留 16B 的空间。这 16B 也用来填写硬件头（hardware header）。

```
void kfree_skb (struct sk_buff*skb, int rw);
void dev_kfree_skb (struct sk_buff*skb, int rw);
```

释放一个 sk_buff 缓冲区。kfree_skb()供核心内部调用，驱动程序应该用 dev_kfree_skb()，因为它能正确处理缓冲区加锁。参数 rw 可用 FREE_READ 或 FREE_WRITE。用于发送的缓冲区应该用 FREE_WRITE，用于接收的则用 FREE_READ。

```
unsigned char *skb_put (struct sk_buff*skb, int len);
```

当有数据要加到缓冲区的尾部时，用于增加 skb->tail 和 skb->len。返回值是修改之前的 skb->tail 指针。

```
unsigned char *skb_push (struct sk_buff*skb, int len);
```

当有数据要加到缓冲区的首部时，用于减少 skb->data 及增大 skb->len。返回值是修改之后的 skb->data。

```
int skb_tailroom (struct sk_buff*skb);
```

该函数返回在 sk_buff 中可用于 put 的空间大小（尾部空余空间）。如果缓冲区被正确分配到空间，驱动程序通常不需要检查缓冲区中剩余空间的大小。由于驱动程序在申请空间之前可得到数据包的大小，故只有严重出错的驱动程序才会 put 太多的数据到缓冲区中。

```
int skb_headroom (struct sk_buff*skb);
```

类似于 skb_tailroom()，该函数返回可用的 push 的空间大小，即首部空余空间。

```
void skb_reserve (struct sk_buff*skb, int len);
```

该函数既增加 skb->data 又增加 skb->tail，即在首部留出 len 大小的空间。在填充缓冲区之前，可用该函数保留一部分首部空间。许多以太网卡在首部保留 2B 空间，这样在 14B 的以太网头的后面，IP 头就能以 16B 对齐了。

```
unsigned char *skb_pull (struct sk_buff*skb, int len);
```

从数据包的头部剔除数据。它减少 skb->len 并增加 skb->data。以太网的头就是这样从接收到的数据包中被剔除的。

```
void skb_trim(struct sk_buff*skb, int len)
```

从数据包的尾部剔除数据。它将 skb->len 设为 len，并改变 skb->tail。

2. 接收函数的实现

接收函数主要完成 4 个方面的工作：一是检查接收到的数据包是否正确；二是根据数据包长度在内核空间为数据包申请一个 sk_buff；三是把数据包复制到 sk_buff，填写相关域段和统计信息并且把 sk_buff 插入相应的输入队列；四是释放数据包占用的芯片 bufffer。下面就结合代码片段讲述其功能实现。

```
static void DM9000_rcv(struct net_device *dev)
{
    struct DM9000_local *lp = (struct DM9000_local *)dev->priv;
    int packet_number;
    word status;
```

```
    word packet_length;}
```

变量定义部分：

```
status = inw( DATA_REG );
packet_length = inw( DATA_REG );
```

设置指针位置，读取状态和数据包长度信息：

```
packet_length &= 0x07ff;
if ( !(status & RS_ERRORS ) ){
    struct sk_buff* skb;
    byte * data;
    skb = dev_alloc_skb( packet_length );
    if ( skb == NULL ) {
        printk(KERN_NOTICE "%s: Low memory, packet dropped.\n",
        dev->name);
        lp->stats.rx_dropped++;
        goto done;
    }
    skb_reserve( skb, 2 );
    skb->dev = dev;
    insw( DATA_REG, data, packet_length >> 1);
    skb->protocol = eth_type_trans(skb, dev );
    netif_rx(skb);
    lp->stats.rx_packets++;
}
```

如果数据包接收正确，申请 sk_buff 空间，把数据复制到 skb。insw 为宏指令，完成数据从芯片 buffer 到 data 起头内存的复制。eth_type_trans(skb，dev)是内核函数，用于从以太网数据包中提取网络协议内容，并把它放到 skb 结构的相应位置。netif_rx(skb)也是内核函数，作用是根据 skb 的信息把它插入相应的输入队列。

数据包接收错误的处理：

```
outw( MC_RELEASE, MMU_CMD_REG );
```

传输命令给芯片，释放已处理的接收数据包占用的 buffer。

13.4　引导程序

从软件的角度来看，一个嵌入式 Linux 的系统通常可分为 4 个层次，如图 13-9 所示。

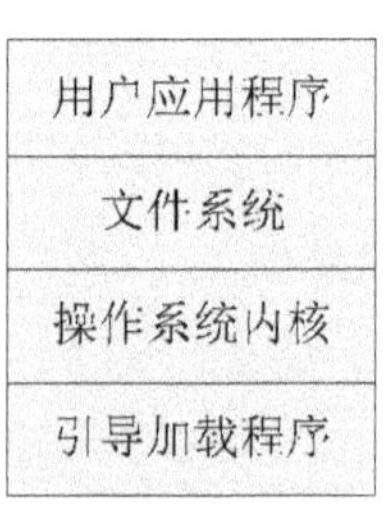

图 13-9　嵌入式系统的软件体系结构

这 4 个层次自下而上如下所示。

（1）引导加载程序。包括固化在固件（firmware）中的 Boot 代码（可选）和 Boot Loader 两大部分。

（2）操作系统内核。如 Linux 内核。通常还包含内核的启动参数。

（3）文件系统。包括根文件系统和建立于 Flash 内存设备之上的文件系统。在嵌入式系统中，通常用 Ramdisk 来作为文件系统。

（4）用户应用程序。针对特定用户的专用应用程序。有时在用户应用程序和内核层之间可能还会包括一个嵌入式图形用户界面。

13.4.1 Boot Loader

Boot Loader 就是在操作系统内核运行之前运行的一段小程序。通过这段小程序，可以初始化硬件设备、建立内存空间的映射图，从而将系统的软硬件环境带到一个合适的状态，以便为最终调用操作系统内核准备好正确的环境。

通常，层次越高的软件与硬件的相关性越小，而层次越低的软件与硬件的相关性则越大。因此，Boot Loader 是严重地依赖于硬件而实现的。形形色色的嵌入式系统注定了在嵌入式世界里建立一个通用的 Boot Loader 几乎是不可能的。尽管如此，抛开各种嵌入式系统体系差别的细枝末节，仍然可以对 Boot Loader 归纳出一些通用的概念，从这个角度来说，各种 Boot Loader 的作用又具有相当的共性，熟悉了这些共性后，将有助于用户设计与实现特定的 Boot Loader。

在本节的讨论中，都是假定内核映像与根文件系统映像都被加载到 RAM 中运行。之所以提出这样一个假设前提，是因为在嵌入式系统中内核映像与根文件系统映像也可以直接在 ROM 或 Flash 这样的固态存储设备中直接运行。但这种做法无疑是以运行速度的牺牲为代价的。从操作系统的角度看，Boot Loader 的最终目标就是正确地调用内核，为此它需要完成以下任务。

- 设计程序入口指针。
- 建立异常中断处理向量。
- 初始化 CPU 各种模式的堆栈和寄存器。
- 初始化系统中要使用的各种片内外设备。
- 初始化目标板。
- 引导操作系统。

13.4.2 vivi 简介

vivi 是韩国 mizi 公司开发的 Boot Loader，适用于 ARM9 处理器，主要用于三星 S3C2410 处理器即 SMDK2410 开发板的引导。支持串口、USB、TFTP 等传输通信手段，体积小巧，使用方便。较早出品的 2410 系列处理器的开发板大多使用它作为引导工具。

vivi 是一个源代码开放的 Boot Loader，并且它的代码组织形式非常类似于 Linux 的内核代码，因此熟悉 Linux 源代码结构的读者，会比较容易理解 vivi 的构造。事实上，有不少 vivi 的代码就是从内核代码中搬来的。vivi 的代码包括 arch、init、lib、drivers 和 include 等几个目录，共两百多条文件。比较重要的目录如表 13-5 所示。

表 13-5　　vivi 代码的主要目录及内容说明

目录	说明
arch	此目录包括了所有 vivi 支持的目标板的子目录，例如 S3C2410 目录
drivers	其中包括了引导内核需要的设备驱动程序（MTD 和串口）。MTD 目录下分 map、nand 和 nor 三个目录
init	这个目录只有 main.c 和 version.c 两个文件。和普通的 C 程序一样，vivi 将从 main 函数开始执行
lib	一些平台公共的接口代码，例如 time.c 里的 udelay()和 mdelay()
include	头文件的公共目录，其中的 S3C2410.h 定义了这块处理器的一些寄存器。Platform/smdk2410.h 定义了与开发板相关的资源配置参数，一般只需要修改这个文件就可以配置目标板的参数，如波特率、引导参数、物理内存映射等

其中 arch 目录是 vivi 代码体系架构中最重要的目录之一，该目录下存放着和体系架构相关的源码。arch 目录下包含两个子目录，分别为 def-configs 和 S3C2410，其中 def-configs 中存放了系统默认的配置文件，相当于 Linux 进行配置后得到的.config 文件。

S3C2410 目录包含了该处理器启动所需的文件，比较重要的有表 13-6 所示的文件。

表 13-6　　S3C2410 处理器的启动文件

文件	说明
head.S	文件是 vivi 启动后第一个执行的文件，该文件用汇编语言编写，完成系统初始化阶段的部分任务
mmu.c	文件是用来初始化 MMU 部件，它并不能实现全部的 MMU 功能，仅能完成简单的内存映射
nand_read.c	文件中仅提供了一个函数实现，该函数完成从 NAND 设备启动时读取数据的功能
smdk.c	文件中定义了嵌入式开发板相关的设置值，例如开发板内存分布情况

需要注意的是 smdk.c 文件，在移植 vivi 的过程中，常常需要修改开发板的内存设置，在该文件中，数组 default_mtd_partitions 定义了存储器空间的划分，类似于磁盘的分区。如下所示的代码将存储器分为了四个部分：vivi、param、kernel 和 root。

```
mtd_partition_t default_mtd_partitions[] = {
    {     name:              "vivi",
          offset:             0,
          size:              0x00020000,
          flag:              0
    }, {   name:              "param",
          offset:             0x00020000,
          size:              0x00010000,
          flag:              0
    }, {   name:              "kernel",
          offset:             0x00030000,
          size:              0x001d0000,
          flag:              0
    }, {
          name:              "root",
          offset:             0x00200000,
          size:              0x02000000,
          flag:              MF_BONFS
    }
};
```

第一个分区存放了 vivi，大小为 128KB；第二个分区存放 vivi 的参数，大小为 64KB；第三个分区存放了 Linux 的内核，大小为 1856KB；最后一个分区存放了根文件系统，大小为全部剩余的存储器空间。直观的表示如图 13-10 所示。

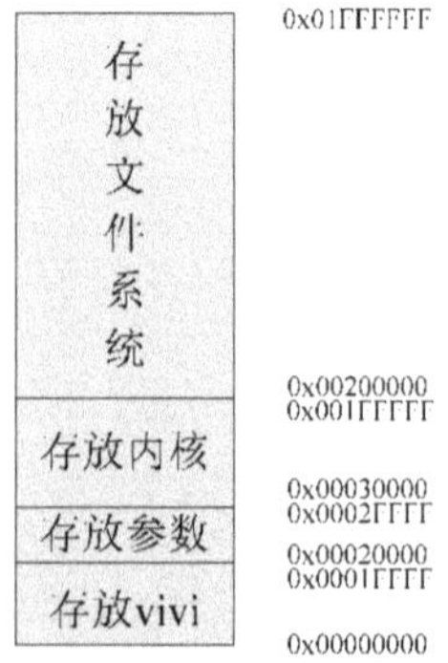

图 13-10　vivi 的存储器布局

vivi 的运行可以分为两个阶段。

第一阶段完成含依赖于 CPU 的体系结构硬件初始化的代码，包括禁止中断、初始化串口和复制自身到 RAM 等。相关代码集中在 head.S（arch\s3c2410 目录下）。

第二阶段将完成 8 个步骤，分别是：打印出 vivi 的版本、对开发板进行初始化、内存映射初始化和内存管理单元的初始化、初始化堆栈、初始化 mtd 设备、初始化私有数据、初始化内置命令、启动内核或进入命令状态。vivi

的大部分代码都是为这个阶段服务，其 main()函数位于 init\main.c 文件中。

在第一阶段中，vivi 要完成的任务很多，按先后顺序主要有下面 8 项任务。

1. 关闭 Watch Dog

因为上电之后 Watch Dog 默认是打开的。实现的代码如下所示。

```
@ disable watch dog timer          ; 禁止看门狗计时器
mov r1, #0x53000000                ; WTCON 寄存器地址是 0x53000000，清 0
mov r2, #0x0
str  r2, [r1]
```

2. 禁止所有中断

将 vivi 中没有用到的中断屏蔽。实现的代码如下所示。

```
@ disable all interrupts            ; 禁止全部中断
mov r1, #INT_CTL_BASE
mov r2, #0xffffffff
str  r2, [r1, #oINTMSK]             ; 掩码关闭所有中断
ldr  r2, =0x7ff
str  r2, [r1, #oINTSUBMSK]
```

3. 初始化系统时钟

启动 MPLL，FCLK=200MHz，HCLK=100MHz，PCLK=50MHz，“CPU bus mode”改为“Asynchronous bus mode”。实现的代码如下所示。

```
@ initialise system clocks           ; 初始化系统时钟
mov r1, #CLK_CTL_BASE
mvn r2, #0xff000000
str  r2, [r1, #oLOCKTIME]
@ldr     r2, mpll_50mhz
@str      r2, [r1, #oMPLLCON]
….
@ 1:2:4
mov r1, #CLK_CTL_BASE
mov r2, #0x3
str  r2, [r1, #oCLKDIVN]
mrc p15, 0, r1, c1, c0, 0             ; 读控制寄存器
orr  r1, r1, #0xc0000000              ; 设置为 Asynchronous
mcr p15, 0, r1, c1, c0, 0             ; 写入控制寄存器
@ now, CPU clock is 200 Mhz           ; CPU 的频率是 200MHz
mov r1, #CLK_CTL_BASE
ldr  r2, mpll_200mhz
str  r2, [r1, #oMPLLCON]
…
```

上面的代码中省略了设置 CPU 频率为 100MHz 的代码段。

4. 初始化内存控制寄存器

这个工作由函数 memsetup 完成，其代码为：

```
ENTRY(memsetup)
      @ initialise the static memory
      @ set memory control registers          ; 设置内存控制寄存器的初值
      mov r1, #MEM_CTL_BASE
      adrl r2, mem_cfg_val
/*******************
@
```

```
@ Data Area
@
@ Memory configuration values
.align 4
mem_cfg_val:                                    ; 定义好的 13*4=52 个字节初值
      .long      vBWSCON                        ; 在/vivi/include/platform/smdk2410.h 中赋值
/******   SDRAM 从 32 位变成 16 位，需要修改 vBWSCON 的值 ******/
      .long      vBANKCON0
      .long      vBANKCON1
      .long      vBANKCON2
      .long      vBANKCON3
/**********  网卡控制器 vBANKCON3 的值可能需要修改  **************/
      .long      vBANKCON4
      .long      vBANKCON5
      .long      vBANKCON6
/****** SDRAM 从 32 位变成 16 位，可能需要修改 vBANKCON6 的值 ******/
      .long      vBANKCON7
      .long      vREFRESH
      .long      vBANKSIZE
/****** SDRAM 从 64MB 变成 32MB，需要修改 vBANKSIZE 的值 ******/
      .long      vMRSRB6
      .long      vMRSRB7
********************/
      add r3, r1, #52
1:    ldr   r4, [r2], #4
      str   r4, [r1], #4
      cmp r1, r3
      bne  1b                                   ; 循环操作，直到 13 个寄存器赋值完成
      mov pc, lr
********************************/
```

5. 点亮所有的 LED

仅针对 SMDK 开发板，其代码为：

```
@ All LED on                          ; 点亮开发板上的 LED
mov r1, #GPIO_CTL_BASE
add r1, r1, #oGPIO_F                  ; LED 使用 GPIOF 组的管脚
ldr   r2,=0x55aa                      ; 使能 EINT0、EINT1、EINT2、EINT3,
; 另四个管脚配置成输出，屏蔽 EINT4、5、6、7
str   r2, [r1, #oGPIO_CON]
mov r2, #0xff
str   r2, [r1, #oGPIO_UP]
mov r2, #0x00
str   r2, [r1, #oGPIO_DAT]
```

6. 初始化 UART0

包括下面三个步骤。

（1）设置 GPIO，选择 UART0 使用的引脚，其代码为：

```
@ set GPIO for UART                ; 设置串口
mov r1, #GPIO_CTL_BASE
add r1, r1, #oGPIO_H               ; 设置 GPIO_H 组管脚为串口
ldr   r2, gpio_con_uart
str   r2, [r1, #oGPIO_CON]
```

```
ldr   r2, gpio_up_uart
str   r2, [r1, #oGPIO_UP]
```

（2）初始化 UART0，其代码为：

```
@ inital values for GPIO
gpio_con_uart:
      .long vGPHCON           ; vGPHCON 在/vivi/include/platform/smdk2410.h 中赋值
                              ; #define vGPHCON 0x0016faaa
; GPIO_H 配置为 nCTS0, nRTS0, RXD0,TXD0, RXD1, TXD1,
nCTS1, nRTS1,
/****  三个串口都使能，可能需要修改#define vGPHCON 0x0016aaaa   ****/
gpio_up_uart:
      .long Vgphup        ; 同上#define vGPHUP              0x000007ff
```

（3）设置串口工作方式、波特率（默认为 115200 8N1）、是否流控（默认为无流控）。其代码为：

```
@ Initialize UART
@
@ r0 = number of UART port
InitUART:
      ldr   r1, SerBase
/*******************
.align 4                              ; 默认情况下在 vivi 中只初始化了 UART0
SerBase:
#if defined(CONFIG_SERIAL_UART0)
      .long UART0_CTL_BASE            ; 基地址在/vivi/include/s3c2410.h 中定义
#elif defined(CONFIG_SERIAL_UART1)
      .long UART1_CTL_BASE
#elif defined(CONFIG_SERIAL_UART2)
      .long UART2_CTL_BASE
#else
#error not defined base address of serial
#endif
********************/
mov r2, #0x0
str   r2, [r1, #oUFCON]
str   r2, [r1, #oUMCON]
mov r2, #0x3
str   r2, [r1, #oULCON]
ldr   r2, =0x245
str   r2, [r1, #oUCON]
#define UART_BRD ((50000000 / (UART_BAUD_RATE * 16)) - 1)
mov r2, #UART_BRD
str   r2, [r1, #oUBRDIV]
mov r3, #100
mov r2, #0x0
1:    sub  r3, r3, #0x1
      tst   r2, r3
      bne  1b
      mov pc, lr
```

7. 复制 vivi 的代码

将 vivi 所有代码（包括阶段 1 和阶段 2）从 NAND FLASH 复制到 SDRAM，包括 5 个步骤。

（1）设置 NAND FLASH 控制寄存器。相关代码为：

```
@ reset NAND
```

```
mov r1, #NAND_CTL_BASE
ldr   r2, =0xf830                        ; 初始化
str   r2, [r1, #oNFCONF]
ldr   r2, [r1, #oNFCONF]
bic   r2, r2, #0x800                     ; 使能
str   r2, [r1, #oNFCONF]
mov r2, #0xff
strb r2, [r1, #oNFCMD]
mov r3, #0                               ; 等待
1:    add r3, r3, #0x1
      cmp r3, #0xa
      blt   1b
2:    ldr   r2, [r1, #oNFSTAT]           ; 开始等待
      tst    r2, #0x1
      beq 2b
      ldr   r2, [r1, #oNFCONF]
      orr   r2, r2, #0x800                   ; 屏蔽
      str   r2, [r1, #oNFCONF]
```

（2）设置堆栈指针。相关代码为：

```
ldr   sp, DW_STACK_START    ; 设置堆栈指针
```

（3）设置即将调用的函数 nand_read_ll()的参数。

- r0 表示目的地址（SDRAM 的地址）。
- r1 表示源地址（NAND FLASH 的地址）。
- r2 表示复制的长度（以字节为单位）。

相关代码为：

```
ldr   r0, =VIVI_RAM_BASE     ; VIVI_RAM_BASE 符号在/vivi/linux/platform/smdk2410.h 中定义
                 ; #define VIVI_RAM_BASE  (DRAM_BASE + DRAM_SIZE - VIVI_RAM_SIZE)
mov    r1, #0x0
mov r2, #0x20000          ; 0x20000->128k 字节
```

（4）调用 nand_read_ll()进行复制，r0、r1、r2 分别为函数的三个参数；从 NAND FLASH 的 0 地址复制 128K 到 SDRAM 指定处。代码为：

```
bl    nand_read_ll          ; nand_read_ll 在/vivi/arch/s3c2410/nand_read.c 中定义
```

（5）进行一些检查工作：上电后 NAND FLASH 最开始的 4K 代码被自动复制到一个称为“Steppingstone”的内部 RAM 中（地址为 0x00000000-0x00001000）；在执行 nand_read_ll()之后，这 4K 代码同样被复制到 SDRAM 中（地址为 0x33f00000- 0x33f01000）。比较这两处的 4K 代码，如果不同则表示出错。相关代码为：

```
@ verify
mov r0, #0
ldr   r1, =0x33f00000        ; 比较这段代码
mov r2, #0x400               @ 4 bytes * 1024 = 4K-bytes
```

8. 跳到 Boot Loader 的阶段 2（main）运行

下面这段代码将调用第二阶段代码的 main 函数。

```
@ get read to call C functions
ldr   sp, DW_STACK_START        @设置堆栈指针
mov fp, #0
mov a2, #0                      @设置参数 argv 为 NULL
bl    main                      @调用 main
```

```
mov pc, #FLASH_BASE            @如果从 main 中返回就重启
```

vivi 的第二阶段是从 main()函数开始，同一般的 C 语言程序一样，该函数在/init/main.c 文件中，总共可以分为 8 个步骤。

（1）函数开始，通过 putstr(vivi_banner)打印出 vivi 的版本。vivi_banner 在/init/version.c 文件中定义。然后调用 reset_handler()函数将内存清零，该函数定义在/lib/reset_handle.c 中。reset_handler()函数的代码如下：

```
reset_handler(void)
{
        int pressed;
        pressed = is_pressed_pw_btn();
        if (pressed    PWBT_PRESS_LEVEL) {
                DPRINTK("HARD RESET\r\n");
                hard_reset_handle();          /*清空内存*/
        } else {
                DPRINTK("SOFT RESET\r\n");
                soft_reset_handle();          /*空函数*/
        }
}
```

（2）对开发板进行初始化，主要完成两个功能，时钟初始化和通用 I/O 口设置。这些任务通过调用 board_init()函数来完成。board_init()是与开发板紧密相关的，这个函数在/arch/s3c2410/smdk.c 文件中，其代码如下：

```
int board_init(void)
{
        init_time();          /*时钟初始化*/
        set_gpios();          /*通用 I/O 口设置*/
        return 0;
}
```

- init_time()函数只是简单的令寄存器 TCFG0 = 0xf00，vivi 未使用定时器，这个函数可以忽略。
- set_gpios()函数用于选择 GPA-GPH 端口各引脚的功能及是否使用各引脚的内部上拉电阻，并设置外部中断源寄存器 EXTINT0-2。

（3）建立页表和启动 MMU。这个工作分别由两个函数 mem_map_init()和 mmu_init()来完成，这两个函数都定义在/arch/s3c2410/mmu.c 文件中。

mem_map_init()函数的代码为：

```
void mem_map_init(void)
{
#ifdef CONFIG_S3C2410_NAND_BOOT           /*是否通过 NAND 来启动*/
  mem_map_nand_boot();                    /*通过 NAND  FLASH 来启动*/
#else
  mem_map_nor();                          /*通过 NOR  Flash 来启动*/
#endif
  cache_clean_invalidate();
  tlb_invalidate();
}
```

如果配置 vivi 时使用了 NAND 作为启动设备，则执行 mem_map_nand_boot()，否则执行 mem_map_nor()。

mem_map_nand_boot()函数调用 mem_mapping_linear()函数来最终完成建立页表的工作。页表

存放在 SDRAM 物理地址 0x33dfc000 开始处，共 16KB。一个页表项 4 字节，共有 4096 个页表项；每个页表项对应 1MB 地址空间，共 4GB。mem_map_init()先将 4GB 虚拟地址映射到相同的物理地址上，NCNB（不使用 cache，不使用 write buffer），这样，对寄存器的操作跟未启动 MMU 时是一样的；再将 SDRAM 对应的 64MB 空间的页表项修改为使用 cache。

如果使用 NOR 启动，则必须先把 vivi 代码复制到 RAM 中。这个过程是由 copy_vivi_to_ram()函数来完成的。该函数的代码如下：

```
static void copy_vivi_to_ram(void)
{
 putstr_hex("Evacuating 1MB of Flash to DRAM at 0x", VIVI_RAM_BASE);
 memcpy((void *)VIVI_RAM_BASE, (void *)VIVI_ROM_BASE, VIVI_RAM_SIZE);
}
```

VIVI_RAM_BASE、VIVI_ROM_BASE 和 VIVI_RAM_SIZE 这些值都可以在 smdk2410.h 中查到，并且这些值必须根据自己开发板的 RAM 实际大小修改。这也是在移植 vivi 的过程中需要注意的一个地方。

mmu_init()函数中执行了 ARM920_setup 函数。这段代码是用汇编语言实现的，针对 ARM920T 核的处理器，其代码如下：

```
static inline void ARM920_setup(void)
{
    unsigned long ttb = MMU_TABLE_BASE;

__asm__(
    /* 使 cache 无效 */
    "mov r0, #0\n"
    "mcr p15, 0, r0, c7, c7, 0\n"
    "mcr p15, 0, r0, c7, c10, 4\n"
    "mcr p15, 0, r0, c8, c7, 0\n"
    /* 载入页表指针 */
    "mov r4, %0\n"
    "mcr p15, 0, r4, c2, c0, 0\n"
    /* 写入 ID */
    "mvn r0, #0\n"
    "mcr p15, 0, r0, c3, c0, 0\n"
    /* 设置控制寄存器 */
    "mrc p15, 0, r0, c1, c0, 0\n"
    /* 屏蔽不需要的设置位 */
                                  /* .RVI ..RS B... .CAM */
    "bic r0, r0, #0x3000\n"       /* ..11 .... .... .... */
    "bic r0, r0, #0x0300\n"       /* .... ..11 .... .... */
    "bic r0, r0, #0x0087\n"       /* .... .... 1... .111 */
    /* 允许错误检测 */
    "orr r0, r0, #0x0002\n"       /* .... .... .... ..1. */
#ifdef CONFIG_CPU_D_CACHE_ON
    "orr r0, r0, #0x0004\n"       /* .... .... .... .1.. */
#endif
#ifdef CONFIG_CPU_I_CACHE_ON
    "orr r0, r0, #0x1000\n"       /* ...1 .... .... .... */
#endif
    /* 允许 MMU */
```

```
    "orr r0, r0, #0x0001\n"        /* .... .... .... ...1 */
    /* 写入控制寄存器 */
    "mcr p15, 0, r0, c1, c0, 0\n"
    :
    : "r" (ttb) );
}
```

（4）初始化堆栈，heap_init()（定义在\lib\heap.c 文件中）。

```
int heap_init(void){
  return mmalloc_init((unsigned char *)(HEAP_BASE), HEAP_SIZE);
}
```

heap_init()函数在 SDRAM 中指定了一块 1MB 大小的内存作为 heap(起始地址 HEAP_BASE= 0x33e00000)，并在 heap 的开头定义了一个数据结构 blockhead——事实上，heap 就是使用一系列的 blockhead 数据结构来描述和操作的。每个 blockhead 数据结构对应着一块 heap 内存，假设一个 blockhead 数据结构的存放位置为 A，则它对应的可分配内存地址为“A+sizeof(blockhead)”到“A+sizeof(blockhead)+size-1”。

vivi 对 heap 的操作比较简单，vivi 中有一个全局变量 static blockhead*gHeapBase，它是 heap 的链表头指针，通过它可以遍历所有 blockhead 数据结构。假设需要动态申请一块 sizeA 大小的内存，则 mmalloc()函数从 gHeapBase 开始搜索 blockhead 数据结构，如果发现某个 blockhead 满足申请的条件，则找到了合适的 blockhead，于是将剩下的内存组织成一个新的 blockhead，放入链表中，同时返回分配的内存的首地址。而释放内存的操作更简单，直接将要释放的内存对应的 blockhead 数据结构的 allocated 设为 0 即可。

（5）初始化 MTD 设备，需要调用 mtd_dev_init()函数，代码如下：

```
int mtd_init(void)
{
    int ret;
#ifdef CONFIG_MTD_CFI
    ret = cfi_init();
#endif
#ifdef CONFIG_MTD_SMC
    ret = smc_init();
#endif
#ifdef CONFIG_S3C2410_AMD_BOOT
    ret = amd_init();
#endif
    if (ret) {
      mymtd = NULL;
      return ret;
    }
    return 0;
}
```

在 Linux 系统中，通常会用到不同的存储设备，特别是 Flash 设备。为了在使用新的存储设备时，能更简便地提供它的驱动程序，在上层应用和硬件驱动的中间，抽象出 MTD（Memory Technology Device）设备层。驱动层不必关心存储的数据格式如何，例如是 FAT32、EXT2 还是 JFFS2 或其他。它仅仅提供一些简单的接口，例如读写、擦除及查询。如何组织数据，则是上层应用的事情。MTD 层将驱动层提供的函数封装起来，向上层提供统一的接口。这样，上层即可专注于文件系统的实现，而不必关心存储设备的具体操作。该函数可以在/drivers/mtd/maps/s3c2410_Flash.c 里找到。

（6）初始化私有数据，要用到 init_priv_data()函数（该函数定义在\lib\priv_data\rw.c 文件中）。此函数将启动内核的命令参数取出，存放在内存特定的位置中。这些参数来源有两个：vivi 预设的默认参数和用户设置的参数（存放在 NAND FLASH 上）。init_priv_data 先读出默认参数，存放在"VIVI_PRIV_RAM_BASE"开始的内存上；然后读取用户参数，如果成功，则用用户参数覆盖默认参数，否则使用默认参数。

init_priv_data()函数分别调用 get_default_priv_data()函数和 load_saved_priv_data()函数来读取默认参数和用户参数。这些参数分为以下三类。

① vivi 自身使用的一些参数，例如传输文件时使用的协议等。

② Linux 启动命令。

③ NAND FLASH 的分区参数。

get_default_priv_data()函数比较简单，它将 vivi 中存储这些默认参数的变量复制到指定内存中。load_saved_priv_data()函数从 Flash 上读出这些参数的内容，然后将它们复制到指定的内存中。

（7）初始化内置命令，misc()和 init_builtin_cmds()函数。这两个函数都是简单地调用 add_command()函数，给一些命令增加相应的处理函数。在 vivi 启动后，可以进去操作界面，这些命令，就是供用户使用的。例如：

```
add_command(&reset_cmd)
```

为 vivi 的操作界面增加一个 reset 的命令。

（8）启动内核或操作界面，需要用到 boot_or_vivi()函数。此函数根据情况，直接启动 Linux 内核，或者启动"vivi_shell"，进入与用户进行交互的界面。此时 vivi 的引导任务完成。

13.4.3 U-Boot 简介

U-Boot 全称为 Universal Boot Loader，是遵循 GPL 条款的开放源码项目，从 FADSROM、8xxROM、PPCBOOT 逐步发展演化而来。其源码目录、编译形式与 Linux 内核很相似，事实上，不少 U-Boot 源码就是相应的 Linux 内核源程序的简化，尤其是一些设备的驱动程序，从 U-Boot 源码的注释中能体现这一点。U-Boot 的最新版本源代码可以在 Sourceforge 的 CVS 服务器中匿名获得，所用到的命令为：

```
#cvs -d:pserver:anonymous@cvs.sourceforge.net:/cvsroot/u-boot login
#cvs -z6 -d:pserver:anonymous@cvs.sourceforge.net:/cvsroot/u-boot \ co-Pmodulename
```

U-Boot 支持 SCC/FEC 以太网、OOTP/TFTP 引导、IP 和 MAC 的预置功能，这一点和其他 Boot Loader（如 BLOB 和 RedBoot 等）类似。但 U-Boot 还具有一些特有的功能。

- 在线读写 Flash、DOC、IDE、IIC、EEROM 和 RTC，其他的 Boot Loader 根本不支持 IDE 和 DOC 的在线读写。

- 支持串行口 kermit 和 S-record 下载代码，U-Boot 本身的工具可以把 ELF32 格式的可执行文件转换成为 S-record 格式，直接从串口下载并执行。

- 识别二进制、ELF32、uimage 格式的 image，对 Linux 引导有特别的支持。U-Boot 对 Linux 内核进一步封装为 uimage，即在 Linux 内核镜像 vmLinux 前添加了一个特殊的头，这个头在 include/image.h 中定义，包括目标操作系统的种类（例如 Linux、VxWorkS 等）、目标 CPU 的体系机构（例如 ARM、PowerPC 等）、映像文件压缩类型（例如 gzip、bzip2 等）、加载地址、入口地址、映像名称和映像的生成时间。当系统引导时，U-Boot 会对这个文件头进行 CRC 校验，如果正确，才会跳到内核执行。

- 单任务软件运行环境。U-Boot 可以动态加载和运行独立的应用程序，这些独立的应用程序可以利用 U-Boot 控制台的 I/O 函数、内存申请和中断服务等。这些应用程序还可以在没有操作系统的情况下运行，是测试硬件系统很好的工具。
- 监控（minitor）命令集，包括读写 I/O、内存、寄存器、内存和外设测试功能等。
- 脚本语言支持（类似 BASH 脚本）。利用 U-Boot 中的 autoscr 命令，可以在 U-Boot 中运行"脚本"。首先在文本文件中输入需要执行的命令，然后用 tools/mkimage 封装，最后下载到开发板上，用 autoscr 执行就可以了。
- 支持 WatchDog、LCD Logo 和状态指示功能等。如果系统支持 Splash Screen，U-Boot 启动时，会把这个图像显示到 LCD 上，给用户更友好的感觉。
- 支持 MTD 和文件系统。U-Boot 作为一种强大的 Boot Loader，它不仅支持 MTD，而且可以在 MTD 基础上实现多种文件系统，例如 cramfs、fat 和 jffs2 等。
- 支持中断。由于传统的 Boot Loader 都分为 stage1 和 stage2，所以在 stage2 中添加中断处理服务十分困难，例如 BLOB；而 U-Boot 是把两个部分放到了一起，所以添加中断服务程序就很方便。
- 详细的开发文档。由于大多数 Boot Loader 都是开源项目，所以文档都不是很充分。U-Boot 的维护人员意识到了这个问题，充分记录了开发文档，所以它的移植要比 BLOB 等缺少文档的 Boot Loader 方便。

U-Boot 的源代码目录结构十分清晰，主要的目录及结构如表 13-7 所示。

表 13-7 U-Boot 的代码结构

目录	说明
board	和一些已有开发板有关的文件，比如 makefile 和 U-Boot.ldS 等都和具体开发板的硬件和地址分配有关
common	与体系结构无关的文件，实现各种命令的 C 文件
cpu	CPU 相关文件，其中的子目录都是以 U-Boot 所支持的 CPU 为名，例如有子目录 ARM926ejS、mips、mpc8260 和 nios 等，每个特定的子目录中都包括 cpu.c 和 interrupt.c，start.s。其中 cpu.c 初始化 CPU、设置指令 cache 和数据 cache 等；interrupt.c 设置系统的各种中断和异常，例如快速中断、开关中断、时钟中断、软件中断、预取中止和未定义指令等；start.s 是 U-Boot 启动时执行的第一个文件，它主要是设置系统堆栈和工作方式，为进入 C 程序奠定基础
disk	disk 驱动的分区处理代码
doc	文档
drivers	通用设备驱动程序，例如各种网卡、支持 CFI 的 Flash、串口和 USB 总线等
fs	支持文件系统的文件，U-Boot 现在支持 cramfs、fat、fdos、jffs2 和 registerfs
include	头文件，还有对各种硬件平台支持的汇编文件，系统的配置文件和对文件系统支持的文件
net	与网络有关的代码，BOOTP 协议、TFTP 协议、RARP 协议和 NFS 文件系统的实现
lib_ARM	与 ARM 体系结构相关的代码
tools	创建 S-Record 格式文件和 U-Boot images 的工具

U-Boot 的启动过程可以分为三个阶段。首先在 Flash 中运行汇编程序，将 Flash 中的启动代码部分复制到 SDRAM 中，同时创造环境准备运行 C 程序；然后在 SDRAM 中执行，对硬件进行初始化；最后设置内核参数的标记列表，复制镜像文件，进入内核的入口函数。下面以 S3C2410 处理器的启动过程为例来做详细的说明。

1. 在 Flash 中运行 CPU 入口函数/cpu/ARM920t/start.s

具体工作如下。

- 设置异常的入口地址和异常处理函数。
- 配置 PLLCON 寄存器，确定系统的主频。
- 屏蔽看门狗和中断。
- 初始化 I/O 寄存器。
- 关闭 MMU 功能。
- 初始化存储器空间，设置刷新频率。
- 将 U-Boot 的内容复制到 SDRAM 中。
- 设置堆栈的大小。

当程序在 Flash 中运行时，执行程序跳转时使用了跳转指令，而不是使用绝对地址的跳转（即直接对 PC 操作）。这是因为如果使用绝对地址，那么，程序的取址是相对于当前 PC 位置向前或者向后的 32MB 空间内，就不会跳入 SDRAM 中。

2. 跳转到 SDRAM 中执行/lib_ARM/board.c 中的 start_ARMboot()函数

该函数将完成如下工作。

- 设置通用端口：rGPxCON、rGPxUP。
- 设置处理器类型：gd->bd->bi_arch_number =193。
- 设置启动参数地址：gd->bd->bi_boot_paramS = 0x30000100。
- 设置环境变量：初始化环境（env_init()函数）。
- 设置串口的波特率（init_baudrate()函数）。
- 设置串口的工作方式（Serial_init()函数）。
- 设置 ID 号、每个分页的起始地址等信息，将信息送到相应的结构体中（Flash_init()函数）。
- 设置 SDRAM 的起始地址和大小（dram_init()函数）。
- 将环境变量的地址送到全局变量结构体中（env_relocate()函数）。
- 开启中断（enable_interruptS()函数）。
- 设置延时等待（main_loop()函数），从而确定目标板是进入下载操作模式还是装载镜像文件启动内核。

在设定的延时时间范围内，目标板将在串口等待输入命令，当目标板接到正确的命令后，系统进入下载模式。在延时时间到达后，如果没有接收到相关命令，系统将自动进入装载模式，执行 bootm 30008000 30800000 命令，程序进入 do_bootm_linux()函数，调用内核启动函数。

3. 装载模式下系统将执行 do_bootm_linux()函数

在下面的代码中，0x30008000 是内核在 SDRAM 中的起始地址；0x30800000 是 Ramdisk 在 SDRAM 中的起始地址；0x40000 是内核在 Flash 中的位置，0x100000 是数据块的大小；0x140000 是 Ramdisk 在 Flash 中的位置，0x440000 是数据块的大小。系统调用 memcpy()函数将内核从 Flash 和 Ramdisk 复制到 SDRAM 中，具体如下：

```
memcpy((void *)0x30008000, (void *)0x40000, 0x100000);  //复制数据块
memcpy((void *)0x30800000, (void *)0x140000, 0x440000); //复制数据块
```

通常，将内核参数传递给 Linux 操作系统有两种方法：采用 struct param_struct 结构体或标记列表。U-Boot 中采用了第二种方法。

一个合法的标记列表开始于 ATAG_CORE，结束于 ATAG_NONE。ATAG_CORE 可以为空，一个空的 ATAG_CORE 的 size 字段设为“2”（0x00000002）。ATAG_NONE 的 size 字段必须设为“0”。标记列表可以有任意多的标记（tag）。在嵌入式 Linux 系统中，通常由 U-Boot 设置的启动参数有：ATAG_CORE、ATAG_MEM、ATAG_CMDLINE、ATAG_RAMDISK 和 ATAG_INITRD 等。传递参数时分别调用了以下标记。

- Setup_start_tag（bd）：标记列表开始。
- Setup_memory_tagS（bd）：设置内存的起始位置和大小。
- Setup_commandline_tag（bd, commandline）：Linux 内核在启动时可以以命令行参数的形式来接收信息，利用这一点可以向内核提供那些内核不能检测的硬件参数信息，或者重载（override）内核检测到的信息，这里 char *commandline "initrd=0x30800000,0x440000 root=/dev/ram init=/linuxrc conSole=ttyS0"。
- Setup_ramdiSk_tag（bd）：表示内核解压后 Kamdisk 的大小。
- Setup_initrd_tag（bd, initrd_start, initrd_end）：设置 Kamdisk 的大小和物理起始地址。
- Setup_end_tag（bd）：标记列表结束。

其中，bd_t *bd = gd->bd 是指向 bd_t 结构体的指针，在该结构体中存放了关于开发板配置的基本信息。标记列表应该放在内核解压和 initrd 的 bootp 程序都不会覆盖的内存区域，同时又不能和异常处理的入口地址相冲突。建议放在 RAM 起始的 16K 大小处，在本系统中即为 0x30000100 处。

U-Boot 调用 Linux 内核的方法是直接跳转到内核的第一条指令处，也即直接跳转到 MEM_START + 0x8000 地址处。在跳转时，要满足下列条件。

- CPU 寄存器的设置：R0 = 0；R1 = 机器类型 ID，本系统的机器类型 ID = 193；R2 = 启动参数标记列表在 RAM 中的起始基地址。
- CPU 模式：必须禁止中断（IRQS 和 FIQS）；CPU 必须工作在 SVC 模式。
- cache 和 MMU 的设置：MMU 必须关闭；指令 cache 可以打开也可以关闭；数据 cache 必须关闭。

系统采用下列代码来进入内核函数：

```
theKernel = (void (*)(int, int))ntohl(hdr->ih_ep);
theKernel(0, bd->bi_arch_number);
```

其中，hdr 是 image_header_t 类型的结构体，hdr->ih_ep 指向内核的第一条指令地址，即 Linux 操作系统下的/kernel/arch/ARM/boot/compresSed/head.s 汇编程序。theKernel()函数调用应该不会返回，如果该调用返回，则说明出错。

从移植 U-Boot 最小要求，即 U-boot 能正常启动的角度出发，主要考虑修改如下文件。

- <目标板>.h 头文件，如 include/configs/RPXlite.h。可以是 U-Boot 源码中已有的目标板头文件，也可以是新命名的配置头文件；大多数的寄存器参数都是在这一文件中设置完成的。
- <目标板>.c 文件，如 board/RPXlite/RPXlite.c。它是 SDRAM 的驱动程序，主要完成 SDRAM 的 UPM 表设置，上电初始化。
- Flash 的驱动程序，如 board/RPXlite/Flash.c 或 common/cfi_Flash.c。可在参考已有 Flash 驱动的基础上，结合目标板 Flash 数据手册，进行适当修改。
- 串口驱动，如修改 cpu/mpc8xx/Serial.c 串口收发器芯片使能部分。

在移植的过程中，有下列一些需要注意的问题。

U-Boot 移植参考板是进行 U-Boot 移植首先要明确的。可以根据目标板上 CPU、Flash、SDRAM 的情况，以尽可能相一致为原则，先找出一个与所移植目标板为同一个或同一系列处理器的 U-Boot 支持板为移植参考板。如大多数采用 S3C2410 处理器的开发板，可选择 U-Boot 源码中 SMDK2410 板作为 U-Boot 移植参考板。对 U-Boot 移植新手，建议依照循序渐进的原则，目标板文件名暂时先用移植参考板的名称，在逐步熟悉 U-Boot 移植基础上，再考虑给目标板重新命名。在实际移植过程中，可用 Linux 命令查找移植参考板的特定代码，如 grep r SMDK2410./可确定出在 U-Boot 中与 SMDK2410 板有关的代码，依此对照目标板实际进行屏蔽或修改。同时应不局限于移植参考板中的代码，要广泛借鉴 U-Boot 中已有的代码以更好地实现一些具体的功能。

不同目标板对 U-Boot 在 Flash 中存放地址要求不尽相同。事实上，这是由处理器中断复位向量来决定的，与主板硬件相关，通常是由硬件配置字（HRCW）决定的。也就是说，U-Boot 烧写具体位置是由硬件决定的，而不是程序设计来选择的。程序中相应 U-Boot 起始地址必须与硬件所确定的硬件复位向量相吻合。因此，U-Boot 的 BIN 镜像文件必须烧写到 Flash 的起始位置。可通过修改 U-Boot 源码<目标板>.h 头文件中 CFG_MONITOR_BASE 和 board/<目标板>/config.mk 中的 TEXT_BASE 的设置来与硬件配置相对应。

根据处理器系列、类型不同，寄存器名称与作用有一定差别。必须根据目标板的实际，进行合理配置。一个较为可行和有效的方法，就是借鉴参考移植板的配置，再根据目标板实际，进行合理修改。这是一个较费工夫和考验耐力的过程，需要仔细对照处理器各寄存器定义、参考设置、目标板做出选择并不断测试。

能从串口输出信息，即使是乱码，也可以说 U-Boot 移植取得了实质性突破。依据笔者调试经历，串口是否有输出，除了与串口驱动相关外，还与 Flash 相关的寄存器设置有关。因为 U-Boot 是从 Flash 中被引导启动的，如果 Flash 设置不正确，U-Boot 代码读取和执行就会出现一些问题。因此，还需要就 Flash 的相关寄存器设置进行一些参数调试。同时，要注意串口收发芯片相关引脚工作波形。依据调试情况，如果串口无输出或出现乱码，一种可能就是该芯片损坏或工作不正常。

应根据目标板 Flash 的数据手册与 BR0 和 OR0 的相关位含义进行合理设置。这不仅关系到 Flash 能否正常工作，而且与串口调试有直接的关联。

目标板上是否有 CPLD 电路丝毫不会影响 U-Boot 的移植与嵌入式操作系统的正常运行。事实上，CPLD 电路是一个集中将板上电路的一些逻辑关系可编程设置的一种实现方法。其本身所起的作用就是实现一些目标板所需的脉冲信号和电路逻辑，其功能完全可以用一些逻辑电路与 CPU 口线来实现。

串口能输出以后，U-Boot 移植是否顺利基本取决于 SDRAM 的驱动是否正确。与串口调试相比，这部分工作更为核心，难度更大。目标板 SDRAM 驱动涉及三部分：一是相关寄存器的设置，二是 UPM 表，三是 SDRAM 上电初始化过程。任何一部分有问题，都会影响 U-Boot、嵌入式操作系统甚至应用程序的稳定、可靠运行。所以说，SDRAM 的驱动不仅关系到 U-Boot 本身能否正常运行，而且还与后续部分相关，是相当关键的部分。

在获得一个能工作的 U-Boot 后，就可以根据目标板和实际开发需要，添加一些其他功能支持。如以太网、LCD、NVRAM 等。与串口和 SDRAM 调试相比，在已有基础之上，这些功能添加还是较为容易的。大多只是在参考现有源码的基础上，进行一些修改和配置。

13.5　小结

本章首先详细介绍了 CAN 总线的基础知识，对 Linux 系统下的 CAN 驱动程序进行了详细的分析。然后介绍了 SD 卡及网络接口的基本知识和协议内容，并以 DM9000 网络芯片为例，分析了 Linux 内核中网络设备驱动程序的运行机理，并介绍了实现 Linux 网络驱动程序的关键过程。最后介绍了 Boot Loader 的概念、基本结构，并重点介绍了 vivi 和 U-Boot 的开发调试及使用。通过学习这两种常见的 Boot Loader，可以使读者实际接触到 Boot Loader 的工作原理和代码实现。

13.6　习题

一、填空题

1. CAN 总线的通信介质可采用双绞线、同轴电缆和光导纤维。通信距离与波特率有关，最大通信距离可达________，最大通信波特率可达________。并采用了________总线结构，具有________和________的串行总线以及广播通信的特点。

2. 块设备驱动程序提供了对面向块的设备的访问，其主要包含的内容有________、________、________。

3. DM9000 是开发板采用的网络芯片，是一个高度集成而且功耗很低的高速网络控制器，可以和 CPU 直连，支持________以太网连接，芯片内部自带________双字节的 SRAM。针对不同的处理器，接口支持________、________和________。

4. Boot Loader 的最终目标就是正确地调用内核，主要完成的任务有________、________、________、________、________、________。

5. U-Boot 的启动过程可以分为三个阶段：首先________，将 Flash 中的启动代码部分复制到 SDRAM 中，同时创造环境准备运行 C 程序；然后________；最后________，进入内核的入口函数。

二、实践题

1. 根据 13.1.3 小节 SJA1000 驱动程序的分析，读者仿写一个自己的 CAN 驱动程序。

2. 读者根据 U-Boot 的介绍，从 ftp://ftp.denx.de/pub/u-boot/下载最新版的 U-Boot，移植到自己的开发板上。

第 14 章 内核移植

Linux 内核移植是开发适合于自己特定硬件平台系统的重要部分，只有在 Boot Loader 引导内核启动之后，才能运行自己的应用程序，所以掌握内核移植技术是系统开发的重要基础。

14.1 Linux 内核结构

Linux 内核主要由 5 个子系统组成：进程调度，内存管理，虚拟文件系统，网络接口，进程间通信。

（1）进程调度（SCHED）：控制进程对 CPU 资源的使用。当需要选择下一个就绪进程运行时，由调度程序采取合适的调度策略，以保证各进程能公平合理地访问 CPU，同时保证内核能及时响应硬件操作。Linux 使用了比较简单的基于优先级的进程调度算法选择新的进程。

（2）内存管理（MM）：允许多个进程安全地共享主内存区域。Linux 的内存管理支持虚拟内存，即在计算机中运行的程序，其代码、数据、堆栈的总量可以超过实际内存的大小，操作系统只是把当前使用的程序块保留在内存中，其余的程序块则保留在磁盘中。必要时，操作系统负责在磁盘和内存间交换程序块。内存管理从逻辑上分为硬件无关部分和硬件有关部分。硬件无关部分提供了进程的映射和逻辑内存的对换；硬件有关部分为内存管理硬件提供了虚拟接口。

（3）虚拟文件系统（VFS）：用于支持对外部设备的驱动和存储，其隐藏了各种硬件的具体细节，为所有的设备提供了统一的接口。VFS 提供了多达数十种不同的文件系统，其可以分为逻辑文件系统和设备驱动程序。逻辑文件系统指 Linux 所支持的文件系统，如 ext2、fat 等，设备驱动程序指为每一种硬件控制器所编写的设备驱动程序模块。

（4）网络接口（NET）：提供了对各种网络标准的存取和各种网络硬件的支持。网络接口可分为网络协议和网络驱动程序。网络协议部分负责实现每一种可能的网络传输协议；网络设备驱动程序负责与硬件设备通信，每一种可能的硬件设备都有相应的设备驱动程序。

（5）进程间通信（IPC）：用于支持多种进程间的信息交换方式。

各子系统之间的依赖关系如图 14-1 所示，连线代表它们之间的依赖关系。

各子系统之间的关系如下。

- 处于中心位置的是进程调度，因为每个子系统都需要依靠进程调度程序来挂起或恢复进程。一般情况下，当一个进程等待硬件操作完成时，它被挂起；当操作真正完成时，进程被恢复执行。例如，当一个进程通过串口发送数据时，串口需要挂起发送进程，直到硬件成功地完成数据的发送，当数据成功的发送出去以后，串口给进程返回一个代码，表示操作的成功或失败。其他子系统以相似的理由依赖于进程调度。

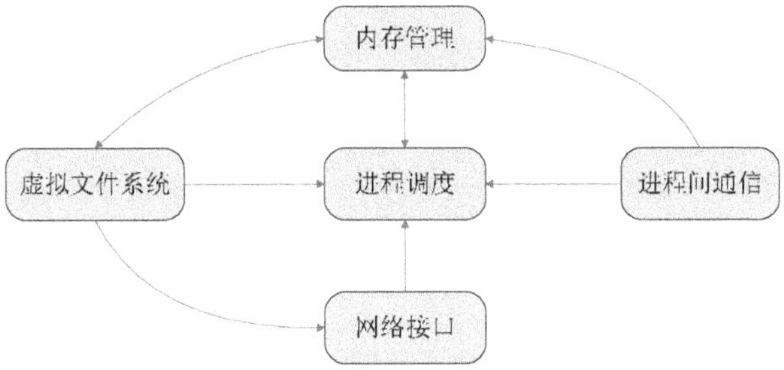

图 14-1　Linux 内核系统模块及关系图

- 进程调度与内存管理之间的关系：这两个子系统互相依赖。在多道程序环境下，程序要运行必须为之创建进程，而创建进程的第一件事情，就是将程序和数据装入内存。
- 进程间通信与内存管理的关系：进程间通信子系统要依赖内存管理支持共享内存通信机制，这种机制允许两个进程除了拥有自己的私有空间外，还可以存取共同的内存区域。
- 虚拟文件系统与网络接口之间的关系：虚拟文件系统利用网络接口支持网络文件系统（NFS），也利用内存管理支持 Ramdisk 设备。
- 内存管理与虚拟文件系统之间的关系：内存管理利用虚拟文件系统支持交换，交换进程（swapd）定期由调度程序调度，这也是内存管理依赖于进程调度的唯一原因。当一个进程存取的内存映射被换出时，内存管理向文件系统发出请求，同时，挂起当前正在运行的进程。

除了这些依赖关系外，内核中的所有子系统还要依赖于一些共同的资源。这些资源包括所有子系统都用到的例程。例如，分配和释放内存空间的例程，打印警告或错误信息的例程，还有系统的调试例程等。从单内核模型的角度可以把内核结构描述成图 14-2 所示的框图结构。

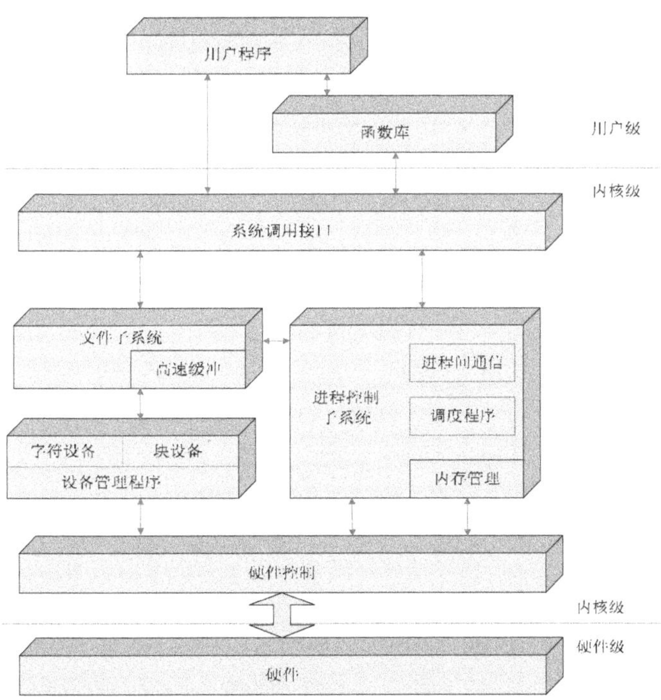

图 14-2　Linux 内核结构框图

14.2 Linux 源码结构

Linux 源码采用 C 语言和汇编实现，了解源码结构有利于理解 Linux 如何组织各项功能的实现，以及掌握下一步移植内核的方法和步骤。

14.2.1 arch 目录

表 14-1 所示为 arch 目录中包含和硬件体系结构相关的代码，每种平台占一个相应的目录。和 32 位 PC 相关的代码存放在 i386 目录下，其中比较重要的包括 kernel（内核核心部分）、mm（内存管理）、math-emu（浮点单元仿真）、lib（硬件相关工具函数）、boot（引导程序）、pci（PCI 总线）和 power（CPU 相关状态）。

表 14-1　内核源码目录表（arch 子目录）

一级目录	二级目录	说明
arch	alpha	康柏的 Alpha 体系结构
	ARM	基于 ARM 处理器的体系结构，会经常和它打交道
	ARM26	是编译内核的软件环境，它泛指构建一个完整并能够运行的 Linux 内核所需要的一切资源。这些资源包括构建程序、脚本、中间件、配置文件和 Makefile
	avr32	维护人员列表，对当前版本的内核各部分都由谁负责
	cris	第一个 Makefile 文件。用来组织内核的各模块，记录了各模块相互之间的联系和依托关系，编译时使用；仔细阅读各子目录下的 Makefile 文件，对弄清各个文件间的联系和依托关系很有帮助 ReadMe：核心及其编译配置方法简单介绍取模
	frv	是编译内核的软件环境，它泛指构建一个完整并能够运行的 Linux 内核所需要的一切资源。这些资源包括构建程序、脚本、中间件、配置文件和 Makefile
	i386	IBM 的 PC 体系结构
	m68k	Motorola 的基于 MC680x0 的体系结构
	mips	SGI 的 MIPS 体系结构
	ppc	Motorola-IBM 的基于 PowerPC 的体系结构
	s390	IBM 的 System/390 体系结构
	sparc	Sun 的 SPARC 体系结构
	sparc64	Sun 的 Ultra-SPARC 体系结构
	stensa	kernel 内核核心部分

14.2.2 drivers 目录

drivers 放置系统所有的设备驱动程序，每种驱动程序又各占用一个子目录。例如，/block 下为块设备驱动程序，如果希望查看所有可能包含文件系统的设备是如何初始化的，可以看 drivers/block/genhd.c 中的 device_setup()。它不仅初始化硬盘，也初始化网络，因为安装 nfs 文件系统时需要网络。详细内容如表 14-2 所示。

表 14-2　　内核源码目录表（drivers 子目录）

一级目录	二级目录	说明
drivers	ftape	磁带流设备
	hfmodem	无线电设备
	ip2	IntelliPort 的多端口串行控制器
	joystick	游戏杆
	paride	从并口访问 IDE 设备的支持
	acorn	Acorn 的设备
	apl000	富士的 AP1000 设备
	cdrom	专用 CD-ROM 设备（除 ATAPI 和 SCSI 之外）
	char	字符设备驱动程序
	dio	惠普的 HP300DIO 总线的支持
	fc4	光纤设备
	isd0n	ISDN 设备
	misc	杂项设备的支持
	ne	网卡设备
	nubus	苹果的 MacintoshNubus 的支持
	pci	PCI 总线的支持
	pnp	即插即用的支持
	sbus	Sun 的 SPARCSBus 的支持
	scsi	SCSI 设备驱动程序
	sgi	SGI 的设备
	sound	音频卡设备
	tc	Sun 的 TurboChannel 支持
	usb	通用串行总线（USB）的支持
	video	视频卡设备
	block	块设备驱动程序
	macintosh	苹果的 Macintosh 设备

14.2.3 fs 目录

fs 中包含所有的文件系统代码和各种类型的文件操作代码，它的每一个子目录支持一个文件系统，例如，fat 和 ext2。详细内容如表 14-3 所示。

表 14-3　　内核源码目录表（fs 子目录）

一级目录	二级目录	说明
fs	adfs	Acorn 磁盘填充文件系统
	affs	Amiga 的快速文件系统（FFS）
	autofs	目录自动装载程序的支持
	coda	Coda 网络文件系统

续表

一级目录	二级目录	说明
fs	devpts	/dev/pts 虚拟文件系统
	efs	SGIIRIX 的 EFS 文件系统
	ext2	Linux 本地的 Ext2 文件系统
	fat	基于 FAT 的文件系统的通用代码
	hfs	苹果的 Macintosh 文件系统
	hpfs	IBM 的 OS/2 文件系统
	isofs	ISO9660 文件系统（CD-ROM）
	lockd	远程文件锁定的支持
	minix	MINIX 文件系统
	msdos	微软的 MS-DOS 文件系统
	ncpfs	Novell 的 Netware 核心协议
	nfs	网络文件系统（NFS）
	nfsd	集成的网络文件系统服务器
	nls	本地语言支持
	ntfs	微软的 WindowsNT 文件系统
	proc	/proc 虚拟文件系统
	qnx4	QNX4OS 使用不的文件系统
	romfs	只读小文件系统
	smbfs	微软的 Windows 服务器消息块（SMB）文件系统
	sysv	SystemV、SCO、Xenix、Coherent 和 Version7 文件系统
	ufs	UnixBSD、SunOs、FreeBSD、NetBSD、OpenBSD 和 NeXTStep 文件系统
	umsdos	UMSDOS 文件系统
	vfat	微软的 Windows 文件系统（VFAT）

14.2.4 其他目录

一般，在每个子目录下，都有一个 Makefile 和一个 Readme 文件，仔细阅读这两个文件，对内核源码的理解很有用。在 i386 体系下，系统引导将从 arch/i386/kernel/head.s 开始执行，并进而转移到 init/main.c 中的 main()函数初始化内核。可以按照这个顺序进行阅读（最好首先看完主要的数据结构定义等）。详细内容如表 14-4 所示。

表 14-4　　内核源码目录表（其他子目录）

一级目录	说明
include	包括编译核心所需要的大部分头文件。与平台无关的头文件在 include/linux 子目录下，与 Intel CPU 相关的头文件在 include/asm-i386 子目录下，而 include/scsi 目录则是有关 scsi 设备的头文件目录
init	这个目录包含核心的初始化代码（注：不是系统的引导代码），包含两个文件 main.c 和 Version.c，这是研究核心如何工作的好的起点之一
ipc	这个目录包含核心的进程间通信的代码

续表

一级目录	说明
kernel	主要的核心代码，此目录下的文件是内核的最核心部分，包括进程调度、定时器等，实现了大多数 Linux 系统的内核函数，其中最重要的文件为 sched.c；同样，和体系结构相关的代码在 arch/*/kernel 中
lib	放置核心库代码
mm	这个目录包括所有独立于 CPU 体系结构的内存管理代码，如页式存储管理内存的分配和释放等；而和体系结构相关的内存管理代码则位于 arch/*/mm/，例如 arch/i386/mm/Fault.c
net	网络相关代码，实现了各种常见的网络协议
scripts	描述文件，脚本，用于对核心的配置
security	主要是一个 SELinux 的模块
sound	常用音频设备的驱动程序等
usr	实现了一个 cpio
block	部分块设备驱动程序
crypto	常用加密和散列算法（如 AES、SHA 等），以及一些压缩和 CRC 校验算法
Documentation	一套关于内核各部分的通用解释和注释用的英文文档

表 14-5 所示为根目录下对几个文件的作用描述。

表 14-5　　　　内核源码文件说明

文件名	说明
COPYING	GPL 版权申明，对具有 GPL 版权的源代码改动而形成的程序，或使用 GPL 工具产生的程序，具有使用 GPL 发表的义务，如公开源代码
CREDITS	光荣榜。对 Linux 做出过很大贡献的一些人的信息
Kbuild	是编译内核的软件环境，它泛指构建一个完整并能够运行的 Linux 内核所需要的一切资源。这些资源包括构建程序、脚本、中间件、配置文件和 Makefile
MAINTAINERS	维护人员列表，记录对当前版本的内核各部分都由谁负责
Makefile	第一个 Makefile 文件。用来组织内核的各模块，记录了各模块相互之间的联系和依托关系，编译时使用；仔细阅读各子目录下的 Makefile 文件对弄清各个文件之间的联系和依托关系很有帮助
ReadMe	核心及其编译配置方法简单介绍取模
Kbuild	是编译内核的软件环境，它泛指构建一个完整并能够运行的 Linux 内核所需要的一切资源。这些资源包括构建程序、脚本、中间件、配置文件和 Makefile
REPORTING-BUGS	有关报告 Bug 的一些内容

在 Linux 内核中，有一些常用数据结构，了解它们对阅读理解源码有很大帮助，如表 14-6 所示。

表 14-6　　　　内核常用数据结构

文件名	说明
task_struct	Linux 内核利用一个数据结构（task_struct）代表一个进程，代表进程的数据结构指针形成了一个 task 数组（Linux 中，任务和进程是相同的术语），这种指针数组有时也称为指针向量。这个数组的大小由 NR_TASKS（默认为 512），表明 Linux 系统中最多能同时运行的进程数目。当建立新进程时，Linux 为新进程分配一个 task_struct 结构，然后将指针保存在 task 数组中。调度程序一直维护着一个 current 指针，其指向当前正在运行的进程

续表

文件名	说明
mm_struct	每个进程的虚拟内存由一个 mm_struct 结构来代表，该结构实际上包含了当前执行映像的有关信息，并且包含了一组指向 vm_area_struct 结构的指针，vm_area_struct 结构描述了虚拟内存的一个区域
inode	虚拟文件系统（VFS）中的文件、目录等均由对应的索引节点（inode）代表。每个 VFS 索引节点中的内容由文件系统专属的例程提供。VFS 索引节点只存在于内核内存中，实际保存于 VFS 的索引节点高速缓存中。如果两个进程用相同的进程打开，则可以共享 inode 的数据结构，这种共享是通过两个进程中数据块指向相同的 inode 完成

如果读者想要对内核进行更深的了解，推荐一个不错的网站：www.kerneltravel.net。

14.3 内核编译

正如自己开发的应用程序一样，在编辑好源代码后，只有经过编译后，才能生成可以直接运行的程序，Linux 内核源码在可以运行在开发板上之前，也需要编译这一步。下面详述具体内容。

14.3.1 编译准备

从 http://www.kernel.org/pub/linux/kernel/v4.x/网址中下载 linux4.6.**内核至用户工作目录后进行解压，然后进入内核解压后的目录。

（1）修改内核目录树根下的 Makefile，指明交叉编译器。

```
#vi Makefile
```

（2）找到 ARCH 和 CROSS_COMPILE 并进行修改。

```
ARCH ?= ARM
CROSS_COMPILE ?= ARM-linux-
```

（3）设置 PATH 环境变量，使其可以找到交叉编译工具链。

```
#echo $PATH
/usr/local/ARM/4.6.2/bin:/usr/kerberos/bin:/usr/local/bin:/usr/bin:/bin:/usr/X14R6
/bin:/home/ly/bin
```

（4）如果把/usr/local/ARM/4.6.2/bin 加入搜索路径，加入下面语句在～/.bashrc 中。

```
#vi～/.bashrc
export PATH=/usr/local/ARM/4.6.2/bin:$PATH
```

（5）再重新登录即可。

14.3.2 设置 Flash 分区

内核对 Flash 分区的支持是内核移植成功的一个关键步骤，一共要修改三个文件，如下所示。

1．指明分区信息

在 arch/ARM/machs3c2410/devs.c 文件中

```
$vi arch/ARM/machs3c2410/devs.c
```

添加如下内容：

```
#include <linux/mtd/partitions.h>
#include <linux/mtd/nand.h>
```

```
#include <asm/arch/nand.h>
...
/* NAND Controller */
```

（1）建立 NAND FLASH 分区表。

```
/* 一个 NAND FLASH 总共 64MB，按如下大小进行分区 */
static struct mtd_partition partition_info[] ={
{ /* 1MB */
name:"BootLoader",
size: 0x00100000,
offset:0x0,
}, { /* 3MB */
name:"kernel",
size: 0x00300000,
offset:0x00100000,
}, { /* 40MB */
name:"root",
size: 0x02800000,
offset:0x00400000,
}, { /* 20MB */
name:"user",
size: 0x00f00000,
offset:0x02d00000,
}
};
```

其中

- name：代表 Flash 分区名字。
- size：代表 Flash 分区大小（单位是字节）。
- offset：代表 Flash 分区的起始地址（相对于 0x0 的偏移）。

目标板计划分 4 个区，分别存放 Boot Loader、kernel、rootfs，以及便于以后扩展使用的用户文件系统空间。

各分区在 NAND FLASH 中的起始地址、分区大小，记录如下：

```
BootLoader:
start: 0x00000000
len: 0x00100000
1MB
kernel:
start: 0x00100000
len: 0x00300000
3MB
rootfs:
start: 0x00400000
len: 0x02800000
40MB
User:
start: 0x02c00000
len: 0x01400000
20MB
```

（2）加入 NAND FLASH 分区，代码如下所示。

```
struct s3c2410_nand_set nandset ={
nr_partitions: 4,
partitions: partition_info,
};
```

其中

- nr_partitions：指明 partition_info 中定义的分区数目。
- partitions：表示分区信息表。

（3）建立 NAND FLASH 芯片支持，代码如下所示。

```
struct s3c2410_platform_nand superlpplatform={
tacls:0,
twrph0:30,
twrph1:0,
sets: &nandset,
nr_sets: 1,
};
```

其中

- sets：表示支持的分区集。
- nr_set：表示分区集的个数。

（4）加入 NAND FLASH 芯片支持到 NAND FLASH 驱动。另外，还要修改此文件中的 s3c_device_nand 结构体变量，添加对 dev 成员的赋值，代码如下所示。

```
struct platform_device s3c_device_nand = {
.name = "s3c2410nand",
.id = 1,
.num_resources = ARRAY_SIZE(s3c_nand_resource),
.resource = s3c_nand_resource,

/* 添加 NAND FLASH 设备 */
.dev = {
.platform_data = &superlpplatform
}
};
```

其中

- name：表示设备名称。
- id：有效设备编号，如果只有唯一的一个设备，ID 号为 1，如果有多个设备，则从 0 开始计数。
- num_resource：有几个寄存器区。
- resource：寄存器区数组首地址。
- dev：支持的 NAND FLASH 设备。

2. 指定启动时初始化

kernel 启动时依据对分区的设置进行初始配置，修改 arch/ARM/machs3c2410/machsmdk2410.c 文件，命令如下：

```
$vi arch/ARM/machs3c2410/machsmdk2410.c
```

修改 smdk2410_devices[]：指明初始化时包括前面所设置的 Flash 分区信息：

```
static struct platform_device *smdk2410_devices[] __initdata = {
&s3c_device_usb,
&s3c_device_lcd,
&s3c_device_wdt,
&s3c_device_i2c,
&s3c_device_iis,
/* 添加如下语句 */
&s3c_device_nand,
```

```
};
```

保存后退出。

3. 禁止 Flash ECC 校验

我们的内核都是通过 Boot Loader 写到 NandFlash 的，Boot Loader 通过软件 ECC 算法产生 ECC 校验码，这与内核校验的 ECC 码不一样，内核中的 ECC 码是由 S3C2410 中 NandFlash 控制器产生的。所以，在这里选择禁止内核 ECC 校验。

修改 drivers/mtd/nand/s3c2410.c 文件：

```
$vi drivers/mtd/nand/s3c2410.c
```

找到 s3c2410_nand_init_chip()函数，在该函数体最后加上如下语句。

```
chip>eccmode = NAND_ECC_NONE;
```

至此为止关于 Flash 分区的设置全部完成。

14.3.3　配置内核

Linux 内核是一个社区共同开发的作品，具备一个现代操作系统的所有功能，并能对绝大多数硬件提供支持。然而对于具体的开发板来说，大多数功能并不需要，为了尽可能减少编译出来的内核体积，在配置内核时，对需要的功能进行配置和去除不需要的模块。

1. 支持启动时挂载 devfs

为了让内核支持 devfs 以及在启动时在/sbin/init 运行之前能自动挂载/dev 为 devfs 文件系统，修改 fs/Kconfig 文件，如下所示。

```
$vi fs/Kconfig
```

找到如下语句

```
menu "Pseudo filesystems"
```

添加如下语句：

```
config DEVFS_FS
bool "/dev file system support (OBSOLETE)"
default y
config DEVFS_MOUNT
bool "Automatically mount at boot"
default y
depends on DEVFS_FS
```

2. 配置内核

（1）运行 make menuconfig。

```
$cp arch/ARM/configs/smdk2410_defconfig .config
$make menuconfig
```

在 smdk2410_defconfig 基础上，所增删的内核配置项如下：

```
Loadable module support >
[*] Enable loadable module support
[*] Automatic kernel module loading
System Type >[*] S3C2410 DMA support
Boot options >Default kernel command string:
noinitrd root=/dev/mtdblock2 init=/linuxrc console=ttySAC0,115200
```

提示　mtdblock2 代表第三个 Flash 分区，它是 rootfs 及文件系统所在分区，console =ttySAC0, 115200 使 kernel 启动期间的信息全部输出到串口 0 上，2.6 内核对于串口的命名改为 ttySAC0，但这不影响用户空间的串口编程。用户空间的串口编程针对的仍是/dev/ttyS0 等。

下面的一项是必选的。

```
Floating point emulation >
 [*] NWFPE math emulation
```

（2）配置 MTD 子系统。

接下来要做的是对内核 MTD 子系统的设置。进入驱动模块配置选项：

```
Device Drivers >
Memory Technology Devices (MTD) >
 [*] MTD partitioning support
 [*] Command line partition table parsing
```

此处表示支持从命令行设置 Flash 分区信息，更加灵活。

```
RAM/ROM/Flash chip drivers >
<*> Detect Flash chips by Common Flash
 Interface (CFI) probe
<*> Detect nonCFI AMD/JEDECcompatible Flash chips
<*> Support for Intel/Sharp Flash chips
<*> Support for AMD/Fujitsu Flash chips
<*> Support for ROM chips in bus mapping
NAND FLASH Device Drivers >
<*> NAND Device Support
<*> NAND FLASH support for S3C2410/S3C2440 SoC
 Character devices >
 [*] Nonstandard serial port support
 [*] S3C2410 RTC Driver
```

（3）配置文件系统支持。接下来做的是针对文件系统的设置，因为打算在本目标板上做出的文件系统是 cramfs，故做如下配置。

```
File systems >
<> Second extended fs support
```

这句用来去除对 ext2 的支持。

接下来配置 devfs。

```
 Pseudo filesystems >
[*] /proc file system support
[*] Virtual memory file system support (former shm fs)
[*] /dev file system support (OBSOLETE)
[*] Automatically mount at boot (NEW)
```

这里会看到先前修改 fs/Kconfig 的成果，devfs 已经被支持上了。

```
 Miscellaneous filesystems >
<*> Compressed ROM file system support (cramfs)
```

配置支持 cramfs。

```
 Network File Systems >
<*> NFS file system support
```

保存后退出配置窗口，产生.config 文件。

（4）编译内核，代码如下所示。

```
$make zImage
```

若编译内核出现如下情况：

```
 LD .tmp_vmlinux1
 ARMlinuxld:
 arch/ARM/kernel/vmlinux.lds:1439: parse error
 make: *** [.tmp_vmlinux1] Error 1
```

解决的方法是，修改 arch/ARM/kernel/vmlinux.lds。

```
$vi arch/ARM/kernel/vmlinux.lds
```

将文件尾 2 条的 ASSERT 注释掉（1439 行）:

```
/* ASSERT((__proc_info_end __proc_info_begin), "missing CPU support") */
/* ASSERT((__arch_info_end __arch_info_begin), "no machine record defined") */
```

然后重新 make zImage 即可。

14.4　内核配置选项

在运行 make menuconfig 进行内核配置时，会发现很多的选项需要配置，为了了解这些选项代表的含义，这里把常用的一些整理成表格，其他不常用的，读者遇到了，可以参考相关资料。

14.4.1　常规设置

表 14-7 所示为 gerneral setup 里的各项，作为常规设置，smdk2410_defconfig 已经提供了有效的默认设置。

表 14-7　　内核配置选项表（常规设置）

第一级	第二级以上	说明
Code maturity level options	Prompt for development and/or incomplete code/drivers	显示尚在开发中或尚未完成的代码与驱动
General setup	Local version - append to kernel release	在内核版本后面加上自定义的版本字符串（小于 64 字符），可以用“uname–a”命令看到
	Automatically append version information to the version string	自动在版本字符串后面添加版本信息，编译时需要有 perl 以及 git 仓库支持
	Support for paging of anonymous memory（swap）	使用交换分区或者交换文件来作为虚拟内存
	System V IPC	System V 进程间通信（IPC）支持，许多程序需要这个功能，必选
	IPC Namespaces	IPC 命名空间支持
	POSIX Message Queues	POSIX 消息队列，这是 POSIX IPC 中的一部分
	BSD Process Accounting	将进程的统计信息写入文件的用户级系统调用，主要包括进程的创建时间/创建者/内存占用等信息
	BSD Process Accounting version 3 file format	使用新的第三版文件格式，可以包含每个进程的 PID 和其父进程的 PID，但是不兼容老版本的文件格式
	Export task/process statistics through netlink	通过 netlink 接口向用户空间导出任务/进程的统计信息，与 BSD Process Accounting 的不同之处在于这些统计信息在整个任务/进程的生存期内都是可用的
	Enable per-task delay accounting	在统计信息中包含进程等候系统资源（CPU，IO 同步，内存交换等）所花费的时间
	UTS Namespaces	UTS 名字空间支持
	Auditing support	审计支持，某些内核模块（例如 SELinux）需要它，只有同时选择其子项才能对系统调用进行审计
	Enable system-call auditing support	支持对系统调用的审计

续表

第一级	第二级以上	说明
General setup	Kernel .config support	把内核的配置信息编译进内核中，以后可以通过 scripts/extract-ikconfig 脚本来提取这些信息
	Enable access to .config through /proc/config.gz	允许通过/proc/config.gz 访问内核的配置信息
	Cpuset support	只有含有大量 CPU（大于 16 个）的 SMP 系统或 NUMA（非一致内存访问）系统才需要它
	Kernel->user space relay support（formerly relayfs）	在某些文件系统上（比如 debugfs）提供从内核空间向用户空间传递大量数据的接口
	Initramfs source file（s）	initrd 已经被 initramfs 取代
	Optimize for size（Look out for broken compilers!）	编译时优化内核尺寸（使用"-Os"而不是"-O2"参数编译），有时会产生错误的二进制代码
	Enable extended accounting over taskstats	收集额外的进程统计信息并通过 taskstats 接口发送到用户空间
	Configure standard kernel features（for small systems）	配置标准的内核特性（为小型系统）
	Enable 16-bit UID system calls	允许对 UID 系统调用进行过时的 16-bit 包
	Sysctl syscall support	不需要重启就能修改内核的某些参数和变量，如果选择了支持/proc，将能从/proc/sys 存取可以影响内核行为的参数或变量
	Load all symbols for debugging/kksymoops	装载所有的调试符号表信息，仅供调试时选择
	Include all symbols in kallsyms	在 kallsyms 中包含内核知道的所有符号，内核将会增大 300K
	Do an extra kallsyms pass	除非在 kallsyms 中发现了 bug 并需要报告这个 bug 才打开该选项
	Support for hot-pluggable devices	支持热插拔设备，如 USB 与 pc 卡等，Udev 也需要它
	Enable support for printk	允许内核向终端打印字符信息，在需要诊断内核为什么不能运行时选择
	BUG() support	显示故障和失败条件（BUG 和 WARN），禁用它将可能导致隐含的错误被忽略
	Enable ELF core dumps	内存转储支持，可以帮助调试 ELF 格式的程序
	Enable full-sized data structures for core	在内核中使用全尺寸的数据结构，禁用它将使得某些内核的数据结构减小以节约内存，但是将会降低性能
	Enable futex support	快速用户空间互斥体可以使线程串行化以避免竞态条件，也提高了响应速度，禁用它将导致内核不能正确地运行基于 glibc 的程序
	Enable eventpoll support	支持事件轮循的系统调用
	Use full shmem filesystem	完全使用 shmem 来代替 ramfs.shmem 是基于共享内存的文件系统（可能用到 swap），在启用 TMPFS 后可以挂载为 tmpfs 供用户空间使用，它比简单的 ramfs 先进许多
	Use full SLAB allocator	使用 SLAB 完全取代 SLOB 进行内存分配，SLAB 是一种优秀的内存分配管理器，推荐使用
	Enable VM event counters for /proc/vmstat	允许在/proc/vmstat 中包含虚拟内存事件记数器

14.4.2 模块和块设备层

表 14-8 描述了可加载模块设置和块设备层设置。模块可配置是 Linux 系统灵活性的体现，每一个模块可配置为集成到内核之中，或者作为单独的模块存在。

表 14-8 内核配置选项表（模块和块设备层）

第一级	第二级以上	说明
Loadable module support	Enable loadable module support	打开可加载模块支持，如果打开它则必须通过“make modules_install”把内核模块安装在/lib/modules/中
	Module unloading	允许卸载已经加载的模块
	Forced module unloading	允许强制卸载正在使用中的模块（比较危险）
	Module versioning support	允许使用其他内核版本的模块
	Source checksum for all modules	为所有的模块校验源码
	Automatic kernel module loading	让内核通过运行 modprobe 来自动加载所需要的模块，比如可以自动解决模块的依赖关系
Block layer	Enable the block layer	块设备支持，使用硬盘/USB/SCSI 设备者必选
	Support for Large Block Devices	仅在使用大于 2TB 的块设备时需要
	Support for tracing block io actions	块队列 I/O 跟踪支持，它允许用户查看在一个块设备队列上发生的所有事件，可以通过 blktrace 程序获得磁盘当前的详细统计数据
	Support for Large Single Files	仅在可能使用大于 2TB 的文件时需要
	I/O Schedulers	I/O 调度器
	Anticipatory I/O scheduler	假设一个块设备只有一个物理查找磁头（例如一个单独的 SATA 硬盘），将多个随机的小写入流合并成一个大写入流，用写入延时换取最大的写入吞吐量，适用于大多数环境，特别是写入较多的环境（比如文件服务器）
	Deadline I/O scheduler	使用轮询的调度器，简洁小巧，提供了最小的读取延迟和尚佳的吞吐量，特别适合于读取较多的环境（比如数据库）
	CFQ I/O scheduler	使用 QoS 策略为所有任务分配等量的带宽，避免进程被饿死并实现了较低的延迟，可以认为是上述两种调度器的折中，适用于有大量进程的多用户系统
	Default I/O scheduler	默认 I/O 调度器

14.5 下载内核

在编译好的内核准备之后，通过 vivi 来下载到目标板。打开 DNW 软件，连接串口后按空格上电目标板进入 vivi 控制台，输入：

```
load Flash kernel u
```

vivi 打印出：

```
USB host is connected.Waiting for a download
```

单击菜单 USB Port/Transmit，选择编译好的内核二进制镜像文件，DNW 开始烧写内核，完毕后 vivi 将把内核烧写至 NAND FLASH，此处如果用：

```
load Flash kernel x
```

烧写将会通过串口进行，速度较慢且容易误码出错，所以这里推荐用 vivi 的 USB 下载功能。烧写完内核后，在 vivi 控制台输入：

```
boot
```

vivi 将引导内核装载启动，串口打印出信息如下：

```
NOW, Booting Linux......
Uncompressing Linux.............................................................
................
Linux version 2.6.14.1 (root@localhost.localdomain) (gcc version 3.3.2) #15 Thu Jul
6 14:26:29 CST 2006 CPU: ARM920Tid(wb) [41129200] revision 0 (ARMv4T)
Machine: SMDK2410
Memory policy: ECC disabled, Data cache writeback
CPU S3C2440A (id 0x32440001)
S3C2440:core 400.000 MHz, memory 100.000 MHz, peripheral 50.000 MHz
S3C2410 Clocks, (c) 2004 Simtec Electronics
CLOCK: Slow mode (1.500 MHz), fast, MPLL on, UPLL on
……
Reading data from NAND FLASH without ECC is not recommended
Root-NFS: No NFS server available, giving up.
VFS: Unable to mount root fs via NFS, trying floppy.
VFS: Cannot open root device "mtdblock2" or unknown-block(2,0)
Please append a correct "root=" boot option
Kernel panic - not syncing: VFS: Unable to mount root fs on unknown-block(2,0)
```

从以上启动信息可以看出，内核已经成功启动，并且大部分驱动成功加载，然而最后一行的

```
Kernel panic - not syncing: VFS: Unable to mount root fs on unknown-block(2,0)
```

提示程序不能运行，必须有了内核，文件系统才能运转，关于文件系统的移植内容已在第 12 章讲述。

14.6 内核调试

作为初学者，在内核移植中不可避免会碰到这样那样的问题，因此内核调试是必不可少的一个步骤，下面进行相关问题的讲解。

14.6.1 内核调试步骤

内核移植的过程中往往会出现各种问题，这时读者首先需要确定问题的种类，只有胆大心细才能成功克服一切困难。内核移植出错包括编译出错和运行出错。当出现编译出错时，需要优先考虑以下 6 个因素。

（1）是否选择了正确合适的内核版本。一般优先考虑采用经过广泛测试成功的版本，这样可以避免不少弯路。

（2）在给内核打上补丁时是否成功，在 patch 后可以通过查看记录文件来确定。

（3）内核版本与使用的编译器版本是否匹配。在内核编译中，往往有出现错误在更换编译器版本后成功编译通过的现象。

（4）交叉编译环境是否成功建立。

排除以上问题后，往往问题大部分已经得到解决，接下来可以考虑：

（5）内核配置选项的关联处理，在配置内核时，各项之间可能存在某些关联，可以通过去掉

某些可疑选项重新编译的方法来确定问题的所在。

（6）自己移植或编写的驱动模块代码的问题，可以通过去掉选中自己的驱动模块来确定可疑的对象。

以上就是关于内核编译出错处理的常用方法。而内核运行出错往往可以通过打印的出错信息了解问题所在，内核通过 printk()语句来打印内核的启动和运行信息，也可以自己在合适的地方添加 printk()，从而通过串口打印信息判断问题所在，可以说 printk()方法是最常用和经济有效的方法。其他如采用 kgdb 调试工具或者采用 SKYEYE 虚拟仿真平台调试的方法请读者参阅相关资料。

14.6.2　常见内核问题

下面列举 4 类内核移植中会最常遇到的问题，以及这些问题可能的发生原因和解决办法。

1. machine ID 问题

machine ID 跟 CPU 的具体型号相关，启动时打印信息如下所示。

```
Copy linux kernel from 0x00050000 to 0x30008000, size = 0x00200000 ... done
zImage magic = 0x016f2818
Setup linux parameters at 0x30000100
linux command line is: "noinitrd root=/dev/mtdblock2 init=/linuxrc console=ttySA C0"
MACH_TYPE = 782
NOW, Booting Linux......
Uncompressing Linux...............................................................
..... done, booting the kernel.
Error: unrecognized/unsupported machine ID (r1 = 0x0000030e).

Available machine support:

ID (hex) NAME
0000016a SMDK2440

Please check your kernel config and/or BootLoader.
```

解决方法：可以在 vivi 执行

```
param set mach_type 0x16a
```

修改 Boot Loader 配置的 manchine ID 或者通过去掉内核代码中对 machine ID 的判断来解决。

2. 串口无输出问题

启动后打印如下信息。

```
Copy linux kernel from 0x00050000 to 0x30008000, size = 0x00200000 ... done
zImage magic = 0x016f2818
Setup linux parameters at 0x30000100
linux command line is: "noinitrd root=/dev/mtdblock2 init=/linuxrc console=ttyS0"
MACH_TYPE = 782
NOW, Booting Linux......
Uncompressing Linux...............................................................
```

无后续输出，解决办法：修改 linux command line 中的 console 为 ttySAC0，此处因为 4.6.2 内核对串口命名方式变动，但不影响应用程序。

3. kernel panic 问题

内核崩溃问题，启动后打印如下信息。

```
Please append a correct "root=" boot option
Kernel panic - not syncing: VFS: Unable to mount root fs on unknown-block(2,0)
```

“内核惊慌”除了缺失文件系统之外还有几个可能的原因。

devfs 驱动未加载成功，在配置内核选项时选中：

```
[*] /proc file system support
[*] /dev file system support (OBSOLETE)
[*] Automatically mount at boot
[*] Debug devfs
[*] Virtual memory file system support (former shm fs)
[ ] Relayfs file system support
```

devfs 负责在/dev 目录挂载所有设备节点，只有 devfs 正确加载后，/dev/mtdblock2 才有效。或是 mtd 驱动未成功加载，mtd 驱动用来支持 NAND FLASH，启动时如果没有打印如下信息则说明 mtd 驱动需要重新配置。

```
NAND device: Manufacturer ID: 0xec, Chip ID: 0x76 (Samsung NAND 64MiB 3,3V 8bit)
Scanning device for bad blocks
Creating 4 MTD partitions on "NAND 64MiB 3,3V 8bit":
0x000000000x00100000: "BootLoader"
0x001000000x00500000: "kernel"
0x005000000x02d00000: "root"
0x02d000000x03c00000: "User"
```

4. kernel boot 问题

启动程序 vivi 和内核中对于 NAND FLASH 的分区必须一致，否则 vivi 提示找不到 kernel 镜像文件，而在 vivi 中修改对 NAND FLASH 的分区可以通过在编译 vivi 时修改源码或者在 vivi 控制台使用命令 part 进行，关于 vivi 命令格式请查阅相关资料。

14.7 小结

本章给读者讲解了 Linux 内核移植中需要的基本知识，包括：Linux 内核的 5 个子系统及其相互关系；Linux 内核源码各目录包含模块及其功能；Linux 内核编译的方法和步骤；Linux 内核编译时的详细配置指南；Linux 内核下载和调试的相关知识。其中需要初学者熟练掌握 Linux 编译的方法和步骤，并对其他相关知识有所了解。

14.8 习题

一、填空题

1. Linux 内核主要由 5 个子系统组成，分别是：________、________、________、________、________。

2. 在计算机中运行的程序，其________、________、________的总量可以超过实际内存的大小，操作系统只是把当前使用的程序块保留在内存中，其余的程序块则保留在磁盘中。

3、Linux 内核源码结构中，arch 目录中包含________的代码，rivers 放置系统所有的________，fs 中包含所有的________代码。

4. 内核通过________语句来打印内核的启动和运行信息。

二、实践题

1. 读者自己从官网上下载内核，根据 14.3 节介绍的内核编译方法编译内核。

2. 编译内核后，通过 Boot Loader 选项，下载内核到自己的开发板中，并启动。

第 4 篇　嵌入式开发实战

第 15 章 综合案例——嵌入式 B 超

通过前面的学习，相信大家对嵌入式系统已经有了很深的认识。本章将给读者介绍一个嵌入式超声设计的综合案例，涉及系统的设计、选型到实现，同时对几个关键地方做了深入的分析。希望读者通过本章的学习能得到一些收获。

15.1　系统终端的结构设计

系统的结构设计包括总体结构的设计和芯片的选型。总体设计的时候，需要从全局的角度考虑，而且考虑的因素非常多。比如数据采集需要由 FPGA 完成，数据的前端处理分配给 FPGA，后端处理到底应该分给 FPGA 还是 ARM，需要仔细斟酌。因为 FPGA 做后期处理实现起来比较困难，但是能保证处理的实时性。而 ARM 对数据后期处理实现起来比较简单，但是很难保证实时性的要求。

芯片的选择包括 ARM 的外围接口芯片，这里主要介绍显示芯片的选型问题。因为嵌入式超声对显示的要求很高，单凭 ARM 自身的 LCD 控制器已经很难满足要求，必须外接一款独立显示芯片，以满足系统设计要求。

15.1.1　总体结构

图 15-1 为基于 ARM+FPGA 的超声诊断终端的硬件结构图，下面对每一部分的功能分别做介绍。

系统主要分为 FPGA 模块、ARM 模块以及各种外围接口。其中 FPGA 负责前端数据采集和预处理；ARM 负责数据后处理和外围接口的控制；外围接口包括 SD 卡，用于人机交互的鼠标键盘，用于连接显示器的视频接口，用于通信的网口和串口等。系统的数据流向如图 15-2 所示。

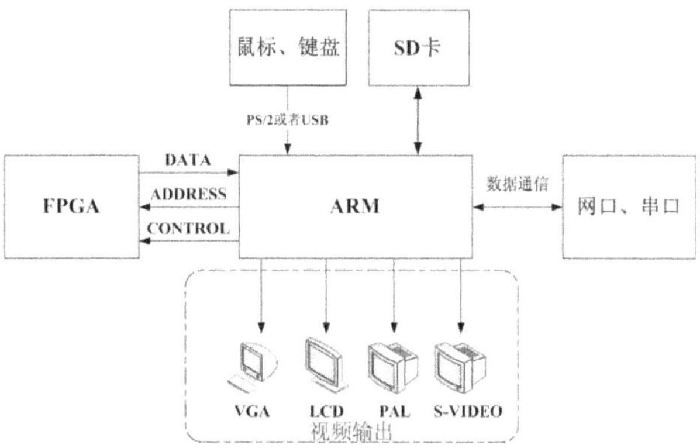

图 15-1　超声诊断仪的系统结构图

图 15-2　系统数据流向

超声探头发出超声信号，将采集到的回波信号转化成数字信号传给 FPGA；FPGA 接收到前端的原始数据以后，对数据做预处理，包括动态范围、边缘增强、平滑处理、帧相关和线平均。做完预处理后将数据发给 ARM，ARM 负责图像的 γ 校正、坐标变换和插值处理等后处理，最终将图像显示出来。

15.1.2　显示控制芯片选型

超声诊断仪的显示输出有很多接口：包括 VGA、LCD、PAL 和 S-VIDEO 四种。在初次选择 ARM 芯片时，曾经考虑过 EP9315，它能提供上述所有视频输出。但是在调试时发现，一旦 ARM 和 FPGA 相连，VGA 输出就会不稳定。经过仔细分析，原因在于 ARM 的带宽有限，只有 100MB，当 ARM 需要提供 800×600，75Hz 的 VGA 输出时，视频显示要占据大量带宽。而 FPGA 和 ARM 之间的数据传输同样也需要大量带宽，因为后者的数据传输优先级高于前者，FPGA 和 ARM 连接以后，显示带宽就会被占据，从而导致输出不稳定。

基于以上分析，所以决定选择一款独立显示控制芯片专门负责显示输出，在 CPU 接收 FPGA 发送来数据的同时，保证有稳定的 VGA 输出。

在这里选择 SM501 作为显示控制芯片，同时选择 CH7004C 这款视频转换芯片，将 LCD 数字信号转换为 PAL 和 S-VIDEO 信号，图 15-3 为显示控制模块的结构示意图。

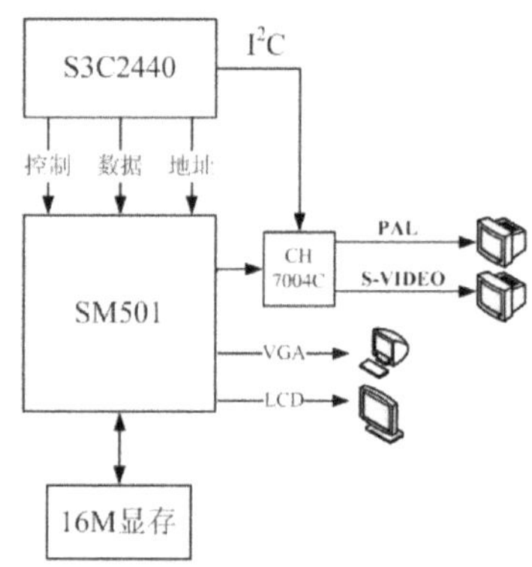

图 15-3　显示控制模块

15.2　系统终端的软件设计

超声诊断仪终端的软件设计主要包括 Boot Loader 的移植、操作系统的裁剪和移植、驱动程序的编写、文件系统的制作以及图形界面的设计和移植。为了满足超声图像实时显示的需求，在软件设计的过程中，必须将每个环节中对超声图像的处理时间降到最低，用最快的速度将 FPGA 发送过来的图像显示出来。这就需要对底层的硬件驱动程序和上层的应用程序有一个全面的把握，从全局出发来设计系统的各个模块，使系统的整体性能达到最优。超声诊断仪的软件结构以及它们的关系如图 15-4 所示。

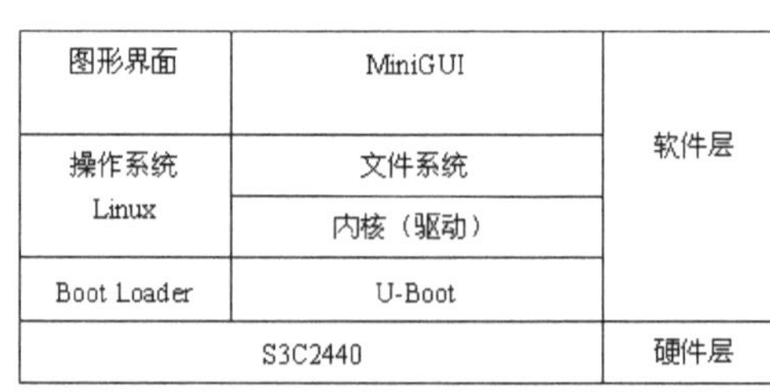

图 15-4　软件总体结构

15.2.1　U-Boot

U-Boot-2016.05 版本中已经有关于 S3C2440 的移植代码，因此只要进行配置选择正确的移植版本即可，这里使用 smdk2440_config 配置。方法是执行 make smdk2440_config 命令。与本系统移植相关的几个主要文件如下。

- include/configs/smdk2440.h：该文件为与本板子相关的头文件。
- board/smdk2440/smdk2440.c：该文件为目标板的初始化文件。其中主要定义如下函数：int board_init (void)，板级初始化函数；int dram_init (void)，SDRAM 初始化函数。
- board/smdk2440/Flash.c：该文件为板子上 Flash 驱动程序。
- cpu/ARM920t/serial.c：该文件为串口驱动程序。
- drivers/dm9000.c：以太网卡（DM9000）驱动程序。
- drivers/sm501.c：显示芯片（SM501）驱动程序。因为 U-Boot 本身不带 SM501 的驱动，必须自己编写，其编写方式和 Linux 下类似。

下面是 U-Boot 的编译过程。

```
#make smdk2440_config
#make
```

编译成功后，在 u-boot-2016.05 目录下生成 u-boot.bin 文件，这个文件就是 u-boot 映像文件，将该文件复制到本地电脑的/tftpboot 目录下，通过网口就能将其烧写到板载 Flash 中（第一次烧写需要使用烧写板或者仿真器）。

15.2.2　嵌入式 Linux 移植

移植内核的时候有两个地方需要注意：一是文件系统，二是控制台。内核配置菜单选项中 File system→对应的就是文件系统。文件系统所涉及的内容较多，一般在默认配置的基础上进行修改。因为在调试阶段需要使用网络文件系统（NFS），所以这里必须加上对 NFS 的支持。

内核配置菜单选项中 Console drivers→对应的就是控制台驱动。控制台驱动主要和显示有关，因为显示超声动态图像需要用得到 FrameBuffer，所以这里选择对 FrameBuffer 的支持。在完成对 Linux 内核配置以后，内核仍然以源代码形式存在，不能直接下载到嵌入式系统运行，因此，需要对内核进行编译，生成最终可以在嵌入式系统上运行的可执行代码。内核编译按照以下步骤进行。

（1）执行如下命令，删除过时的文件。

```
#make clean
```

make clean 会删除掉原来的编译结果以及一些旧的数据文件。

（2）执行如下命令进行依赖性编译。

```
#make dep
```

依赖性编译的目的描述如下：如果使用了程序 A，而 A 需要用到程序 B（比如 B 是 A 的一个子程序），B 需要用到 C。如果进行内核配置时，添加或删除了某个功能，这个功能刚好会对程序 C 产生影响，显然就需要重新编译程序 C、B 和 A。如果程序数量非常多，是很难手工完成的，而采用依赖性编译则可以自动完成该项工作。

（3）执行如下命令，生成可执行内核映像文件：

```
#make zImage
```

这一步是实际的编译过程，最终会生成可运行在嵌入式系统上的内核映像文件。执行完这一步后，会在/arch/ARM/boot 下生成一个内核映像文件 zImage。

15.2.3　MiniGUI 移植

MiniGUI3.0.12 版本包括三个压缩文档：libMiniGUI-3.0.12.tar.gz、MiniGUI-res-3.0.12.tar.gz 和 mg-samples-3.0.12.tar.gz。第一个包是 MiniGUI 的库文件，这个包最为重要；第二个包是 MiniGUI

用到的一些资源文件，包括图标、字体等；第三个包是一些示例文件。这三个文件可以从飞漫的官方网站（www.MiniGUI.com）下载到。下载完成后用下面的命令解压相应的文件到默认目录：

```
#tar-zxvf libMiniGUI-3.0.12.tar.gz
#tar-zxvf MiniGUI-res-3.0.12.tar.gz
#tar-zxvf mg-samples-3.0.12.tar.gz
```

因为超声界面是 256 色灰度图，而 MiniGUI 的 256 色显示模式默认是彩色的，为了使 MiniGUI 一启动就能够显示灰度图像，需要修改源文件 libMiniGUI-3.0.12/src/newgal/pixels.c 的第 282 行：

```
#if RGB332
        int r, g, b;
        /* map each bit field to the full [0, 255] interval,
          so 0 is mapped to (0, 0, 0) and 255 to (255, 255, 255) */
        /*
        r = i & 0xe0;
        r |= r >> 3 | r >> 6;
        colors[i].r = r;
        g = (i << 3) & 0xe0;
        g |= g >> 3 | g >> 6;
        colors[i].g = g;
        b = i & 0x3;
        b |= b << 2;
        b |= b << 4;
        colors[i].b = b;
        */
        colors[i].r = i;
        colors[i].g = i;
        colors[i].b = i;
#else
        /*colors[i].r = ((i & 192) >> 6) * (64);       /* 2 bits */
        colors[i].g = ((i & 56) >> 3) * (64 / 2);   /* 3 bits */
    colors[i].b = (i & 7) * (64 / 2);       /* 3 bits */
        */
        colors[i].r = i;
        colors[i].g = i;
        colors[i].b = i;
#endif
```

其中用/* */注释掉的是原先的代码，加粗的是后来加进去的代码。这样做的目的是改变 MiniGUI 默认的调色板，使得它能够显示 256 级灰度图像。针对嵌入式超声开发时，安装 MiniGUI 的步骤讲解如下。

1. 配置和编译 MiniGUI 库

源代码修改结束后，再修改 libMiniGUI-3.0.12 目录下 configure 文件，在文件开头处增加以下几行。

```
CC=/usr/local/ARM/2.95.3/bin/ARM-linux-gcc
CPP=/usr/local/ARM/2.95.3/bin/cpp
LD=/usr/local/ARM/2.95.3/bin/ARM-linux-ld
AR=/usr/local/ARM/2.95.3/bin/ARM-linux-ar
RANLIB=/usr/local/ARM/2.95.3/bin/ARM-linux-ranlib
STRIP=/usr/local/ARM/2.95.3/bin/ARM-linux-strip
```

增加的几行表示编译器需要使用已经安装的 ARM-linux-gcc。

然后开始配置 MiniGUI 库的安装参数，运行命令：

```
#make menuconfig
```

就可以看到比较熟悉的配置菜单界面了，如图 15-5 所示。

选中“Appearance options→”按 Enter 键进入下级菜单，选中“Using flat window style instead of 3D style”以及“Target is a gray screen”，如图 15-6 所示。这样做的目的是将 MiniGUI 的显示模式改为 8bpp，而不是默认的 16bpp。

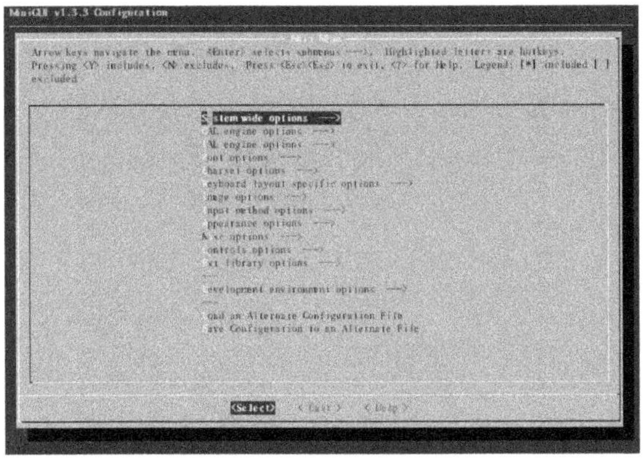

图 15-5 MiniGUI 配置列表

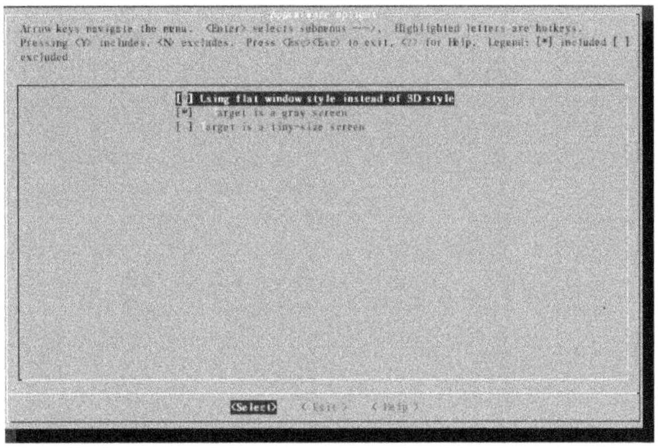

图 15-6 MiniGUI 显示模式配置列表

选中“Development environment options→”进入下级菜单，选择“Path prefix”一栏，进入以后输入/usr/local/ARM/2.95.3/ARM/linux，表示移植好的库需要安装到交叉编译器的库和头文件目录下。配置结束以后，保存退出。下面就可以进行编译了，运行如下命令。

```
#make
```

进行编译工作。编译完成后需要运行：

```
#make install
```

来进行 MiniGUI 的库和头文件的安装，将会安装到交叉编译器的库和头文件目录下。

2. 安装 MiniGUI 的资源文件

进入 MiniGUI-res-1.3.3 所在目录，修改 config.linux，找到“prefix=$(TOPDIR)/usr/local”，将其改为“prefix=/usr/local/ARM/2.95.3/ARM-linux”，找到“CC=gcc”，将其改为“CC=ARM-linux-gcc”，然后运行：

```
#make install
```

将资源安装到“/usr/local/ARM/2.95.3/ARM-linux-gcc/lib/MiniGUI/res”目录下。

3. 安装 MiniGUI 库、资源到目标系统

将 MiniGUI 库（libmgext，libMiniGUI，libvcongui）复制到目标板的/usr/local/lib 目录下，并将资源目录“/usr/local/ARM/2.95.3/ARM-linux/lib/MiniGUI”整个目录复制到目标系统的“/usr/local/lib”目录下。

4. 修改配置文件

由于 MiniGUI 库执行时需要寻找一个配置文件路径 MiniGUI.cfg，寻找顺序依次为用户主目录、/usr/local/etc、/etc，所以只要在这三个目录中生成一个 MiniGUI.cfg 即可。因为 MiniGUI 默认的显示模式为 1024×768-16bpp，而这里需要的显示模式是 800×600-8bpp，所以要修改 MiniGUI.cfg 的[fbcon]段：

```
defaultmode=800x600-8bpp
```

同时修改[bitmapinfo]段中的 bitmap6=none，以取消背景图片的显示。

至此，MiniGUI 在开发板上的移植完毕。将编译好的 MiniGUI 程序放到网络文件夹中，就能够在 ARM 板上顺利运行。

15.3 FPGA 与 ARM 接口设计

FPGA 与 ARM 的接口设计是本系统的重点和难点。如何才能将 FPGA 采集到的数据用最快的速度传送到 ARM 部分的内存中，是一个需要解决的问题。同时，针对 FPGA 采集到的数据，ARM 需要做一定的处理，处理完以后需实时显示到屏幕上。上面讲到的两个难点，在本节中将做仔细分析，并给出解决方案。

15.3.1 硬件连接

FPGA 和 ARM 之间的接口设计是本系统的关键。因为 ARM 需要接收 FPGA 预处理后的实时图像，传输速度要求很高，必须在 ARM 的众多接口中挑选出最合适的一种与 FPGA 相连。

将 FPGA 当作 ARM 的一个外设，这样能够最大程度地提高数据传输速度。FPGA 接受从探头发送过来的数据，对图像数据做一些预处理以后，将图像数据写入两片帧缓存存储芯片，FPGA 对两片帧缓存芯片的写入和 S3C2440 对帧缓存的读取采用乒乓机制工作，即 S3C2440 读 1#帧存时，FPGA 写 2#帧存，反之，S3C2440 读 2#帧存时，FPGA 写 1#帧存。S3C2440 对帧存的读取通过了 FPGA，并且采用 DMA 的突发传输方式。乒乓机制可以有效地提高系统的处理速度，如果 ARM 对每一帧图像的处理时间加上 DMA 传输时间小于图像的采集时间（探头每帧的采集时间为 66ms），那就可以实现图像的实时显示，即每秒可以显示 15 帧的图像。具体连接方式为：地址线是 A0～A19 共 20 根，数据线是 DATA0～DATA15 共 16 根，控制线包括读写，片选信号线，DMA 传输控制线。因为显示要求是 256 阶灰度，所以每个像素的数据宽度是 8 位。这里采用 16 位数据传输，一次可以传输两个像素，低八位传输第一个像素，高八位传输第二个像素。

15.3.2 FPGA 驱动程序设计

每一个设备的驱动程序都提供了固定的入口点以便应用程序对该设备进行存取操作。这些入口点包括 3 个数据结构，分别是 file_operation、inode 和 file。其中 file_operation（文件操作）是驱动程序设计的重点，这里对 FPGA 驱动程序的 file_operation 做些分析，它主要包括 open、release 和 mmap 三个命令。

```
static struct file_operations fpga_ctl_fops = {
        open:        fpga_open,
        release:     fpga_release,
        mmap:        fpga_mmap,
        };
```

fpga_open 函数实现如下：

```
int fpga_open(struct inode *inode, struct file *filp)
{
        int minor;
        minor = MINOR(inode->i_rdev);
        printk("open ok\n");
        fpga_devices[minor]++;
        return 0;
}
```

该函数主要作用是打开 fpga 设备进行 I/O 操作，在应用程序中可以这样使用：

```
#define DEVICE   "/dev/fpga"
    if((fd=open(DEVICE, O_RDWR | O_NONBLOCK))<0)
    {
        printf("open device: %s\n", DEVICE);
        perror("can not open device");
        exit(1);
    }
```

fpga_mmap()函数实现如下：

数据从内核空间传到用户空间一般有两种，一种是 read()直接读取；另外一种 mmap()内存映射。read()通过内核缓冲区来读取数据；而 mmap()通过把设备文件映射到内存中，绕过了内核缓冲区，最快的磁盘访问往往还是慢于最慢的内存访问，所以 mmap()方式加速了 I/O 访问。另外，mmap()系统调用使得进程之间通过映射同一文件实现共享内存，各进程可以像访问普通内存一样对文件进行访问，访问时只需要使用指针而不用调用文件操作函数。因为 mmap()的以上优点，所以在程序实现中采用了内存映射方式，即 mmap()方式，这也是本系统最终能够实现的最关键所在。

映射函数如下：

```
int fpga_mmap(struct file *flip, struct vm_area_struct *vma)
{
        unsigned long offset = vma->vm_pgoff<<PAGE_SHIFT;
        unsigned long size = vma->vm_end - vma->vm_start;
        offset = offset + FPGA_ADDR;
        vma->vm_flags |= VM_RESERVED;
        if (remap_page_range(vma->vm_start, offset, size, vma->vm_page_prot))
          return -ENXIO;
        return 0;
}
```

其中 FPGA_ADDR 是 FPGA 的物理地址，在应用程序中可以这样使用 mmap 命令，从而将 FPGA 发送过来的数据映射到内存。

```
fpgap = (char *)mmap(0, 1024*236, PROT_READ | PROT_WRITE, MAP_SHARED, fd, 0);
```

这里设置映射区域大小为 1024*236B，因为 FPGA 发送过来的图像大小是 1024*236*8B。

初始化注册实现如下。FPGA 驱动程序在初始化的时候，必须向内核注册，注册的时候包括设备名、主设备号和次设备号等。

```
static int __init fpga_init (void)
{
        register_chrdev(FPGA_MAJOR,  "fpga",  &fpga_ctl_fops);
fpga_devfs_dir= devfs_register(NULL, "fpga", DEVFS_FL_DEFAULT, FPGA_MAJOR,
0, S_IFCHR |S_IRUSR |S_IWUSR |S_IRGRP |S_IWGRP,
                        &fpga_ctl_fops, NULL);
        printk ("fpga driver installed OK\n");
return 0;
}
```

15.4 显示芯片的连接与控制

嵌入式超声对显示的要求很高，所以在系统设计的时候考虑一款独立的显示芯片，来解决这个问题。独立的显示芯片和 ARM 连接以后，必然需要一个驱动程序。本节将在分析选择独立显示芯片的基础上，给出显示芯片的驱动程序设计方法。

15.4.1 选择 SM501 的原因

ARM 输出的超声图像的分辨率大小是 512×512，加上图像周围的字符界面，最终的图形界面分辨率至少是 800×600。同时超声图像必须达到 256 个灰度级，那就必须采用 24bpp 的液晶屏。而现在的高分辨率液晶色深以 16/18bpp 为主，24bpp 很难采购。考虑到将来批量生产的产品不能受到原材料的限制，所以显示终端必须包括 VGA 和 LCD 两种接口。

S3C2440 自带有 LCD 控制器，可以考虑通过 LCD 转 VGA 输出，但 S3C2440 的 LCD 控制器一般最大支持 640×480 分辨率、60Hz 刷新率的图形输出，增大分辨率或者刷新率就会出现黑屏和闪屏现象。主要原因是显示输出的数据量同显示的分辨率和刷新率有关。分辨率越高，数据量越大，刷新频率也是如此。因此 800×600、75Hz 的 VGA 输出会占用大量的总线带宽，耗尽 CPU 资源。所以必须选择一款独立显示芯片，专门负责图形显示。

SM501 作为一款独立显示芯片，能够输出包括 VGA 和 LCD 两种信号，而 CH7004C 能够将 LCD 转化为 S-Video 复合视频和 PAL 电视信号，所以 SM501+CH7004C 能够满足需要。

15.4.2 SM501 驱动程序设计

Linux 下的显示驱动就是指帧缓冲区的驱动。帧缓冲区是出现在 Linux 2.2.xx 及以后版本内核当中的一种驱动程序接口，这种接口将显示设备抽象为帧缓冲区设备区。帧缓冲区为图像硬件设备提供了一种抽象化处理，它代表了一些视频硬件设备，允许应用软件通过定义明确的界面来访问图像硬件设备。这样软件无须了解任何涉及硬件底层驱动的东西（如硬件寄存器）。它允许上层应用程序在图形模式下直接对显示缓冲区进行读写和 I/O 控制等操作。通过专门的设备节点可对该设备进行访问，如/dev/fb*。用户可以将它看成是显示内存的一个映像，将其映射到进程地址空间之后，就可以进行读写操作，而读写操作可以反映到显示屏上。帧缓冲设备对应的设备文件是/dev/fb*。如果系统有多个显卡，Linux 还支持多个帧缓冲设备，最多可达 32 个，即/dev/fb0～/dev/fb31。而/dev/fb 则指向当前的帧缓冲设备，通常情况下，默认的帧缓冲设备为/dev/fb0。

帧缓冲设备也属于字符设备，采用“文件层-驱动层”的接口方式。在文件层为之定义了以下数据结构。

```
Static struct file_operations fb_fops={
ower: THIS_MODULE,
read: fb_read,              /*读操作*/
write: fb_write,            /*写操作*/
ioctl: fb_ioctl,            /*I/O 操作*/
mmap: fb_mmap,              /*映射操作*/
open: fb_open,              /*打开操作*/
release: fb_release,        /*关闭操作*/
}
```

其成员函数都在 linux/driver/video/fbmem.c 中定义，其中的函数对具体的硬件进行操作，对寄存器进行设置，对显示缓冲进行映射。主要结构体还有以下 3 个。

（1）Struct fb_fix_screeninfo：记录了帧缓冲设备和指定显示模式的不可修改信息。它包含了屏幕缓冲区的物理地址和长度。

（2）Struct fb_var_screeninfo：记录了帧缓冲设备和指定显示模式的可修改信息。它包括显示屏幕的分辨率、每个像素的比特数和一些时序变量。其中变量 xres 定义了屏幕一行所占的像素数，yres 定义了屏幕一列所占的像素数，bits_per_pixel 定义了每个像素用多少个位来表示。

（3）Struct fb_info：Linux 为帧缓冲设备定义的驱动层接口。它不仅包含了底层函数，而且还有记录设备状态的数据。每个帧缓冲设备都与一个 fb_info 结构相对应。其中成员变量 modename 为设备名称，fontname 为显示字体，fbops 为指向底层操作的函数的指针。

下面是 SM501 显示驱动开发的主要工作。

1. 编写初始化函数

初始化函数首先初始化 SM501，通过写寄存器设置显示模式和颜色数，然后分配显示缓冲区。在 Linux 中可以用 kmalloc()函数分配一段连续的空间。缓冲区大小为：点阵行数×点阵列数×用于表示一个像素的比特数/8。缓冲区分配在一个 16MB 的 SDRAM 中，起始地址保存在 SM501 控制寄存器中。采用的显示方式为 800×600，8 位灰度，那么需要分配的显示缓冲区为 800×600×1=480KB。最后是初始化一个 fb_info 结构，填充其中的成员变量，并调用 register_framebuffer(&fb_info)，将 fb_info 登记入内核。

2. 编写成员函数

编写结构 fb_info 中函数指针 fb_ops 对应的成员函数，对于本系统，只需要下列三个函数就可以了。

```
struct fb_ops{
......
int (*fb_get_fix)(struct fb_fix_screeninfo *fix, int con, struct fb_info *info);
int (*fb_get_var)(struct fb_var_screeninfo *var, int con, struct fb_info *info);
int (*fb_set_var)(struct fb_var_screeninfo *var, int con, struct fb_info *info); …
}
```

Struct fb_ops 在 include/linux/fb.h 中定义。这些函数都是用来设置/获取 fb_info 结构中的成员变量的。当应用程序对设备文件进行 ioctrl 操作时会调用它们。对于 fb_get_fix()，应用程序传入的是 fb_fix_screeninfo 结构，在函数中对其成员变量赋值，主要是 smem_start（缓冲区起始地址）和 smem_len（缓冲区长度），最终返回给应用程序。而 fb_set_var()函数的传入参数是 fb_var_screeninfo，函数中需要对 xres、yres 和 bits_per_pixel 赋值。对于/dev/fb，这里 SM501 的操作有以下 3 种。

（1）读/写（read/write）/dev/fb：相当于读/写屏幕缓冲区。

（2）映射（map）操作：由于 Linux 工作在保护模式，每个应用程序都有自己的虚拟地址空间，在应用程序中不能直接访问物理缓冲区的地址。为此，Linux 在文件操作 file_operations 结构中提供了 mmap 函数，可将文件的内容映射到用户空间。对于帧缓冲设备，则可通过映射操作，将屏幕缓冲区的物理地址映射到用户空间的一段虚拟地址中，之后用户就可以通过读写这段虚拟地址访问屏幕缓冲区，在屏幕上绘图了。

（3）I/O 控制：对于帧缓冲设备，对设备文件的 ioctrl 操作可读取/设置显示设备及屏幕的参数，如分辨率、显示颜色数和屏幕大小等。ioctrl 的操作是由底层的驱动程序来完成的。在应用程序中，操作/dev/fb 的一般步骤如下：打开/dev/fb 设备文件；用 ioctrl 操作取得当前显示屏幕的参数，如屏幕分辨率和每个像素的比特数，根据屏幕参数可计算屏幕缓冲区的大小；将屏幕缓冲区映射到用户空间；映射后即可直接读写屏幕缓冲区，进行绘图和图片显示了。

15.5 超声动态图像的实时显示

从 FPGA 得到的图像数据经过处理以后，存放在了内存中。而屏幕上的图像是从显存中取出来的。从内存到显存有一个传输过程，这个过程还实现了图像的动态显示、坐标变换和灰度插值。

15.5.1 图像动态显示

正如上面提到的，Linux 抽象出 Framebuffer 这个设备来供用户态进程实现直接写屏。所以可以把 Framebuffer 看成一块内存，既可以向这块内存中写入数据，也可以从这块内存中读取数据。在应用程序中，通过下面的步骤就能在屏幕上显示动态超声图像。

（1）打开设备，准备读/写数据。

```
fbfd = open("/dev/fb0", O_RDWR);
```

（2）获取显卡的硬件信息。

```
ioctl(fbfd, FBIOGET_FSCREENINFO, &finfo)
```

（3）获取用户设置的显示信息。

```
ioctl(fbfd, FBIOGET_VSCREENINFO, &vinfo)
```

（4）得到显示屏的大小。

```
screensize = vinfo.xres * vinfo.yres * vinfo.bits_per_pixel/8;
```

（5）通过 mmap()的调用把显卡的物理内存空间映射到用户空间。

```
fbp = (char *)mmap(0, screensize, PROT_READ | PROT_WRITE, MAP_SHARED, fbfd, 0);
```

（6）显示动态的超声图像：这里使用两个循环，就能在屏幕上输出动态图像。其中 fpgap 是指向 fpga 的指针。B_mode 就是下节要讲的坐标转换数组。

```
for(y = 75;y<587;y++)
    {
        n=y*800;
        u=(y-75)*512;
        for(x = 101;x<613;x++)
            {    location = x+n;
                 *((unsigned short int*)(fbp + location)) = *(fpgap+B_mode[u+x-101]);
            }
    }
```

15.5.2 坐标转换和灰度插值

凸阵探头采集到的图像需要经过坐标转换和插值以后才能还原出真实的图像。基于 FPGA 的便携式超声实现坐标转换和灰度插值非常困难，最后显示出来的图像效果不佳。而在 ARM 中实现这两种算法比较容易，所以图像的显示效果能改善许多。

坐标转换的原理是这样的：因为超声采集的回波数据点，在空间排列上是扇形分布的，也就是呈极坐标分布，只有深度和夹角的概念，而显示器像素则是以点阵排列的，是直角坐标分布，坐标转换的目标就是使两者的转化更合理、逼真。

对于直角坐标系中的点 $A(x,y)$，也就是最终在屏幕上显示出来的点，它在极坐标系中为：$A(p,q)$，如图 15-7 所示，因为探头扫描一帧图像包含 236 线，每线采集 1024 个点，所以 FPGA 中存储的图像为 1024×236。而屏幕上显示的超声图像大小为 512×512。如果以扇形顶点为圆心建立一个极坐标系，那么：

$$r = a\bullet\sqrt{(x-256.5)^2+(y+(1023+f)/a-512)^2}-f+1$$

$$q = \mathrm{C30}\bullet p/180-\arctan((256.5-x)/(y+(1023+f)/a-512))\bullet 3\bullet 235/p+1$$

其中，f 是探头的焦距，$a=(1023+f\bullet(1-\sqrt{3}/2))/511$ 是变换系数。而 ρ 和 φ 分别代表 FPGA 中存储图像的 y 坐标和 x 坐标。

如果每一帧图像都做坐标转换的计算，那么处理时间会增加很多。而坐标转换的数值是固定不变的，完全可以预先算好，以数组的形式存放在一个头文件中，那么在每次需要坐标转换时只要查询该数组即可，这样做虽然浪费了部分存储空间，但加快了图像显示的更新速度。

灰度插值也就是超声图像重建的方法有许多种。最简单的是最近邻插值，也叫零阶插值。最近邻插值就是将离 (x', y') 点最近的像素的灰度值作为 (x', y') 点的灰度值赋给原图 (x, y) 处像素。这种方法的缺点是一个区域内的多个像素点被填充同一个值，使得图像上出现亮斑，给诊断带来不便。样条插值是精度较高的插值方法，但它的缺点是计算量较大。

一种较好的折中方法是双线性插值，如图 15-8 所示。它利用 (x', y') 点的 4 个最近邻像素的灰度值根据下面的方法计算 (x', y') 点处的灰度值。设 (x', y') 点的 4 个最近邻像素为 A、B、C 和 D，它们的坐标分别为 (i,j)、$(i+1,j)$、$(i,i+1)$ 和 $(i+1,i+1)$，它们的灰度值分别为 $g(A)$、$g(B)$、$g(C)$ 和 $g(D)$。首先计算 E 和 F 这两点的灰度值 $g(E)$ 和 $g(F)$：

$$g(E)=(x'-i)[g(B)-g(A)]+g(A)$$

$$g(F)=(x'-i)[g(D)-g(C)]+g(C)$$

则 (x', y') 点的灰度值 $g(x', y')$ 为：

$$g(x',y')=(y'-j)[g(F)-g(E)]+g(E)$$

该算法将点与点之间由于距离的舍入或截断误差考虑在内，并按照一定的误差分布关系协调点与点值的相关程度。反映到图像上，就是对图像做了一次二维的平滑滤波，所以图像能很好地保留原始信息，显得逼真。

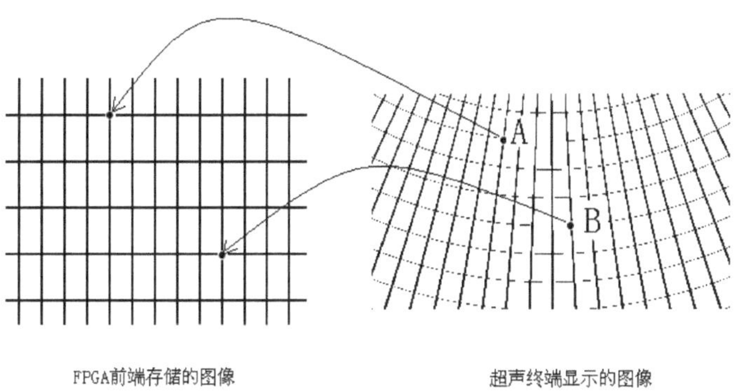

图 15-7　坐标转换示意图

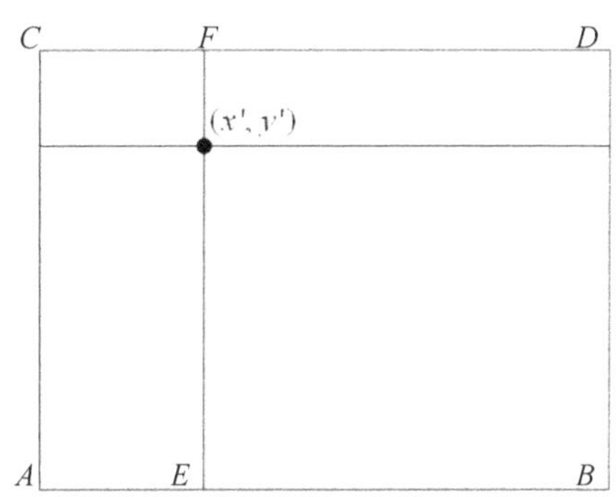

图 15-8　双线性灰度插值

15.6　图形界面的结构

嵌入式超声的图形界面要求简洁，友好，操作简单方便。嵌入式 Linux 的图形界面现在有很多类型，如何从中选择出一个合适的用于本系统的图形界面，以及如何实现该界面是本节将介绍的主要内容。

15.6.1　需求分析

超声诊断仪的操作过程如图 15-9 所示。开机后，系统首先自动进入预置的检查模式。按“检查模式”键分别进入腹部和心脏的检查程序。

然后按下“新病人”键，输入病人信息，按“设置”键进入系统设置，系统设置结束后，进入默认的显示模式，即 B 模式动态显示。

这时如果按下“冻结”键，图像就会静止；再按“测量”键，即可打开“B 超 XX 测量”菜单。具体测量模式由先前检查模式预定义。

在默认的 B 模式动态显示状态下，如果按下“M”键、“B/M”键或者“B/B”键，图像就会切换为 M 模式、B/M 模式或者 B/B 模式，其中 B 和 B/B 模式可以进行图像放大和图像翻转操作。同样，在默认的 B 模式动态显示状态下，如果按下“冻结”键，再按下“电影回放”键，系统会按帧的升序自动回放出储存的图像。再按“设置”键，系统退出自动回放模式。

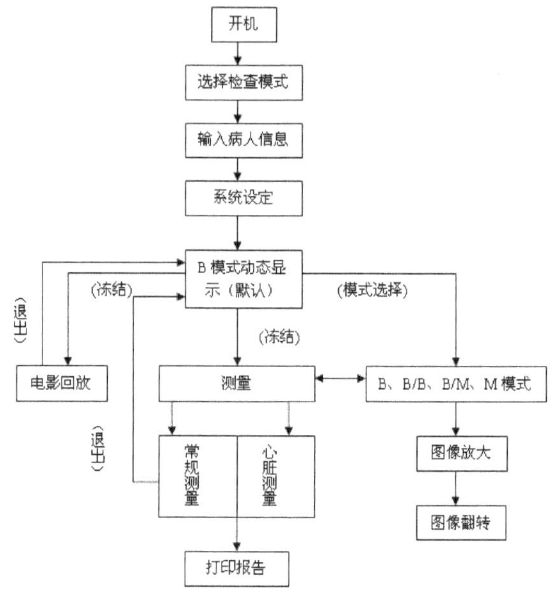

图 15-9　超声诊断仪操作过程

15.6.2　总体结构

应用软件总体上分为三大块：测量模块、动态显示模块和电影回放模块。测量分为常规测量和心脏测量，可以用两个弹出式菜单实现，不同测量模式的测量方法可在自定义控件中实现。

超声图像的四种不同模式显示，可以用四个状态机实现。因为 MiniGUI 是调用了底层的 FrameBuffer 来实现的，而超声动态图像的显示也要调用 FrameBuffer，如果在一个进程下实现，会产生冲突，可以用 Linux 下多进程机制解决这个问题。同时，超声图像的“冻结”和“动态”两种状态需要随时切换，当系统处于其中一种状态时，要时刻监听是否有切换状态的命令，以决定是否转为另一种显示模式，这里可以用 Linux 的多线程机制解决。电影回放就是将预先放在内存中的图像数据读出来显示，可以在超声图像动态显示的那个进程中另外开一个线程来实现。软件的实现如图 15-10 所示。

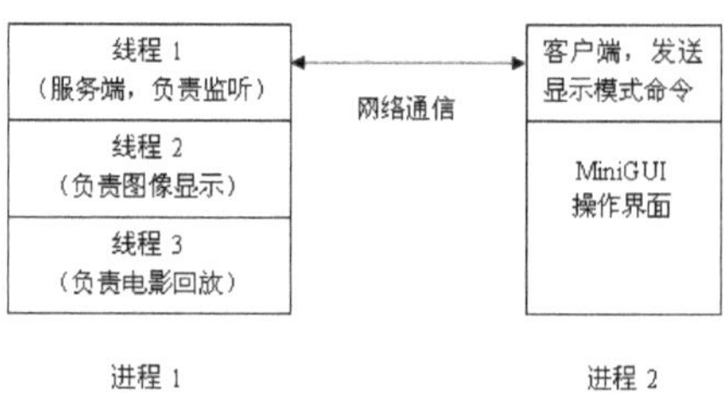

图 15-10　多进程和多线程

15.6.3　网络通信

Linux 的网络通信机制可以解决不同进程间的通信问题。Linux 系统下的网络通信是通过提供套接字（socket）来进行的。socket 是一种特殊的 I/O，也是一种文件描述符。可以通过向文件描述符读/写操作实现网络之间的交流。

网络通信分为服务端和客户端。这里将超声图像的显示程序作为服务端，而 MiniGUI 作为客户端。服务端首先通过函数 socket()建立一个套接口，再通过函数 bind()绑定一个地址，确定了服务器的位置，如图 15-11 所示，使客户端知道如何访问。接着函数 listen()负责监听客户端口的连接请求，accept()接受新的连接。

客户端首先也是通过 socket()建立一个套接口，然后用 connect()向服务端发送连接请求，连接成功以后就能发送和接收数据了。客户端 MiniGUI 通过按键盘来发送改变图像显示的命令，服务端接收到命令以后，更改超声图像显示模式，从而达到人机交互的目的。

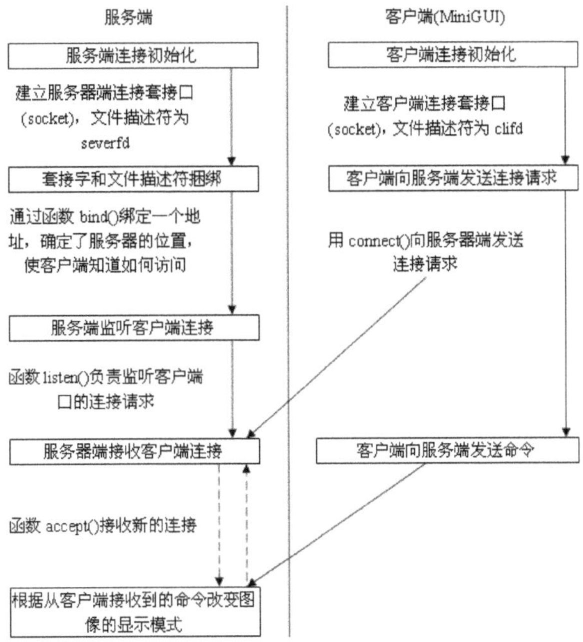

图 15-11 进程间网络通信示意图

15.6.4 多线程编程

超声图像的多种模式显示和动态/冻结功能是通过 Linux 下的多线程机制来实现的。多线程是由多进程发展而来的。在 Linux 下，启动一个新的进程必须分配给它独立的地址空间，建立众多的数据表来维护它的代码段、堆栈段和数据段，这是一种“昂贵”的多任务工作方式。而运行于一个进程中的多个线程，它们彼此之间使用相同的地址空间，共享大部分数据，启动一个线程所花费的空间远远小于启动一个进程所花费的空间，而且，线程间彼此切换所需的时间也远远小于进程间切换所需的时间。

另外，线程间具有非常方便的通信机制。对不同进程来说，它们具有独立的数据空间，要进行数据的传输只能通过通信的方式进行，这种方式不仅费时，而且很不方便。线程则不然，由于同一进程下的线程之间共享数据空间，所以一个线程的数据可以直接为其他线程所用，不仅快捷，而且方便。

同进程一样，线程也将相关的变量值放在线程控制表内。一个进程可以有很多线程，也就是有多个线程控制表及堆栈寄存器，但却共享一个用户地址空间。在多线程系统中，线程与线程的关系如图 15-12 所示。

Linux 系统下的多线程遵循 POSIX 线程接口，称为 pthread。pthread 的实现是通过系统调用 clone()来实现的。clone()是 Linux 所特有的系统调用，它的使用方式类似于 fork。

- 线程的创建 pthread_create()。
- 等待一个线程的结束 pthread_join()。

在负责超声图像显示的进程中，建立一个单独的线程，用来和 MiniGUI 通信，来决定当前的显示模式，以及控制当前图像的冻结/动态的切换，如图 15-13 所示。主线程则用来显示超声图像。

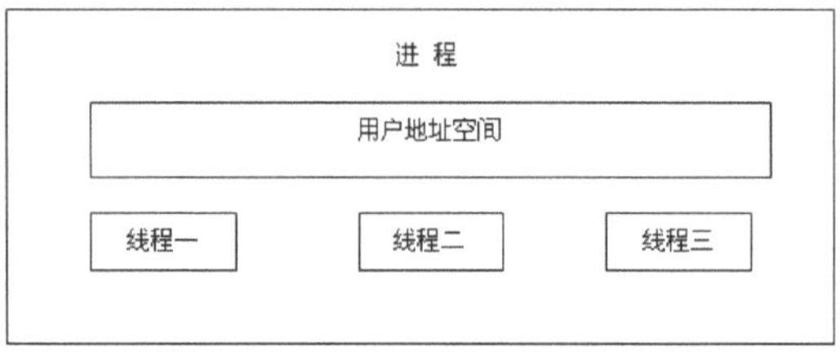

图 15-12　线程和进程的关系

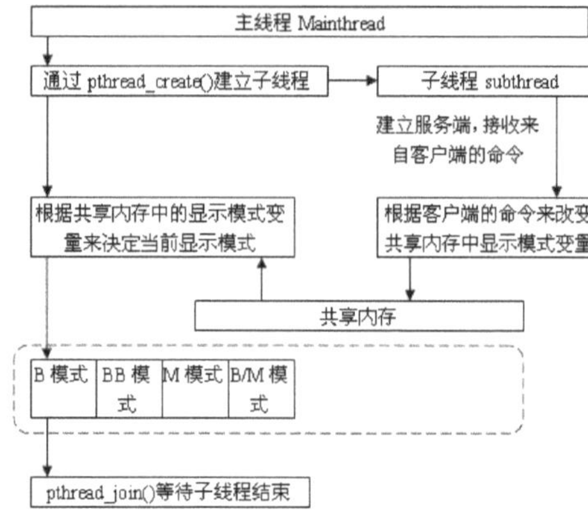

图 15-13　多线程示意图

15.7　操作界面设计

嵌入式超声的操作界面要求布局合理，符合现有超声布局习惯。在参考现有超声界面的基础上，本节给出了如何用 MiniGUI 实现超声操作界面的方案。

15.7.1　区域分配

操作主界面的区域分配（见图 15-14）如下：中央是超声图像；左上角是医院的图标；上边第一栏从左至右分别是医院名称、检查模式、探头型号和日期；第二栏分别是医生姓名、患者姓名、帧频和时间；界面左边是灰阶条，右边偏上是探头参数和超声图像的显示模式；界面的左下角是体标的位置。

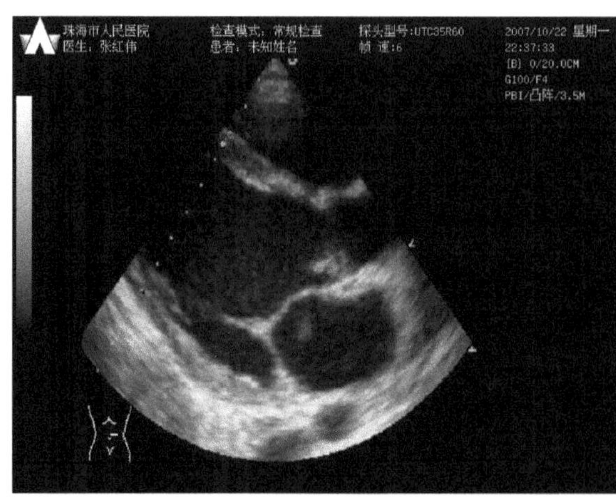

图 15-14　操作主界面

15.7.2　键盘响应

医生在给病人做诊断的时候，一只手操作探头，另一只手操作轨迹球比较困难。所以很多时候是通过键盘来控制超声检测仪。这些操作包括冻结/恢复图像，更改图像显示模式，调出测量菜单进行测量，调出一些窗口进行信息输入等。这里的菜单主要指测量菜单，窗口包括基本设定窗口、患者信息窗口和 DICOM 设定窗口等。

对 MiniGUI 来说，这些键盘输入可以通过它的窗口键盘事件来接收。键盘事件有 MSG_KEYDOWN（键按下）、MSG_KEYUP（键释放）、MSG_SYSKEYDOWN（系统击键消息，即 Alt 键）和 MSG_SYSKEYUP（系统击键消息）等。键盘响应示范代码如下：

```
switch (message) {
...
    case MSG_KEYDOWN:
        Response_Main_Command(hWnd, wParam);
        break;
```

```
}
```

其中，Response_Main_Command(hWnd，wParam)函数负责冻结/恢复图像，更改图像显示模式，弹出各种菜单或窗口等，如图 15-15 所示。

图 15-16 为患者信息的输入窗口，输入法用的是 MiniGUI 自带的拼音输入法。

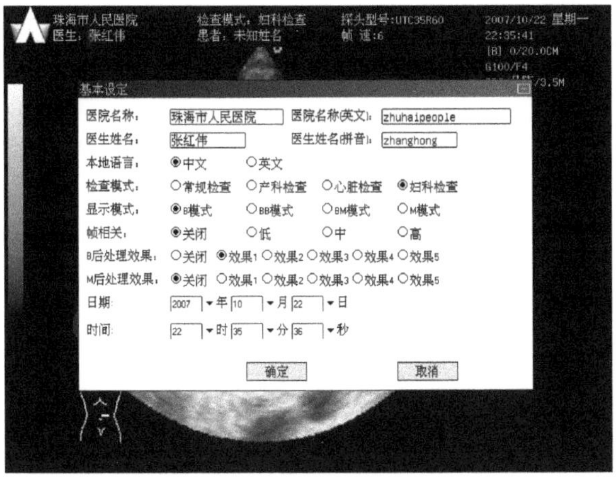

图 15-15　系统基本设定窗口

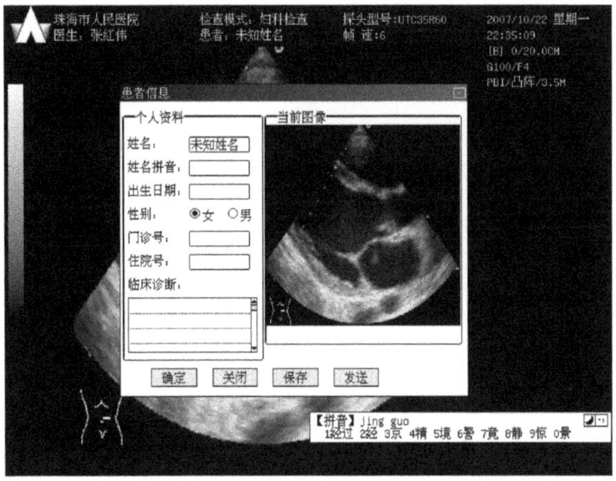

图 15-16　患者信息输入窗口

15.7.3　控件设计

控件是实现某些较为固定功能的子窗口，使用控件可以减轻主程序的设计复杂性。MiniGUI 提供了一些系统控件，这里还需要自己设计控件以实现测量功能。以下是设计自定义控件的过程。

（1）首先使用 WNDCLASS 数据结构类型来定义一个控件类型变量，然后设置控件的相关参数，如类型名、窗口风格、光标、窗口底色和窗口过程函数，以下是程序的一部分：

```
WNDCLASS MyClass;
MyClass.spClassName = MY_CTRL_NAME;
MyClass.dwStyle      = WS_NONE;
MyClass.dwExStyle    = WS_EX_NONE;
MyClass.hCursor      = GetSystemCursor (IDC_PENCIL);
MyClass.iBkColor     = COLOR_lightwhite;
MyClass.WinProc      = MyControlProc;
```

（2）定义完控件类型变量以后，需要注册该变量：

```
RegisterWindowClass (&MyClass);
```

（3）下面编写控件的窗口过程函数 MyControlProc()：

```
static int MyControlProc (HWND hWnd, int message, WPARAM wParam, LPARAM lParam)
{
    HDC hdc;
    switch (message) {
        case MSG_PAINT:
            for(i=0;i<512*512;i++)
            {
                *(s_bmp.bmBits+i)=str2[i];
            }
            hdc = BeginPaint (hWnd);
            FillBoxWithBitmap(hdc, 0, 0, 512, 512, &s_bmp);
```

```
            EndPaint (hWnd, hdc);
                return 0;
            case MSG_LBUTTONDOWN:
                if (cur_pt >= MAX_POINTS)
              break;
                pts [cur_pt].x = LOWORD (lParam);
                pts [cur_pt].y = HIWORD (lParam);
                cur_pt ++;
                hdc = GetClientDC (hWnd);
                DrawObject (hdc);
                ReleaseDC (hdc);
                break;
                …
        }
        return DefaultControlProc (hWnd, message, wParam, lParam);
    }
```

该函数首先将冻结以后的超声图像以 BMP 格式保存，然后显示在中心区域。当鼠标左键按下时，执行 DrawObject (hdc)函数进行画图和测量。DrawObject (hdc)含有画直线、矩形和椭圆等图形，以及计算图像周长和面积的功能，具体实现在 15.8 节中说明。

（4）在注册完控件以后，可以使用 CreateWindow 函数直接创建并显示该控件：

```
CreateWindow (MY_CTRL_NAME, "", WS_VISIBLE, IDC_STATIC, 101, 53, 512, 512, hWnd, 0);
```

其中的 101、53、512、512 是控件在屏幕中的显示位置，也就是超声图像的显示位置。

15.8 测量模块设计

测量是超声诊断仪一个非常重要的模块，包括常规测量和心脏测量。具体测量计算功能如图 15-17 所示。

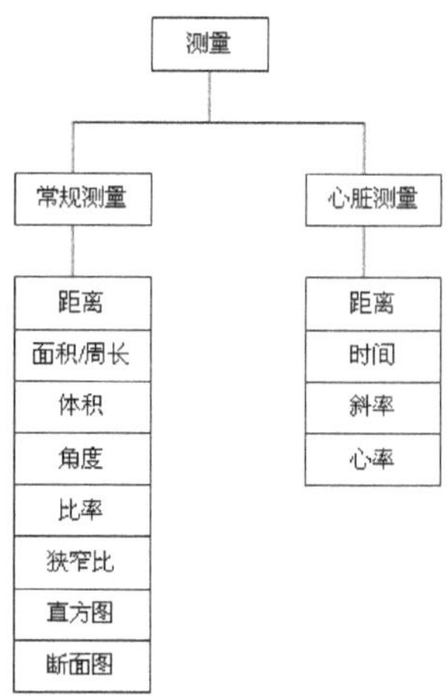

图 15-17　测量模块

测量中用得比较多的，包括椭圆的画法、椭圆周长和面积测量以及轨迹法面积测量。下面就逐一介绍这些内容。

15.8.1　椭圆的画法

椭圆是可以用贝塞尔曲线绘制的，即使用四条贝塞尔曲线来拟合，每条代表原轴向椭圆的 90°，这样就能获得一个相当近似的椭圆，最大误差只有 0.027%。这个最大误差相当于长径 3700 的椭圆的误差小于一个像素。

因为贝塞尔曲线在旋转、缩放和平移时是不变的，在对椭圆做同样的变化时就只需要传送控制点。更巧的是，因为在一个三次贝塞尔曲线上的每个点都是控制点的重心组合，在仿射映射中曲线上控制点之间的关系是不变的。

13 个定义 4 条组成椭圆的贝塞尔曲线的控制点（以下标为 0～12）可使用一个经验常量（0.552）计算得出，如图 15-18 所示。

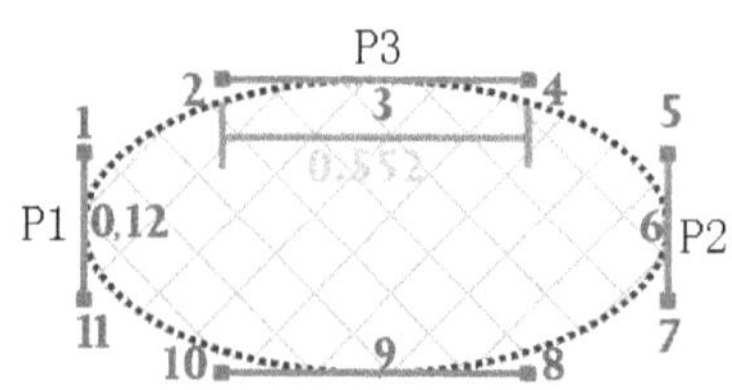

图 15-18　贝塞尔曲线拟合椭圆

程序步骤如下。

（1）分别画出椭圆的三个点：第一点 P1 是椭圆长轴的一端，第二点 P2 是椭圆长轴的另外一端，第三点 P3 是短轴的一端。根据 P1 和 P2 可以算出长轴 a 的长度和椭圆相对水平方向的旋转角度；再根据 P3 计算出短轴 b 的长度。

（2）在得到旋转角度以后，计算 13 个定义 4 条组成椭圆的贝塞尔曲线的控制点旋转以后的坐标。

（3）根据 13 个控制点画出 4 条贝塞尔曲线，拟合出最终的椭圆，如图 15-19 所示。

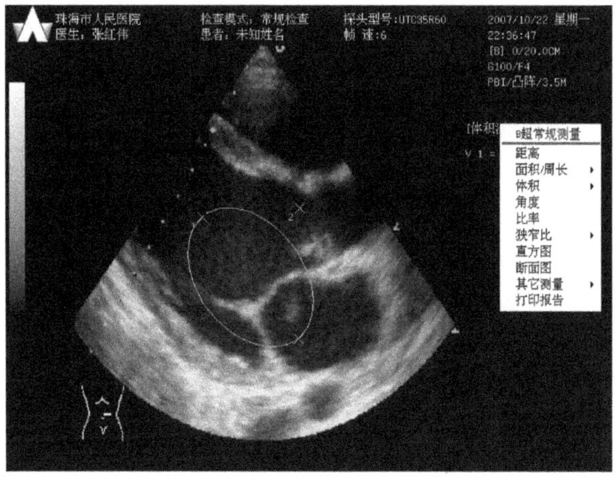

图 15-19 椭圆实际效果图

15.8.2 椭圆测量周长和面积

由于很多测量目标，例如肿瘤、结石等都近似于椭圆的形状，所以在需要测量的封闭区域画一个椭圆，用椭圆逼近法去测量该封闭区域的周长是十分简便可行的。由于所画的椭圆的长轴和短轴可以根据两点之间直线距离的测量获得，所以利用公式求得椭圆的周长就十分容易。先用轨迹球取两点作为椭圆的一条轴，然后移动光标来调整另外一条轴的长短，即可确定一个椭圆。椭圆周长公式的精确表达式是：

$$L = 4a\int_0^{\pi/2} \sqrt{1 - \mathrm{e}^2 \cos^2 t}\,\mathrm{d}t$$

计算需要使用微积分，十分烦琐，而且在计算机系统中难以精确实现，所以在本系统中，采用了椭圆周长的一个近似计算公式：

$$L = \pi[3(a+b) - \sqrt{(a+3b)(3a+b)}]$$

其中 a、b 分别是椭圆的长轴和短轴。椭圆法求面积类似于求周长，都是先测量出长轴和短轴的长度，然后根据公式来计算结果。椭圆的面积公式为：$S = \pi \cdot a \cdot b$。

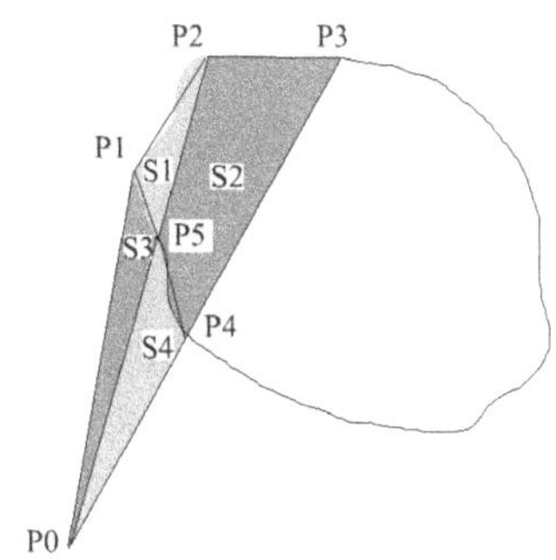

图 15-20 轨迹法测量多边形面积

15.8.3 轨迹法测量面积

将多边形分割为若干个小三角形，分别计算小三角形的面积，然后累加，如图 15-20 所示，其中 P_0 是任一点。

首先计算 $\triangle P_0P_1P_2$ 的面积为 S_1+S_3，再计算 $\triangle P_0P_1P_3$ 的面积为 S_2+S_4，最后计算 $\triangle P_0P_5P_1$ 的面积为 $-S_3$，而 $\triangle P_0P_4P_5$ 的面积为 $-S_4$，这里三角形面积的正负同除 P_0 以外的另外两个点的方向有关，所以后面的三角形面积能够抵消前面多余的计算量。只要三角形分割得足够多，最后累加的三角形面积就近似于多边形的面积。实际测量如图 15-21 所示。

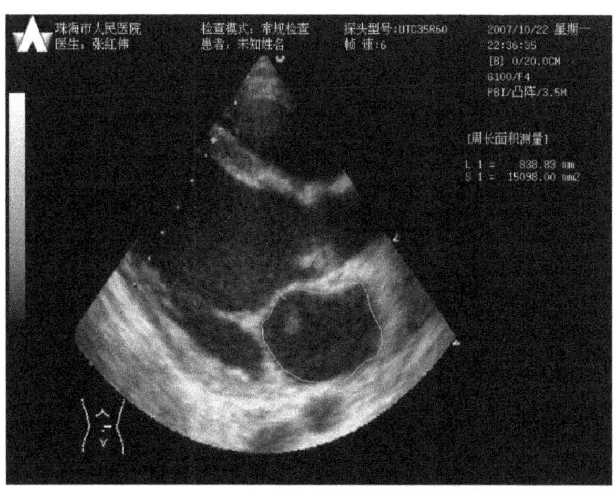

图 15-21 轨迹法测量面积实际效果图

15.9 小结

本章针对某一具体实例，向读者展示了嵌入式开发的基本内容和步骤，相信读者读完本章内容以后对嵌入式系统开发会有一个更全面的认识。读者自己在开发项目的时候，可以参考本章内容，同时更要关注最新的技术发展，以便更好地完成和实现自己的项目设计。

15.10 习题

一、填空题

1. 超声诊断仪终端的软件设计主要包括________、________、________、________以及图形界面的设计和移植。

2. 移植内核的时候有两个地方需要注意，一是________，二是________。内核配置菜单选项中 File system→对应的就是文件系统。

3. 在初始化 SM501 时，通过写寄存器设置________，然后分配________。在 Linux 中可以用________函数分配一段连续的空间。缓冲区大小为：点阵行数×点阵列数×用于表示一个像素的比特数/8。

4. 超声图像的多种模式显示和动态/冻结功能是通过 Linux 下的多线程机制来实现的。多线程是由多进程发展而来的。在 Linux 下，启动一个新的进程必须分配给它________，建立众多的数据表来维护它的________、________和________，这是一种“昂贵”的多任务工作方式。

二、选择题

1. 在移植 U-Boot 过程中，cpu/ARM920t/serial.c 中包含的是（　　）程序。

   A. 板子上 Flash 驱动　　B. 太网卡驱动

   C. 串口驱动　　D. 显示驱动

2. 移植内核时，执行 make clean 命令的作用是（　　）。

   A. 删除过时的文件　　B. 生成内核映像文件

   C. 进行依赖性编译　　D. 进入配置选项